新能源汽车系列规划教材

汽车行驶与操纵系统构造与检修

赵振宁　王慧怡　主　编
苏　忆　何英俊　副主编
李春明　主　审

電子工業出版社
Publishing House of Electronics Industry
北京·BEIJING

内 容 简 介

本书共分 7 章：第 1 章汽车悬架系统，讲解悬架结构、故障检修、四轮定位技术，详细介绍奥迪电控悬架；第 2 章汽车转向系统，讲解货车 IPS 转向原理与检修、轿车液压转向原理、电动转向原理与检修、带速比可变的电控转向技术；第 3 章传统汽车制动系统，讲解传统制动系统元件结构和元件检修，放气方法和常见故障；第 4 章电控制动系统，讲解 EBD、ABS 和 VSC 实现方式，介绍放气原理和步骤；第 5 章气压制动系统，讲解气压制动技术、气压 ABS/ASR 和汽车辅助制动系统；第 6 章电动汽车线控制动系统，讲解线控传感器和执行器，ABS 和 VSC 实现方式，电控制动系统的自诊断；第 7 章智能汽车技术，讲解无人驾驶汽车的功能及其实现。

本教材由百慕大汽车网站（www.bmdcar.com）提供作者的全套讲解视频和后台资源。

本书可作为高等职业院校新能源汽车技术、汽车检测与维修、汽车电子技术等汽车类专业的教材，也可供从事相关工程开发和售后维修的技术人员参考使用。

图书在版编目（CIP）数据

汽车行驶与操纵系统构造与检修 / 赵振宁，王慧怡主编．—北京：电子工业出版社，2018.2

ISBN 978-7-121-33138-1

Ⅰ．①汽…　Ⅱ．①赵…　②王…　Ⅲ．①汽车—行驶系—构造—高等职业教育—教材②汽车—操纵系统—构造—高等职业教育—教材③汽车—行驶系—车辆修理—高等职业教育—教材④汽车—操纵系统—车辆修理—高等职业教育—教材　Ⅳ．①U472.41

中国版本图书馆 CIP 数据核字（2017）第 299421 号

策划编辑：程超群
责任编辑：靳　平
印　　刷：三河市华成印务有限公司
装　　订：三河市华成印务有限公司
出版发行：电子工业出版社
　　　　　北京市海淀区万寿路 173 信箱　邮编　100036
开　　本：787×1 092　1/16　印张：16.25　字数：416 千字
版　　次：2018 年 2 月第 1 版
印　　次：2018 年 2 月第 1 次印刷
定　　价：39.00 元

凡所购买电子工业出版社图书有缺损问题，请向购买书店调换。若书店售缺，请与本社发行部联系，联系及邮购电话：（010）88254888，88258888。

质量投诉请发邮件至 zlts@phei.com.cn，盗版侵权举报请发邮件至 dbqq@phei.com.cn。

本书咨询联系方式：（010）88254577，ccq@phei.com.cn。

前　言

新能源汽车的出现使汽车增加了电力驱动系统，原来的发动机、底盘和电气系统也有了一定改变，为适应这个变化，我们编写了这本书。

本书与传统教材相比增加了以下主要内容：一是将电动汽车和混合动力汽车的制动系统引入进来；二是将气压制动单独分离出去，与轿车制动置于同等重要的水平；三是将智能汽车中的无人驾驶技术加入底盘中来，主要原因是在无人驾驶技术中，对发动机、变速器、转向和制动的分布式控制更主要集中在底盘的转向控制和制动控制中。

本书共分 7 章：第 1 章汽车悬架系统，讲解悬架结构、故障检修、四轮定位技术，详细介绍奥迪电控悬架；第 2 章汽车转向系统，讲解货车 IPS 转向原理与检修、轿车液压转向原理、电动转向原理与检修、带速比可变的电控转向技术；第 3 章传统汽车制动系统，讲解传统制动系统元件结构和元件检修，放气方法和常见故障；第 4 章电控制动系统，讲解 EBD、ABS 和 VSC 实现方式，介绍放气原理和步骤；第 5 章气压制动系统，讲解气压制动技术、气压 ABS/ASR 和汽车辅助制动系统；第 6 章电动汽车线控制动系统，讲解线控传感器和执行器，ABS 和 VSC 实现方式，电控制动系统的自诊断；第 7 章智能汽车技术，讲解无人驾驶汽车的功能及其实现。无人驾驶技术其实主要集中在转向、制动、变速器和发动机 4 个系统的自动控制，其他如雷达和光学的传感器的图像识别、三维空间识别也只是传感器功能，不能独立称为一个系统，智能汽车中的无人驾驶技术本质是4个系统在图像识别和三维空间识别后进行的一个联合控制。

本书可作为高等职业院校新能源汽车技术、汽车检测与维修、汽车电子技术等汽车类专业的教材，也可供从事相关工程开发和售后维修的技术人员参考使用。

本书主要由长春汽车工业高等专科学校教师赵振宁组织编写，其中长春汽车工业高等专科学校王慧怡老师编写了第 3 章，无锡商业职业技术学院苏忆老师编写了第 1 章，长春汽车工业高等专科学校何英俊老师编写了第 2 章，其余章节由赵振宁编写。全书由长春汽车工业高等专科学校校长李春明教授担任主审，在此对李校长表示感谢。

本书提供部分解读视频，请在无线网络环境下扫描二维码观看。

8 本教材配有部分微课，用书教师加 QQ 群 763791638 可向百慕大汽车技术视频网（www.bmdcar.com）申请一个免费的账号。全书作者视频讲解、高清 PPT、动画、图片资源、车型技术解析、实训操作等资源需要商业提供。

编　者

目　录

·第 1 章·

汽车悬架系统

1.1 悬架知识基础

车身和车轮之间连接部件称为悬架。

1. 车身和车架

汽车车身是由薄钢板（一般为 0.8～1.2mm）通过激光焊接而成，车轮的悬架不能直接作用到车身上，因为连接强度不够，因此要采用强度更高、厚度更厚的车架。车架是悬架部件与薄钢板车身的过渡部件。

车架是用厚钢板（一般为 4～12mm）制作成高强度管形或方形的结构，这种结构再通过焊接或铆接在一起形成车架，对上支撑车身，对下连接悬架。

1）车架

车架分为整体式车架和半车架式车架两种。

（1）整体式车架。

大多数卡车和越野车都采用这种整体车架，车架主要包括两边梁和横梁，如图 1-1 所示。由于车架是由前部到后部，因此即使在没有薄铁皮车身的情况下也可以行驶。

（2）半车架式车架（前、后车架式）。

半车架式通常有前车架和后车架两部分，前车架对上接车身，车身支撑发动机、变速器，对下连接前悬架部件。后车架对上支撑车身，对下支撑后独立驱动桥。有的前驱动汽车后部悬架和车身之间的车架只是一个连接座，这个连接座也可能集成在后悬架上。

2）车身

车身分为承载式车身和非承载式车身两种。

（1）承载式车身。

承载式车身对上支撑发动机和变速器重量，对下通过四根长螺与厚壁的前车架连接，厚壁的前车架对下连接悬架。简单地说，发动机和变速器的支撑点在车身的两个纵梁上，不在车架上。

图 1–1　整体式车架车身支撑

（2）非承载式车身。

简单地说，发动机和变速器的支撑点在车架上，不在车身的两个纵梁上。

2. 悬架类型

按地面冲击是否能从一侧车轮影响另一侧车轮，悬架分为非独立悬架和独立悬架两种。

1）非独立悬架

非独立悬架如图 1-2 所示，如果一个车轮遇到路面冲击，另一个车轮的倾斜情况也会受影响。更简单地说，如果两侧车轮通过一根粗的钢梁连接，两个车轮就会互相影响，这样的悬架就称为非独立悬架。

2）独立悬架

如果独立控制悬架可以使一个前轮的运动不会影响另一个前轮，这样的悬架就称为独立前悬架。如图 1-3 所示，半轴通过两个万向节驱动车轮，两个车轮不会互相影响，且车身保持水平，这就是独立悬架。

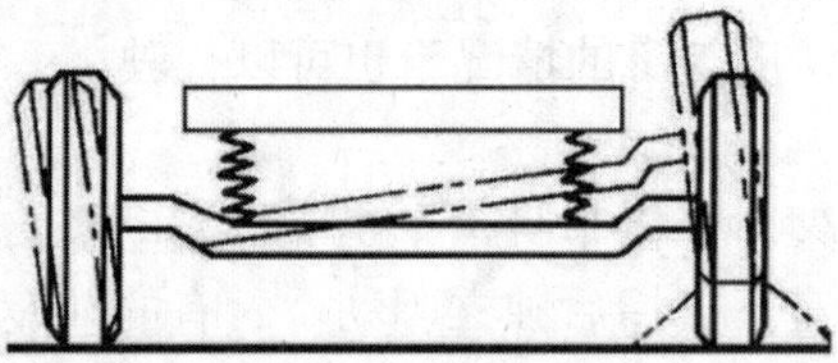

图 1–2　非独立悬架

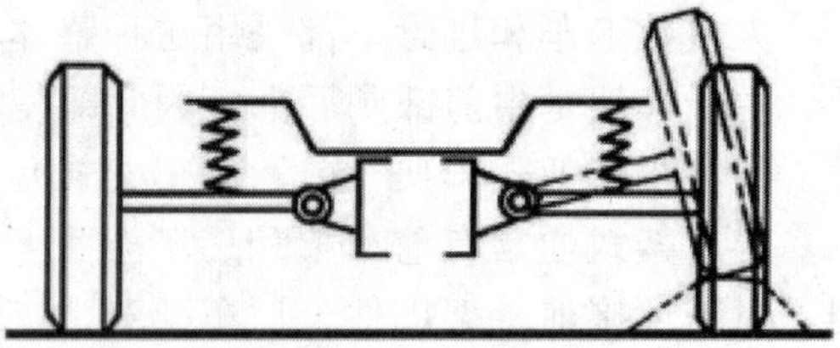

图 1–3　独立悬架

技师指导

如果两侧车轮通过一根 V 形的钢板连接，两个车轮就会互相产生“一定”的影响，称为半独立悬架，如大众汽车拖曳臂式后悬架。

3. 悬架弹簧

悬架的弹簧有两个作用。第一，弹簧把地面冲击转化为车身的上下震动的机械能和弹簧的压缩和伸张，这样冲击能量就在弹簧势能和车身震动机械能中储存，冲击就不会把能量直接传到车架。第二，悬架的弹簧高度有控制车身高度的作用（在技术上，悬架高度是指轮眉到车轮心轴（轮眼）的距离，悬架高度会影响汽车车身的车高）。

技师指导

弹性元件的作用：例如，一辆拉着啤酒瓶的货车，在地面遇到一个较大的凸起（或凹坑），假设汽车没有弹簧的话，很显然车上的啤酒瓶会出现碎瓶。有了弹簧，就不会出现碎瓶，但车身会上下运动，地面冲击变成了弹簧势能和车身垂直运动动能的总和，通过车身上下运动，两种能量之间互相转换。从这个例子来说，很多人错误地认为弹簧是减震的，事实上，汽车上的弹簧是储能的，或者说是有了弹簧就增加了震动。

1）钢板弹簧

（1）固定刚度钢板弹簧。

钢板弹簧用于四轮驱动的卡车前悬架，尤其是在中型或重型卡车上。悬架由弹性元件、减震元件和导向元件组成，钢板弹簧显然是弹性元件。

如图 1-4 所示，钢板弹簧由一个或多个狭长条的弹簧钢板构成。钢板弹簧的末端是卷曲的或卷成一个圆圈。橡胶衬套安装在圆圈里起着隔音和防震的作用。钢板弹簧通过弹簧夹捆绑，通过 U 形螺栓固定在后桥半轴套管上部或下部，钢板弹簧在半轴套管下部可以降低车身高度。钢板弹簧之间装有塑料或合成橡胶绝缘体，弹簧在工作期间叶片的自由运动产生摩擦作用，起到减震作用。尽管钢板弹簧自身有减震作用，但为了减震更好，也需要在其旁加上筒式减震器。同时在制动、驱动和转弯过程中钢板弹簧也是导向元件，控制着车轮的运动路径。

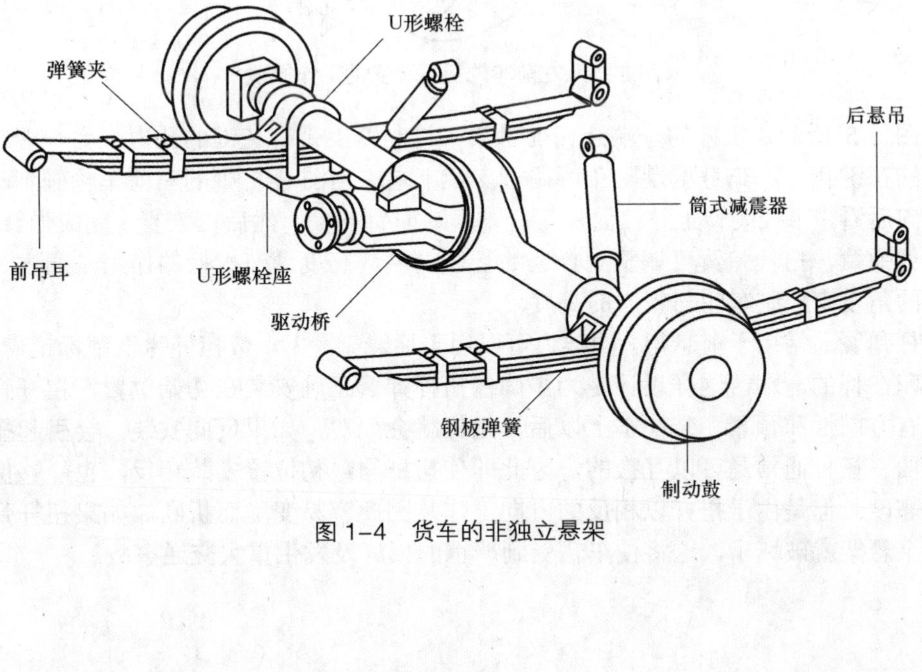

图 1–4 货车的非独立悬架

技师指导

在图 1-4 中，U 形螺栓松动，或驱动桥的半轴套管部分与 U 形螺栓之间运动磨损导致 U 形螺栓松动，将在运动中产生大的冲击力噪声。钢板弹簧两端的吊耳和悬吊之间要用强度高的穿销连接，并用润滑脂润滑，所以要有打黄油润滑脂的保养项目。

完成任务

在图 1-4 中，弹性元件是________；减震元件是__________和___________；导向元件是_____________；是否有横向稳定装置？_____________。

2）扭杆弹簧

扭杆弹簧是靠扭曲变形来实现弹簧的作用。扭杆弹簧是一根长柱形的硬质钢杆，扭杆弹簧的直径越大、长度越短，则刚性越大，如图 1-5 所示。扭杆弹簧可抵抗扭转，许多轻型载货汽车的生产厂家，通常使用扭杆弹簧型悬架，尤其是在四轮驱动车上。扭杆弹簧使得前驱动桥和等速万向节之间留有空间，且使悬架强度增加。

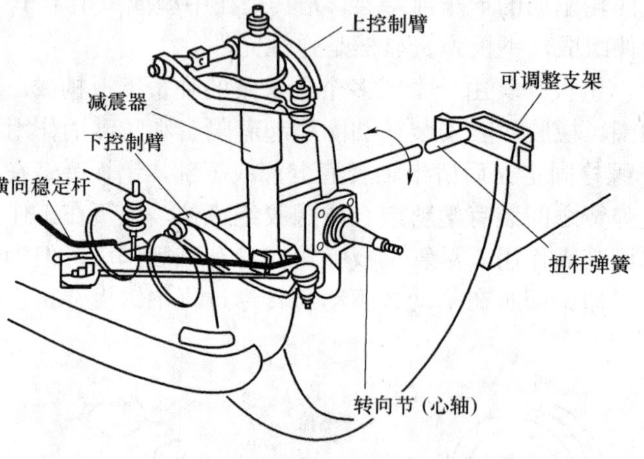

图 1–5　左前车轮扭杆弹簧的工作原理

如图 1-5 所示，扭杆的一端装在前悬架下控制臂上带有花键的孔内，另一端装在可调整支架的花键孔上，车身重量压在可调整支架末端。当图 1-5 中的左前车轮碰到凸起时，从车前向后看，下控制臂上移，促使扭杆本身逆时针扭曲，然后再恢复，完成弹簧的作用。不像其他弹簧，扭杆弹簧可调整到合适的行驶高度，高度调节螺栓的作用是通过调节可调整支架的角度来控制车轮与轮眉的高度。

扭杆弹簧通常用于前悬架，同样也可以用于后悬架。大多数扭杆弹簧都标记着左或右，通常刻印在杆的一端。这样设计是为了确保扭杆弹簧正确安装在初始位置。扭杆弹簧在制造时没有方向性和预紧。装在车上以后，扭杆就会配对，如果反向安装，会引起扭杆的反方向扭曲。扭杆通常是可以互换的，因此即使扭杆与最初位置安装相反，也能够保证正确的驾驶高度。但是由于扭杆以相反的方向工作，因此容易变脆而折断。如果扭杆弹簧折断了，整个悬架就破坏了，这将使车辆受到严重的损坏及发生重大交通事故。

完成任务

在图 1-5 所示的扭杆弹簧式的独立悬架中，车身高度是通过哪个螺栓进行调节的？_____________。

3）螺旋弹簧

螺旋弹簧和空气弹簧靠压缩来变形。所有弹簧的共性就是不管它们采用哪种方法来吸收冲击振动，都会在恢复到原始状态的反弹过程中释放出作用力。

多数弹簧都是由称为弹簧钢的回火合金钢制成，通常是铬硅合金或铬钒合金。回火是在控制条件下的加热和冷却金属的过程，它能够增强金属的弹性。弹性是金属或弹簧在被扭曲或压缩时恢复到最初状态的能力。

螺旋弹簧由特殊的圆形弹簧钢缠绕而成。它的强度和使用特性取决于下面的因素：螺旋直径、螺旋数目、弹簧的高度、形成弹簧的钢丝直径，如图 1-6 所示。螺旋弹簧可用于前悬架或后悬架，钢丝直径越大，弹簧的刚度越强；弹簧的高度越短，弹簧的刚度越强；螺旋数量越少，弹簧的刚度越强。

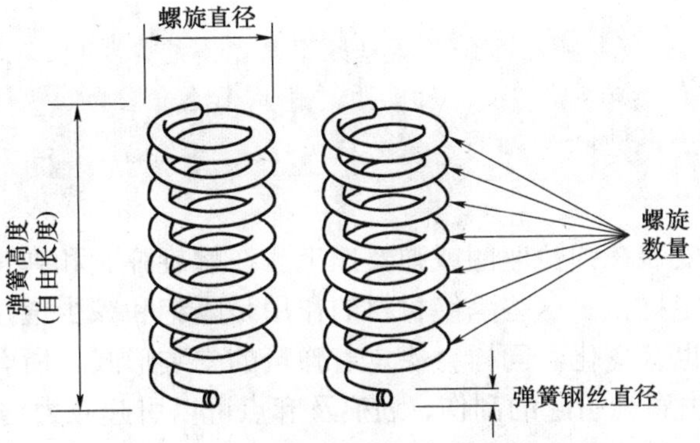

图 1-6 螺旋弹簧的弹性系数影响因素

完成任务

根据图 1-6 的提示，测量出螺旋弹簧的 4 个弹性系数影响因素的数值：_____________。

弹簧的设计可以实现理想的乘坐舒适性和操纵性。螺旋弹簧的形状样式如图 1-7 所示。

图 1-7 螺旋弹簧的形状样式

弹簧负载会随着疲劳而改变。弹簧弹性系数是指弹簧每压缩一定尺寸时所承受的压力大小。弹簧负载是指弹簧在任何给定的压缩高度下所能承受的力。当弹簧疲劳时，弹簧负载能力下降，一旦有地面冲击，车身会摇晃。

车身在向下压缩、向上回弹、向上伸长、向下压缩四步后回到起始点的过程，称为一个循环。因为振动频率定义为每秒完成的循环次数，即弹簧振动频率是指在1s内车身出现的循环次数，单位用Hz表示，如图1-8所示。在弹簧弹性系数K和振动频率f之间有着直接的联系。弹性系数越大，弹簧振动频率越高。也就是说，弹性系数较大（刚度大）的弹簧，其振动频率高，反之亦然。

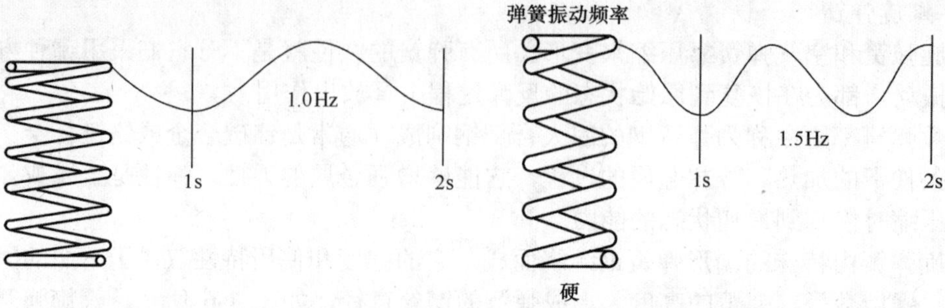

图1-8　刚性较大的弹簧振动频率比柔软弹簧的振动频率高

完成任务

在图1-8中，螺旋弹簧越硬，系统的振动频率是越高还是越低？____________。

螺旋弹簧变软，轮眉和车轮中心心轴的距离是减小还是增大？____________；请用圈尺实车测量一下轮眉和车轮中心心轴的悬架高度是：____________；左、右轮对比一下，说明：____________。

螺旋弹簧通常被安装在弹簧座圈或弹簧座上。在螺旋弹簧和弹簧座之间通常采用硬橡胶或塑料垫及其他隔绝材料，这些隔绝材料的作用是隔绝和减少道路噪声和车身产生的振动。弹簧端部的形状也有变化，同样会决定着弹簧的安装形式。所有的弹簧都喷涂了环氧树脂漆以防止断裂。由腐蚀引起的刮伤、划痕及麻点可以引起应力增加，进而使弹簧失效。维修技师应注意不要碰掉弹簧外部的保护漆层。针对任何保护漆层，当维修操作中需要压缩弹簧时，不要刮伤弹簧的表面。

完成任务

在螺旋弹簧式的独立悬架中，车身高度是否能进行调节？____________；车身高度只能越来越低吗？____________。

4）空气弹簧

因为钢质弹簧的车身高度只与车身负载有关，随着车重增加，车身便会下降。空气弹簧是充气的气囊，当车重增加时，可增加气囊的充气量来保持原车高，放气可降低车高，车高控制非常灵活，这样车身重量和气体刚度的比值总是一个定值。

完成任务

在空气弹簧式的独立悬架中，车身高度是否能进行调节？____________；空气弹簧的刚度如何调节？______________________________。

4．减震器

在传统的悬架系统中都使用了减震器以实现减震并控制汽车弹簧的运动。没有减震器的话，汽车在遇到凸凹不平的路面后，就会上、下持续跳动。

1）减震器的作用

减震器的作用是通过迫使液体流过小孔而把机械能转化为热能，这样便阻止了汽车弹簧快速地上、下运动，这就是减震器名字的由来。减震器安装在车架与车桥之间，越靠近弹簧安装，其效果越好，上、下垂直安装的减震器承担了大部分的减震工作，标准的减震器并不能支撑车身的重量。有些汽车（主要指法国雪铁龙）在后悬架上使用了 4 个减震器。"垂直"安装的减震器可控制车身的垂直运动，并反作用于后螺旋弹簧。接近"水平纵向"安装的减震器在加速和减速时，有助于控制后桥运动。

2）减震器的分类

（1）传统节流阀式减震器。

液压减震器是利用迫使液体通过小孔（节流阀）的原理来工作的，其结构如图 1-9 所示，工作原理除了小孔之外，多数减震器都设有压力溢流阀以控制汽车在所有工况下的行驶。减震器内液体的压降越大，液体流过小孔的量越大，减震的效果就越好。因此较大的减震器要比较小的减震效果好。油流过一个可偏转的片状活塞阀。偏转片可对悬架系统的运动快速做出反应，如果在高速时碰到凸起路面，偏转片会完全偏转，使悬架到达最大的压缩高度并保持一个可控的活动范围。

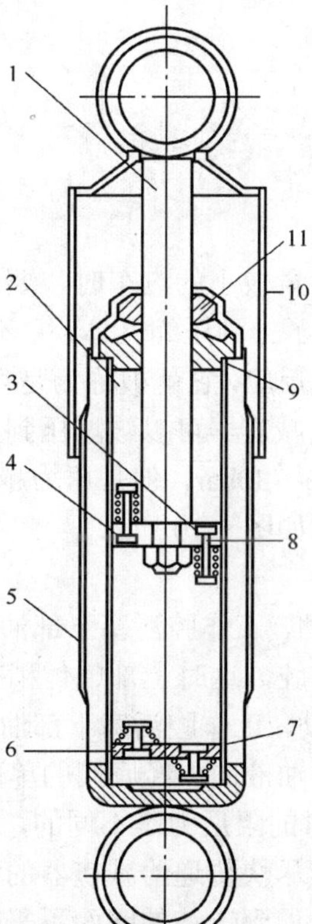

1—活塞杆；2—工作缸筒；3—活塞；4—伸张阀；5—储油缸筒；6—压缩阀；
7—补偿阀；8—流通阀；9—导向座；10—防尘罩；11—油封

图 1-9　传统减震器的剖视图

技师指导

传统减震器故障有漏油、减震器杆出现偏磨损、活塞和筒壁之间间隙大而漏油。

完成任务

减震器在拉出减震器杆时和压下减震器杆时，哪个阻力更大？__________；为什么这样设计？____________________。测试活塞和筒壁之间间隙大的方法是：通过身体体重（最好几个人喊号子一起压）上、下震动车体，然后突然松手，车体震动最多两至三次，震动次数越多则说明减震器内部出现了内漏。几个同学一起操作松手后，车体震动了几次？_________，是否正常？_________。上、下震动的幅度也不要太大，否则会直接造成人为的减震器漏油。

（2）充气减震器。

在现代汽车上多数使用充气式减震器，这种减震器分为单筒式和双筒式。充气的目的是使减震器内部的油液增压，被气体增压后的油液将变硬，当油液通过减震器小孔时，此压力能够防止气穴的形成。能够使汽车平稳通过粗糙路面。在传统不充气的减震器中，在油液被迫通过小孔后，压力下降，油液体积膨胀导致了气泡的产生，油液变成泡沫状，有气泡的油液不能有效地实现减震。

技师指导

正是由于减震器充入了空气，一旦内部密封不严，就会使空气和油液混合在一起，导致减震器失效，乘坐不平稳。

使用较高压力的子午轮胎和质量较小的汽车时，要求使用更有效的减震器。为了达到这个要求，减震器设计工程师利用了一种压缩气体，它不和减震器内的油液发生化学反应。如果一种物质和另外一种物质不起反应，它就被称为是“惰性的”。最常用的气体就是氮气，它占大气成分的78%。典型的充气减震器可以被增压到9～10bar*以帮助操纵和驾驶控制。一些减震器采用较高的压力，如25～30bar，但是压力越高，渗漏的可能性越大，并且行驶越颠簸。单筒充气型减震器的结构如图1-10所示。

充分减震器的工作原理如下。

① 压缩阶段：活塞杆向下运动，工作腔活塞下部油液经单向阀从下腔流向上腔，同时油液向下经底阀的阻尼孔进入储油腔，这时上部气体稍有压缩，但压强增加不大。

② 回弹阶段：活塞杆向上运动，工作腔活塞下部油液压力降低，上腔油液经阻尼阀从上腔流向下腔，在下部储油腔内的油液向上经底阀的单向阀进入工作腔。

如图1-11所示，压缩和回弹时的阻尼力是不同的，一般压缩时阻尼力小，回弹时阻尼力大。这样可保证地面冲击的能量尽快传递给减震器的液压油，并且匹配的悬挂响应性更好、舒适性更高；但缺点是，一旦遇到连续的路面不平时，如果两次冲击的间隔时间不够长的话，悬挂会变得非常硬，从而严重影响舒适性和驾驶安全。

* 1bar=10^5Pa。

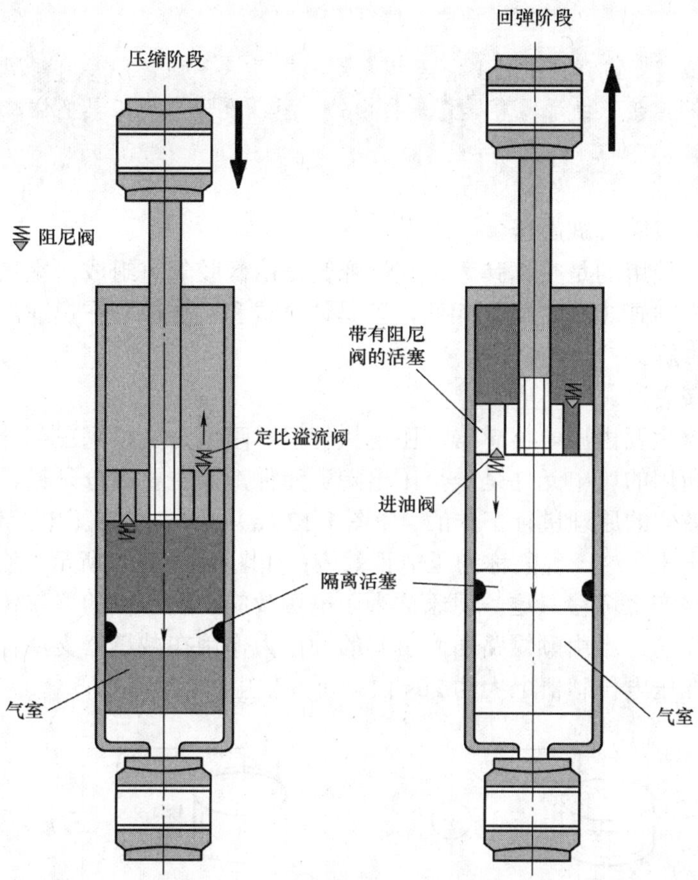

图 1-10 单筒充气型减震器的结构

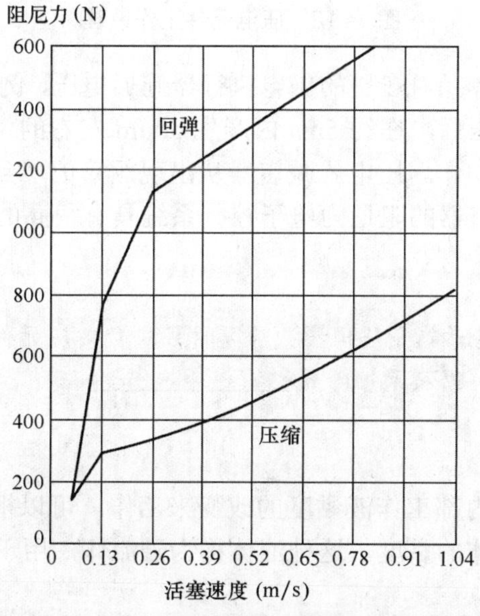

图 1-11 减震器压缩和回弹时的阻尼力

技师指导

要完成更换减震器或弹簧的任务，要用专用的工具压下弹簧，并用专用工具拆开减震器上座与减震器杆的连接。由于减震器杆是自由的，所以要用专用工具把住减震器杆，再拆减震器杆上部螺母。

（3）阻尼可调双筒式减震器。

电控悬架系统使用的是空气弹簧，空气弹簧是由橡胶气室组成，空气弹簧和减震器底部的减震器阻尼控制阀（PDC 阀）相通，其具体结构和工作原理在奥迪汽车的阻尼可调的双筒式减震器中讲解。

（4）压电式减震器。

压电式减震器主要由压电传感器、压电执行器和阻尼力变换阀三部分组成。压电传感器和压电执行器所用的压电元件是一个压电陶瓷元件，其主要成分是铅、锆和铁。压电元件都是利用压电效应的原理进行工作的。如图 1-12（a）所示，当在压电元件上施加外力时，压电元件将产生电压，这一现象称为压电正效应；如图 1-12（b）所示，给压电元件施加电压，则压电元件将产生位移，这一现象称为压电负效应。发动机的爆震传感器就是根据压电正效应进行工作的。当由颠簸路面而引起的冲击力作用在减震器支撑杆上时，由于压电正效应的作用，在压电传感器上大约 2μs 内就可产生电压信号。

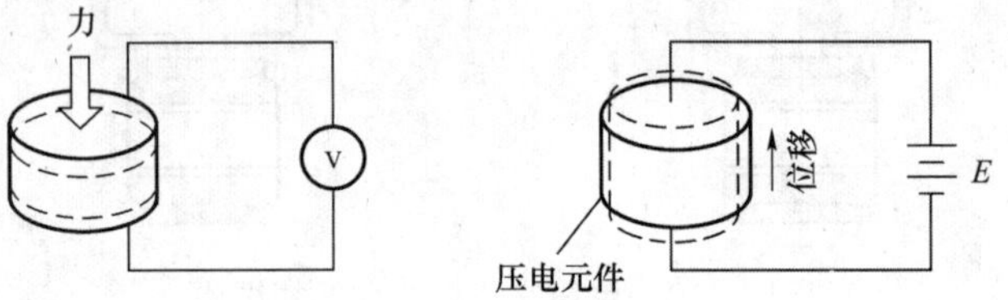

（a）压电正效应　　（b）压电负效应

图 1–12　压电元件工作原理

悬架系统的电子控制单元对多层的压电执行器施加电压，例如，对由 88 个压电元件所组成的压电执行器施加电压后，在约 5ms 内产生 50μm 左右的位移。此位移经活塞和推杆放大后，使阻尼力变换阀动作。压电式减震器从出现颠簸信号到阻尼力变换阀动作仅需几毫秒的时间，因此这种减震器的阻尼力电子控制系统具有很高的响应能力。

完成任务

在压电式减震器中，传感器是压电正效应元件还是负效应元件？________；执行器是压电正效应元件还是负效应元件？________。

（5）磁流变式减震器。

磁流变式减震器利用内部工作液黏度的改变来工作。可以根据流过每个装置中电磁线圈的电流来快速地改变液体的黏度，这种液体称为磁流体，用于单筒式减震器，如图 1-13 所示。

在正常工况下，磁流体很容易通过减震器的小孔，产生很小的阻尼作用。当悬架控制单元通过压电传感器检测出有大的或高频振动时，减震器的电磁线圈中就会产生小电流，此时油液中的铁微粒在 3ms 之内做出反应，呈纤维状，这就使磁性液体变得像黄油一样稠，提高了减震器的刚度。这种减震器可用来控制加速过程中的尾部下沉及制动过程的俯冲现象，也可以在转弯时通过悬架控制单元来减小车身的侧倾。

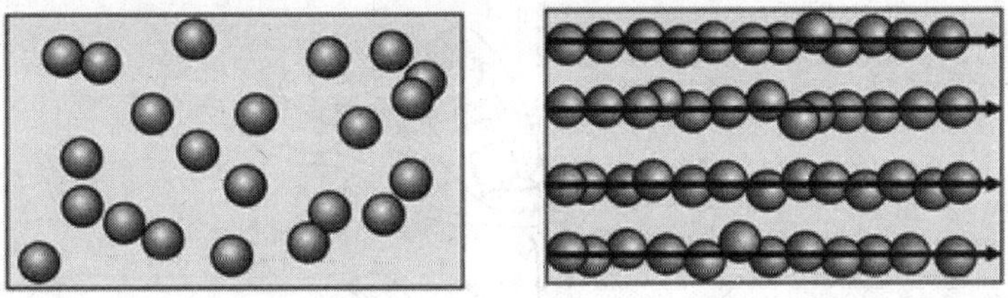

（a）无磁场时　　　（b）有磁场时

图 1–13　磁流体颗粒排列

如图 1-14 所示，电磁线圈未通电，减震器油内的磁悬浮微粒呈杂乱无序状态，彼此之间没有力的作用。在活塞运动时，这些微粒与油液一同被从活塞孔压出。这时的阻尼力相对较低，该力取决于减震器油的基本黏度值。电控电磁线圈通电时，微粒会按照磁场的磁力线方向排列，特别是在活塞孔内会聚集一长串微粒。这就提高了油液与孔壁的摩擦力，因而也就提高了流变压力和阻尼力。

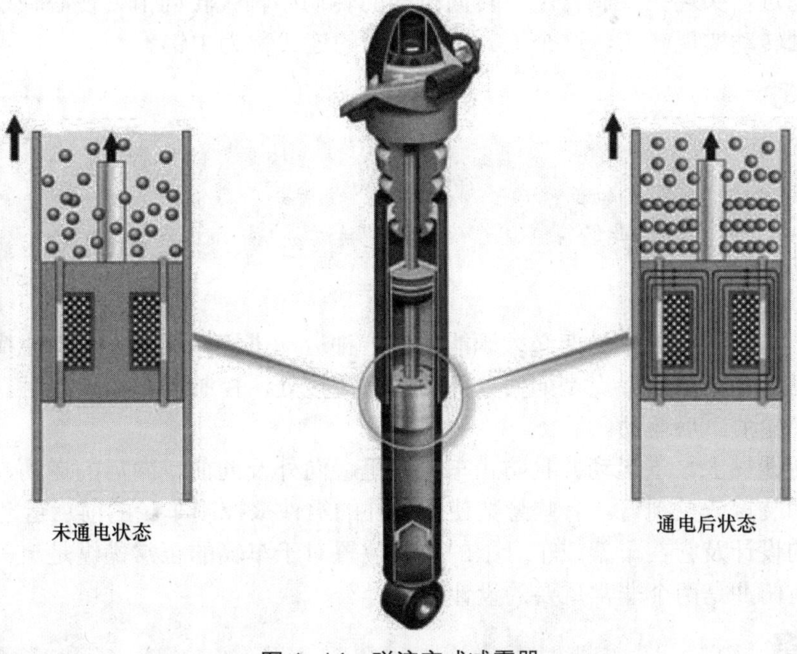

图 1–14　磁流变式减震器

5. 悬架连接件

悬架系统使用了不同的连接件、控制臂和接头使车轮能够自由地上、下运动；前悬架必须能够使车轮转向，所有的悬架都必须满足下面的支撑条件。

1）横向运动

当车轮上下运动时，悬架必须能够调节这种运动，并且能够防止车轮朝汽车中心向内或向外运动，如图 1-15 所示。控制臂纵向铰接在车架上能控制横向运动，控制臂通过橡胶衬套与车架连接，橡胶衬套可以隔绝路面和车身之间的噪声和震动。

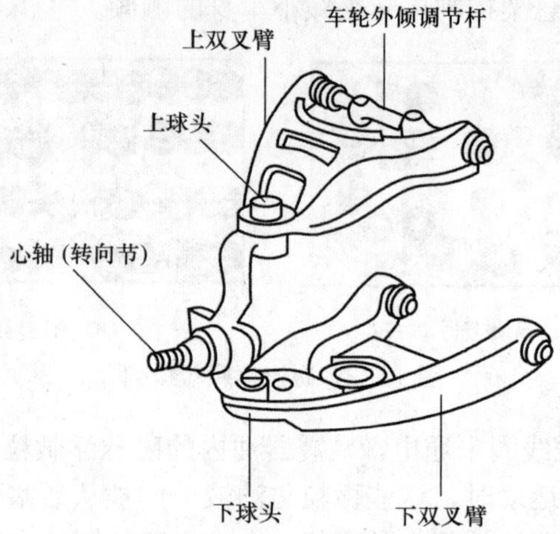

图 1–15　双叉臂式悬架导向机构

这里要附加说明的是，车轮与心轴相连，心轴上端通过球窝接头与控制臂末端相连。心轴下端也通过球头连在控制臂上。转向机构的转动心轴（转向节）使心轴以上、下球头间的连线为轴转动实现转弯，这个上、下球头间的连线称为主销。

完成任务

在图 1-15 中，哪个部件对悬架提供纵向支撑，以防止控制臂的前后运动？____________；上、下双叉臂球头之间的心轴部件也称为转向节（两者是一个件），上、下两个球头之间的连线称为________，转向时车轮绕着连线确定的轴转动。

2）纵向运动

当车轮上、下运动时，悬架必须既能允许这种运动进行，又要在车轮碰撞到凸起时避免车轮向后运动。注意铰接点是如何分开的，在铰接处，控制臂和车架接触，提供了支撑作用以防止车轮前、后运动。

为使车轮能够上、下运动并且防止车轮向里、向外及向前、向后的运动，至少要采用两种悬架联动装置或控制臂。有些悬架使用另外的组件来控制车轮的前后运动，如图 1-16 所示。悬架的设计及它在车架或车身上的安装位置对于车辆的正常操纵是至关重要的。防尾部下沉和防俯冲是两个非常重要的设计因素。

完成任务

在图 1-16 中，哪个部件对悬架提供纵向支撑，以防止控制臂的前后运动？____________。

（1）防尾部下沉。

防后坐指的是在加速过程中车身的反应。多数汽车设计为在加速过程中汽车尾部下沉是正常的，多数驾驶员反应是舒适的，甚至对于前轮驱动的车辆也是如此。防尾部下沉是指这个正常作用力被缓和的程度。如果悬架的设计具有较强的防后坐能力，这样车辆在加速过程中车身便会保持水平。

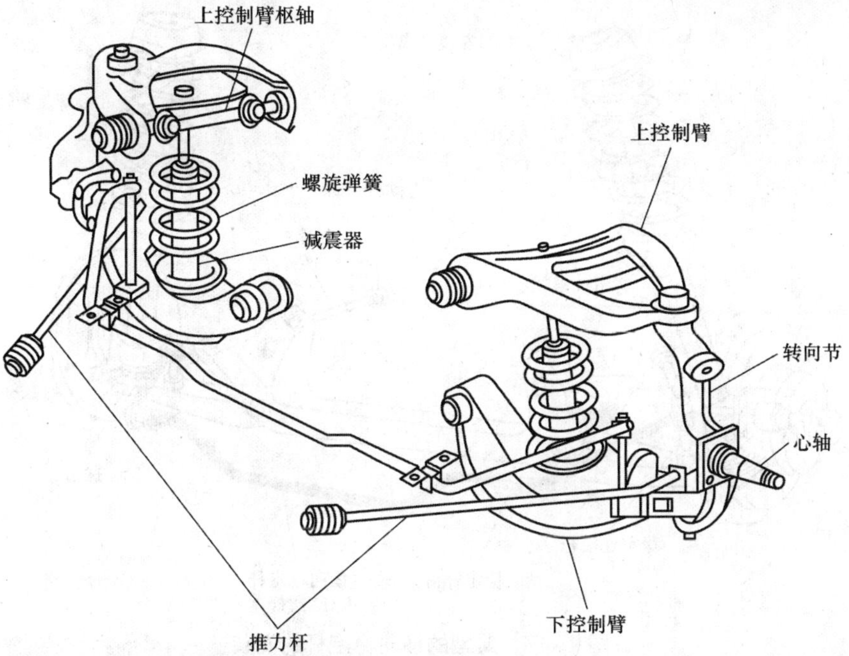

图 1–16 自带推力杆的双叉臂式导向机构

（2）防俯冲。

防俯冲指的是在制动时防止汽车前部向下运动的能力。大多数驾驶员感觉前俯冲是正常的。如果汽车的设计具有较强的防前俯冲能力，那么在制动时汽车会保持水平。

维修技师不能也不应该改变汽车的防后坐及防俯冲特性。但是如果用户认为汽车的后坐与俯冲特性不正常时，那么维修技师就应该认真检查悬架的所有部件，尤其是对悬架与车架或车身的固定点进行检查。

3）横向稳定杆

多数汽车及卡车在前悬架上都装配有横向稳定杆。这根圆柱形的硬质钢杆用螺栓与下控制臂相连，且与被称为横向稳定杆衬套的橡胶套相连。横向稳定杆被称为防摆动或防滚动杆。如果车辆的一侧相对另一侧上下运动，则横向稳定杆通过扭曲的方式来工作，如转弯、碰到凸起或在不平的路面行驶，如图 1-17 所示。

横向稳定杆的作用是当转弯时防止车身过度倾斜及提高汽车在不平路面上的行驶稳定性。当车身倾斜时，横向稳定杆被扭曲，施加到稳定杆上的作用力能够阻止车身倾斜。

在许多麦弗逊式滑柱的汽车上，横向稳定杆可用于对下控制臂的纵向支撑。横向稳定杆的有效作用力随着杆直径的增大而增加。因此，性能优的悬架通常具有大直径的横向稳定杆和衬套。

横向稳定杆两侧的球头杆把横向稳定杆的端部和下控制臂相连。仔细检查横向稳定杆的连接装置是很重要的。由于很大的力是通过连接装置和衬套传递的，所以连接装置经常出现损坏（橡胶座圈开裂或定位螺栓断开）。横向稳定杆两侧的球头杆或衬套的损坏会引起车辆操纵不安全，并出现噪声。

4）转向球节

转向球节实际上是一种球窝式的连接，与人肩膀上的关节相类似。转向球节可以使前轮上、下、左、右运动。螺旋弹簧固定在上控制臂上或下控制臂上。

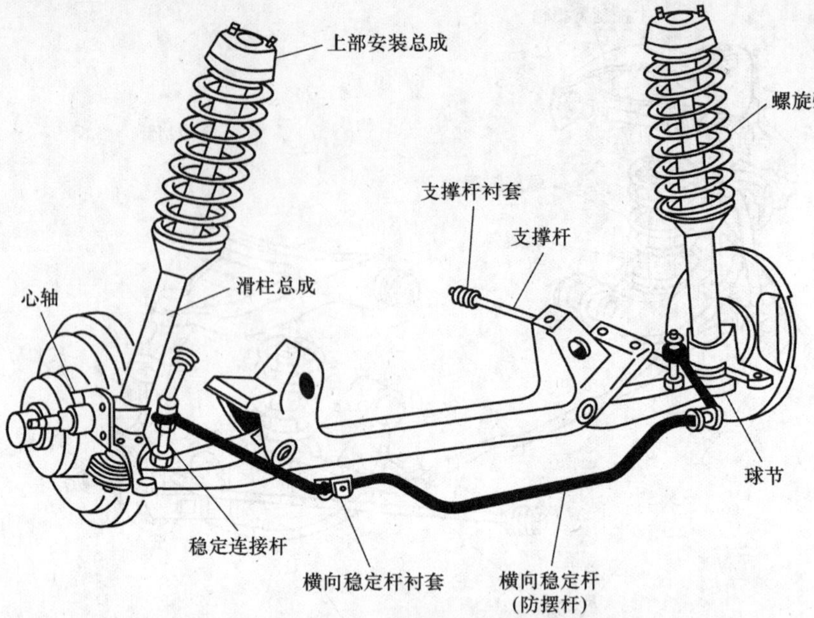

图 1–17　典型的横向稳定杆的安装

如果螺旋弹簧装在上控制臂上部，那么靠上的球节就支撑着车身的重量，称为负载球节，下球节称为从动球节，不过这种情况很少。如果螺旋弹簧装在下控制臂上，那么下球节便是负载球节，上球节为从动球节，如图 1-18 所示。在这种悬架中，下球节是承受负载的，因为车的重量通过弹簧、下控制臂和球节传到车轮。

图 1–18　下球节是负载球节

如果使用扭杆弹簧，下球节为负载球节。因为在大多数使用扭杆的汽车上，扭杆弹簧是和下控制臂相连的。转向球节的设计有两种基本的设计方法：压缩载荷或拉伸载荷。如果控制臂安装在转向节上，球节会被汽车的重量压进控制臂。如果转向节安装在控制臂上，球节会在拉力作用下拉回控制臂。采用哪种类型是由底盘设计工程师决定的，维修技师不能改变球节类型。如图 1-19 所示，所有的转向球节，不论是承载拉伸还是压缩载荷的，在球杆和球窝之间总有一个支撑表面。

每个转向球节都设计有一定的转向阻力以稳定转向。球节并不能支撑汽车的重量，它作为悬架的枢纽而经常被称为从动球节或摩擦球节。承载球节经常遭受很大的磨损，因此经常被更换。

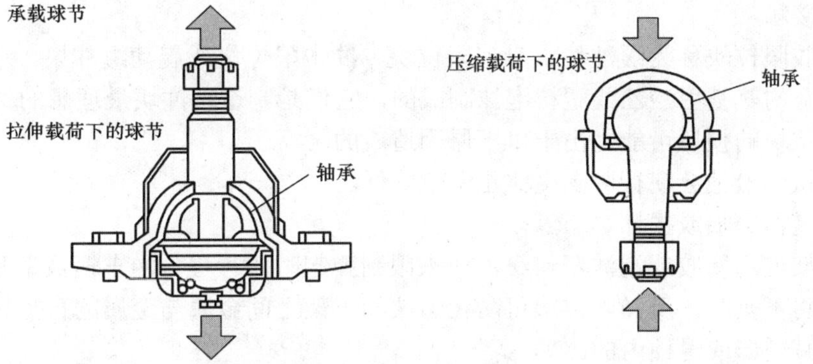

图 1–19 球节的拉伸和压缩

完成任务

在实车上找到球节，并判断和分析球节是负载球节还是从动球节；哪个损坏得更快；用撬棍来检查球节内部是否有间隙；用球节拆装工具拆一次球节，同时采用“暴力拆装”拆一次球节，这里的“暴力拆装”不是破坏性的，暴力只针对已经损坏的球节发生暴力，但不损坏周围部件。

5）缓冲块

所有的悬架系统都有行程的限制。如果汽车在道路上碰到大的凸起，车轮在巨大的力作用下被迫向车身方向运动。这个力被悬架系统的弹簧吸收。如果凸起足够大，那么悬架就被压缩到极限。为了不使悬架的金属部件碰到车架或车身，就在它们之间用一个橡胶或泡沫缓冲块来吸收震动，如图 1-20 所示。

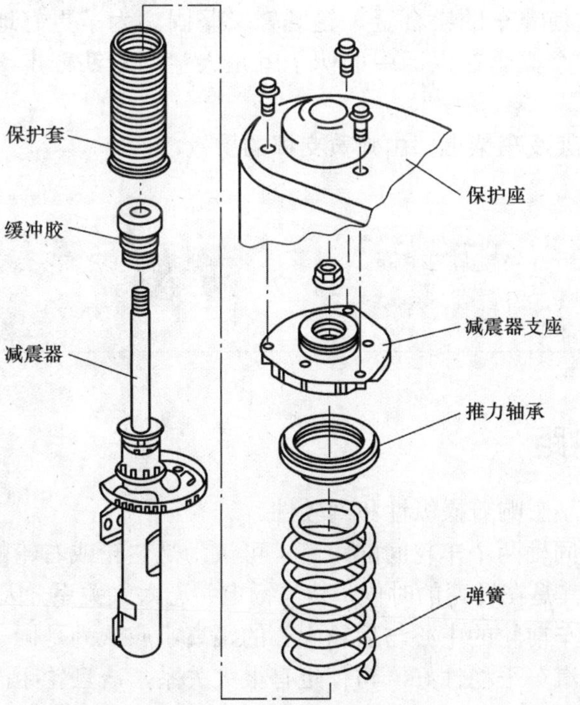

图 1–20 悬架缓冲块位置

所有的悬架系统都使用悬架缓冲块，以防止在路面高低不平时悬架与车架或车身之间的金属直接接触。

这些橡胶限位块称为缓冲块、悬架限位块、冲击限位块或震动缓冲块。这些缓冲块是用橡胶或微孔的氨基甲酸乙酯塑料泡沫制成的，它们是制造缓冲块最理想的材料。

悬架限位块的损坏可能是由于以下原因造成的。

（1）弹簧的松弛会使行驶高度比正常值降低。

（2）减震器磨损或损坏。

多数悬架使用橡胶或泡沫塑料缓冲块来限制弹起时的行程。当车辆被举升机升高，此时车轮悬挂将下垂时，反弹限位块可防止悬架和车架之间金属与金属的直接接触。有些限位块是嵌入减震器或滑柱内的。

完成任务

在维修作业中，从保护套、缓冲胶、减震器、弹簧、推力轴承、减震器支座等部件的任何一个损坏都要将减震器（带弹簧）一起拆下，并进行分解，如图1-20所示。在车上可通过“弹测、减压、听”操作分别检查弹簧、减震器和轴承。对于轴承的检修可采用行驶中的汽车打转向的方法，也可在原地打转向，通过穿心螺丝刀在减震器杆的螺母上听诊。

请在实车上找到车身向下运动时的限位块，同时找一找车身向上运动时的限位块，看是否能找到。

6. 簧下质量

悬架系统必须设计成在快速通过凹凸不平的路面时，车轮能够上下运动而不影响整车的质量。实际上，上下运动部分的总质量越轻就越容易操纵和驾驶，这个质量称为簧下质量。这种理念致使赛车的镁合金车轮既轻又坚固。为了更好地操纵和驾驶，簧下质量应尽可能地小。这个概念在生活中的例子就是人穿一双铁鞋走路时，人对上身的控制就较难一样。

簧上质量是指车架及车架上部由弹簧支撑的质量。

完成任务

想一想，如果人穿一双铁鞋在急走、急停、转弯时，人的上身会有什么感觉？请在实车上找到簧下质量的元件，并写下来。

____。

7. 轴距和轮距

轮距和轴距的大小影响着操纵性和驾驶性。

汽车的轮距就是同轴两个车轮间的距离，可认为是左轮或右轮的距离。宽的轮距增加了车辆的稳定性，尤其是在转弯的时候，其与行走并无太大关系，因为外力很难改变轮距。

汽车的轴距是汽车前轮的中心与后轮中心的距离，应认为是同一侧的距离，轴距较长的汽车比轴距较短的汽车平稳性好，与行走有很大关系，一旦轮距改变，汽车将出现自动跑偏。

完成任务

用卷尺测一下实车的两侧轴距，并写下来。

____。

1.2 大众汽车的前、后悬架

1. 大众汽车的悬架结构

大众汽车的前悬麦弗逊式和后悬扭力梁式悬架如图 1-21 所示。

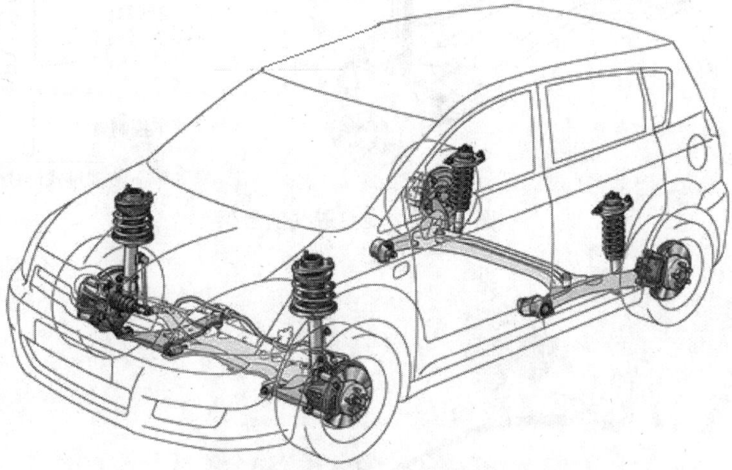

图 1–21 大众汽车的麦弗逊式前悬架和扭力梁式后悬架

1）麦弗逊式前悬架

在 20 世纪 40 年代晚期发明了麦弗逊式前悬架，并以麦弗逊的名字命名的，只能用在前轮上，并在 1953 年获得了专利，这种悬架是最通用形式的，如图 1-22 所示。麦弗逊式（又称滑柱式）前悬架的螺旋弹簧围绕在滑柱式减震器上，上座为减震器上座，下座为减震器筒上的拖盘式结构，车身质量压在减压器上，减震器上部通过两个车轮外倾调节螺栓与转向节的上引出端相连，这样车身的质量就压到车轮上，车轮转向节下部的球节为非承载球节，但也经常损坏。

若麦弗逊式前悬架的减震器下部没有通过两个车轮外倾调节螺栓与转向节的上引出端相连，而是一个整体结构时，车轮外倾调节要通过移动减震器上座的 3 个螺栓和车身之间的固定位置来实现，如红旗轿车。

2）扭力梁式后悬架

扭力梁式后悬架（又称拖曳臂式后悬架），如图 1-23 所示，扭力梁式后悬架（半独立悬架系统）是目前国内大众汽车应用最多的悬架，这种悬架类型只能被用在后轮上。由于当一边车轮运转跳动时，就会影响另一侧车轮也做出相应的跳动，但由于扭力梁是V形钢材制成，不是纯非独立悬架的粗钢梁，所以这种两轮间的影响正好介于独立和非独立之间，又称半独立式。使用这种悬架的车型在操控性与舒适性上都比较差；之所以能够被广泛应用主要还是因其结构简单、成本低廉，同时由于所占空间小，可以腾出更多的车内空间，这点非常适合对于操控性要求不高的家庭车。目前扭力梁式后悬架的车型被广泛使用，其中最有代表性是大众车系中、低档车和丰田车系低档车。

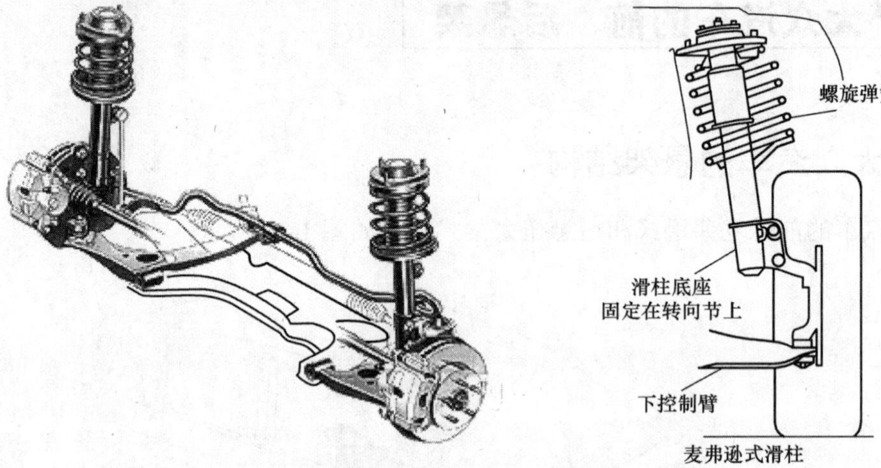

图 1-22　麦弗逊式前悬架

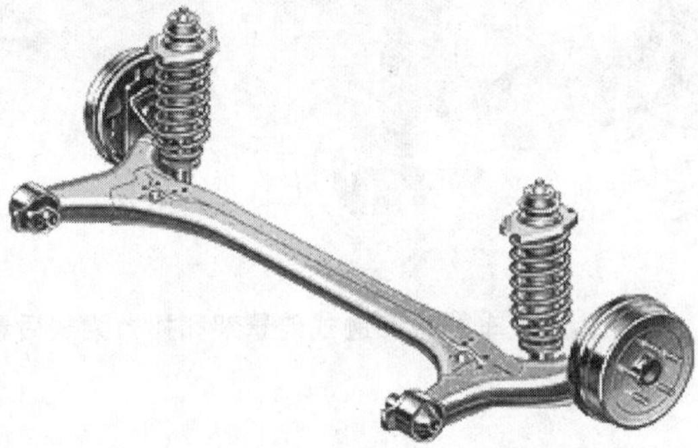

图 1-23　扭力梁式后悬架

2. 奥迪汽车的前、后悬架

1）双交叉臂式前悬架

奥迪汽车的双叉臂式前悬架如图 1-24 所示。

完成任务

在图 1-24 中，弹簧是什么形式的？_________；减震器在哪里？___________；其本质是不是麦弗逊前悬架的减震器上部的螺旋弹簧换为了空气弹簧？_____________。

2）多连杆式后悬架

奥迪汽车的多连杆式后悬架（配螺旋弹簧和传统减震器）如图 1-25 所示。

图 1-24　奥迪汽车的双叉臂式前悬架

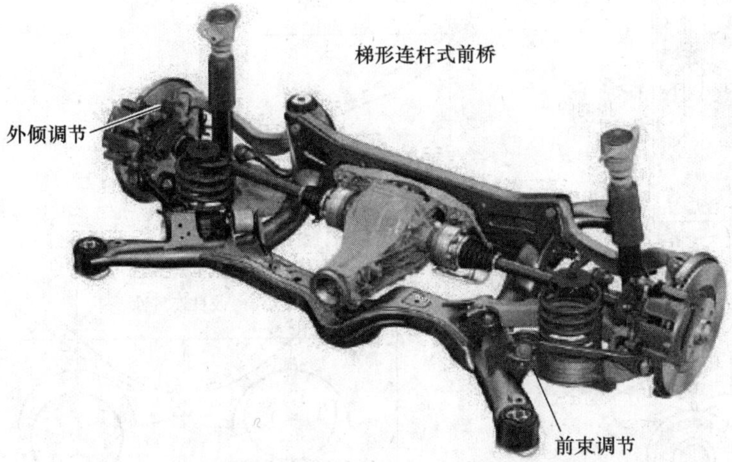

图 1-25　奥迪汽车的多连杆式后悬架（配螺旋弹簧和传统减震器）

完成任务

在图 1-25 中，找到车架，减震器和弹簧是否分开布置？__________；分开布置的好处是：______________。

1.3 丰田汽车的前、后悬架

1. 充气减震器

带有回弹式弹簧和多片式线性控制阀的单管式减震器如图 1-26 所示。该减震器在极小的活塞速度范围内开始产生阻尼力。这样，可实现自然的、线性的车辆运行，以获得驾驶机动力和平稳的乘坐舒适性。而且，可以确保减震器阻尼力的正常响应和连续性。该减震器使失效的非弹簧运动减至最小，以保证正常的直线行驶和乘坐舒适性。

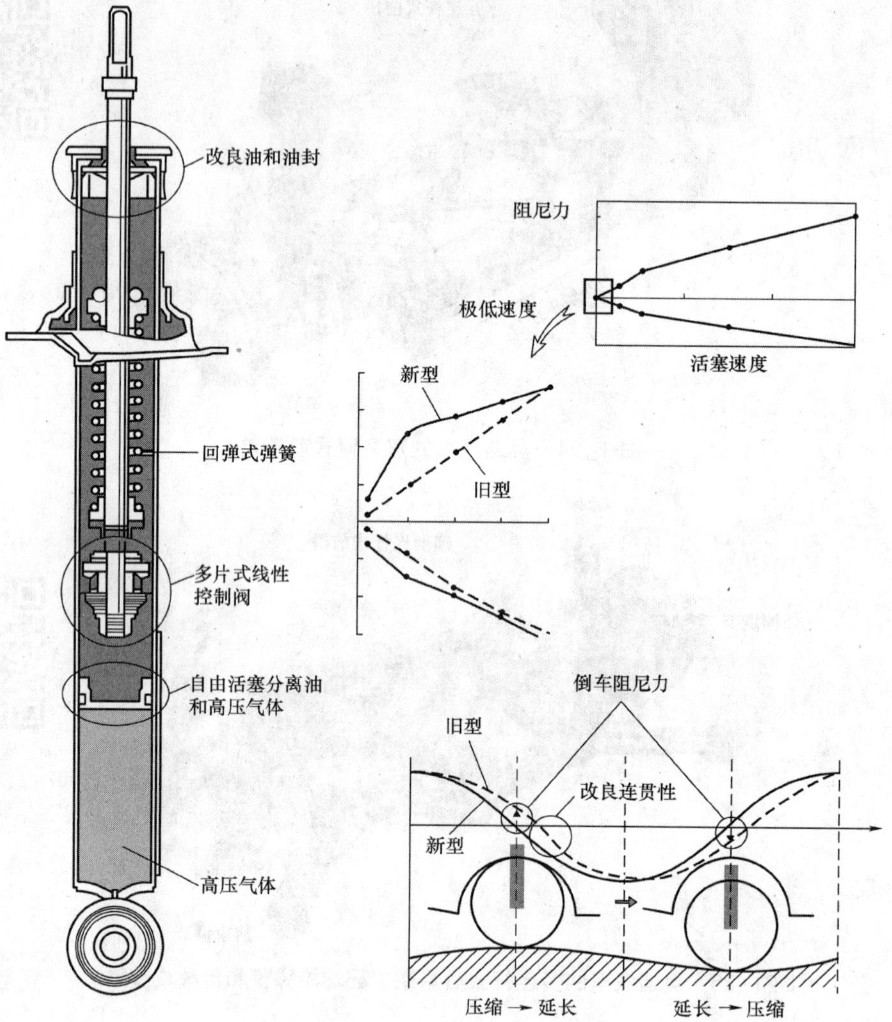

图 1–26　带有回弹式弹簧和多片式线性控制阀的单管式减震器

完成任务

在图 1-26 所示的减震器中是否有高压气体？__________；加回弹式弹簧的目的是：__________；减震器加装多片式线性控制阀后与一般汽车减震器的区别是：__________；几个人在车前部按压车身产生垂直运动，松手后观察车身震动了几次（小于 3 次为正常，一般不到 2 次）？__________。

要确定弹簧是否变软，以及左右弹簧是否一致，需要测量车轮心轴中心到轮眉的距离并进行比较，请测量后写下来：左前轮：______；右前轮：______；左后轮：______；右后轮：______；测量的结果分析是：__________。

2. 横向稳定杆

如图 1-27 所示，稳定杆是空心杆，以减轻质量。稳定杆连杆和稳定杆之间、稳定杆连杆和下臂之间使用球头连接。这样，有助于减少悬架摩擦力和增加链接刚度，球头即使对轻微摇晃也可有效地处理，并能保持稳定感。

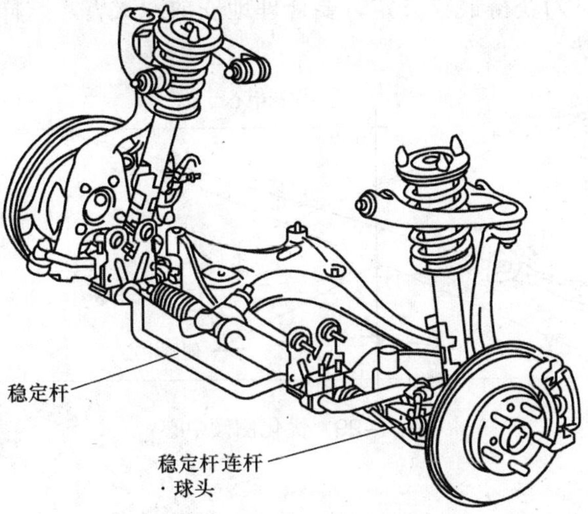

图 1–27 前悬架的横向稳定杆

完成任务

在图 1-27 中，横向稳定杆两端加球头连杆的作用是：________________。

3. 优化前悬架

如图 1-28 所示，采用高安装式上臂。为减轻质量，上下臂采用高强度薄钢和铝合金。转向机安装在车桥的前部。转弯时，根据侧向力，转向角度变化到后部。这样，在高速行驶时可实现平稳响应。优化安置的悬架组件可增加车轮的转向角度。这样，减小了最小转向半径并实现了极好的操作性。为保证极好的乘坐舒适性，增加车轮行程、采用氨基甲酸乙酯冲击限位器并优化各种组件。为减小水平震动和垂直震动，下臂后部采用大型的、装满液体的衬套。

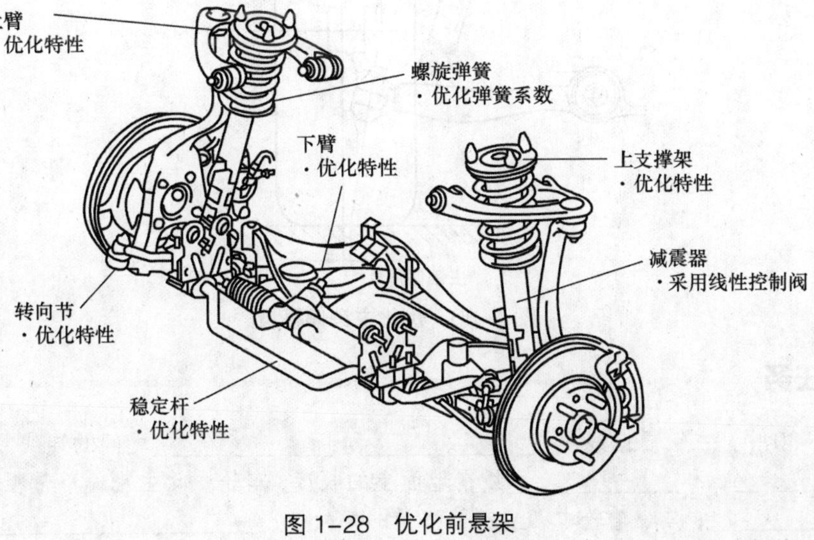

图 1–28 优化前悬架

1）优化侧倾中心

如图 1-29 所示，在侧倾时，重心高度变化产生的几何误差依赖于侧倾重心高度的设定和它的变化率。所以，为获得最佳设定，要合理地安放双叉臂。这样可保持低的重心高度，并确保极好的侧倾姿势。

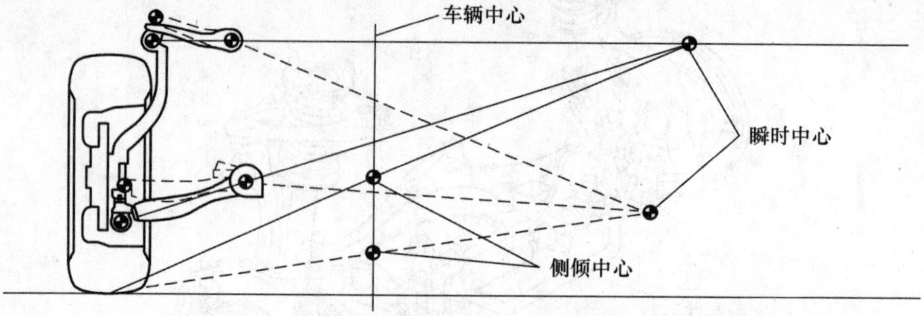

图 1-29　优化侧倾中心

完成任务

在图 1-29 中，找到双叉臂上移时的侧倾中心位置；再找到双叉臂下移时的侧倾中心位置（提示用实线和虚线分清）。

2）优化主销偏移量

如图 1-30 所示，采用高安装式上臂，轮胎中心和主销之间的偏移量在车桥中心高度上减少。这样，就减少了主销周围的力矩，并抑制了摆动压力的产生。

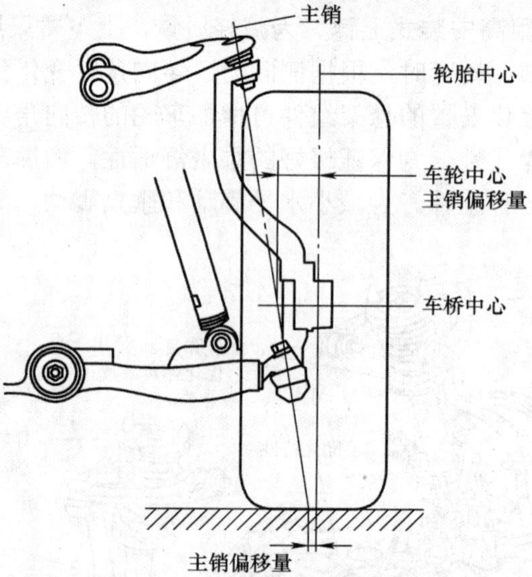

图 1-30　优化主销偏移量

完成任务

在图 1-30 中，主销虚拟线是______________和______________之间的连线，主销偏移量是______________线和______________线在地面上的长度，车轮中心主销偏移量在图 1-30 中哪个位置？__________；减小车轮中心主销偏移量的好处是：____________________________。

3）优化外倾角

如图 1-31 所示，为保证极好的行驶稳定性，优化了初始外倾角和外倾角的变化率。

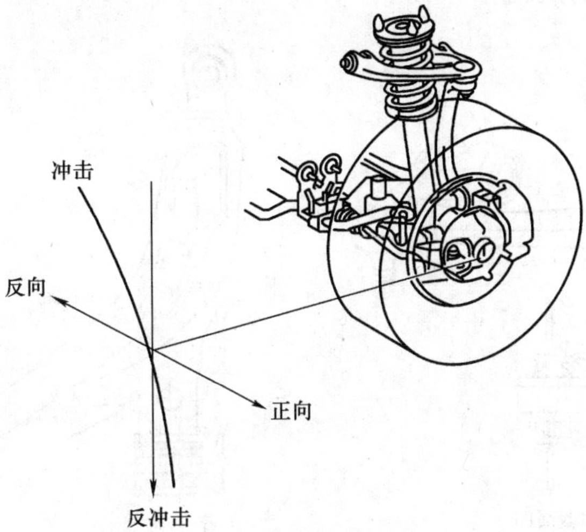

图 1-31 优化外倾角

完成任务

在图 1-31 中，车轮中心沿哪条线运动？________；请在图 1-31 中标出。

4）防潜几何设计

如图 1-32 所示，为了防止刹车出现点头，前悬架采用了防潜几何设计，又称防点头设计，在前轮处，下控制臂的后铰点比前铰点位置高，并且上控制臂的后铰点比前铰点低。这样，下臂和上臂的几何延伸线相交的 OF 点设计得高于路面。车身支撑制动时作用于前轮的制动力 BF 的位置为交点 OF 的位置。所以制动力 BF 产生下列分量：作用于交点 OF 的力 BF1 和作用在地面方向上的力 BF2。作用在地面方向上的力 BF2 的方向和大小随交点 OF 的位置而变化。这样，通过将交点 OF 设置在高于路面位置，可以几何地抑制由于惯性而产生的前轮负载增加。

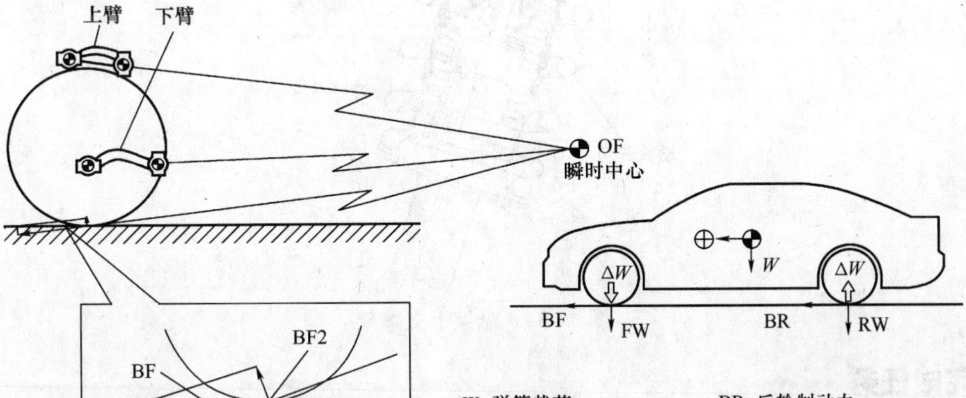

图 1-32 防潜几何设计

5）上臂和下臂

如图 1-33 所示，为减轻质量，A 形上臂由高强度钢板制成。其合适的衬套面已去毛边，无焊接以简化结构和减轻质量。

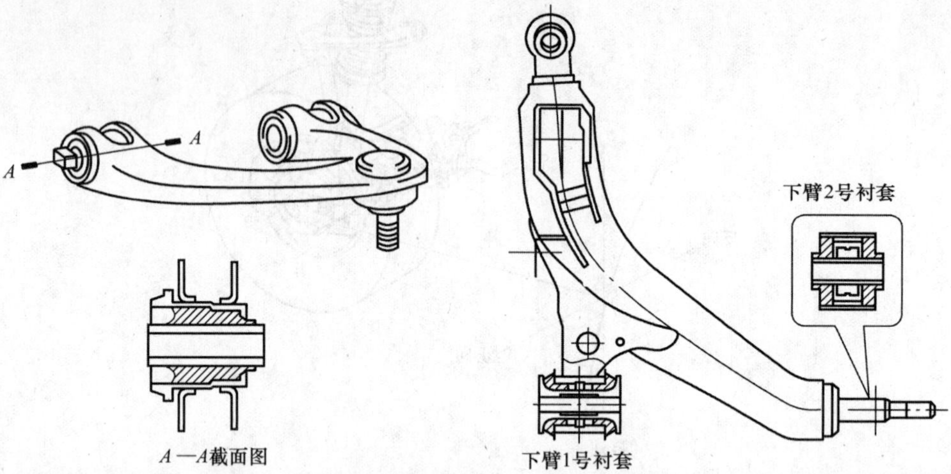

图 1–33　上臂和下臂

为减轻质量，下臂由高压薄钢制成。1 号下臂的衬套采用双向裂口结构。预载压力轴向地施加到橡胶法兰上，以增加纵向的刚度。

6）悬架上支撑架

如图 1-34 所示，悬架上支撑架采用载荷输入分散结构。当分散来自减震器、螺旋弹簧和冲击限位器的输入载荷时，该结构提供支撑，这样提高了乘坐舒适性，减少了噪声和振动。

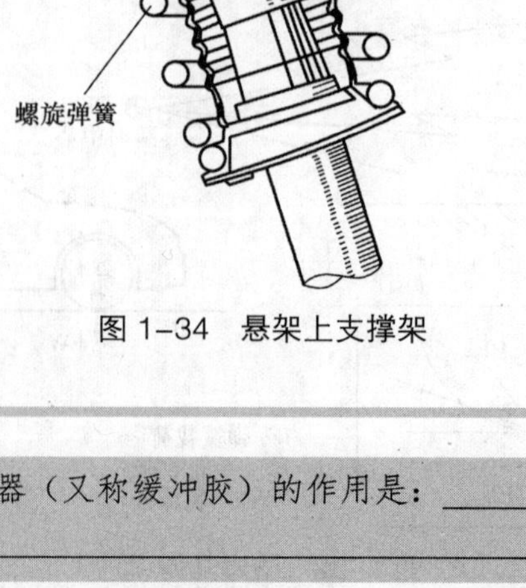

图 1–34　悬架上支撑架

完成任务

在图 1-34 中，冲击限位器（又称缓冲胶）的作用是：____。

4. 多连杆式后悬架

如图 1-35 所示，在新型皇冠轿车中，采用新开发的、多连杆式后悬架。该悬架由两个上臂、两个下臂和一个前束控制臂组成。为减轻质量，采用铸铝支架。螺旋弹簧安装在下方以保证充足的行李箱空间。

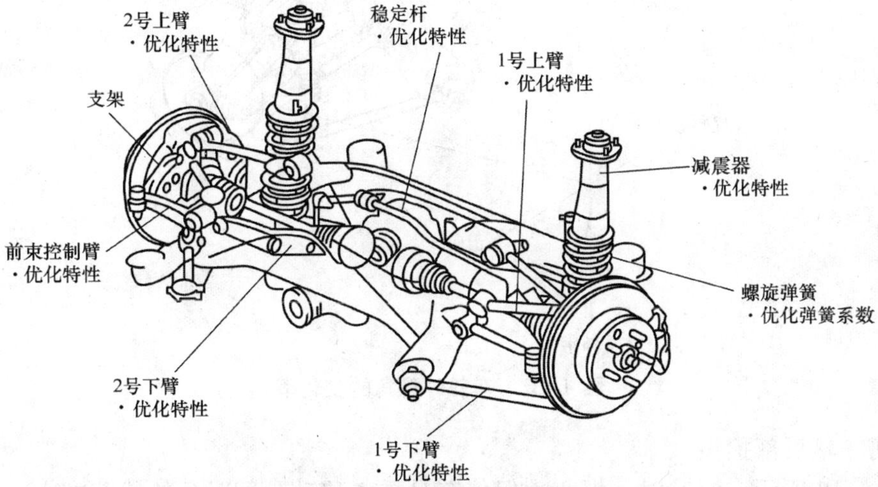

图 1-35 新型皇冠轿车的后多连杆式悬架

完成任务

在图 1-35 中，1 号下臂是不是推力杆？__________；在急加速时，悬架受拉力还是压力？__________；在制动时，悬架受拉力还是压力？__________；在转弯时，悬架是否也承受一定的力？__________；后轮支架是否设计了转向臂来实现前束控制？__________。

1）优化侧倾中心

如图 1-36 所示，在侧倾时，重心高度变化产生的几何误差依赖于侧倾重心高度的设定和它的变化率。所以，为获得最佳设定，要合理的安放臂。这样，使重心的高度变化最小并确保极好的侧倾姿式。

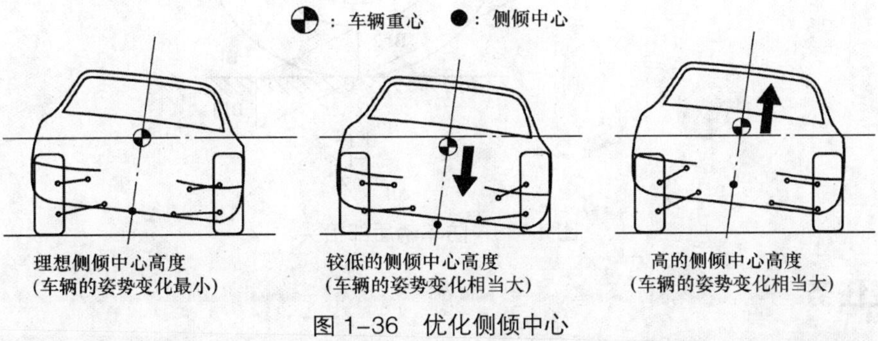

图 1-36 优化侧倾中心

2）优化外倾角

如图 1-37 所示，为保证极好的行驶稳定性，优化初始外倾角和外倾角的变化率。当垂直冲击出现时，车轮的运动沿冲击线运动，导致外倾角的变化率是个变值。

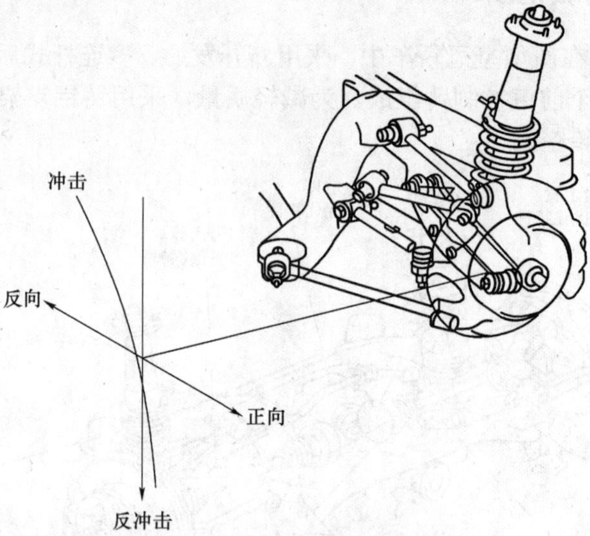

图 1–37　车轮外倾角的变化率

3）防车辆后部抬头

如图 1-38 所示，制动时，惯心力促使车身重心移动，同时后轮载荷减少，结果会使车辆的尾部抬起。车身用悬架的几何交点 OR 去维持由路面产生的制动力。这时，制动力 BF（Brake Force）分解为力 BF1 和作用在地面方向上的力 BF2。作用在地面方向上的力的方向和大小随交点 OR 的高度变化而变化。这样，通过将交点 OR 设置在高于路面的位置，并作用于地面，地面方向上的力 BF2 作用于载荷运动 $-\Delta W$ 的反向，就可抑制车辆尾部的抬起。

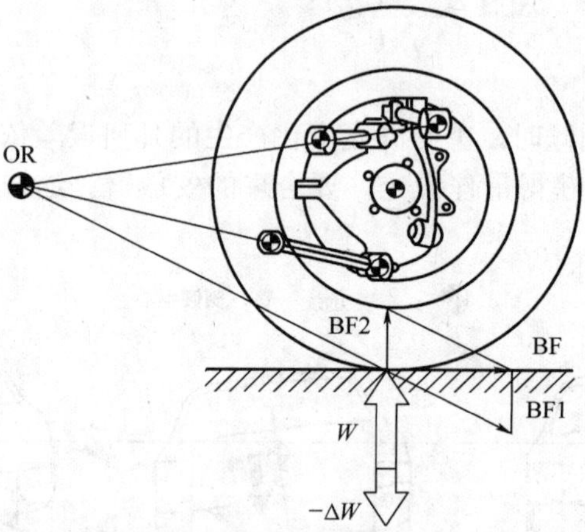

图 1–38　防车辆后部抬头

完成任务

根据图 1-35 所示的新型皇冠轿车的多连杆式后悬架的提示，写出图 1-38 所示的防车辆后部抬头中 3 个杆的名称：____________；____________；____________。

4）防后尾部下沉

如图 1-39 所示，在起步或加速时，惯性力促使车身重心移动。这增加了后轮的载荷，会促使车辆尾部的下沉。车身利用悬架的几何交点 OR 去维持作用在车桥中心的驱动力。然后，驱动力 T 产生下列变量：作用在交点方向上的力 T_1 和作用在地面方向上的力 T_2。通过将交点 OR 设置在高于车桥中心的位置，作用在地面方向上的力将抵消由发动或加速而增加的载荷 ΔW。这样就抑制了车辆尾部的下沉。

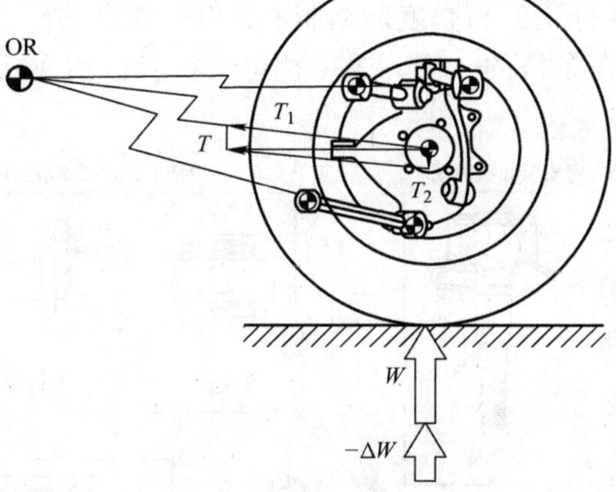

图 1-39　防后尾部下沉

5）纵向顺从

如图 1-40 所示，当车辆在路上颠簸时，车辆后方的车桥中心输入一个载荷，回应给来自于路面的输入载荷的车桥的纵向运动，称为纵向顺从。设定一个大的顺从值，可增加乘坐舒适性。因此，制动时承受小的输入载荷的 1 号上臂衬套的弹簧系数减小，以保证充足的纵向顺从。此外，下臂衬套的弹簧系数增加，以抑制在制动载荷过程中前束角的变化。这样，在高速时，实现极好的乘坐舒适性和行驶稳定性。

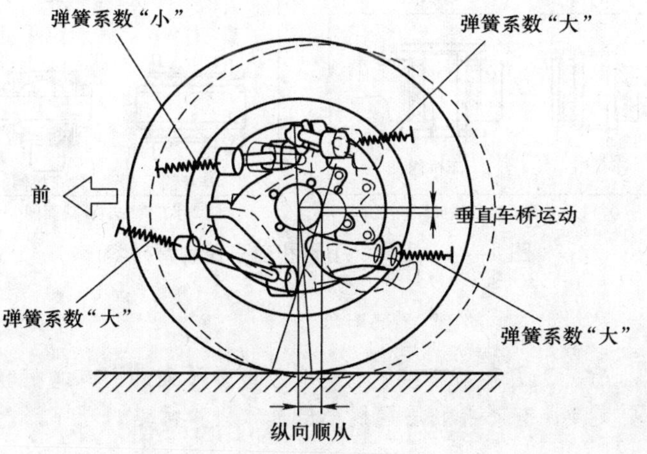

图 1-40　纵向顺从

完成任务

根据图 1-40，4 根弹簧是哪些杆的内侧橡胶套？

______________；______________；______________；______________。

6）上臂、下臂、前束控制臂和衬套

如图 1-41 所示，1 号上臂和 1 号下臂由高强度管材制成，以确保高的刚度和较小的质量。前束控制臂和 2 号上臂由高强度管材和一个末端球头制成，以确保高的刚度和较小的质量。2 号下臂由有标记的高强度薄钢制成，以确保高的刚度。在车身的一侧，采用带有外部汽缸的衬套，在车桥的一侧，采用枕垫球衬套以实现高支撑刚度和极好的乘坐舒适性。

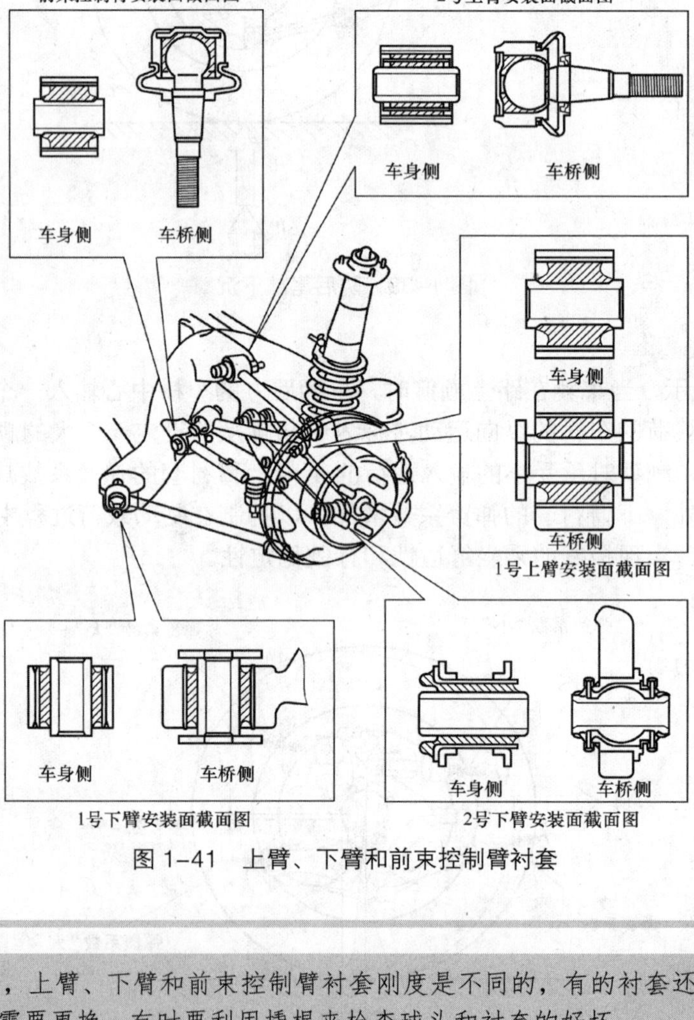

图 1-41　上臂、下臂和前束控制臂衬套

技师指导

在图 1-41 中，上臂、下臂和前束控制臂衬套刚度是不同的，有的衬套还有方向性，一旦衬套橡胶开裂就需要更换，有时要利用撬棍来检查球头和衬套的好坏。

7）上支架、螺旋弹簧和减震器

如图 1-42 所示，采用带有分离输入的上支架，以实现极好的乘坐舒适性和行驶稳定性。

螺旋弹簧收缩或延长时，在着陆点或弹簧座角度上的中心车桥的偏移处产生一个水平力。该力是从弹簧初步运动的垂直力上分离出来的。这样，把弹簧座安装在减震器的较低位置，使减震器能够平稳地滑动，以确保乘坐的舒适性。圆柱形的上弹簧座连同安装在较低位置的螺旋弹簧一起使用。此外，优化由氨基甲酸乙酯制成的冲击限位器的外形，以实现极好的乘坐舒适性和行驶稳定性。采用单管式减震器，以优化冲击特性。

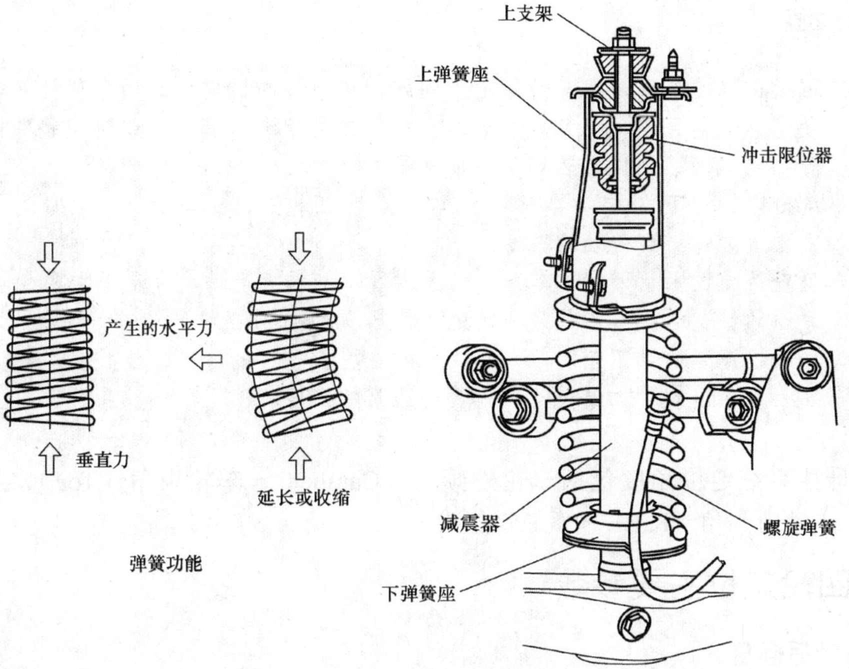

图 1–42　上支架、螺旋弹簧和减震器

8）稳定杆

如图 1-43 所示，稳定杆采用高刚度、实心型钢材，这里采用球头型稳定杆连杆可以确保极好的响应和刚度。

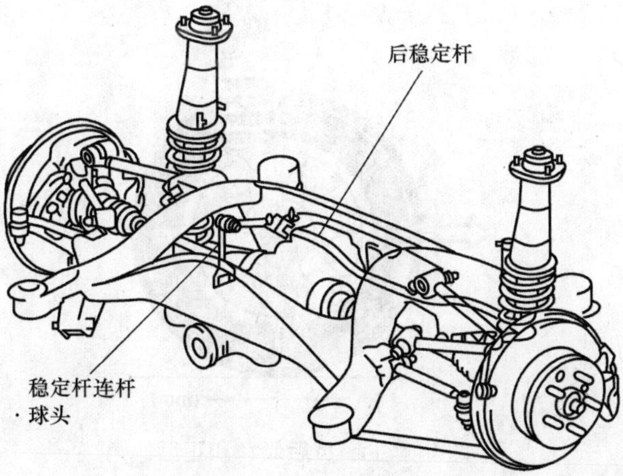

图 1–43　后横向稳定杆的位置

1.4 汽车四轮定位

技师指导

四轮定位不正确的本质是汽车悬架出了问题，包括导向机构胶套损坏和杆（或控制臂）出现疲劳，要想汽车悬架恢复正常，就要对未损坏的悬架进行调节，或对有元件损坏的悬架更换损坏元件后再调节，所以四轮定位本质就是悬架定位。

悬架系统检修的七字口诀是：“弹测、减压、导四轮”，解释如下：

弹簧检查要测量轮眉到心轴的高度；

减震器检查是通过人上下震动车身，松手后看车身垂直震动次数，正常要少于2～3次，记住不要震动得过猛，否则可能导致人为的减震器漏油损坏；

导向元件的故障要通过四轮定位来解决，即在更换了坏的球节、橡胶套后要通过四轮定位仪对车轮进行定位，定位的前提——弹簧是正常的高度。

汽车悬挂系统定位角度包括车轮外倾角（Camber）、车轮束角（Toe）、主销后倾角（Castor）、主销内倾角（K.P.I.）等主要参数。

1. 四轮定位主要参数

1）主销后倾角

如图1-44所示，后倾角定义为：由车侧看转向轴中心线与垂直线所成的夹角，向前为负，向后为正。后倾角的存在可使转向轴线与路面的交会点在轮胎接地点的前方，可利用路面对轮胎的阻力让车子保持直进，其原理就如购物推车的前轮会自动转至你施力的方向并保持直进一般。

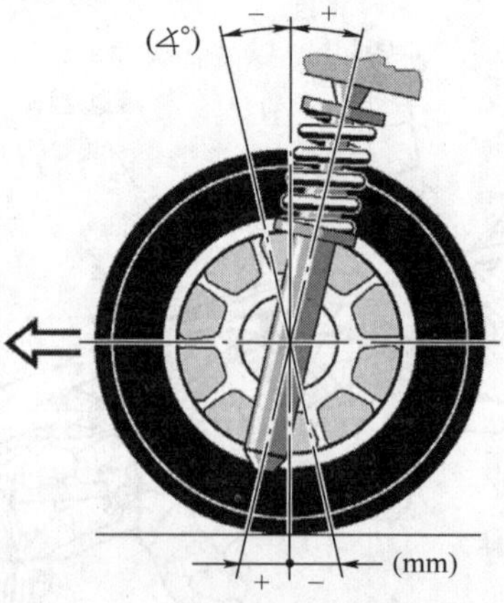

图1–44 主销负后倾角和正后倾角

主销后倾角是指主销装在前轴，上端略向后倾斜的角度。角度越大前轮自动回正的作用就越强烈，但转向时也越费力，轮胎磨损增大；反之，角度越小前轮自动回正的作用就越弱，因此这个主销内倾角都有一个范围，在 5° ～ 8° 之间。这与摩托车的前叉向后倾的道理一样，它使车辆转弯时产生的离心力所形成的力矩方向与车轮偏转方向相反，迫使车轮偏转后自动恢复到原来的中间位置上。由此，主销后倾角越大，车速越高，前轮稳定性也越好。但主销后倾角大也会令驾驶者转动方向盘费力，因此主销后倾角也有一个范围，一般不大于 3° 。

有些轿车的轮胎气压低，轮胎弹性大，行驶时轮胎与地面接触面中心向后移动，也会产生一种力矩，故主销后倾角可以减小，甚至变为负值，即主销前倾角。

主销后倾角为正方向控制能力与制动力增强。但后倾角正向过大，会使转向能力降低，操控性下降。主销后倾角过小或偏负：转向复位能力变差，易损坏轮胎，造成轮胎打滑，对方向过于敏感，高速行驶车辆稳定性差。左、右主销后倾角不等容易引起车身倾斜。

2）主销内倾角

如图 1-45 所示，内倾角定义为：转向轴中心线与垂直线所成的角度。有了内倾角可使车重平均分布在轴承之上，保护轴承不易受损，并使转向力平均，转向轻盈。内倾角在车辆悬吊设计之初就已设定好，通常是不可调整的。

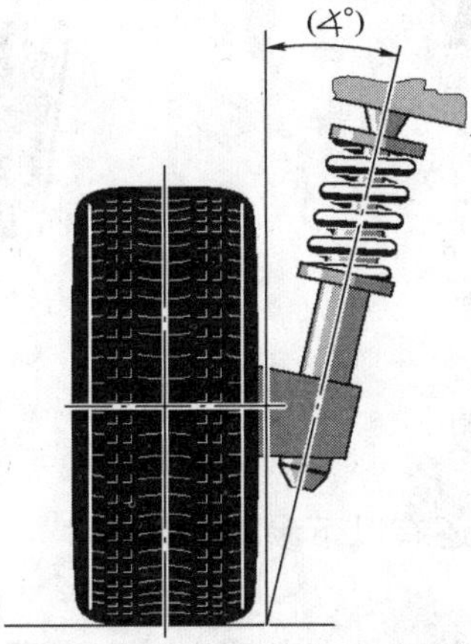

图 1-45 主销内倾角（仅有正的）

主销内倾角和主销后倾角都有使汽车转向自动回正，保持直线行驶的功能。不同之处是主销内倾角的回正与车速无关，主销后倾角的回正与车速有关，因此高速时主销后倾角的回正作用大，低速时主销内倾角的回正作用大。

3）车轮外倾角

如图 1-46 所示，外倾角定义为：由车前方看轮胎中心线与垂直线所成的角度，向外为正，向内为负。其角度的不同能改变轮胎与地面的接触点及施力点，直接影响轮胎的抓地力及磨耗状况。通常两前轮都外倾，通常左后轮内倾，右后轮基本正常。前轮外倾角对汽车的转弯性能有直接影响，它的作用是提高前轮的转向安全性和转向操纵的轻便。

4）车轮束角

如图 1-47 所示，束角定义为：由上方看左、右轮胎所成的角度，向内为 Toe-in，向外为 Toe-out。束角的功用在于补偿轮胎因外倾角及路面阻力所导致向内或向外滚动的趋势，确保车子的直进性。车轮束角分为前束角和后束角。前束角可用 *AB*–*CD* 的数值来表示，也可用 *AC* 和 *BD* 夹角来表示。后轮通常只有一边车轮存在较小的正前束角，另一个车轮存在负前束角，这种情况称为单边前束角，如图 1-48 所示为后轴车轮单边前束角。

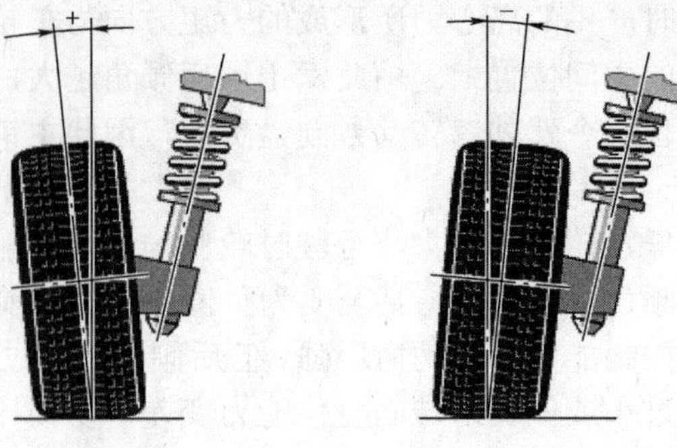

图 1–46　车轮正外倾角和负外倾角

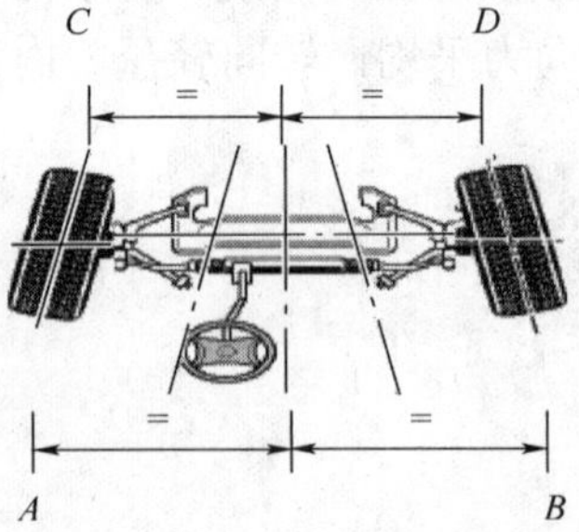

图 1–47　前轴车轮前束角

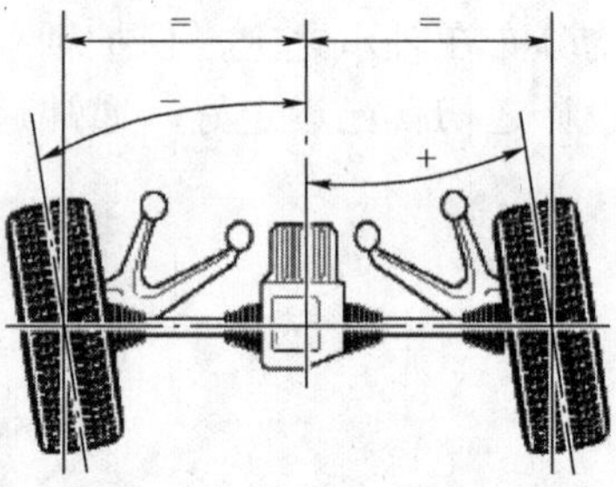

图 1–48　后轴车轮前束角

2. 四轮定位其他参数

除了以上 4 个主要参数外，还有以下参数要掌握。

1）转向前展

转向前展定义为：转向时两前轮转向角度之差。过弯道时，弯内轮所转的角度通常大于外轮所转的角度，相差在 2° 左右，其目的是在过弯道时使车子能以后轴延伸线的瞬时中心为圆心顺利通过弯道。

2）轮辋偏置距离

轮辋偏置距离定义为：轮圈的接合面和轮圈中心的距离，往轮圈外侧方向的为正，往轮圈内侧的为负。改变轮圈的轮辋偏置距离会改变车子的轮距，而轮距是指轮胎中心线间的距离，因此若只是单纯的加大轮圈和轮胎而不改变轮辋偏置距离，对轮距并不造成影响。

3）车辆中心对称面

如图 1-49 所示，车辆中心对称面定义为：汽车几何中心平面，它垂直于行驶平面并通过前后轴的轮距中点。车辆中心对称面用在后轴前束角的测量基准应用分析中。在定位仪调整前的检测中，车辆中心对称面在第一次打正方向盘时测出。

4）车辆的几何轴线（推力线）

如图 1-50 所示，车辆的几何轴线定义为：后轴总前束角的角平分线（后轴的前束角是以前面中心对称面为基准测出的）。

用途：几何轴线由后轴前束角决定，它是车辆行驶时的推力线，也是前轴前束角的测量基准。

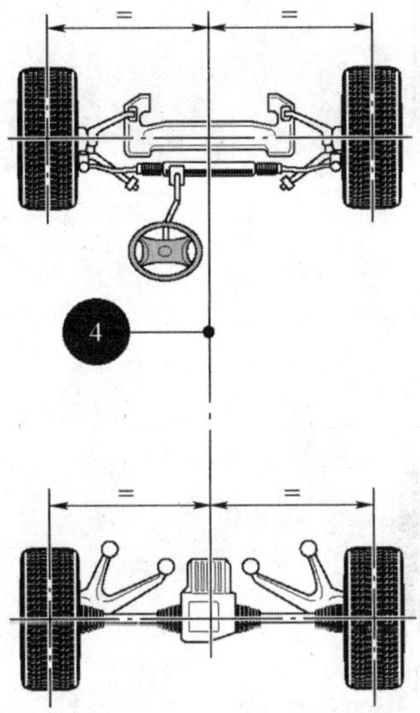

图 1-49　车辆中心对称面

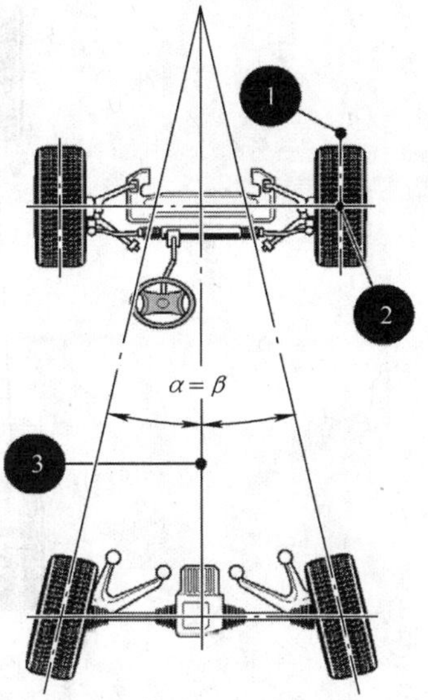

图 1-50　车辆的几何轴线（推力线）

5）轴距偏差

如图 1-51 所示，轴距偏差定义为：两个前轮之间的连线与两个后轮间的连线所形成的夹角。当右侧轮距大于左侧轮距时，此角度为正，反之为负。

6）横向偏位

如图 1-52 所示，横向偏位定义为：左侧或右侧前轮和后轮与地接触点连线与几何轴线间夹角。如果后轮超出前轮，此角度为正，如图 1-52 中的 α。

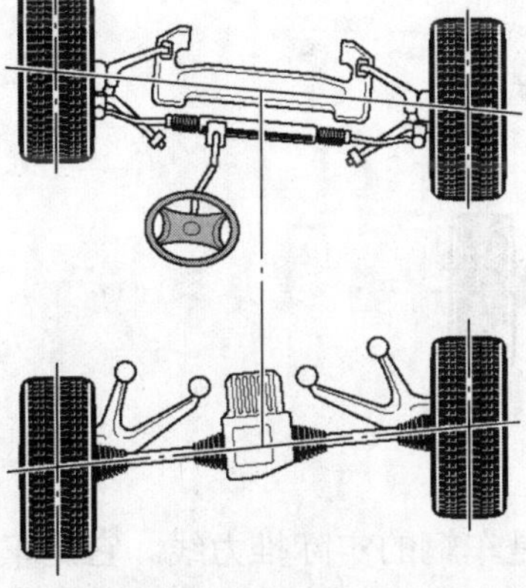

图 1-51　轴距偏差

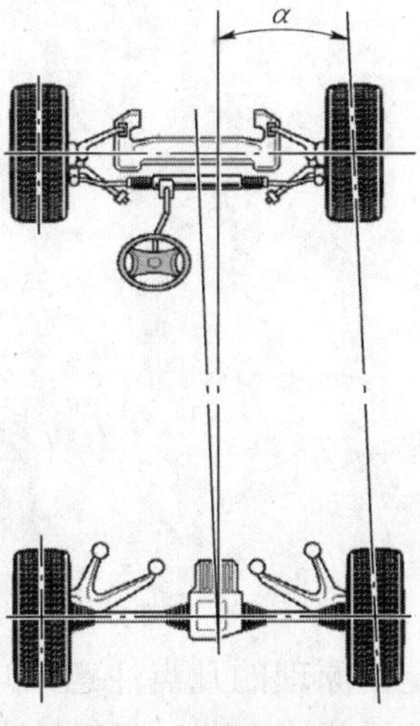

图 1-52　横向偏位

7）轮迹宽度偏差值

如图 1-53 所示，轮迹宽度偏差值定义为：左前轮和左后轮与地面接触点之间的连线同右前轮和右后轮与地面接触点之间连线的夹角。当后轮宽度超过前轮宽度时，此角度为正。

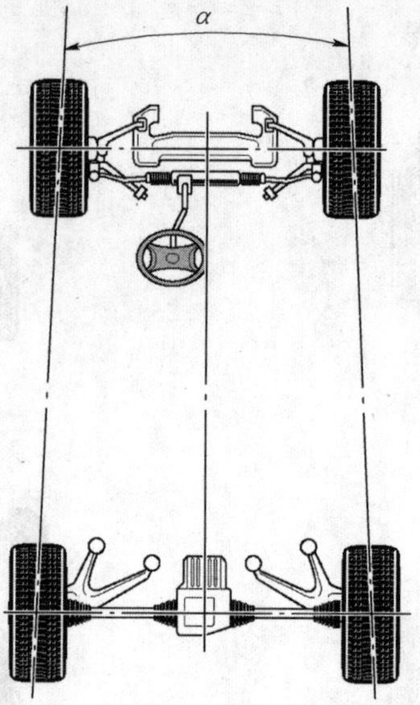

图 1-53　轮迹宽度偏差值

8）轴偏位

如图 1-54 所示，轴偏位定义为：轨迹宽度偏差角的平分线与几何中心线的夹角。如果后轴偏移到右侧，该角度为正。

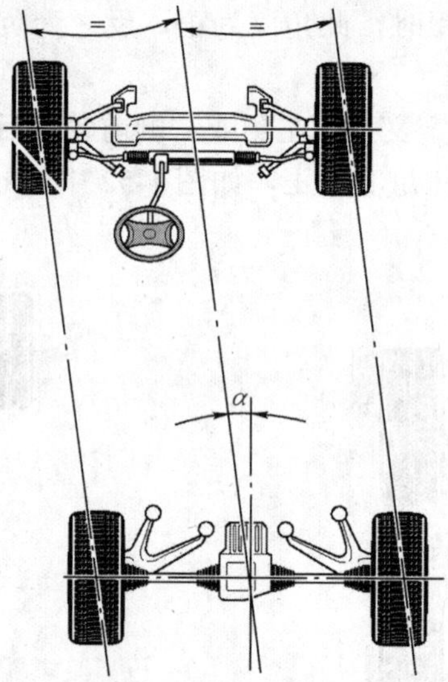

图 1-54　轴偏位

关于定位原理的几点注意事项：车辆的几何轴线是车辆的实际推力线。它是车辆后轴前束角的角平分线。当车辆后轴变形，后轴前束角发生变化，都会使推力线方向发生变化。如果车身变形过大，车轮定位并不能解决所有问题。应该先做大梁矫正，再做四轮定位，驱动角是由后轴的前束角、横向偏位和轴偏位产生，调整时应先调整后轴，再调整前轴。前轴前束角是根据后轴前束角形成的几何轴线进行调整的。

3. 四轮定位仪

1）四轮定位仪简介

通过四轮定位仪测出车轮的定位角度，通过计算机显示器显示给技师，供他做调整方向和调整量时的参考，技师以四轮定位仪所测量出的实际角度和原厂所给的角度比较，若超出设计容许范围则进行调整或更换元件，不要错误认为四轮定位仪能自动调整不正确的定位角度到正确的车轮定位角度。过去前束尺配合光学水准定位仪形式和拉线定位仪形式早已淘汰，就连PSD（位置敏感传感器）和激光式定位产品逐步进入升级换代期。

四轮定位仪主要由四轮定位专用举升机、计算机主机（含显示器、打印机）、4个机头（定位传感器）；必要的附件包括方向盘固定器和刹车固定器，对于改装车轮的还要有无线传输电子式轮距测量尺。在改装轮胎后两轮之间的轮距随之改变，但定位仪上原厂的数值并未跟着改变。电子式轮距测量尺，可在车辆改装后进行轮距测量，并由无线传输到计算系统进行数据更改，以提供最正确的测量值。

标准车轮定位数据获得：四轮定位仪厂家将许多汽车厂不同车型的定位数据刻在定位数据光盘上，光盘数据在装机时会下载到四轮定位主机中，技师只要将车开到四轮定位仪的举升机上，选择对应的生产厂家和车型，计算机显示器就会显示标准数据“范围”。实际车轮定位数据获得是通过在轮胎上装上测量传感器，并与计算机通信，经过打方向盘，测量系统将在打方向盘过程中测得的实际数据“数值”传给计算机。计算机将实际数据和标准数据范围做对比，技师开始通过手动直接调整或更换元件后调整来达到实际定位数据和标准数据接近。对于一些货车和客车要采用增减垫片的方法来调整。

2）光学测量技术

四轮定位的光学测量技术经历了PSD、CCD、CMOS等3个发展阶段。目前最成熟可靠且性能价格比最好的技术当属CMOS光学成像技术。

技师指导

近几年，有过多强调传输速度的销售宣传，要知道四轮定位仪的主要功能是给底盘修护技师提供一套准确的测量数据，以作为调校车辆底盘的基本数据，其关键在于传感器所提供的数值是否正确，而不在于传输数据的速度。

PSD（Position Sensitive Detectors）即位置敏感传感器，它的测量精度低，是20世纪70年代初期产品所采用的技术。PSD原理是一块半导体的感光板，上面有三根电极，一根连在它的背面，另外两根连在两头。当一个点形状的光照在板上面，在板两头的电极上就会有电流流出。此电流与光点照在板上的位置有关系，将这两端流出的电流进行比较可算出点形状的光照在板上的具体位置。由于环境光的影响，那么输出的电流将是感光板收到的所有光的总和，可产生错误的输出电流。

CCD（Charge Couples Devices）即充电耦合传感器，它是由美国贝尔研究室于1969年发明。当初发明它的目的是想作为内存记忆用，但意外发现CCD有很好的光电成像效果。CCD主要是由一对MOS（金属氧化物半导体）充电电容与储电电容耦合而成的相敏单元，又称像素（pixel），就是一个点。充电电容部分可以把光信号转换成电能，储电电容部分不感光但可储存电能，由其他电路将储电电容部分串连成一行。读取时可经此电路将各个相敏单元（像素）收到的光电能以电脉冲信号的方式一个个地送出。四轮定位角度可用简单的光源投影像素位置及焦距计算得出。由于温度、湿度、环境光线、背景光及反射光只能影响每个像素的受光情况及脉冲幅度的高低，不能影响投影像素位置，因此测量稳定度、重复度高。

CMOS（Complimentary Metal-Oxide Semiconductor）即互补金属氧化物半导体，它是一种较新的半导体结构。近年来，CMOS 技术开始应用到成像芯片，相信今后 CMOS 必定会取代 CCD，成为摄像芯片的主流。它的特点是抵抗环境光能力强，速度快，电源及耗电量低，成像质量高，可靠性好，测量重复性高。CMOS 也有 CCD 的充电电容结构，也有相对应的储电电容，以类似方法将收到的光电能以电脉冲信号的方式输出。同样，每一个脉冲信号只反映一个像素的受光情况，脉冲幅度的高低反映该像素受光情况并代表该像素受光的强弱，读出脉冲的顺序可以反映像素的位置。入射光投影的位置不受温度、湿度、环境光线和背景光线及反射、折射光干扰，因此 CMOS 的测量稳定度、重复度与 CCD 一样高。

CMOS 与 CCD 最大的不同点是 CMOS 像素充电与储存设计结构不同。CCD 储存输出的耦合结构使一个个像素必须以行列推送出去，而 CMOS 可以像内存记忆一样随机读出任何一个像素，这是很大的优点。不过，CMOS 付出的代价是占用部分充电感光面作为输送电路，因此降低了 CMOS 对光的敏感度。在四轮定位仪测量中，CMOS 照相机可用超亮灯源或增加曝光时间来补偿强光的影响。低感光度的 CMOS 能在太阳光下照常工作，而一般 CCD 四轮定位仪在强光下是无法进行测量的。

PSD、CCD、CMOS 是采用光投射方式的，所以需要有杆式测量机头（传感器），近几年在航天工业的电子倾斜仪原理开始应用在测量头上，出现了无杆式传感器，其目的是减少传统的长杆式测量机头因为需要左右投射所造成的不便和误差。无杆式测量机头为四轮独立测量，所以无须担心左右投射的问题，使测量数据更精准。

3）何时需做四轮定位

以下情况都要做四轮定位：汽车年检前；新车行驶达 3 000km 时；每半年或车辆行驶达 10 000km 时；更换或调整轮胎、悬挂系统后；更换转向系统及零件时；直行时，方向盘不正；直行时，必须紧握方向盘；直行时，车辆拉向单边；车辆转向时，方向盘太重或无法自动回正；行驶时，感觉车身摇摆不定或有飘浮感；轮胎不正常磨损；事故车维修后。

4．四轮定位原理

1）车轮前束角和推力角的测量原理

测量前束角时，必须保证车体摆正且方向盘位于中间位置，为了提供车轮前束角（或前束值）的测量精度，无论是拉线式、光学式还是计算机式的四轮定位仪，在检测车轮前束角之前，常通过拉线或光线照射或反射的方式形成一封闭的直角四边形，如图 1-55 所示。将待检车辆置于此四边形中，通过安装在车轮上的光学镜面或传感器，不仅可以检测前轮前束角、后轮前束角，还可以检测出左右车轮的同轴度（即同一车轴上的左右车轮的同轴度）及推力角。因为四轮定位仪系统采用的传感器不同，测量方法也有所不同，但基本原理相同，这里仅就发光二极管作为光源和 CCD 型传感头作为接收，同时每个测量头通过有线或无线发射机，把测量信号发给主机。在图 1-55 中，共使用 4 个测量头、8 个 CCD 镜头、8 束光线形成了封闭的测量场，既可以实现车轮角度的精确测量，又可以实现车身角度的测量。

当前束角为零时，在同一轴左右轮上的传感器发射（或反射）出的光束应重合。当检测出上述两条光束相平行但不重合，说明此时左右两车轮不同轴（即车发生了错位），可以依据此时输出偏离量的信息，测量出左右轮的轴距差。当左右轮存在前束角时，在左轮传感器上接收到的光束位置会相对于原来的零点位置有一偏差值（注意正、负号，传感头 1 发出的光线会照射在 2 的“+”位置，同时传感头 2 发出的光线会照在 1 的“+”位置），传感头 2 接收到的偏差值即表示左前侧车轮的前束角（或前束值）；同理，在传感头 1 上接收到的光束位置表示右前车轮的前束角，同理传感器 7 和 8 可测量出后束角。

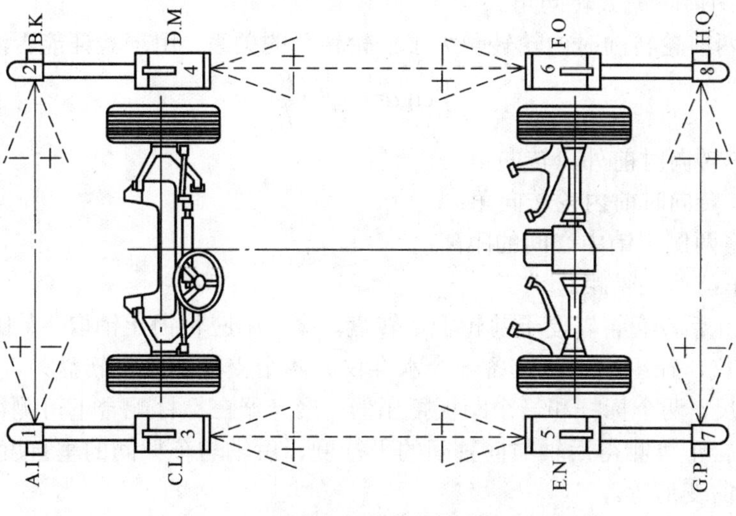

图 1-55 车轮前束角和推力角的测量原理

依据上述检测原理，同时可以检测出位于该四边形内的待检车辆前后轴的平行度（即推力角的大小和方向），其检测原理的简单示意图如图 1-55 所示。同理，通过安装在后轮上的传感器，我们可以检测出后轮前束角的大小和方向。

2）主销后倾角和主销内倾角的测量原理

转盘一般由固定盘、活动盘、扇形刻度尺、游标指示针、锁止销和若干滚珠等组成，滚珠装于固定盘与活动盘之间。当汽车前轮置于转盘上转向时，活动盘不仅能保证前轮灵活偏转，而且能保证前轮发生横向和纵向位移，从而顺利完成前轮转角测量，游标指示针所指扇形刻度尺上的数值即为前轮转角值。汽车转向时前轮发生的横向和纵向位移如图 1-56 所示。

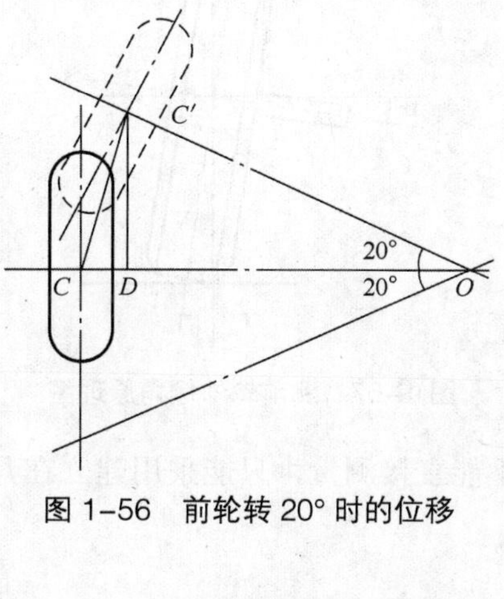

图 1-56 前轮转 20° 时的位移

在图 1-56 中，C 为车轮着地点，O 为主销中心线伸长线的着地点。当前轮绕 O 点转过 20° 时，C 点以 OC 为半径画圆移至 C'点。由 C'点向 CO 作垂线，并连接 CC'，得三角形 CDC'。可以看出，前轮转向时，既有转角变化又有位置变化（横向位移了 CD 距离，纵向位移了 DC' 距离）。活动盘在固定盘上应满足既能灵活转动又能自由位移的要求，且当载荷卸除后能使活动盘回到中心位置。转盘具有下列作用。

（1）在前轮定位值检测中便于静止汽车前轮转向，并转至规定角度。

（2）可测得两前轮最大转向角。

（3）可测得两前轮转向时内轮转角大于外轮转角的关系，用于验证能否满足下列等式：

$$\text{ctg}\alpha=\text{ctg}\beta+\frac{B}{L}$$

式中　α——汽车转向时前外轮转向角；

β——汽车转向时前内轮转向角；

B——左右两侧主销中心间的距离；

L——汽车前后轴轴距。

锁止销可锁止活动盘，以便于前轮上下转盘，检测中应将锁止销取下。国产 GCD 型光束水准车轮定位仪，在组成中除装备一个水准仪、两个支架和两个转盘外，尚配备有两个聚光器、两个标尺、两个标杆和一个踏板抵压器。聚光器在标杆配合下可测得前轮前束角，聚光器在标尺配合下可测得后轴与前轴间的平行度、后轴与车架间的垂直度及后轴与车架在水平平面的弯曲变形等。

在前轮定位值的检测中，有时应将制动踏板踩下，使前轮处于制动状态。踏板抵压器（实质上是一个抵杆）可将制动踏板压下而顶靠在司机座或其他支撑物上，以节省人力。

车轮定位仪测量原理如下。

（1）测前轮外倾角 α：可直接测得。当前轮处于直线行驶位置且有外倾角 α 时，垂直于车轮旋转平面安装的水准仪上的测外倾角的气泡管，也垂直于车轮旋转平面，气泡跑向车轮。此时，气泡管与水平平面的夹角即为前轮外倾角 α，如图 1-57 所示。调气泡管处于水平位置，气泡位移量就反映了 α 的大小，通过标定就可测得前轮外倾角 α。

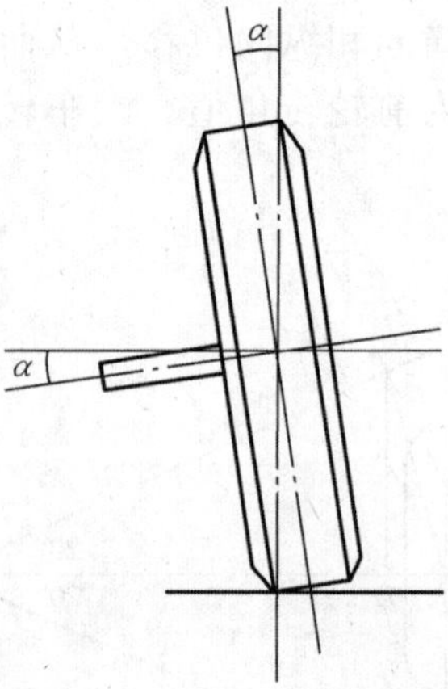

图 1–57　测前轮外倾角原理图

（2）测主销后倾角 γ：不能直接测量，只能采用建立在几何关系上的间接测量。当前轮在水平平面分别向左、向右转至规定角度（通常为 20°）时，由于主销后倾角 γ 的存在，使得转向节枢轴轴线与水平平面出现夹角，测得这一夹角即可间接地获得主销后倾角 γ。

为了讨论问题方便，建立空间坐标系 *OXYZ*，如图 1-58 所示。以左前轮为例，图 1-58 中 *OA* 为主销中心线，在 *OYZ* 平面内，γ 为主销后倾角。*OC* 为转向节枢轴，当前轮处于直线行驶位置时，*OC* 与 *OX* 轴重合。假设前轮外倾角口和主销内倾角 β 均为零，因而 $OC \perp OA$。若前轮在水平平面转过某一角度 Φ（Φ=20°）时，*OC* 移至 *OC′*，形成一扇形平面 *OCC′*，该扇形平面与水平平面的夹角等于主销后倾角 γ。如果在 *OC* 上放置气泡管 *MN*，当 *OC* 移至 *OC′*时，*MN* 移至 *MN′*。从图 1-58 中可以明显看出，*M′*与 *N′*距水平平面 *OXY* 的高度是不相等的，*M′*的高度大于 *N′*，说明转向节枢轴 *OC* 与水平平面出现了夹角，该夹角为 ω。气泡管内的气泡向 *M′*位移，位移量决定于气泡管与水平平面的夹角 ω 和前轮转向角 ϕ 的大小。当 ϕ 为一定值（已设定）时，位移量仅决定于 ω，而 ω 又决定于主销后倾角 γ 的大小，因而气泡位移量通过标定即可反映角 γ，从而测得主销后倾角。

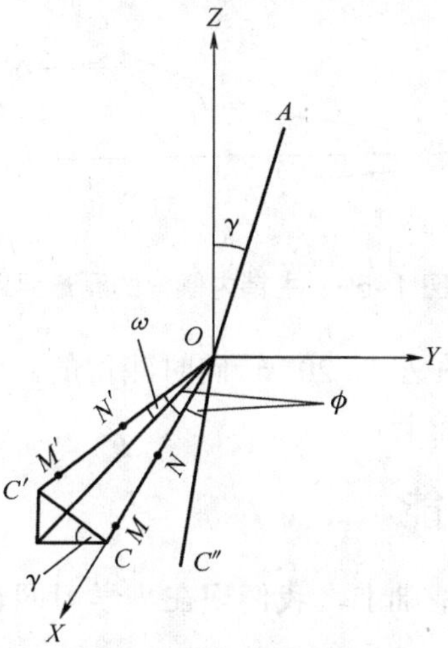

图 1–58　主销后倾角的测量原理

实际测量时，一般是先将车轮向左转动角度 ϕ，使转向节枢轴如图 1-58 中 *OC″*位置，将气泡管调平（*M′*与 *N′*与水平平面距离相等），再将转向节枢轴向右转动一定角度，即图 1-58 中 *OC′*位置，此时气泡管 *MN* 随转向节枢轴转过 2ϕ，气泡位移量增大一倍，这不仅使测量灵敏度和读数精度提高，而且消除了主销内倾角 p 对测量值的影响。这是因为当转向节枢轴 *OC* 从前轮直线行驶位置分别向左右转动同样角度时，β 对主销后倾角 γ 测量值的影响数值相等，方向相反，互相抵消，因而水准仪的测量值完全反映了主销后倾角 γ 的大小，消除了 β 的影响。至于前轮外倾角 α，由于影响甚微可以忽略不计。

（3）测量主销内倾角 β：不能直接测量，只能采用建立在几何关系上的间接测量。当在水平平面内分别向左、向右转动前轮至规定角度（通常为 20°）时，由于主销内倾角的存在，使得转向节、车轮（在制动状态下）和安装在车轮上的水准仪，还要绕转向节枢轴中心线偏转一定角度。测得这一偏转角度，即可间接地获得主销内倾角 β。

设前轮外倾角 α 和主销后倾角 γ 均等于零，主销 *OA* 在 *OXY* 平面内，*OA* 与 *OZ* 的夹角 β 为主销内倾角，如图 1-59 所示。当前轮处于直线行驶位置时，转向节枢轴 *OC* 与 *OA* 的夹角为 90°+β。若前轮在水平平面内向右转动 ϕ 后，*OC* 移至 *OC′*，形成圆锥面 *OCC′*。如果

在 OC 的前端放置一平行于水平平面且与 OC 垂直的气泡管 EF，则在 OC 转至 OC'后，气泡管 EF 绕转向节枢轴轴线发生转动，其位置如图 1-59 中 $E'F'$所示。此时气泡管内气泡向 F'移动，位移量取决于气泡管与水平平面夹角 θ，而 θ 取决于角 β，因此气泡的位移量通过标定即可反映主销内倾角值。实际测量时，一般也是先将前轮向左转 ϕ，使转向节枢轴 OC 如图 1-59 中 OC''位置，然后将气泡管调得与水平平面平行，再将 OC 转动 2ϕ至 OC'位置，此时气泡管 EF 转过 2θ，气泡位移量增大一倍。如同上述道理，这一测量方法使测量灵敏度和读数精度提高，而且消除了主销后倾角 γ 对测量值的影响。

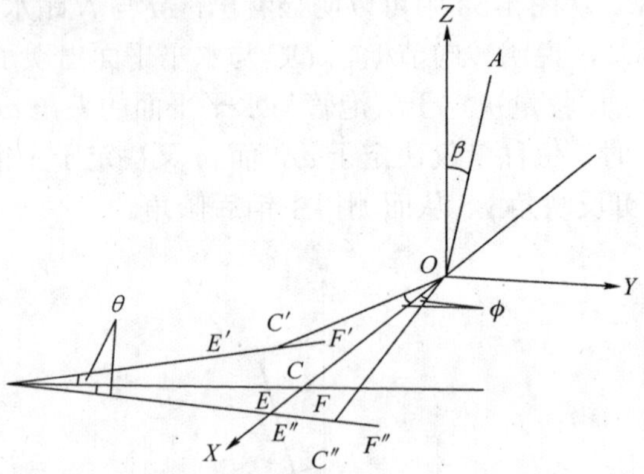

图 1–59 主销内倾角的测量原理

主销内倾角和后倾角都是在左右 20° 转向时测得的。为了保证测量的准确性，在检测时必须安装刹车踏板锁，将车轮刹住。

5. 汽车四轮定位技能

在学习汽车四轮定位技术基础上，我们现在来学习四轮定位技能。

1）定位前车检查

询问症状后，检查车辆悬架装置、车轮轴承、转向系统等没有不允许存在的间隙和损坏。同一个轿车上的轮胎胎纹深度最多可以允许误差为 2mm。轮胎充气压力要合乎规定。车辆装备为全装置的重量。

2）定位操作

（1）将车辆驶上四轮定位专用举升器。前轮胎中心与转盘中心重合，前转盘和后滑板定位销取下。

（2）在车轮上安装 4 个测量传感头，并与计算机通信。向左和向右打转向盘后并回正，4 个测量传感头把在打方向盘时测得的实际车轮定位数据传给计算机显示。

（3）技师根据实际定位数据和标准数据对比，进行四轮定位调整。为防止调整前束角和外倾角时，方向盘发生转动导致调整不准，要用专用工具固定方向盘。为防止车轮在定位仪上运动，用专用刹车工具制动。

完成任务

请教师安排四轮定位实践，将一台车轮定位不正确，行驶左跑偏的汽车进行定位，通过亲手调整至正确，而不仅仅是通过四轮定位仪的计算机读出实际测量值。

1.5 电控悬架系统

自从汽车发明以来，工程师们就一直在研究如何将汽车的悬架系统设计得更好。最初的汽车悬架系统是使用马车的弹性钢板，效果当然不会很好。1908年，螺旋弹簧开始用于轿车，当时就曾经有两种截然不同的意见。第一种意见主张安装刚性较大的螺旋弹簧，以使车轮保持着与路面接触的倾向，提高轮胎的抓地能力，这样的弊端是乘坐汽车时有较强烈的颠簸感觉。另一种意见认为应该采用较软的螺旋弹簧，以适应崎岖不平的路面，提高乘坐汽车时的平稳性及舒适性，这样的汽车操纵性较差。到了三四十年代，独立悬架开始出现，并得到很大发展。减震器也由早期的摩擦式发展为现在的液力式。这些改进无疑提高了悬架的性能，但无论怎样改良，此时的悬架仍然属于被动式悬架，仍然在很多方面有很大局限性。

衡量悬架性能好坏的主要指标是汽车行驶的平顺性和操纵稳定性，但这两个性能要求是相互排斥的，往往不能同时满足。怎样在两者之间取得合理的平衡以达到最好的效果，一直是工程师们的研究课题。

平顺性一般通过车体或车身某个部位（如车底板、驾驶员座椅处）的加速度响应来评价，操纵稳定性则可以通过车轮的动载来度量。例如，若降低弹簧的刚度，则车体加速度减少使平顺性变好，但同时会导致车体位移的增加。由此而产生车体重心的变动将引起轮胎负荷变化的增加，对操纵稳定性产生不良影响；另一方面，增加弹簧刚度会提高操纵稳定性，但硬的弹簧将导致汽车对路面不平度很敏感，使平顺性降低。所以，理想的悬架应该在不同的使用条件下具有不同的弹簧刚度和减震器阻尼，既能满足平顺性要求又能满足操纵稳定性要求。

但是普遍使用的被动悬架不可能达到设计师们的理想要求。被动悬架只具有固定的悬架刚度和阻尼系数，在结构设计上只能是满足平顺性和操纵稳定性之间矛盾的折中，无法达到悬架控制的理想境界。在使用上，为了使被动悬架能够对不同的路面具有一定的适应性，通常将悬架的刚度和减震器的阻尼设计成具有一定程度的非线性，如采用变节距螺旋弹簧和三级阻力控制的液压减震器。

随着汽车制造研发水平的不断提高，人们对于汽车的操控性和舒适性有了更高的要求。这其中，车辆减震系统起着至关重要的作用。而采用普通螺旋弹簧很难做到两全其美。于是，适应能力更强，感受更完美的可变悬挂系统就诞生了。

空气悬架已经有70多年的发展历史了。目前的应用范围相当广泛，特别是在商用车领域，德国几乎100%的中型以上客车和80%以上的卡车后悬架都使用了空气悬架系统，不过这种空气弹簧多为“机械式高度控制阀”控制，在前悬架采用空气悬架的较少。在乘用车上，部分高档轿车和SUV车型采用了电控的空气悬架，可以采用后悬架为空气悬架，前悬架为普通悬架，也可采用前、后悬架都是电控的空气悬架。

同事眼中的电控悬架汽车。我的同事小赵最近买了一辆电控悬架的轿车，在他走近汽车时，汽车的车身高度是低的，打开车门，坐上座椅，按动座椅记忆按钮和转向柱记忆按钮，座椅开始前移，向盘下移至先前设定的位置。当打开点火开关后，车身开始上升到中间标准高度，他可手动设定车高，也可由悬架 ECU 自动控制车高。在车速较低时（一般是交通不畅或道路条件不好）悬架 ECU 控制车身较高，在车速较高时为减小风阻，需要降低车高。在车辆起步阶段或急加速时，较传统悬架相比可防止后尾箱的下沉，例如，急加速度时，两个后减震器很硬；而在制动或急减速过程中，两个前减震器很硬。我这款没有横向稳定杆的扭矩调节，要有就更好了。在拔下钥匙后，座椅后移，方向盘前移，敞开一个较大的出车空间，车身下降，方便下车。

完成任务

电控悬架汽车在转弯时，外侧的两个减震器的阻尼是否要增加？____________________；为什么？____________________。

1. 汽车悬架运动基础

如图 1-60 所示，汽车对凸凹不平的路面产生的冲击先经过悬架系统，再传递到车身上，冲击能量以悬架弹簧的垂直运动把能量分多次转移给减震系统，通过减震器生热把冲击能量消耗掉，防止损坏车上的人和物。悬架同时也保证了车轮能和地面尽可能的接触，这对制动、转向和驱动是有重要意义的。最后，悬架也保护了汽车部件，防止部件受过高的运动负荷。

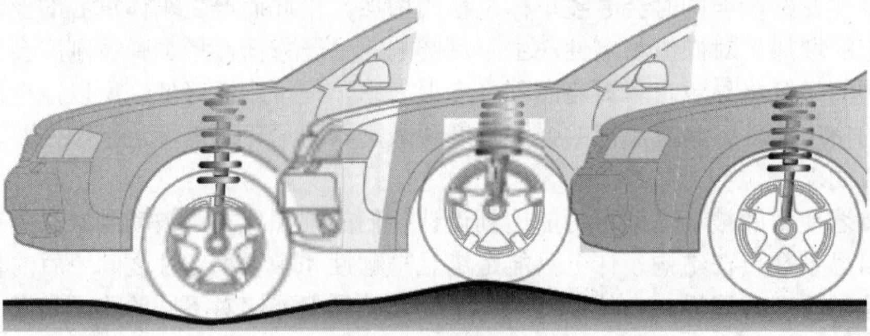

图 1–60　悬架的作用

如图 1-61 所示，汽车车身相对车轮而言，在纵轴（*Y* 轴）、横轴（*X* 轴）和垂直轴（*Z* 轴）都有位移运动，同时也有围绕纵轴（*Y* 轴）、横轴（*X* 轴）和垂直轴（*Z* 轴）的摆动。因此共有 6 种运动方式，但悬架在调节时一般对其中垂直轴（*Z* 轴）的位移和横轴（*X* 轴）的摆动进行控制，如要对绕横轴（*X* 轴）俯仰运动进行控制。

如图 1-62 所示，悬挂质量是指在悬架上部的车身及传动系统的质量，非悬挂质量指悬架下部的车轮、轮胎、制动器和车桥的质量。显然，非悬挂质量的增加将增加车辆控制的难度，就如同人穿一双铁鞋行走，人的运动是较难控制的。所以，好的汽车采用轻的轮胎，车轮的轮毂、转向节、轮辋和悬架尽量都用铝材料，甚至制动钳也采用铝材料。

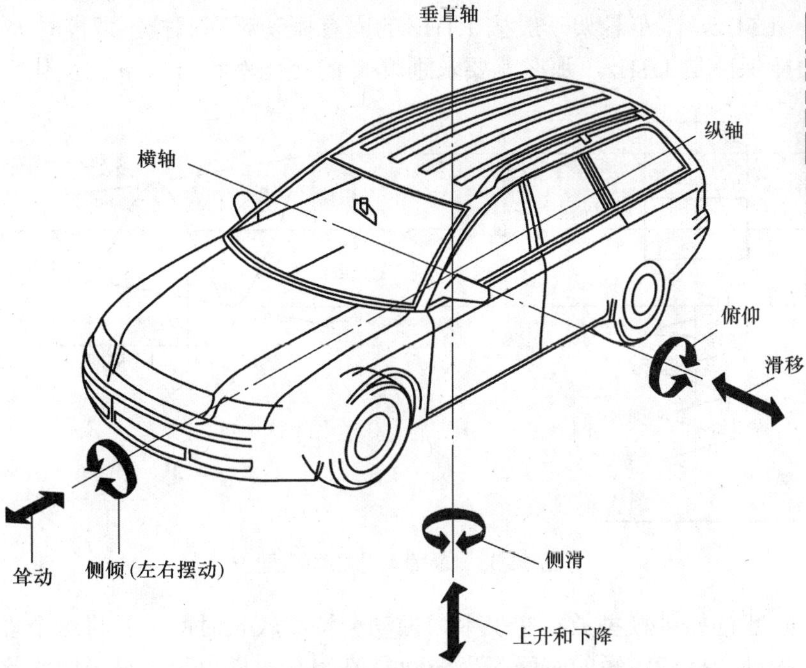

图 1–61 汽车的 6 个自由度

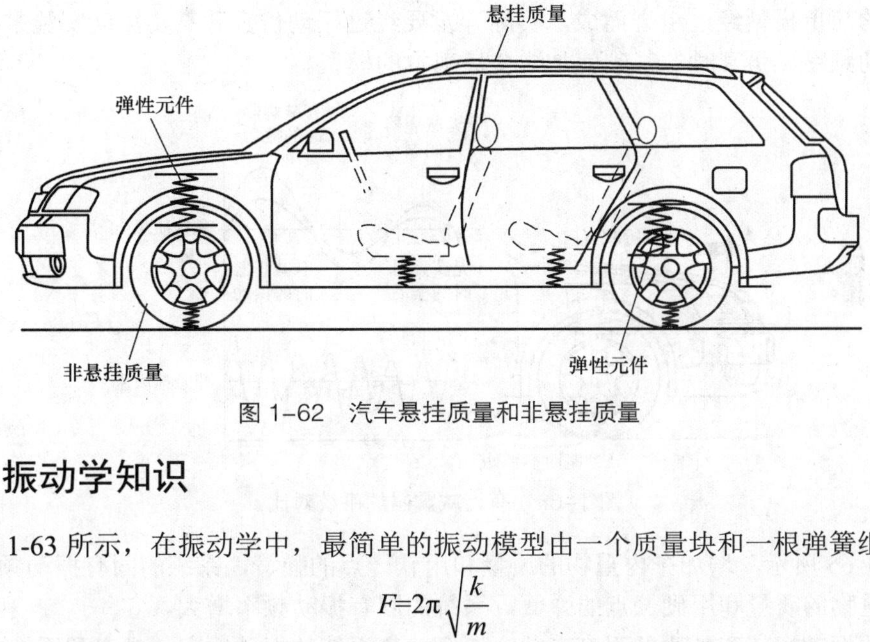

图 1–62 汽车悬挂质量和非悬挂质量

2. 振动学知识

如图 1-63 所示，在振动学中，最简单的振动模型由一个质量块和一根弹簧组成。

$$F=2\pi\sqrt{\frac{k}{m}}$$

式中 K——弹簧刚度（德文为 Koeffizient，英文为 Coefficient）；

m——质量（Mass）；

F——频率（Frequency）。

上式说明振动周期或频率是不因外界冲击力的大小发生变化的。这个原理相当于挂钟钟摆的摆动周期为 1s，我们将摆动量（幅值）人为增加，但周期仍是 1s。这说明模型的振动频率是不变的，这个不变的频率我们称为固有振动频率。人最适应的频率是人心脏的跳动频率在 1.0～1.5Hz，汽车悬架一般按 1.1Hz 的固有振动频率调校，调校时 K 和 m 的比值不能变化，才能保证是 1.1Hz，那么就要求刚度 K 的变化率和质量 m 的变化率要相同。

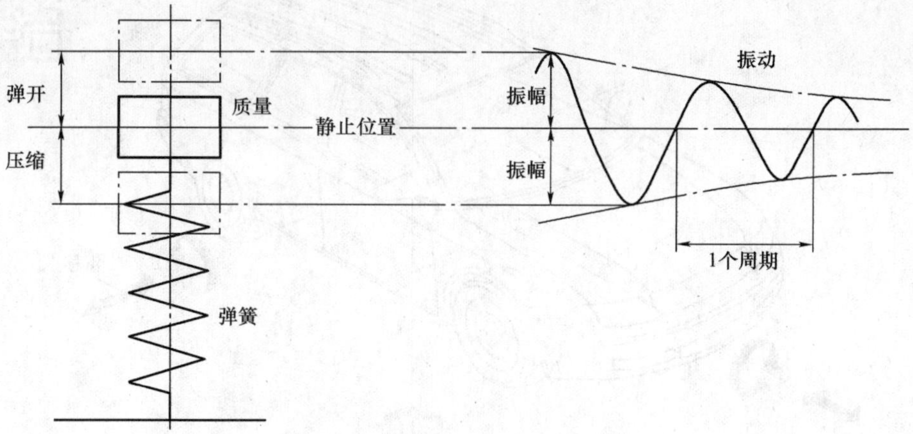

图 1–63　最简单的振动模型

若将这个理想的振动模型放在空气中，振动会持续较长时间，若将这个理想的振动模型放在水中，振动会持续较短的时间，当振动幅值为 0 时即停止，这说明水比空气的阻尼大。如图 1-64 所示，汽车上的减震器相对于汽车，就相当于水相对重块一样。汽车的振动学由这样的简单模型经过组合而成，实际开发要经过振动仿真和真实振动实验来确认系统的固有振动频率，仿真时的基础就是这个最基本的模型。

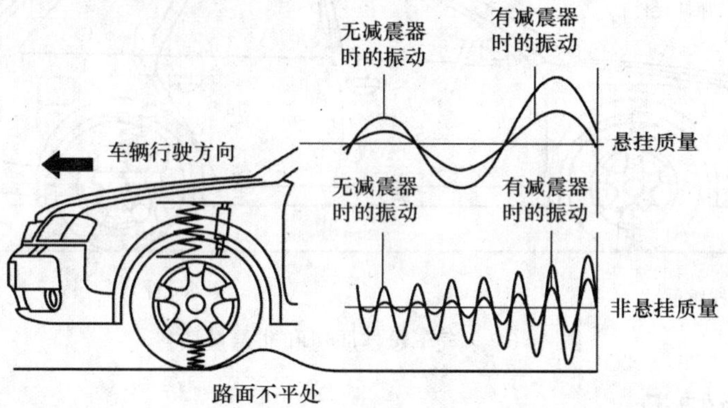

图 1–64　有无减震器的系统对比

如图 1-65 所示，增加车内重物的质量和用软一点的弹簧，系统的固有振动频率减小；减小车内重物的质量和用硬一点的弹簧，系统的固有振动频率增大。

系统的振动幅值和外激的强度有关，不会改变系统的振动频率。频率和系统的 K 和 m 参数有关，一般高档轿车会将前桥悬架的频率调得比后桥悬架的频率低一些，例如，前桥悬架的频率为 1.13Hz，而后桥悬架的频率为 1.33Hz。

3. 电控悬架系统的优点

（1）采用空气弹簧后，可以在设计时大大减小车轮中心和轮眉之间的距离，对总体空间的充分利用有好处。由于对俯仰运动的控制，可减小对负载球头的磨损。

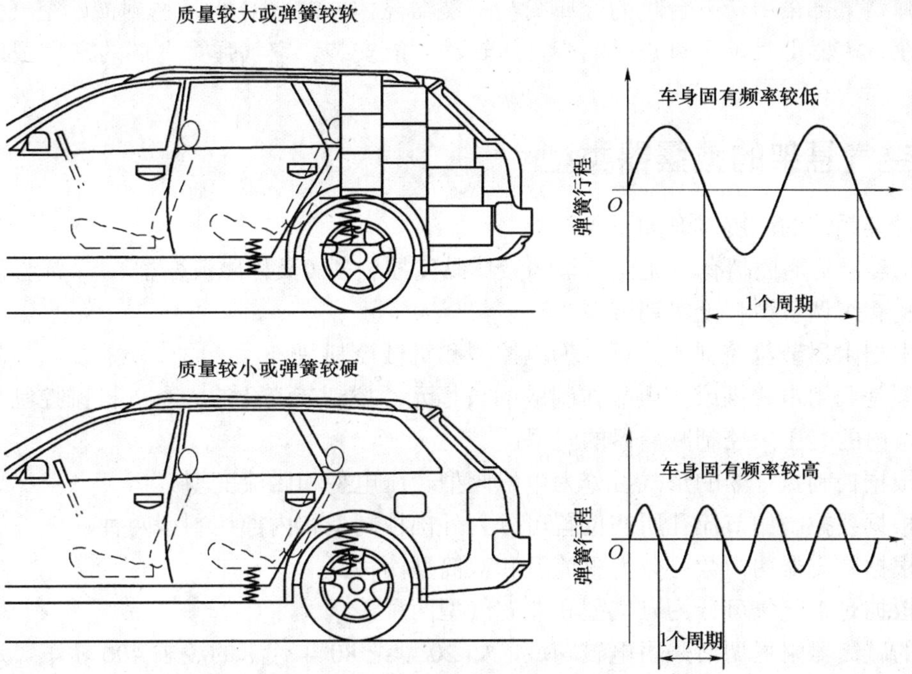

图 1-65 不同载荷对振动的影响

（2）改变弹簧的刚度可以改变舒适性。

（3）无论车质量如何，均可保证回弹和压缩的整个行程不变，同时在质量发生变化时，自动增加空气弹簧刚度以保持车身高度不变，所以车轮前束角和车轮外倾角不变。

（4）根据车速来改变车身高度，实现更小的空气阻力。

1.6 空气悬架

1. 空气弹簧类型

空气弹簧有如下分类。

（1）空气弹簧和减震器有同轴布置和分开布置两种。

在四轮驱动汽车上通常采用同轴布置，而前轮驱动汽车采用分开布置。

（2）前桥和后桥有同时采用空气弹簧的形式，也有仅后桥为空气弹簧的形式，前桥为钢质的螺旋弹簧。

当空气弹簧的筒形囊中的气体作为弹性元件时，其占用汽车的空间小，弹簧的行程大。筒形囊采用优质弹性材料制成，具有耐油、耐温和气密性好。

空气弹簧内部的减震器杆上部装有限制空气囊下降过多的限位块，这个限位块控制了车身的最低高度，这个高度可以保证在空气弹簧无气时，车身轮眉和轮胎之间仍有一定的间隙。

空气弹簧下部采用带有台阶的金属筒与减震器壳体外的双O形环密封圈，空气弹簧从上部安装在减震器上时，要对正涂油脂推压转动才能安装。空气弹簧上部的密封帽采用O形环密封。

2. 空气悬架的减震器类型

空气悬架系统的减震器有如下类型。

（1）减震器阻尼控制有节流控制型和液体黏度控制型（又称磁流变型），节流控制型又分为节流孔有级调节型和无级调节型。

（2）根据阻尼节流控制方式可分为电控型和机械控制型。

电控型是利用电磁阀或压电晶体制成的执行元件控制节流孔的大小；机械控制型是利用空气弹簧内的气压来控制减震器的阻尼。

（3）根据控制执行器的形式可分为电磁阀型、压电型和磁流变型。

（4）根据要控制的节流孔所在位置可分为外部控制型和内部控制型两种。

（5）根据减震器的筒数可分为单筒型和双筒型两种。

（6）根据是否充气可分为充气型和非充气型两种。

早期的减震器阻尼调节采用电磁阀型，如20世纪80年代末的凌志400轿车，这种控制方式已淘汰。现在较为普遍的减震器为压电型和磁流变型两种。压电型是利用压电负效应，即压电晶体通电变形产生位移，这个位移经过放大来控制节流孔大小，其响应性好。磁流变型是不改变节流孔大小，利用磁场的大小来控制磁流体的刚度（黏度），从而控制阻尼。

在减震器杆内部装有限制空气囊上升过多的限位块，这个限位块控制了车身的最高高度，这个限位并不阻止油液的上下运动。

3. 带阻尼调节充气减震器

奥迪汽车采用的机械式外部PDC阀控制的减震器如图1-66所示。PDC阀为常开式，空气弹簧压力高时，PDC阀关闭。空气弹簧和减震器采用同轴布置，减震器采用双筒机械式节流孔外部控制方式。

其工作原理如下。

1）回弹过程

如图1-67所示，空气弹簧压力较小时，恰好活塞上移，PDC阀打开中腔和外腔储油室的通道，活塞上腔油液一部分经节流孔进入中腔，在中腔下侧的PDC阀处进入储油腔，在储油腔，储油腔油液再经底阀的阻尼孔/单向阀结构少量进入工作腔以补充油液，活塞运动的阻尼减小。

空气弹簧压力较大时，恰好活塞上移，PDC阀节流孔关闭，工作腔上部的油液被压缩，上腔油液从活塞上的阻尼孔/单向阀结构大量进入工作腔以补充油液。储油室从底阀的阻尼孔/单向阀结构进入工作腔以补充油液。由于大部分油液必须流过活塞阀，所以活塞运动的阻尼增大了。

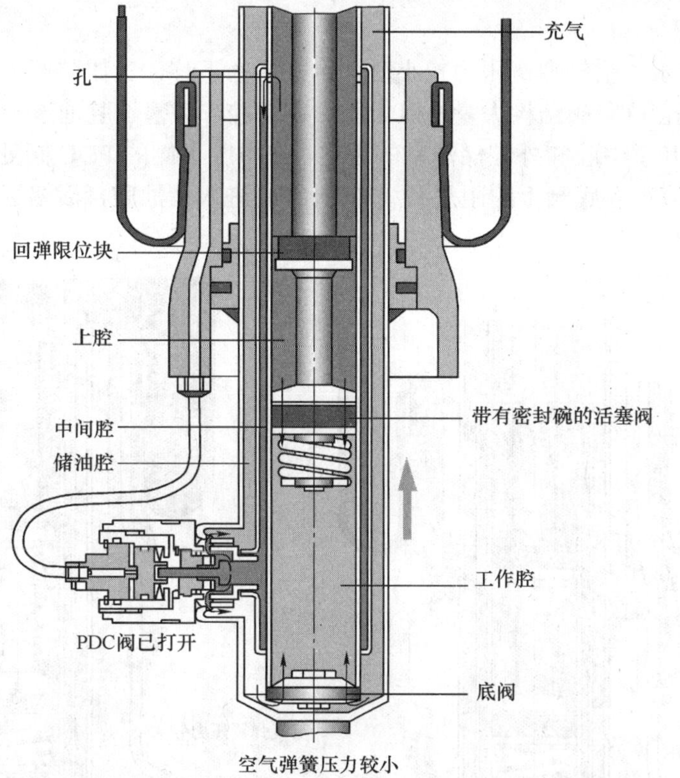

图 1–66 机械式外部 PDC 阀控制的减震器（底阀和活塞阀上有阻尼孔和单向阀）

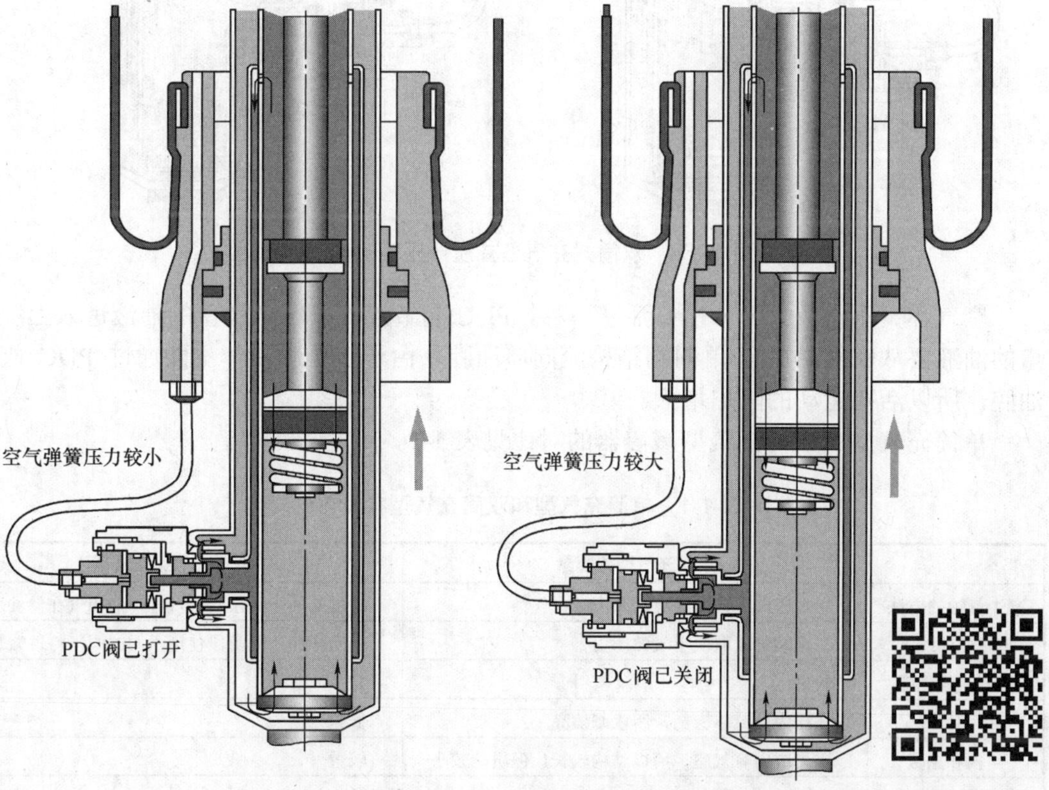

图 1–67 双筒式充气型减震器回弹时的工作原理

2）压缩过程

如图 1-68 所示，空气弹簧压力较小时，恰好活塞下移，工作腔压力上升，工作腔油液经活塞上的阻尼孔/单向阀结构大量进入上腔，在上腔，活塞上腔油液一部分经节流孔进入中腔，PDC 阀打开了中腔和外腔储油室的通道，在中腔下侧的 PDC 阀处进入储油腔。同时工作腔下部的油液也经底阀上的阻尼孔/单向阀结构进入储油腔，活塞运动速度快，所以活塞运动的阻尼减小。

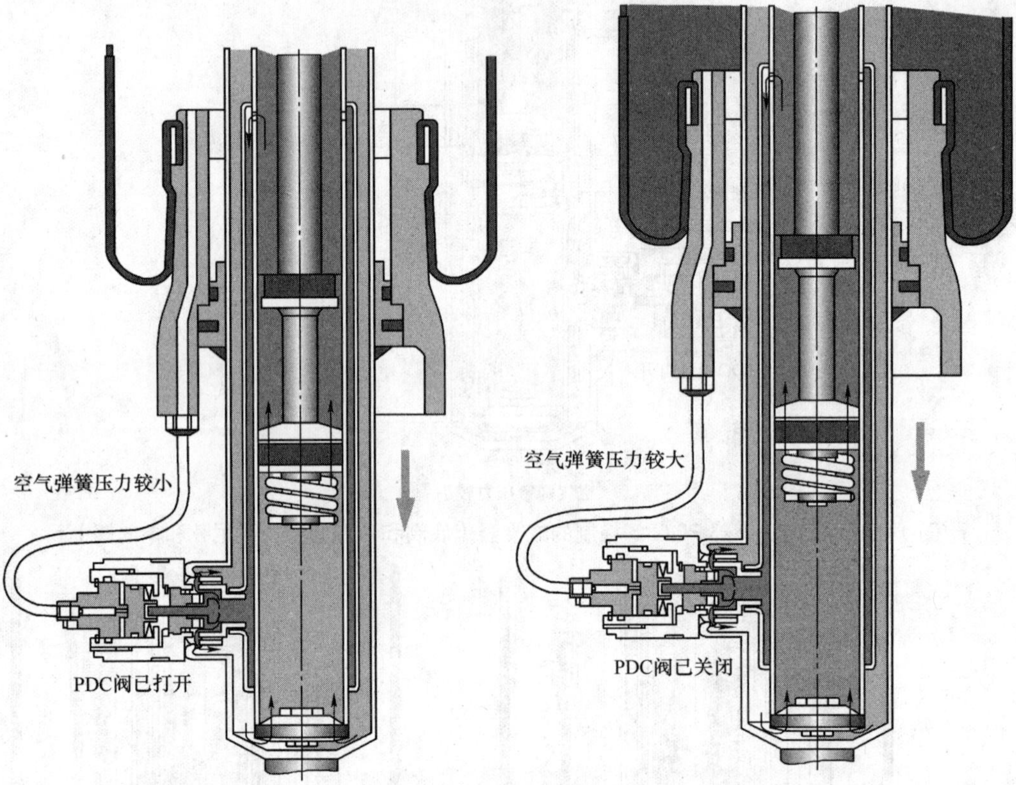

图 1–68　双筒式充气型减震器压缩时的工作原理

空气弹簧压力较大时，恰好活塞下移，PDC 阀节流孔关闭，少量的油液进入上腔，大量的油液要从底阀阻尼孔/单向阀结构流向储油腔。由于工作腔液体不能通过 PDC 阀溢储油腔，所以活塞运动的阻尼增大。

单筒充气型和双筒充气型减震器的对比见表 1-1。

表 1-1　单筒充气型和双筒充气型减震器的对比

	单筒充气型减震器	双筒充气型减震器
减少气蚀的方法	用高压气体推动隔离活塞来减少气蚀	通过储油腔高压降低气蚀，油和气在储油腔内
特性曲线	在压缩阶段取决于气体压力	在回弹和压缩阶段使用不同的阀，特性较自由
短程减震性能	较好	好
摩擦情况	在压力负荷下密封，所以摩擦高	低
结构和重量	因为缸内有气室，所以结构较长，但质量较小	较重
安装位置	任意	基本是垂直安装

4. 空气压缩机

1）空气压缩机总成

如图 1-69 所示，单级活塞往复式空气压缩机总成放在一个金属盒中来减少噪声，盒中有空气压缩机 V66，在压缩机 V66 上集成有空气干噪器和排气阀 N111，如图 1-70 所示。为了避免机油污染干燥器和空气弹簧的气囊，压缩机要采用干式空气压缩机，活塞采用聚四氟乙烯制成。压缩机工作过热时，内置的温度传感器会通知悬架控制单元 J197 关闭空气压缩机。对于前轮驱动汽车，前桥采用金属螺旋弹簧，其后面有两个两位两通阀（常闭型）N150 和 N151。另外，悬架控制单元 J197 和压缩机继电器 J403 也在其中。为了减少噪声，上述部件要装在用聚氨酯泡沫制成的专用垫内，这个垫子的结构将上述部件固定。专门的橡胶底座防压缩机震动传至车身上。

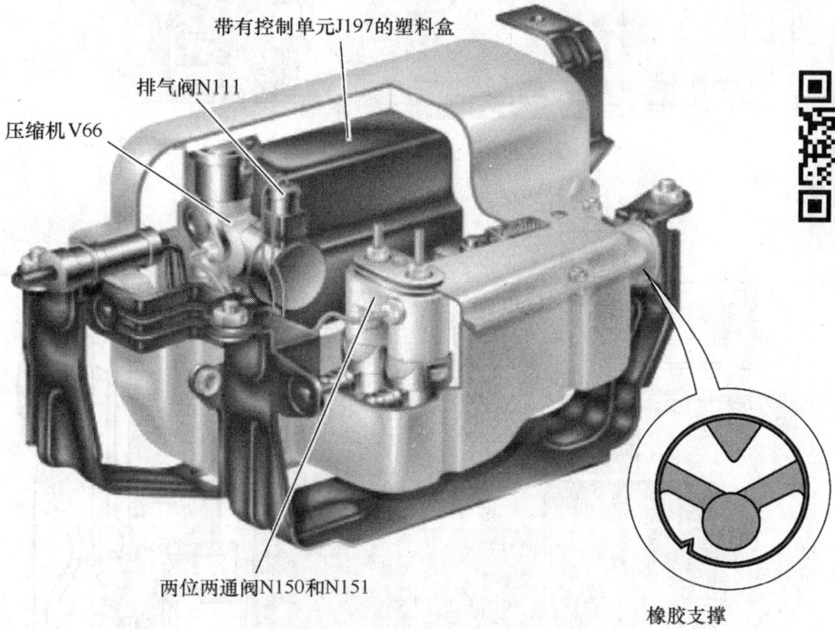

图 1–69　空气压缩机总成

2）空气压缩机总成供气的工作原理

如图 1-71 所示，悬架控制单元 J197 控制压缩机继电器 J403 给压缩机 V66 供电，压缩机转动带动曲柄连杆机构往复运动，在活塞下行时，活塞顶部的平板阀片打开，气体经滤清器从活塞底部进入顶部，在活塞上行时，活塞顶部的平板阀片关闭，气体被压缩后经单向阀 1 进入空气干燥器，再经单向阀 2 进入压力接口（工作管路）。

3）空气压缩机总成排气的工作原理

如图 1-72、图 1-73 所示，悬架控制单元 J197 控制排气电磁阀 N111 的供电，压力接口（工作管路）处的空气进入气动排气阀的中间台阶上的阀座 1，气动排气阀上移工作，节流孔（节流阀）被打开，气体经单向阀 3 反吹入空气干燥器，这时气体连同空气干燥器水分从空气干燥器中间的空间向左作用，在气动排气阀下部底座 2 上经排气孔的消声器排出。

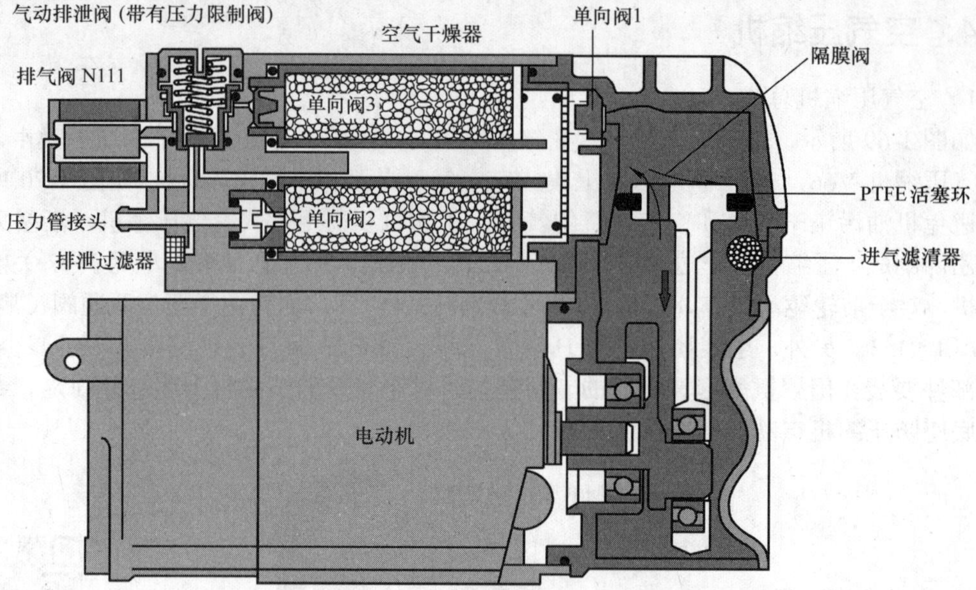

图 1–70　空气压缩机总成的结构

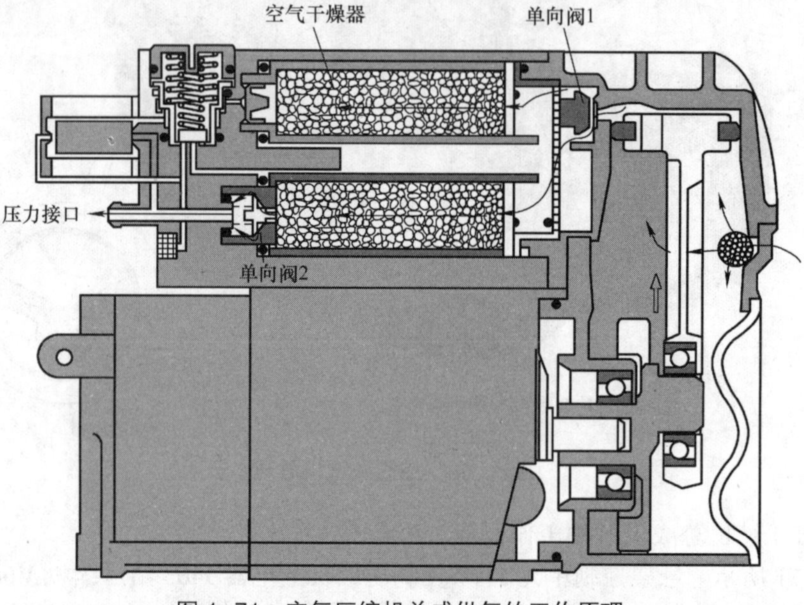

图 1–71　空气压缩机总成供气的工作原理

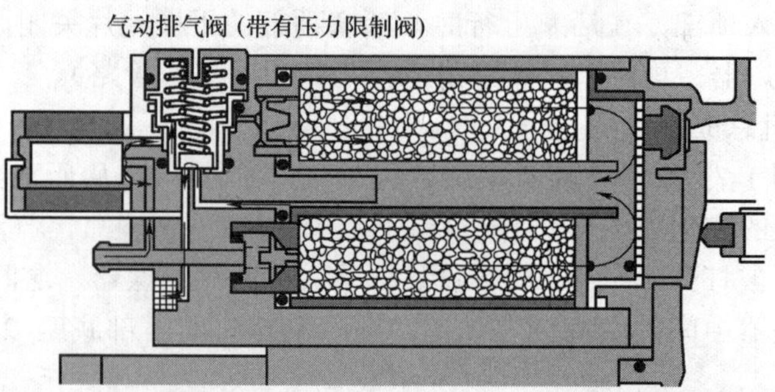

图 1–72　空气压缩机总成排气的工作原理

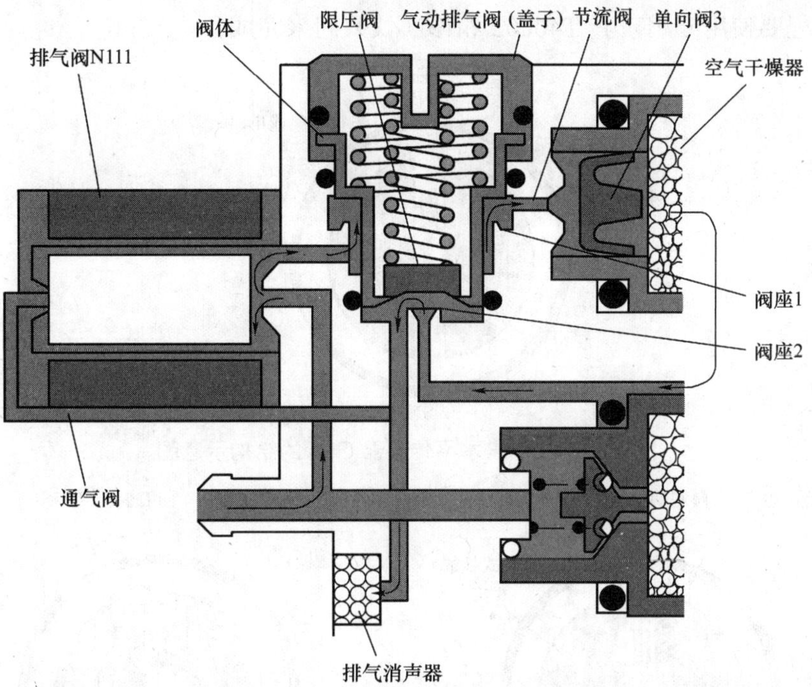

图 1–73 排气阀的工作原理

4）工作监控

空气压缩机温度监控可采用实际的温度传感器和模型法两种，奥迪前轮驱动汽车采用模型法。模型法根据空气压缩机工作时间和冷却时间来计算温度。空气压缩机每次工作不超过 120s，超过 120s 表明系统有漏气。空气压缩机每冷却 6min 允许工作 15s，每冷却 48min，才允许最多工作 120s。发动机熄火，发电机不发电后，为保持蓄电池，最长工作时长被限制为 60s。

5. 水平位置传感器

1）前轮驱动汽车车身水平位置传感器

在前轮驱动的空气悬架上，由于电控系统 J197 仅使用一个霍尔式车身水平传感器 G84，如图 1-74 所示为车身水平传感器 G84 的结构示意图，传感上的联动杆固定在横向稳定杆上。所以无法调节左、右空气弹簧由于单侧加载造成的车身不平。霍尔式车身水平传感器 G84 的 5 引脚由 J197 用 5V 供电，4 引脚输出模拟信号，1 引脚经 J197 接地。

如图 1-75 所示，车身水平传感器 G84 的工作原理如下：车身高度变化，横向稳定杆转动带动联杆，联杆带动带有环形磁铁的转子转动，中间定子是两个半圆形的铁芯，两铁芯中间是霍尔集成电路。转子的转动改变了磁场经过定子的路径，从而在霍尔集成电路中产生对应传感器转角电压，从而反映车身高度。此传感器如果损坏就不能进行高度调节，系统进入应急模式。

在更换新的传感器 G84 时，悬架控制单元 J197 要获得在一个规定车身高度时新安装传感器的位置信号输出对应值。所以要用工具测量轮中心至轮眉的高度，通过诊断仪把这个高度数值写入 J197，这时悬架控制单元 J197 就能获得车身高度和此传感器的输出对应关系了。这个过程要使用专用工具 T40002 和诊断仪共同来完成。

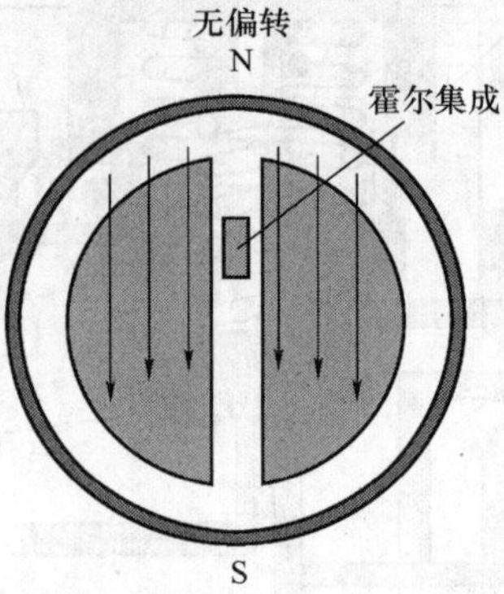

图 1–74　车身水平传感器 G84 的结构示意图

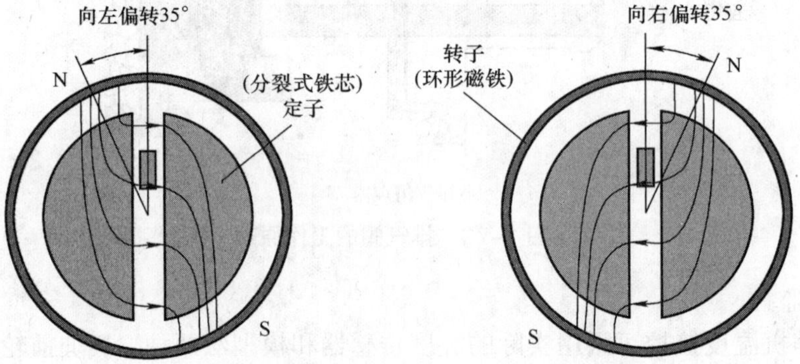

图 1–75　车身水平传感器 G84 的工作原理

2）四轮驱动汽车车身水平位置传感器

前桥和后桥车身水平传感器的位置安装图如图 1-76 所示，传感器不是光电耦合型，也不是霍尔型，而是变压器型。传感器摆臂安装在下支臂上，传感器固定在车身上。

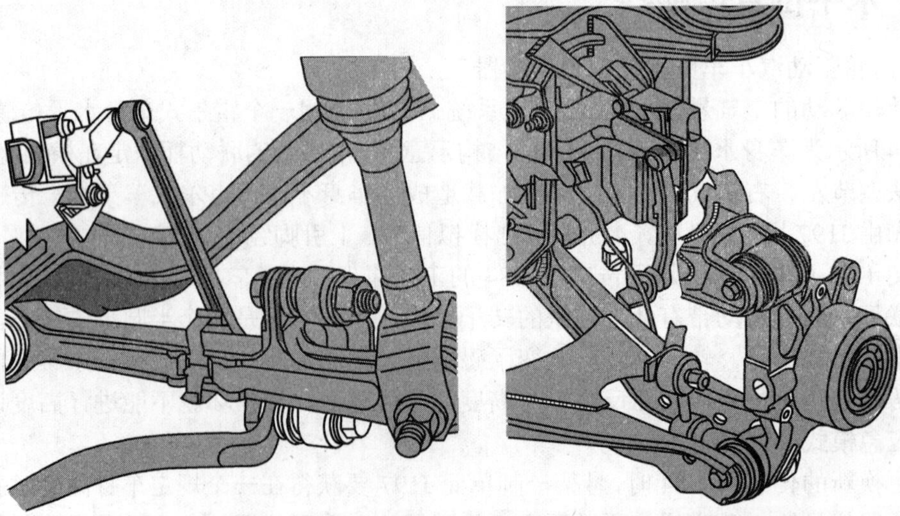

图 1–76　（左）前桥和（右）后桥车身水平传感器的位置安装图

如图 1-77 所示，变压器的一次线圈为励磁线圈，传感器内部电路产生正弦交流信号，传感器内部轴带动转子转动以改变变压器线圈 U_1、U_2、U_3 的输出幅值，波形如图 1-78 所示。由于线圈缠绕方向的关系，相位也可以不相同，不过这里 U_1、U_2、U_3 的相位是相同的。

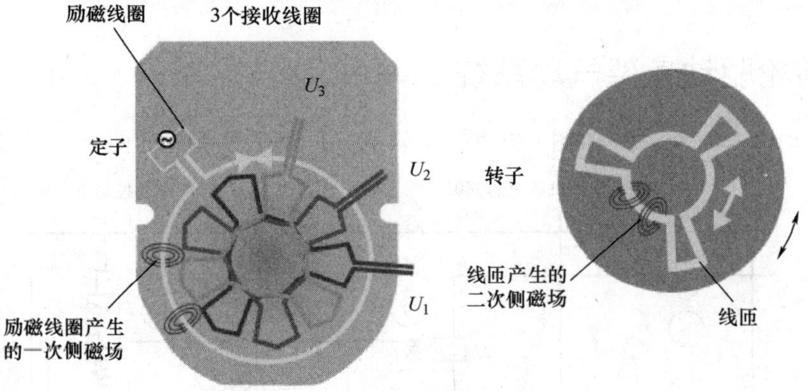

图 1-77　变压器式传感器的结构

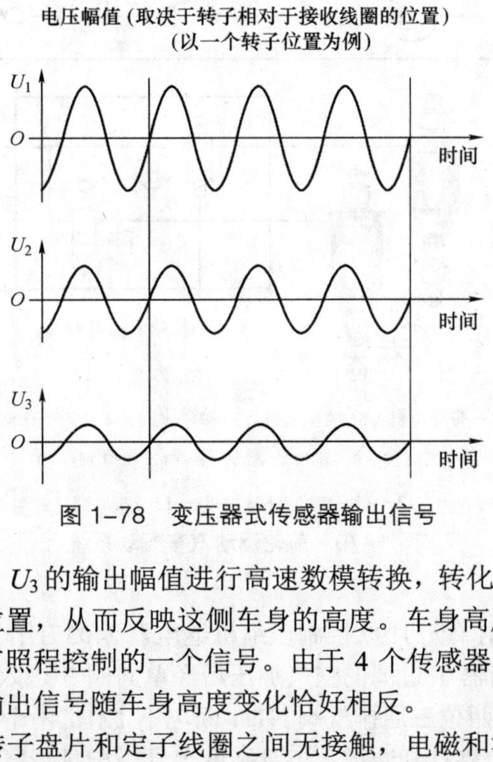

图 1-78　变压器式传感器输出信号

控制单元对 U_1、U_2、U_3 的输出幅值进行高速数模转换，转化为数字信号，再进行软件算法处理计算出转子的位置，从而反映这侧车身的高度。车身高度信号不仅作为悬架控制的控制信号，也作为大灯照程控制的一个信号。由于 4 个传感器是完全相同，只是摆臂不同，所以左、右两侧的输出信号随车身高度变化恰好相反。

变压器式传感器的转子盘片和定子线圈之间无接触，电磁和温度几乎不会影响输出信号，所以变压器式传感器具有寿命长、工作可靠的特点。传感器 1 引脚接地，2 和 3 引脚悬空未用，4 引脚输出模拟电压，用于左侧大灯照程调节。传感器的 5 引脚提供 5V 供电电压，传感器的 6 引脚输出数字 PWM 信号给悬架控制单元。

1.7 前轮驱动气动悬架

1. 前轮驱动悬架气动系统

前轮驱动汽车气动系统如图1-79所示，车身上升和车身下降的两个过程工作原理如下。

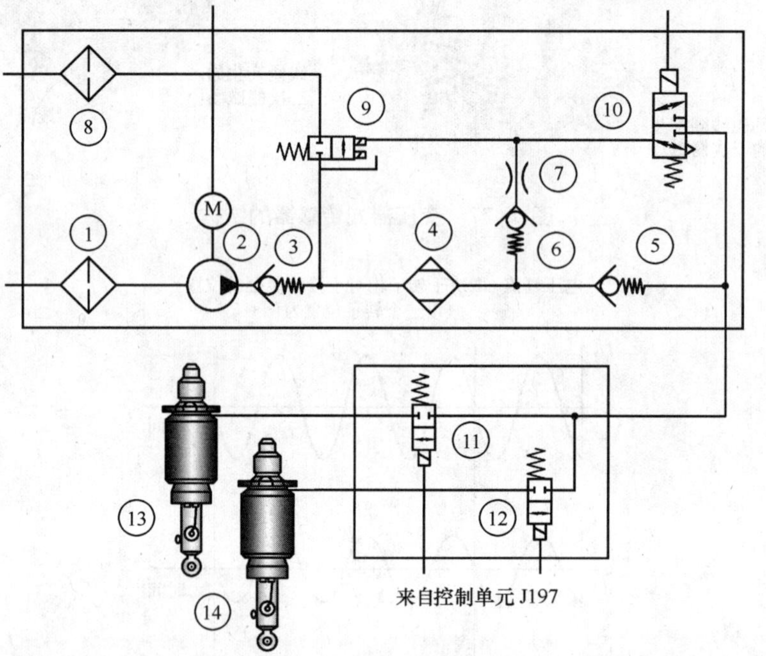

1—进气滤清器；2—带有电机 V66 的压缩机；3—单向阀 1；4—空气干燥器；5—单向阀 2；
6—单向阀 3；7—节流阀；8—排气滤清器；9—气动排气阀；10—排气阀 N111；
11—左后减震支柱阀 N50；12—右后减震支柱阀 N51；13—左后空气弹簧；14—右后空气弹簧

图 1-79　前轮驱动汽车气动系统

1）车身上升过程

如图 1-79 所示，控制单元 J197 控制压缩机继电器 J403 工作，空气压缩机带动活塞泵将金属盒内经过进气滤清器 1 过滤的空气加压后经单向阀 3 进入空气干燥器 4，再经单向阀 5 进入工作管路，此时两位三通排气阀 N111 断电不工作，两个后空气弹簧的两位两通电磁阀 N150、N151 通电上移打开通道，车身高度上升，车身高度传感器监测车身高度至指定位置时，J197 停止压缩机工作，N150、N151 断电关闭进入通道。

在上升过程中，两个两位两通电磁阀 N150 和 N151 一同控制，为使左、右空气弹簧具有相同高度，在车速高于一定时（如 10km/h），两个两位两通电磁阀 N150 和 N151 每隔 12s 打开 1 次，一次打开 3s，计时 15s，再重复上述 15s 的内容两次，共进行 3 次调节，目的是左、右压力平衡。

完成任务

根据图 1-79，写出车身上升过程：______________________________

______________________________。

2）车身下降过程

控制单元 J197 控制两位两通电磁阀 N150、N151 通电打开气道。同时，两位三通排气阀 N111 通电工作下移，工作管路中的压力经 N111 至气动排气阀 9 的第一路控制，同时，一部分气体经节流阀 7 和止回阀 6 反向吹干燥器 4，上行至排气阀 9 的第二路压力控制端，两个控制压力共同作用才将常闭的气动排气阀 9 左移变常开状态。由干燥器过来的水和气体一同从气动排气阀 9 排出，干燥器 4 得以再生。气动排气阀 9 在排气时是能保持一定剩余压力的，最小为 3.5bar。

完成任务

根据图 1-79 所示的车身下降过程的气动原理，写出车身下降过程：______________________________

______________________________。

气动排气阀 9 本身也是空气压缩机的安全阀，系统工作失常导致压力过高时，第二路控制压力可使安全阀打开泄压来保护系统。

完成任务

根据图 1-79，写出排气阀的安全功能实现方式：______________________________

______________________________。

2. 系统电路图

后悬架空气弹簧电控系统如图 1-80 所示。

这里只对图 1-80 中部分信号加以说明：车速传感器为舌簧开关型，车轮转一周输出 4 个脉冲，仪表接收后控制车速表显示和里程表显示，同时经仪表输出给悬架控制单元 J197；用于判别车辆状态是在驻车还是行驶，以进行悬架调节；接线柱 15（图 1-80 中的 KI.15）是悬架控制单元 J197 的处理器复位工作信号；车间接触信号是 4 个车门、后备箱及尾门打开，这个信号是 J197 的处理器由休眠进入唤醒模式的信号；接线柱 50（图 1-80 中的④）是为了在启动时阻止压缩机工作的信号；电容器 C11 可对电源进一步滤波，保证一个稳定的工作电源。

3. 模式调节

1）行驶模式

当车速大于 10km/h，对高度和阻尼进行调节，调节反应时间长，在 50s～15min 之间。

2）驻车模式

当车速小于 5km/h，在较短的时间内完成水平调节，以利于起步。在水平偏差大时，调节反应时间为 1s；在水平偏差小时，调节反应时间为 5s。

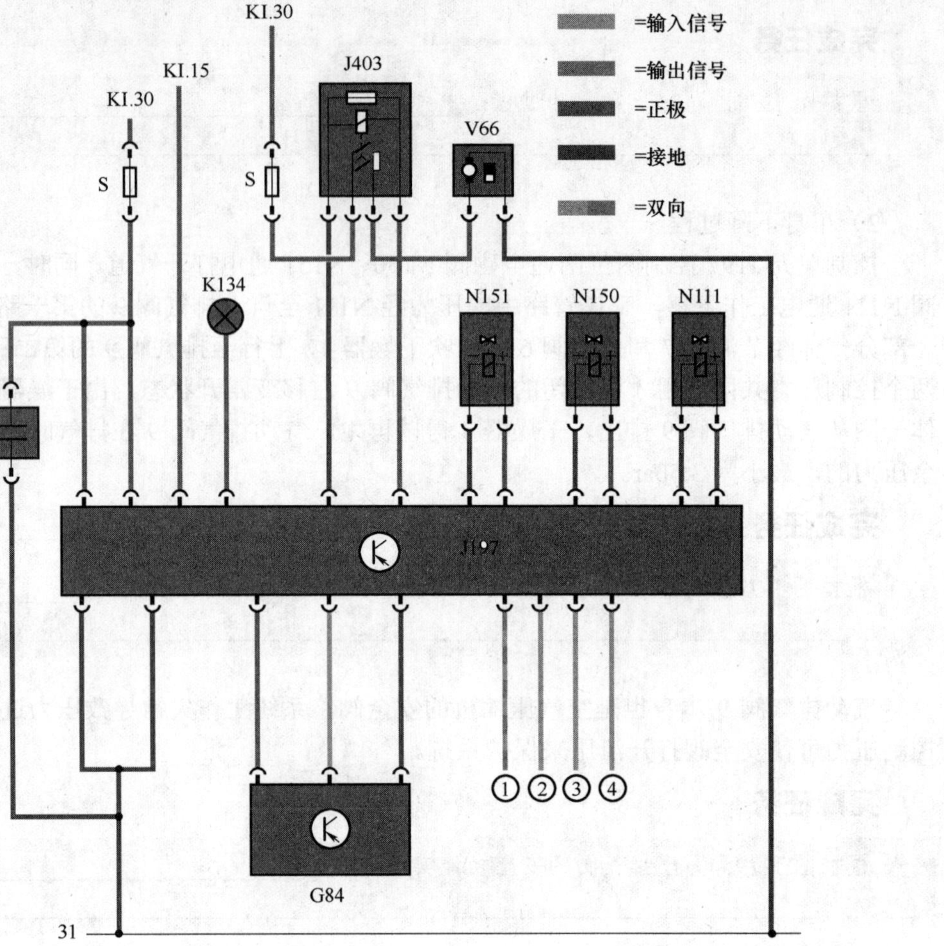

C11—电容器；G84—水平调节传感器；J197—水平调节控制单元；J403—水平调节压缩机继电器；

K134—水平调节指示灯；N111—排气阀；N150—左后减震支柱阀；N151—右后减震支柱阀；S—熔断器；V66—压缩机电机

1—诊断接口；2—车速信号；3—车门接触信号；4—接线柱 50 的信号

图 1–80　后悬架空气弹簧电控系统

3）怠速/起步

点火开关关闭后，用于调节停车后和起步前的水平偏差。由 30 号线（图 1-80 中的 KI.30）供电时，控制单元可最长保持 15min 的激活态。反应时间和驻车模式时相同。

4）休眠模式

点火开关关闭，怠速/起步行驶模式完成（一般 15min）以后进入休眠模式。车门开关唤醒、点火开关唤醒、车门开关唤醒有次数限制，不能超过 5 次，防止无意的开关造成的无意义唤醒。

车门开关唤醒失效后可由 15 号线（图 1-80 中的 KI.15）或车速信号两者之一来唤醒。

4. 空气弹簧车辆举升

配有空气弹簧的车辆在进行举升时，由于举升部位为车身，举升过程将导致空气弹簧的负载减小，车轮和车身间的距离会加大。举升模式在这时对空气弹簧进行放气，但此时车身不会下沉，这个过程通过水平位置传感器 G84 监测反馈，当达到举升模式的高度位置后，排气调节停止。

在修理时可用诊断仪关闭系统，这时水平调节指示灯 K134 会闪烁。

1.8 四轮驱动电控悬架

1. 四轮驱动电控悬架简介

奥迪汽车采用了四级空气悬架，四级空气悬架是指低（比正常高 25mm）、正常、高 1（比正常高 25 mm）、高 2（比正常高 41mm）4 个车身高度，驻车级为高 1。如图 1-81 所示，前桥采用传统的减震器。如图 1-82 所示，后桥采用了与载荷有关的 PDC 阀。在车桥下部悬架上采用 4 个变压器式水平传感器来确定车身是否水平，每个空气弹簧都能独立控制。

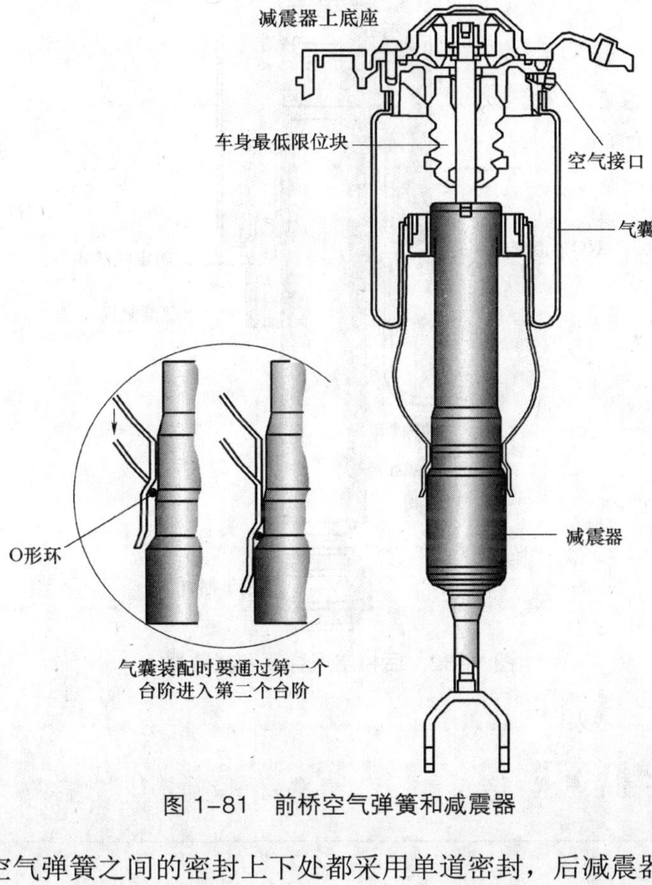

图 1-81 前桥空气弹簧和减震器

前减震器和空气弹簧之间的密封上下处都采用单道密封，后减震器和空气弹簧之间的密封都采用两道密封。前空气弹簧最小压力为 6.0bar，额定压力为 6.4bar，最大压力为 9.0bar。后空气弹簧最小压力为 6.1bar，额定压力为 8.5bar，最大压力为 10.9bar。O 形密封有泄漏时，一定要找出漏点，密封面应干净且无腐蚀和点蚀，还应涂油脂。在装配和运输减震器支柱时，不可拿掉活塞，因为在无压力情况下，活塞很容易被推回去，造成空气弹簧密封不良。在举升和降下车辆时要用诊断仪先给空气弹簧充气。

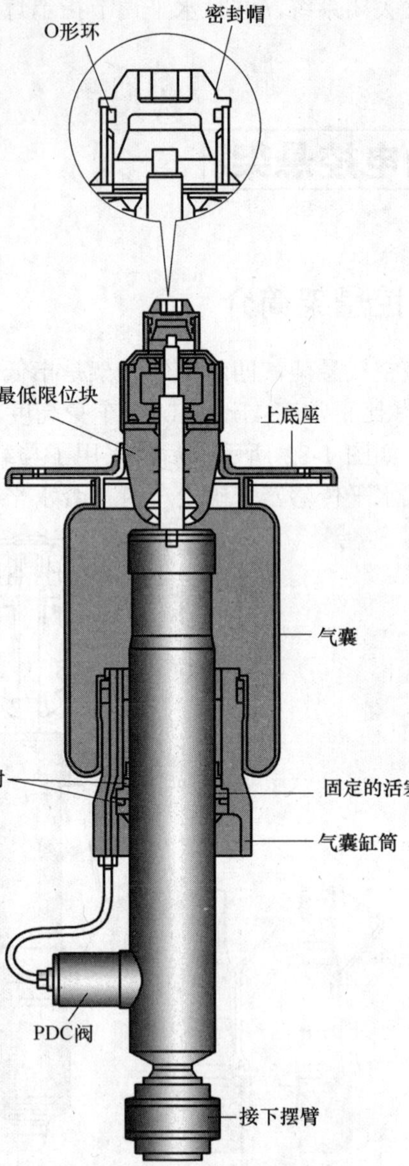

图 1–82　后桥空气弹簧和减震器

完成任务

根据图 1-82，分析在气囊中若没有空气，气囊会不会损坏？为什么？

____。

2．模式切换和取消模式

如图 1-83 所示，表台中央的控制面板高度调节开关 E281 可对空气悬架系统进行手动和自动调节设置。操作升高按键和下降按键时，4 个高度指示灯向驾驶员反馈车身高度，手动模式和自动模式切换是通过长按下降或上升按键 3s 来实现，手动模式 m 显示灯亮为选中了手动模式，手动模式时驻车高度调节和高速模式功能自动关闭。若同时按住两个按键 5s 以上是调节功能关闭/启用切换。当调节功能关闭，车速超过 10km/h 时，则调节功能自动接通。但在修理中处于升降机模式时不会自动接通，也可用诊断仪关闭调节功能，维修时最好关闭调节功能，防止空气压缩机不必要的启动，如在进行四轮定位时或压力管路已松开时。

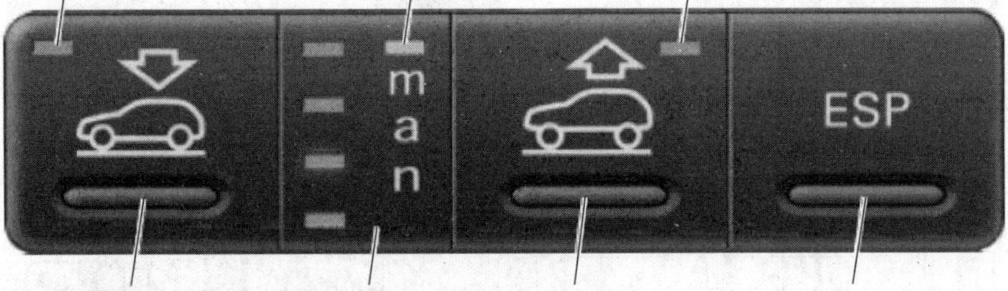

图 1–83　控制面板高度调节开关 E281

车速对车高的控制只是在高 1 和高 2 之间切换，若车原始状态处于高 2 状态，且车速大于 35km/h 时，切换为高 1；车速低于 30km/h 时，切换为高 2 状态。若车原始状态处于高 1 状态，且车速大于 80km/h，切换为正常；车速低于 75km/h，切换为高 1 状态。车以大于 120km/h 的速度行驶 30s 以上时，底盘高度调节为低状态，目的是降低风阻，节省燃油。

驻车时，发动机关闭，车门上锁后，汽车底盘自动进入高 1 状态，由于外界环境温度和泄漏，长时间停车造成的车身高度下降是正常的。出于安全原因，在转弯时不进行底盘高度调节，正在进行的调节也会停止调节，在车辆不转弯行驶时，再继续进行上次未完的调节。

在四轮驱动汽车上，按下 ESP 按键（切换功能键），ESP 按键指示灯亮起，说明动态稳定功能不工作了。ESP 按键在低和正常两种状态时无切换功能。

如图 1-84 所示，操纵单元 E281 与悬架控制单元 J197（如图 1-85 所示）采用 K 线连接，在操纵单元 E281 内有一电子控制单元，这个电子控制单元会根据选择按键、按键时间长短和按键的组合来确认驾驶员的意图，并将信号通过 K 线传给悬架控制单元 J197，悬架控制单元 J197 将车身高度信息通过 K 线返回给 E281，E281 内的电子控制单元再控制指示灯 LED 来指示高度。

由于冗余控制的原因，升高按键采用双开关键，一常开和一常闭型开关用于开关自诊断。

打开点火开关时，在仪表中央的悬架系统故障灯 K134 被点亮，无故障时应熄灭。在进行基本设定时，若没有成功地完成基本设定时，K134 将常亮。在车身不正常（过高和过低）时，K134 闪烁。在执行元件诊断过程中，K134 闪烁。

如图 1-86 所示，空气压缩机总成位于后备箱左下侧。在空气压缩机的进气口装有起过滤和消除噪声作用的空气滤清器，空气滤清器不需要保养。空气压缩机最高工作压力为

16bar，为了消除噪声，在排气口装有噪声消除器。空气压缩机总成和阀单元如图 1-87 所示。在压缩机活塞顶部装有温度传感器 G290，如图 1-88 所示。

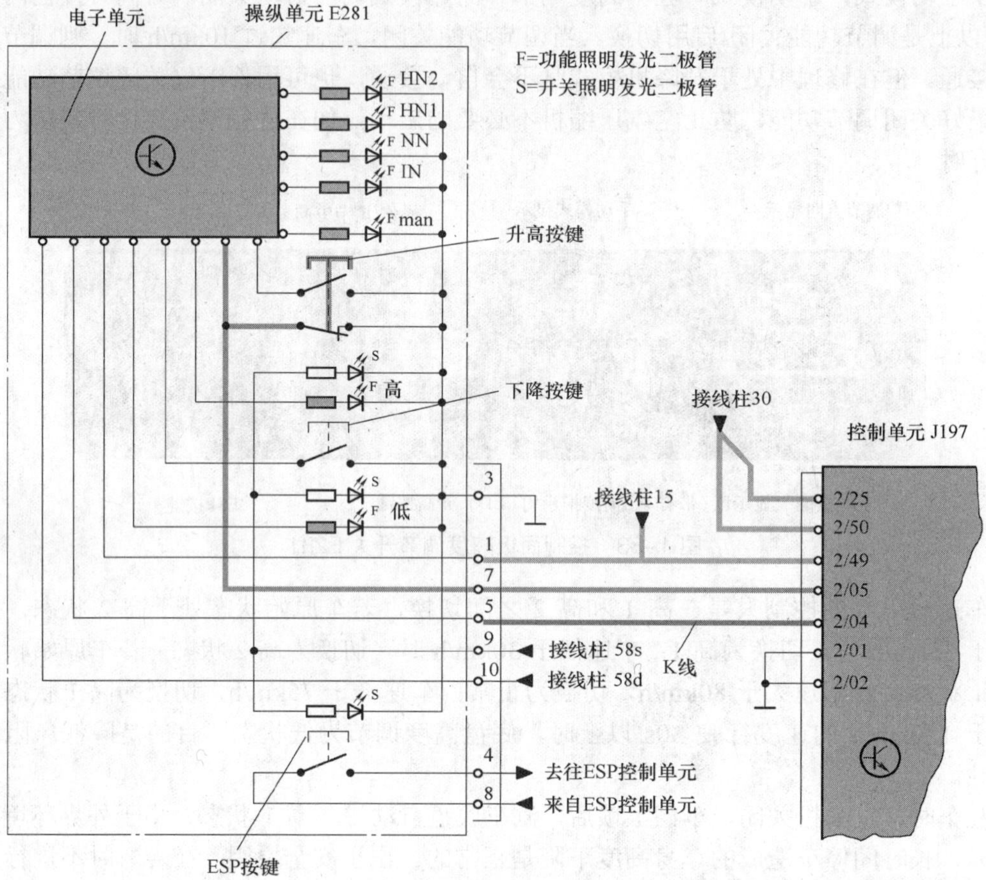

图 1-84　中央的控制面板高度调节开关 E281 工作原理

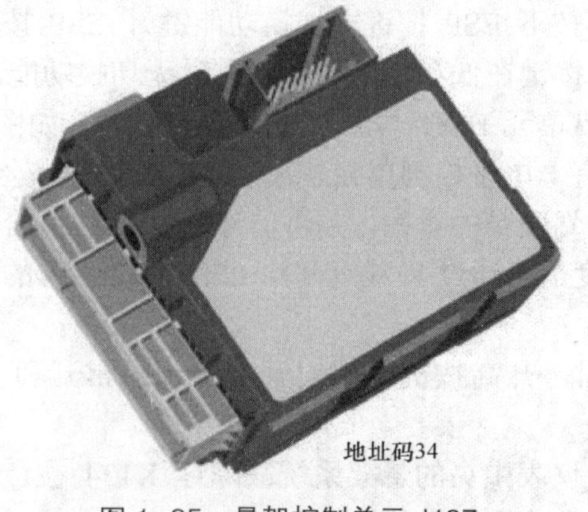

图 1-85　悬架控制单元 J197

在汽车上只有发动机工作时，空气压缩机才能工作。但在执行元件诊断和基本设定时，车身极低时也可预运行。

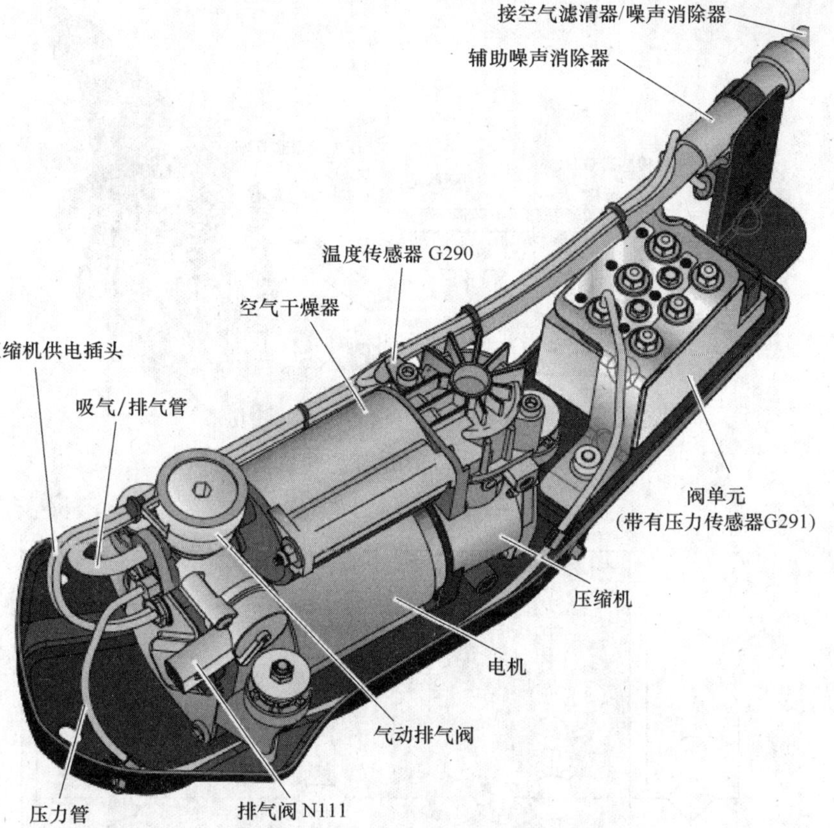

图 1-86 空气压缩机总成和阀单元

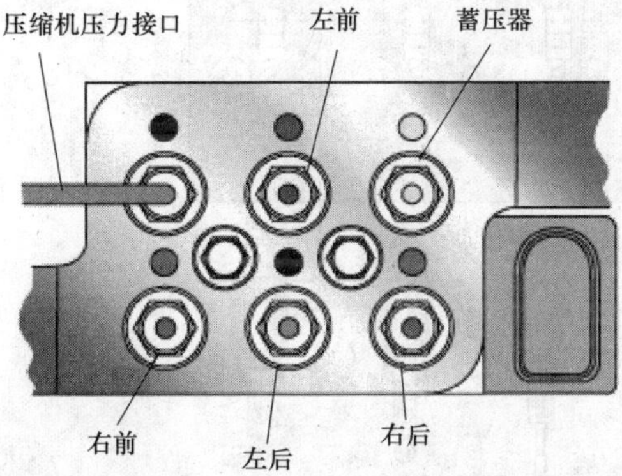

图 1-87 阀单元的气管座接口

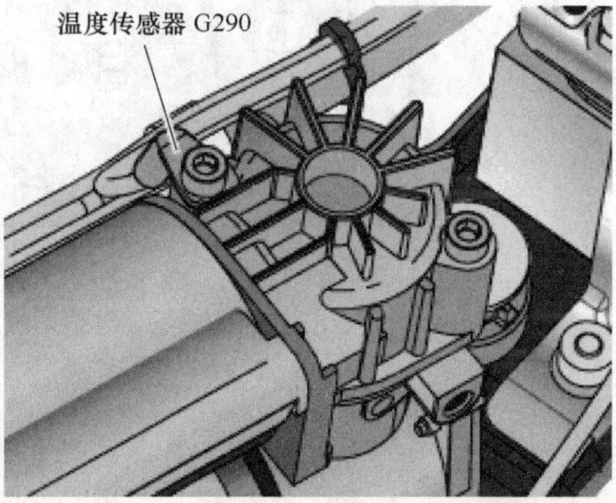

图 1-88 空气压缩机总成上部的温度传感器 G290

如图 1-89 所示，阀单元内置有压力传感器 G291。蓄压器容积为 6.5L，最大工作压力为 16bar，蓄压器的压力要大于空气弹簧中的气体压力在 3bar 以上，否则启动空气压缩机，蓄压器可减少空气压缩机的启动次数。当车速低于 36km/h 时，只要蓄压器压力够用，就由蓄压器供气，当车速高于 36km/h 时，主要由空气压缩机供气，目的是减少噪声。

四轮驱动悬架控制系统的结构如图 1-90 所示。

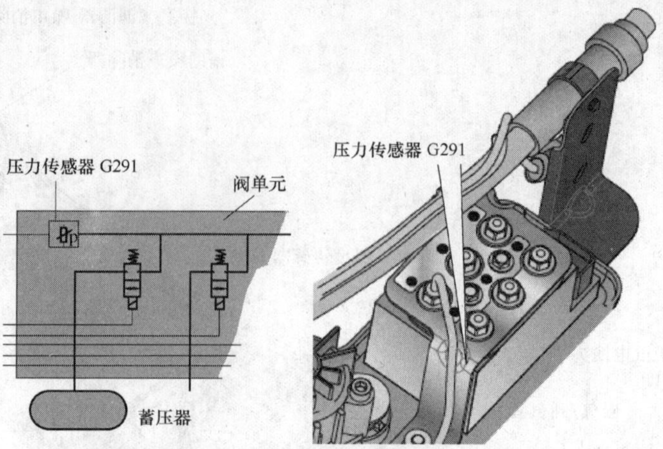

图 1-89　阀单元内的压力传感器 G291

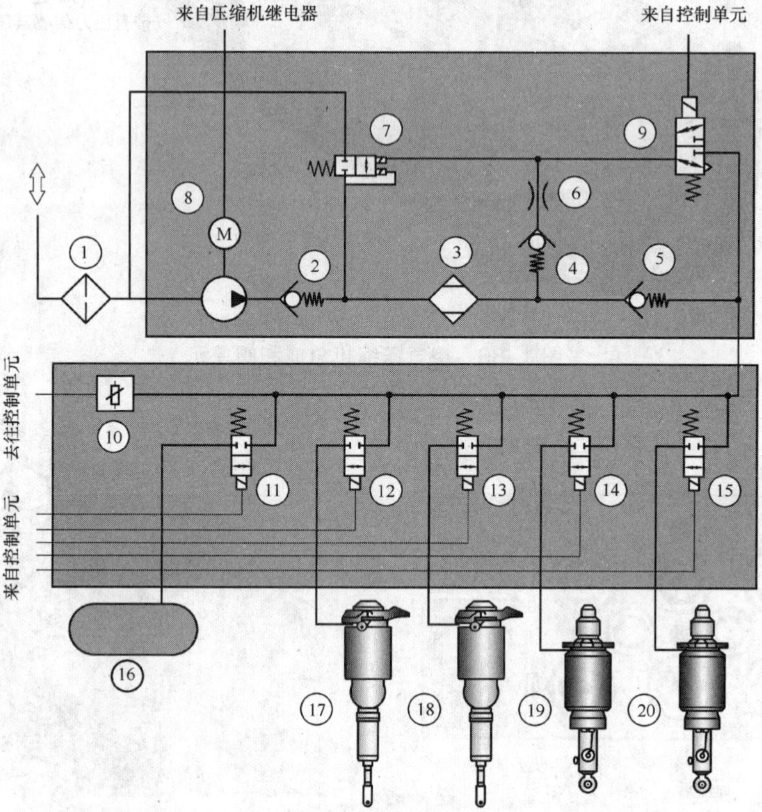

①—辅助噪声消除器；②—单向阀 1；③—空气干燥器；④—单向阀 3；⑤—单向阀 2；⑥—排气节流阀；⑦—气动排气阀；⑧—压缩机 V66；⑨—电动排气阀 N111；⑩—压力传感器 G291；⑪—蓄压器阀 N311；⑫—左前减震支柱阀 N148；⑬—右前减震支柱阀 N149；⑭—左后减震支柱阀 N150；⑮—右后减震支柱阀 N151；⑯—蓄压器；⑰—左前空气弹簧；⑱—右前空气弹簧；⑲—左后空气弹簧；⑳—右后空气弹簧

图 1-90　四轮驱动悬架控制系统的结构

3．系统电路图

四轮驱动悬架控制电路如图 1-91 所示。

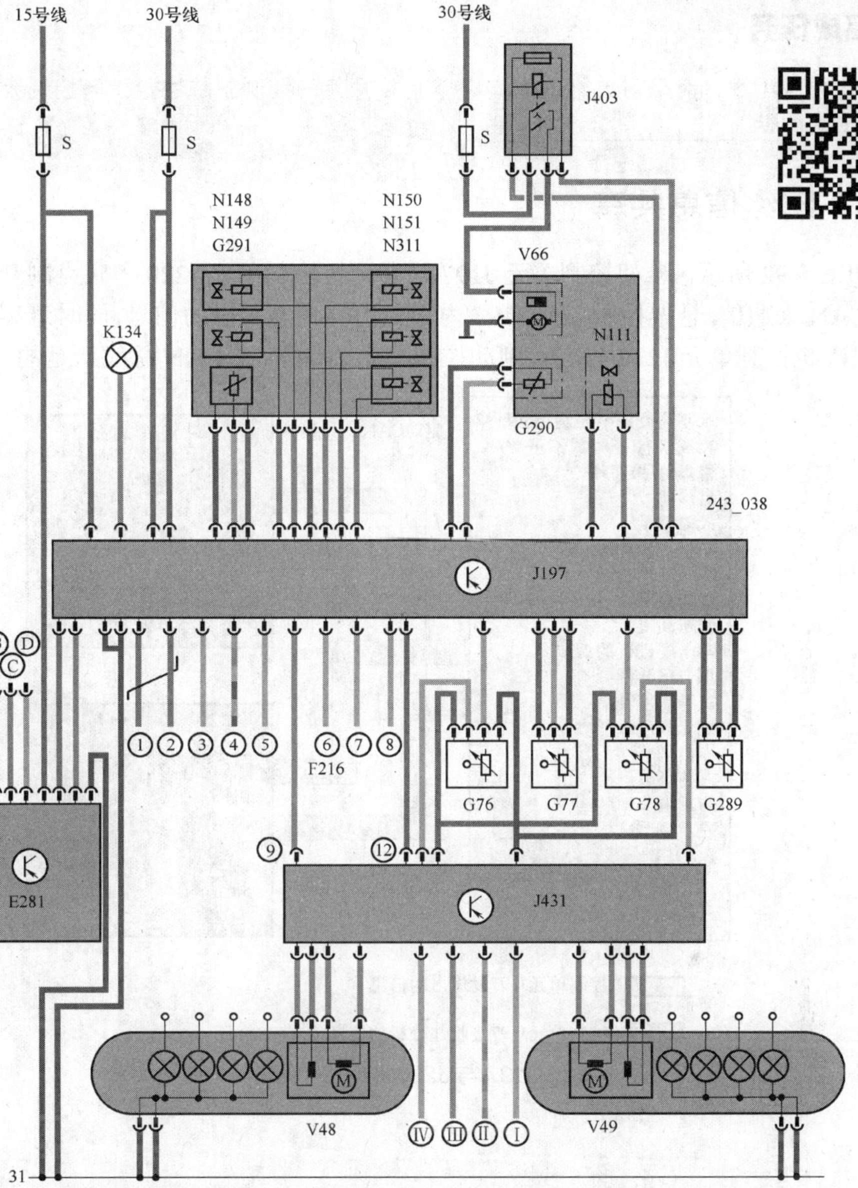

=输入信号；=输出信号；=正极；=接地；=双向；=CAN总线/数据线

E281—水平高度调节操纵单元；F216—可关闭式后雾灯接触开关；G76—左后水平高度传感器；
G77—右后水平高度传感器；G78—左前水平高度传感器；G289—右前水平高度传感器；
G290—水平高度调节压缩机温度传感器；G291—水平高度调节压力传感器；J197—水平高度调节控制单元；
J403—水平高度调节压缩机继电器；J429—中央门锁控制单元；J431—大灯照程调节控制单元；
N111—水平高度调节排气阀；N148—左前减震支柱阀；N149—右前减震支柱阀；N150—左后减震支柱阀；
N151—右后减震支柱阀；N311—水平高度调节蓄压器阀；K134—水平高度调节指示灯；
V48—左大灯照程调节电机；V49—右大灯照程调节电机；V66—水平高度调节压缩机的电机
Ⓐ—接线柱 58s；Ⓑ—接线柱 58d；Ⓒ—ESP 接键；Ⓓ—ESP 接键

附加信号：①—CAN low；②—CANihlgh；③—车门接触信号；④—K 线诊断接口；⑤—车辆已上锁信号；
⑥—挂车模式信号（F216）；⑦—50 号接线柱信号；⑧—车速信号；⑨—大灯照程调节信号；⑩—J431 供电
Ⓘ—接线柱 56；Ⓘⓘ—K 线诊断接口；Ⓘⓘⓘ—接组合仪表；Ⓘⓥ—来自 ABS 控制单元的车速信号，左后转速传感器的输出

图 1-91 四轮驱动悬架控制电路

完成任务

在图 1-91 中，两个前大灯的垂直调节也在悬架的控制系统中，请问控制大灯垂直调节的传感器是：________________。

4. 网络信息共享

如图 1-92 所示，悬架控制单元 J197 与发动机控制单元 J220 和底盘制动控制单元 J104 通过 CAN 来通信，悬架控制单元 J197 内部的内容为要发出的信息，同时悬架控制单元 J197 监听发动机控制单元 J220 和底盘制动控制单元 J104 放在 CAN 总线上是的信息。

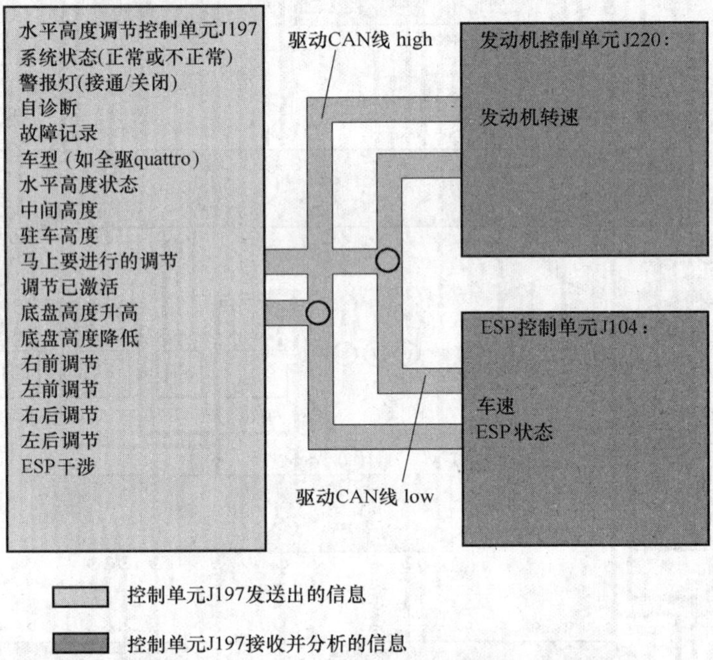

图 1-92　J197 与 J220 和 J104 实现网络信息共享

·第 2 章·

汽车转向系统

2.1 发展历程和系统分类

1. 转向器发展历程

最初的汽车是没有转向器的，其转向装置可以类比船的船舵。直齿圆柱齿轮式转向器很早便在奔驰汽车上得到应用，在 1920 年以前，许多品牌汽车都用这种转向器，因此这种转向器是应用最早的转向器之一。现今的前驱轿车及轻型货车等均采用斜齿圆柱齿轮式转向器。

从 1900 年到 1939 年期间，汽车工业发达国家又开发了蜗杆滚轮式转向器和蜗杆指销式转向器，并在各种汽车上应用。我国在 20 世纪 60 年代生产的汽车，以采用蜗杆滚轮式转向器为主，进入 70 年代，东风汽车公司生产的汽车采用蜗杆指销式转向器。1939 年以后，我国又开发出效率更高的循环球式转向器，并从 60 年代开始应用于货车，进入 80 年代又在轿车、客车和越野车上广泛应用，并开发了变速比循环球式转向器。

1953 年，通用汽车公司首次使用了液压助力转向系统，此后该技术迅速发展，使得动力转向系统在体积、功率消耗和价格等方面都取得了很大的进步。20 世纪 80 年代后期，又出现了变减速比的液压动力转向系统。在接下来的数年内，动力转向系统的技术革新差不多都是基于液压转向系统，比较有代表性的是变流量泵助力转向系统（Variable Displacement Power Steering Pump）和电动液压助力转向系统（Electric Hydraulic Power Steering，EHPS）。变流量泵助力转向系统在汽车处于比较高的行驶速度或者不需要转向的情况下，泵的流量会相应地减少，从而有利于减少不必要的功耗。电动液压助力转向系统采用电动机驱动转向泵，由于电机的转速可调，可以即时关闭，所以也能够起到降低功耗的功效。

电动液压助力转向系统在日本最先获得实际应用，1988 年日本铃木公司首次开发出一种全新的电子控制式电动助力转向系统，并装在其生产的 Cervo 车上，随后又配备在 Alto 上。

完成任务

最好的转向系统是摩托车的把式还是汽车的方向盘式？______________；为什么汽车不用摩托车的把式转向？____________________；采用方向盘转向是利用了什么原理？______________；车轮在一侧可转角度最大为 45°，轿车方向盘一侧的转动周数约 1.5 周，传动比是多少？_______；增大传动比的好处是：_______；坏处是：___________；采用动力转向系统解决了什么问题？_________________；为了进一步增加主动安全，最好的转向系统是：________________________。

2．转向器的作用

转向器即转向执行机构，其作用如下。

（1）增大来自转向盘的转矩，使之达到足以克服转向轮与路面之间的转向阻力矩。

（2）使与转向传动轴连接在一起的主动齿轮转动，并转换成齿条的直线运动而获得所需要的位移。

（3）通过选取不同的螺（蜗）杆上的螺纹螺旋方向，达到使转向盘的转向方向与转向轮的转动方向协调一致的目的。

汽车驾驶员通过方向盘来控制汽车转向，转向系统性能的好坏关系到汽车的安全性、操纵性。汽车的发展先后经历了以下几个阶段：电控液压助力转向系统、电动助力转向系统、四轮转向系统、主动前轮转向系统、线控转向系统，具体分类如图 2-1 所示。随着汽车主动安全系统的推出，转向系统与制动系统等其他系统信息公用，各系统综合调节汽车以实现主动安全成为转向系统发展的主要方向。

汽车转向系统基本分类
- 货车、客车转向系统
  - 货车双销式和循环球式（机械式）转向器（为小型货车使用）
  - 液压助力循环球式（中、大型货车使用）
- 轿车助力转向系统
  - 液压助力转向系统
    - 非电控液压转阀式助力系统（如低档小型轿车或小型货车使用）
    - 电控液压助力转向系统
      - 随速转向助力转向系统 (HPS)
      - 反作用力室采用滑阀的转阀型助力转向系统
      - 电动液压助力转向系统(EHPS)
      - 带速比变化的随速转向系统（如宝马行星齿轮式和奥迪谐波减速器式）
  - 电控电动机助力转向系统
    - 电动机助力转向系统
    - 带速比变化的电动机转向系统

图 2-1　汽车转向系统基本分类

轿车转向系统几乎都采用转阀型，而不太采用滑阀型；几乎全部采用常流型，而不太采用常压型。在 20 世纪 80 年代至今，随速转向控制都被大多数中、低档车采用；反作用力室采用滑阀的转阀型助力系统，被 90 年代日本高档车凌志汽车采用，现已不用；电动液压助力转向系统（EHPS）多被现代美国车系采用。

2.2 货车转向系统（选修）

货车转向系统分为机械式和助力转向系统两大类，货车的转向系统经历了双销式转向器、循环球式（机械式）转向器和 IPS 整体式动力转向器三代，如图 2-2 所示，目前重型货车主要采用 IPS 整体式动力转向器。

图 2–2　货车液压助力型循环球式转向器

1．双销式转向器

机械式转向系统结构简单、性能可靠，有经验的试车技师可以根据情况做出良好的判别，进而做出反映，但是现代驾驶员并非专职驾驶员，体力和经验差别很大，为了减小转向用力，只能增大转向器的角度传动比，但增大传动比会使转向反应慢，为此转向系统采用变速比齿条，在直行的小角度转向时采用小速比，转向变灵活，解决了高车速工况。在两侧的大转向范围采用大速比，转向变轻。

双销式转向器的结构如图 2-3 所示。其工作原理是：蜗杆轴转动，带动与其相啮合的两个指销转动，两个指销又固定在摇臂轴上，从而带动摇臂轴的转动，摇臂轴与转向垂臂相连，这样就实现了汽车的转向。

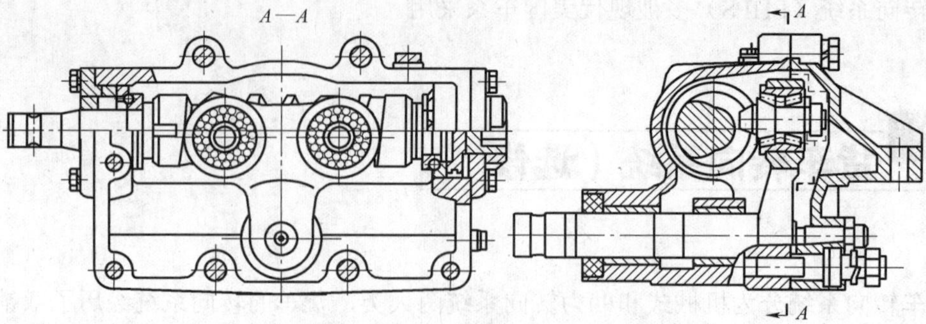

图 2–3　双销式转向器的结构

双销式转向器的特点：指销与螺旋槽之间为滑动摩擦，相对而言，其转向阻力较大，传动效率较低；但其结构简单，便于维修，且工作可靠性较好。

2. 循环球式转向器

循环球式转向器的结构如图 2-4 所示。

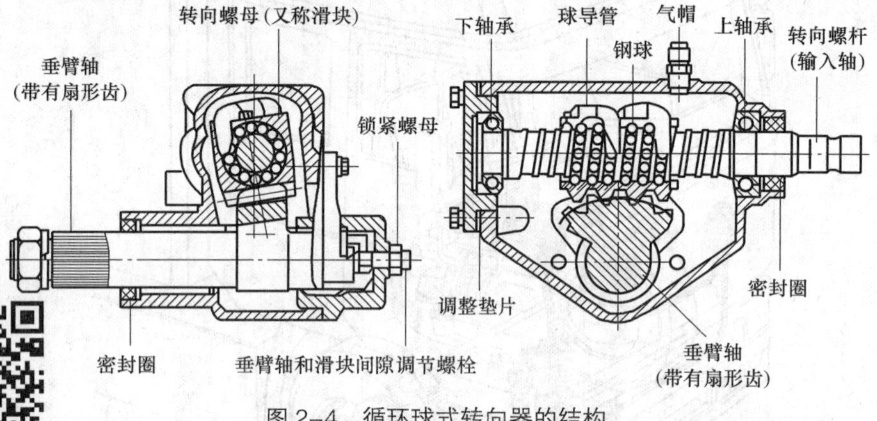

图 2–4　循环球式转向器的结构

循环球式转向器的优点：在螺杆和螺母之间因为有可以循环流动的钢球，将滑动摩擦转变为滚动摩擦，因而正效率能达到 75%～85%；在结构和工艺上采取措施以保证足够的使用寿命，这些措施包括提高制造精度，工作的表面粗糙度足够低，螺杆、螺母上的螺旋槽经淬火和磨削加工，使之有足够的硬度和耐磨性能；转向器的角传达比可以设计成可变的，以适应不同车型的需要；工作平稳可靠；消除齿扇与齿条齿之间间隙的调整工作容易进行；适合于做整体式动力转向器等。

循环球式转向器的缺点：逆效率高，因而汽车在不好的路面上行驶容易“打手”；结构复杂；制造困难，制造精度要求高。

循环球式转向器的工作原理：转动螺杆时，通过钢球使齿条活塞沿螺杆轴线做往复摆动，并通过转向垂臂传力给梯形转向机构。

循环球式转向器的特点：螺杆与齿条活塞为刚球滚动摩擦，故循环球转向器传递效率较高，转向轻便；但其结构较为复杂，成本也相对较高。

技师指导

循环球式转向器修理要点主要有以下几点：滑块 3 个齿槽的中间齿槽要对准垂臂的中间齿，同时滑块距两侧轴承的距离要相等；啮合间隙调节方式是向里旋入调节螺钉间隙变小；增减底盖的垫片个数可调节轴承间隙；润滑脂的体积占余下空间的 1/2～2/3。

3．货车集成助力转向系统（IPS）

机械转向系统随车重的增加和车速降低，转向变得沉重，高速转向又特别轻灵，变速比不能从根本上解决轻和灵的矛盾，所以出现了液压助力转向系统（Hydraulic_Power Steering System，HPS）。

液压助力转向系统是在机械转向系统上增加转向助力阀、动力缸、油泵、储油罐和进回流管路。转向控制阀根据方向盘转动方向来切换通入动力缸活塞的油流方向，根据转向力矩控制油液流量，所以转向轻便。其缺点是不转向时要有运油的功率损耗，助力性能不能随车速提高降低，不能协调转向轻便和路感之间的矛盾，低温油液黏度大，助力效果差。

集成助力转向系统（Integration Power Steering，IPS）是在循环球转向器基础上增加转阀、密封件和限压装置。

动力转向助力油泵为动力转向系统提供高压油，其结构形式为叶片泵，安装在空气压缩机的后端，动力取自空压机的曲轴。叶片泵的稳定流量为 19L/min，允许最高转速为 3 200r/min，最大压力为 13.8MPa。

集成助力转向系统（IPS）的结构如图 2-5 所示。

转向时，司机通过方向盘将转向力矩传递给转向器的输入轴。扭杆的一端用销钉与输入轴连接，另一端与螺杆连接。来自输入轴的转向力矩通过扭杆传到螺杆，由于循环球机构的作用，螺杆试图使齿条活塞沿缸孔做轴向运动，但来自车轮的地面阻力通过拉杆系统使摇臂轴限制了齿条活塞的轴向运动，因此扭杆被扭转，输入轴上的油槽相对位置发生了改变——控制阀起作用，并引导高压油流向指定的油缸，即上油缸或下油缸，在相应的齿条活塞的端面产生了液压作用力，并推动齿条活塞轴向移动，使摇臂轴产生转动，实现了汽车转向。

如果转向轮受到地面冲击负荷，冲击力通过摇臂轴传到齿条活塞，进一步传到螺杆，转向器内部的结构致使转阀将高压油送入相应的油缸，以克服这一冲击力，转向器防止了方向盘打手现象。

IPS 转向器在齿条活塞的两端各装备了一个行程阀，当转向轮接近限位螺钉时，限制该方向转向的那个行程阀开启，相应油缸内油压降低，这样可减少油泵产生的热量，同时，转向系统连接件的负荷也随之减小。

完成任务

拆开 IPS 循环球转向器，找出图 2-6 中所有部件，并能说出元件名称。能正确组装出 IPS 循环球转向器。

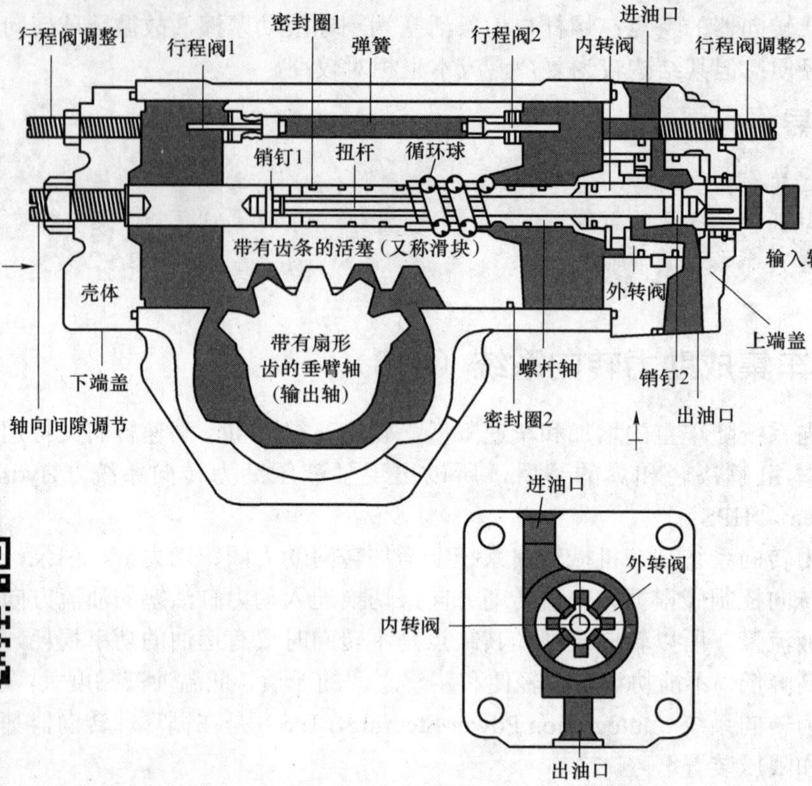

图 2-5　集成助力转向系统（IPS）的结构

1）结构特点

控制阀（转阀）：实现转向助力的控制元件。

精密滚珠轴承：提高转向器的效率及自动回正性能。

行程卸荷阀：在规定的转向器行程极限位置，使转向系统卸荷以保护油泵和系统连接件。

循环球转向机：提高效率，转动平稳。

防尘防水油封：输入轴及输出轴上均有唇口式密封件。

扭杆：提供真实的“路感”，使转阀回到中心位置。

活塞两端工作面积均等：使转向稳定性不受背压的影响。

高温密封件：这些专门开发的密封件可在 148.9℃不连续的高温下工作。

手动转向能力：液压系统失效时，实现机械转向。

紧凑性：重量轻，输出扭矩大。

2）工作原理

汽车直线行驶时的油液流动方向如图 2-6 所示。高压油从进油孔直接流向回油孔，无助力，实现直线行驶。

左转向时油液流动方向如图 2-7 所示。高压油流向左腔（下腔），推动活塞向右移动，实现左转向。

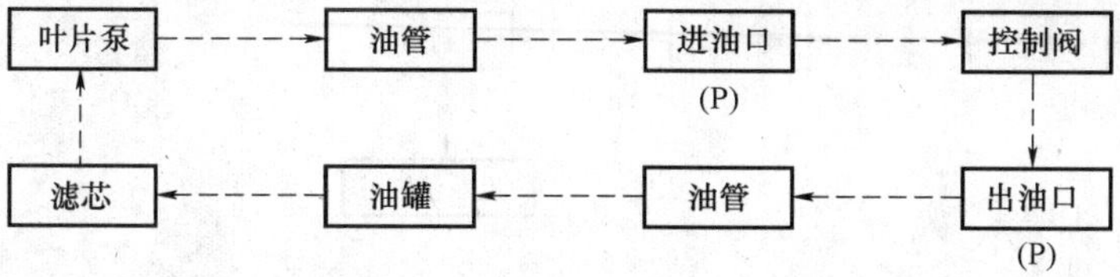

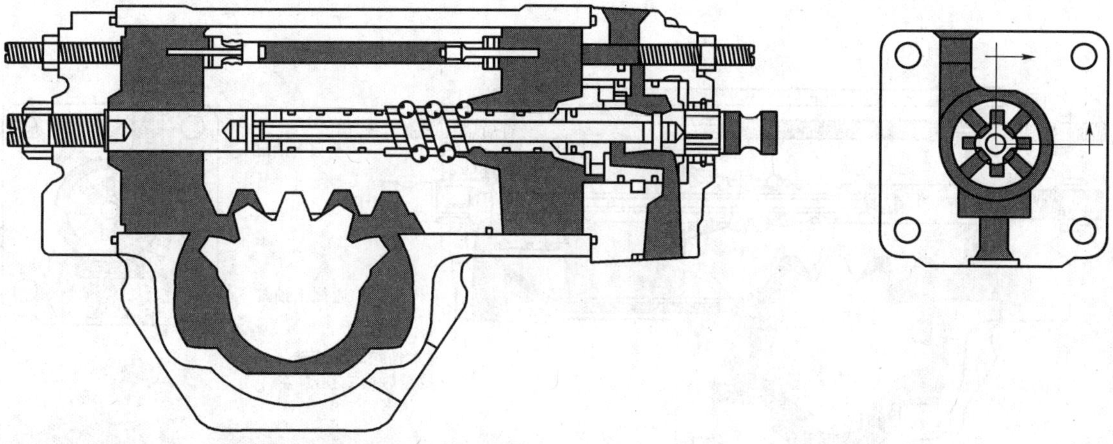

图 2–6　汽车直线行驶时的油液流动方向

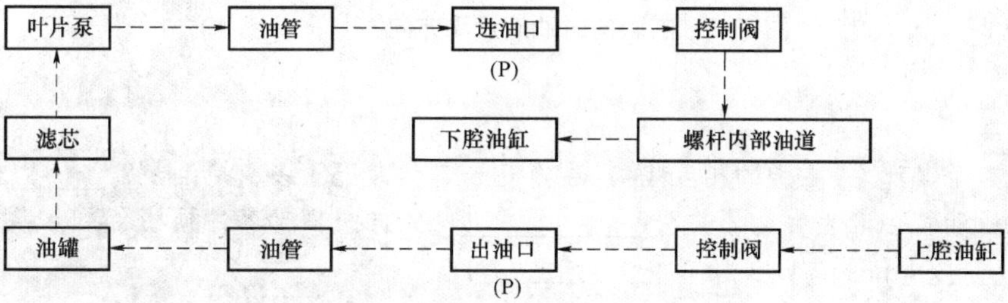

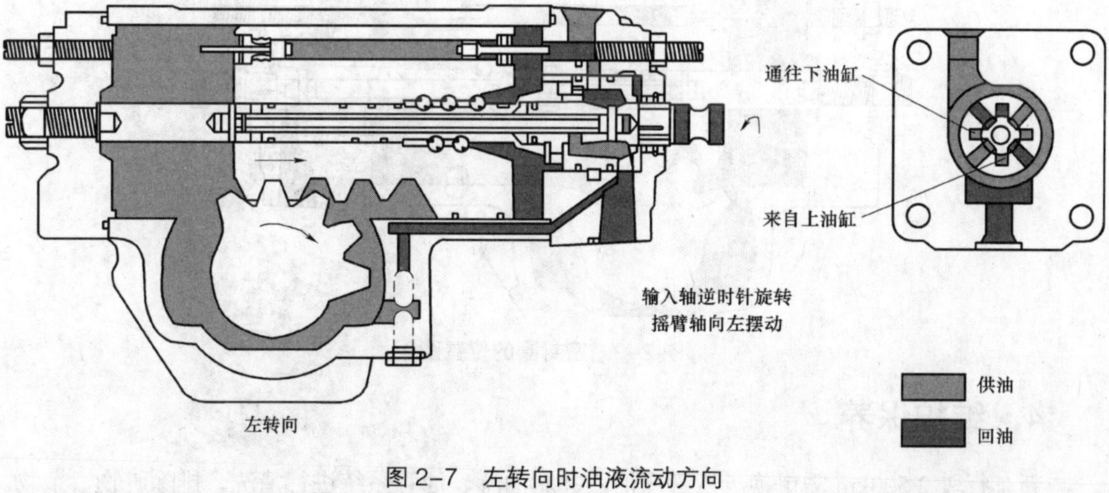

图 2–7　左转向时油液流动方向

右转向时油液流动方向如图 2-8 所示。高压油流向右腔（上腔），推动活塞向左移动，实现右转向。

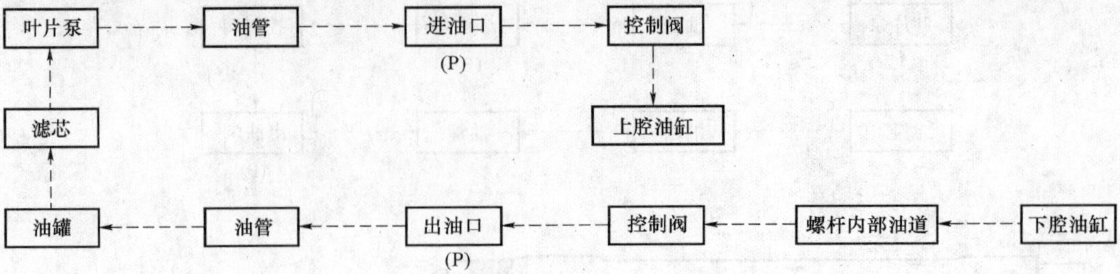

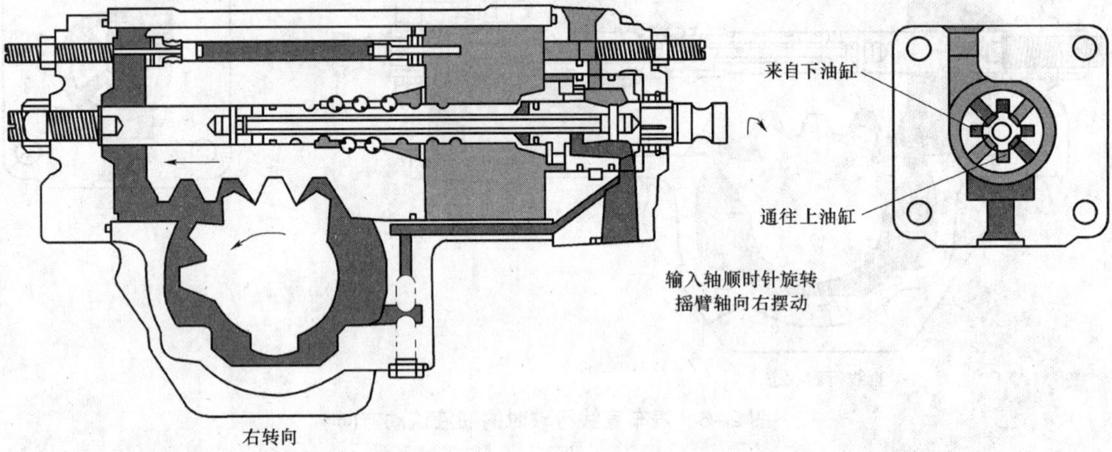

图 2-8　右转向时油液流动方向

完成任务

根据图 2-9，为了实现左、右腔的相互隔离，在哪几个部位装配了多少道油封？________；高压油腔跑道低压油腔会产生什么影响？__________；方向机内部零件损坏会不会影响到叶片泵损坏？________；反之成立吗？__________。

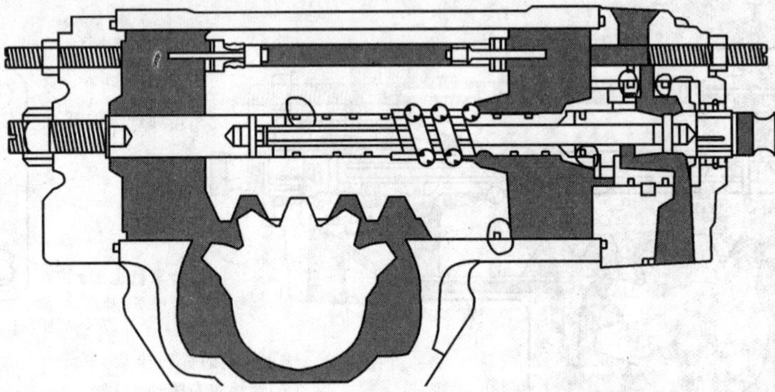

图 2-9　密封圈的位置图

4. 维护保养

新车行驶 2 500km 需更换一次液压油，并对油罐、油管系统进行清洗，排除脏物、杂物。

汽车每行驶 20 000km 应更换液压油，并清洗管路以保持系统清洁。

油罐必须密封好，不得渗入脏物，要定期检查油罐，更换滤芯。

5. 调整

1）端盖调整螺钉的调整（螺杆轴向间隙的调整）

向左打方向，高压油流向左腔，使活塞带动蜗杆轴向右移动，以保持 *AB* 距离最大，并反映了调整螺钉与蜗杆轴的真实间隙。调整方法：整圈转动螺杆轴，先进后退，退 1/4～1/2 圈。最后检查，转动输入轴力矩不大于 1.7N・m。

2）侧盖调整螺钉的调整（摇臂轴轴向间隙的调整）

调整方法：左、右摆动摇臂轴；整圈转动输入轴，先进后退，退 1/2～1 圈。最后检查，转动输入轴力矩不大于 2.3N・m。敲击摇臂轴，用以消除各零件的装配间隙，使调整更加准确。

3）行程阀螺钉的调整（调整不对会导致转向不足或过多）

调整螺钉，其螺距为 1mm，螺杆的螺距为 13.677mm。调整方法：将汽车停放在直线行驶位置，方向摆正。此时将行程阀调整螺钉往里多拧几圈，然后向一个方向转动方向盘，查看距 2.7 圈还差多少圈（转向总圈数为 5.4 圈，左、右各 2.7 圈；由于调整之前行程阀调整螺钉已向里多拧了几圈，所以会提前卸荷，一个方向的转向圈数达不到 2.7 圈）。例如，方向盘转向了 2 圈转不动了（即在两圈的位置提前卸荷），距 2.7 圈还差 0.7 圈，我们知道螺杆的螺距为 13.677mm，而调整螺钉的螺距为 1mm，那么就可以通过计算得出调整螺钉应该往外退出多少圈，计算公式：

$$N=\frac{13.677\times(2.7-n)}{1}$$

设方向盘实际转向了 n 圈时，调整螺钉则应退出 N 圈。

技师指导

工作中，一般不用计算就可将行程阀调整正确，方法是车上人转动方向盘直到车轮贴近限位销，这时应听到行程阀的泄压声，不能听到时行程阀向里旋，过早听到时行程阀向外旋，这个方法是万能的。

循环球转向器修理要点主要有以下几点：滑块 3 个齿槽的中间齿槽要对准垂臂的中间齿，同时滑块距两侧轴承的距离要相等；啮合间隙调节方式是向里旋入，调节螺钉间隙变小；底盖垫片的多少可调节轴承间隙或调节螺钉来确定；不再用润滑脂，而是用液压油润滑，因此要有液压油；调整行程阀。

6. 长 *V* 结构和短 *V* 结构的判断

由于 IPS 系列整体式动力转向器为适应各车的需要，在结构上有所不同，如图 2-10 所示，为避免在拆装过程中损坏齿条活塞上的密封环，拆装时要注意以下两点。

1）长 *V* 结构

图 2-10 中，如果是 $V>U$ 的转向器，称为长 *V* 结构。在拆齿条活塞带螺杆/输入轴总成时，应将齿条活塞沿壳体装阀体端方向退出；装配时，应将齿条活塞沿壳体装阀体端方向进入。即让齿条活塞密封环在拆装时，务必保持先出后进。

2）短 *V* 结构

图 2-10 中，如果是 $V<U$ 的转向器，称为短 *V* 结构。齿条活塞密封环装在齿条活塞的靠下盖一端。在拆齿条活塞带螺杆/输入轴总成时，应将齿条活塞沿壳体下端方向退出；装配时，

应将齿条活塞沿壳体下端方向进入。即让齿条活塞密封环在拆装时，务必保持先出后进。

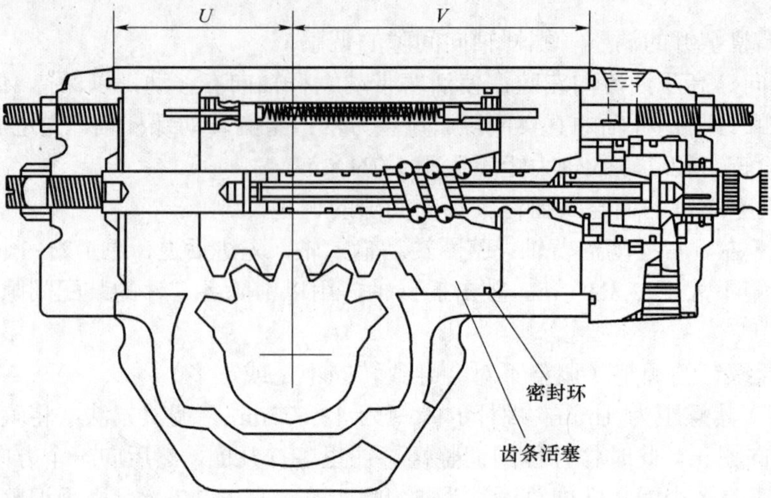

图 2-10　长 V 和短 V 结构

7. 初始检查

当汽车的转向系统出现故障时，首先要清楚产生故障的真实原因。例如，面对转向发沉这一现象，就该弄清楚是左转向发沉，还是右转向发沉？只是原地转向发沉还是断续的转向发沉？或者根本没有助力，做到有的放矢。

在确认问题的真实情况之后，不要急于拆下转向器或油泵，实际上在多数情况下，转向系统中有许多其他部件也可能引起转向故障，应先检查这些部件，最后检查转向器。

首先，检查转向轮。弄清楚轮胎的压力是否合适，是否均衡一致，大小是否适当，是否严重磨损或损坏。

其次，检查前轮定位（注销后倾、主销内倾、前轮外倾及前束角）情况，以及转向横直拉杆、球节及主销处的松紧程度。如果油管用户更换过，则可能装错，或者直径太小，或者堵塞，或者油管扭曲、弯曲过大，引起油液流动不畅或流量不够，必须更换那些不符合要求的油管。

接下去，检查动力转向油罐，确保罐内的油平面达到规定的高度，以及各连接管路是否有泄漏等情况。

2.3 轿车液压转向系统

1. 齿轮齿条式转向器特点

如图 2-11 所示，轿车最早采用齿轮齿条式转向器（无上部的转阀机构），这种转向器的特点如下。

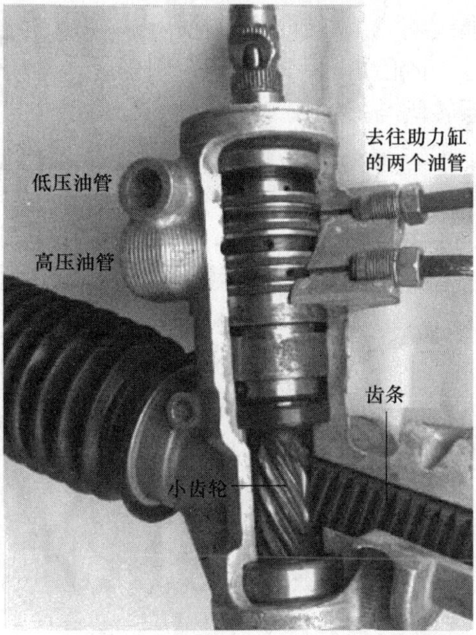

图 2-11 带有转阀的齿轮齿条式转向器

优点：正效率高达 75%～90%；因齿轮齿条式转向器主要由小齿轮、齿条、转向器壳体和消除间隙机构组成，所以零件数量少；采用这种转向器有时能省去转向摇臂轴、转向摇臂及纵拉杆等，同时齿条常与横拉杆做成一体，使转向系结构简单、制造成本低，并使转向轮转角能够增大；转向器壳体可以采用铝合金或者镁合金压铸而成，质量较小；齿轮与齿条因磨损出现间隙后，能自动消除。除此之外，齿轮齿条式转向器还有磨损较慢、工作可靠、转向器占用空间小、可以设计成变速比转向器（通过在齿条中间段设计成宽齿、两侧段设计成细齿）等优点。

缺点：逆效率高，大约比正效率低 10%，因此在不好的路面上行驶时，由于路面不平作用到转向轮上的力会大部分传给转向盘而造成打手，不利于安全驾驶。为了克服这一缺点，有些汽车设置有转向减震器。

完成任务

在轻型和小型轿车中，机械式齿轮齿条式转向器仍有广泛的应用，并不是一定要有助力才好，机械式齿轮齿条式转向器的转向小齿轮和齿条间采用润滑脂润滑，过去拆开转向器可更换润滑脂。现在这样的工作越来越少，一旦转向器的转向小齿轮和齿条间磨损即可整体更换。不过在原地转动转向器的和在低速时转动转向器的可以感觉阻力的变化过程，并可体验转向节力臂也发生变化及地面反作用力的转向作用。

齿轮齿条式转向器原地打转向时，阻力先变____________后变____________，原因是__________，在低车速时打转向，当转向角度超过一定值时会出现________转向。

2. 液压助力转向系统换向阀

1）转阀式

转阀式液压助力转向系统的结构如图 2-12（a）所示，销 1 将扭力杆和转阀上部固定在一起转动，扭力杆在下部通过销 2 与转向小齿轮相连，小齿轮转动与控制套是同步的。A 是回油管道，B 是供油管道，白色与白色管路通，阴影管道与阴影管道通。如图 2-12（b）所示有三条环形油道、一条转阀与控制阀之间的油道。

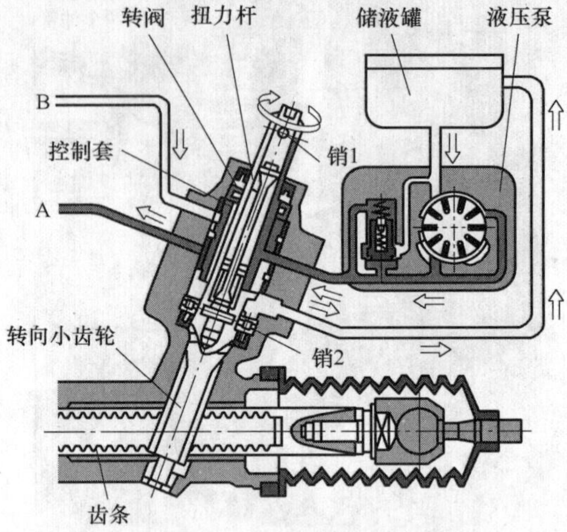

（a）结构（右转向）

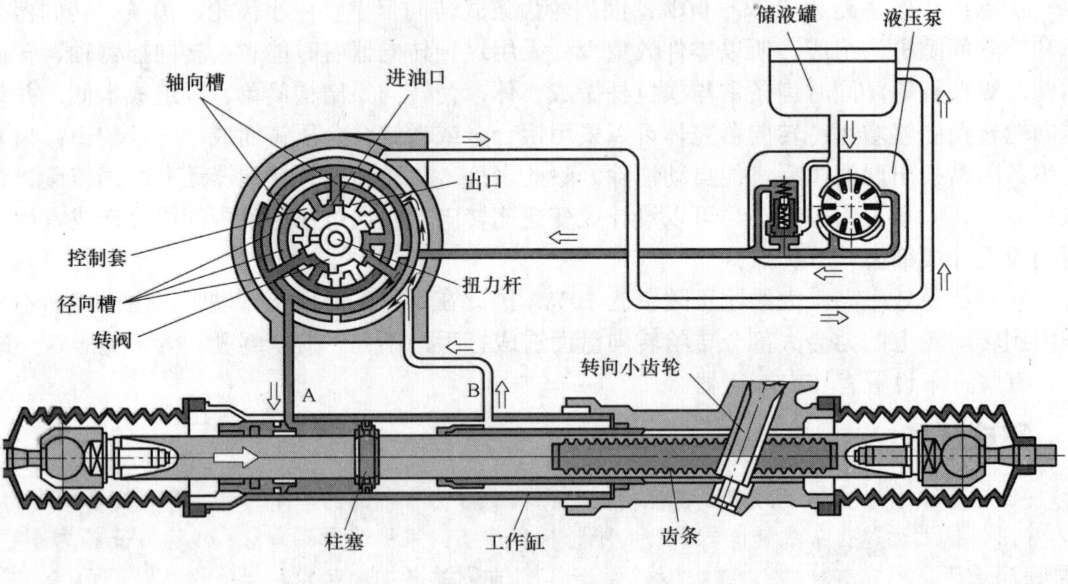

（b）工作原理（右转向）

图 2-12　转阀式液压助力转向系统

转阀式液压助力转向系统的工作原理：发动机通过皮带轮带动叶片泵工作产生油压，油压过高时，可通过内置的安全阀泄压。

在车辆直线行驶时，扭力杆无变形，转阀阀芯与控制阀套之间无相对转角，阀芯处于中间位置，在转阀内部进油道和回油道相通，不进入转向机的工作缸内。

例如，右转向时，扭力杆和转阀阀芯同步，转向小齿轮和控制阀套同步，由于扭力杆的变形，转阀阀芯和控制阀套开始错开一定角度，将供油油道与左侧液压缸相通，右侧液压缸与回油油道相通，实现了右转向。要左转向时，转阀将 A 与回油道接通，B 与供油道接通即可。

完成任务

转阀上的油封有几道？__________；转阀上的油封密封不严出现内漏，是否会降低助力效果？__________；液压泵失效时，通过扭力杆是否可实现转向？________；一旦扭力杆折断将无机械转向，是否还有液压助力转向呢？________。请在图 2-12（b）中找出左转向时的油路走向，完成后在线上打钩________。

2）滑阀式

滑阀式液压助力转向系统如图 2-13 所示，不转向时，左、右两个柱塞阀全向下移动，油液进入两滑阀中心，从回油管回储油罐。

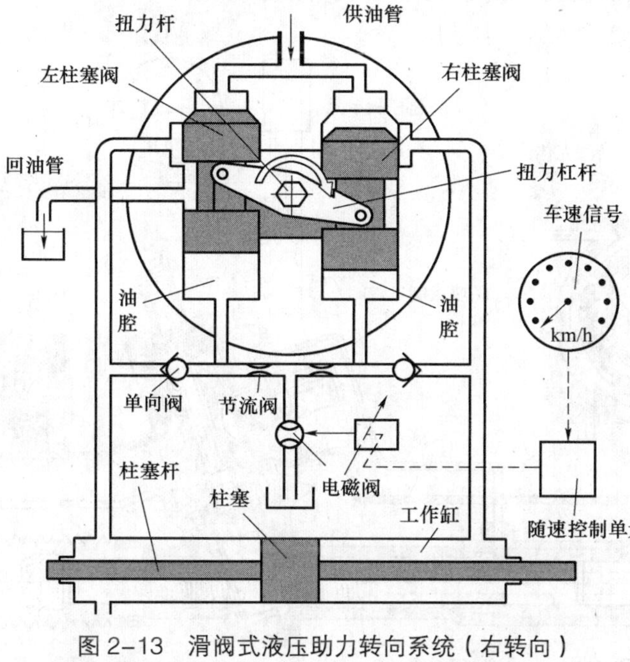

图 2–13　滑阀式液压助力转向系统（右转向）

右转向时，扭力杆带动扭力杠杆顺时针转动，左柱塞阀上移，右柱塞阀下移，供油管与工作缸右侧相通，柱塞杆左移，左侧的油液经回油管回到储油罐，由于转向节位于车轮后部，车轮右转。一部分油液经右侧单向阀向上进入右侧柱塞阀下部油腔，产生回正作用。一部分油液经右侧节流阀经电磁线圈控制的机械阀回流至储油罐。低车速时电磁阀关闭，高车速时电磁阀打开。

完成任务

写出图 2-13 滑阀式液压助力转向系统中左转向的油路走向。提示：滑阀中间细颈部分可以通油。

____。

转阀式与滑阀式液压助力转向系统相比，转阀式液压助力转向系统灵敏度更高，因而适用于高速行驶的轿车。

3. 电控液压助力转向系统

1）电控随速助力转向系统

之所以称为随速助力转向系统，是因为传感器只有车速传感器，车速一个参数决定了助力的大小。这种转向系统在日本汽车使用，大众汽车不使用。

电控随速助力转向系统如图 2-14 所示，位于变速器上的车速传感器把车速信号传递给控制单元 ECU，ECU 通过随速电磁阀的电流，来调节旁通回流的液压油数量，电磁阀不通电流时，旁通油路关闭，液压油经过转阀换向后，所有液压油加到液压助力转向器进行助力，此时助力最大。电磁阀通较大电流时，旁通油路打开，液压油经过转阀换向后，只有一部分液压油加到液压助力转向器进行助力，助力较小。

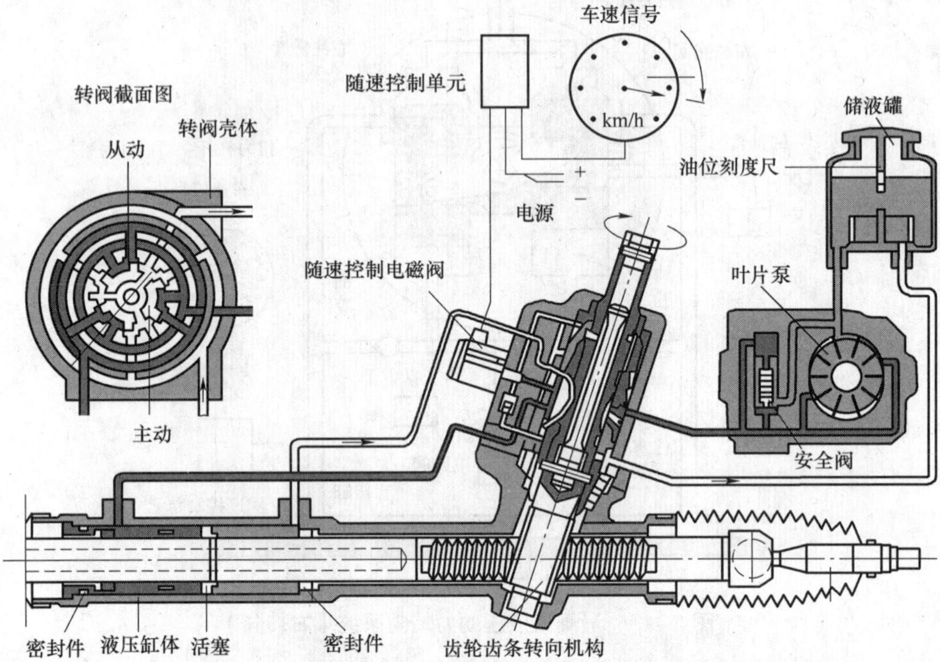

图 2-14　电控随速助力转向系统

完成任务

如图 2-14 所示，电控随速助力转向系统是在图 2-12（b）转阀式液压助力转向系统的基础上增加了随速控制电磁阀，想一想这个电磁阀安在了哪两个油道之间？______；电磁阀断电后助力会增加还是会减少？________。

2）带路感感应的随速助力转向系统

在 20 世纪 80、90 年代 LS400 采用了带路感感应的随速助力转向系统，不过现在已经没有这种系统了，工作原理略。

4. 电动液压助力转向系统（EHPS）

电动液压助力转向系统（Electronic Hydraulic Power Steering，EHPS）如图 2-15 所示，它在高档内燃机轿车、电动汽车等上采用。

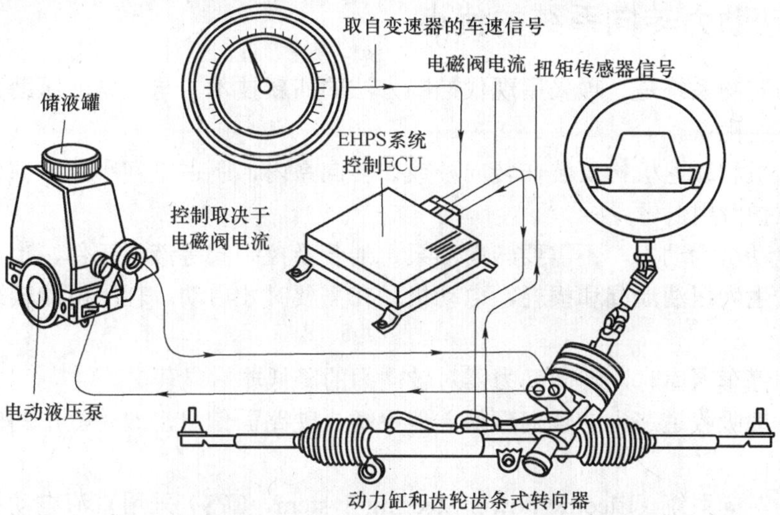

图 2-15 美国通用汽车的 EHPS

EHPS 由于依靠发动机动力来驱动油泵，能耗比较高，所以车辆的行驶动力无形中就被消耗了一部分；液压系统的管路结构非常复杂，各种控制油液的阀门数量繁多，后期的保养维护需要成本；整套油路经常保持高压状态，使用寿命也会受到影响，这些都是机械液压助力转向系统的缺点所在。EHPS 能被广泛使用自然也是不缺优势的，方向盘与转向轮之间全部是机械部件连接，操控精准，路感直接，信息反馈丰富；液压泵由发动机驱动，转向动力充足，大小车辆都适用；技术成熟，可靠性高，平均制造成本低。

完成任务

车速信号控制可以解决随速助力转向系统的助力问题，那么什么传感器可以解决驾驶员转向用力的问题呢？__________。图 2-15 所示的 EHPS 中，车速越高，电磁阀的电流是大了还是小了？__________；为什么要这样设计？__________。

EHPS 除了要能够读取速度传感器信息的电子控制单元来控制机械阀上的电磁阀机构外，电动液压泵要采用电动机驱动。通过电流控制电磁阀开度，可以改变助力油液的流量，使得油液推动助力活塞的力量被改变，就实现了助力力度的调节。控制单元根据车速传感器的信号对电磁阀开度进行控制，便做到了助力力度随速可变的功能。而这种系统的转向执行机构、液压泵等部件仍然是我们所熟悉的。

大多数 EHPS 不具备"紧急避险模式"，这种模式是当驾驶者以很快的速度转动方向盘时，控制单元会根据收到的角传感器信息瞬间提高电子泵转速至 5 000r/min，转向助力会瞬间提升，这种设计的本意是为了帮助驾驶者能够在遇到突发情况时尽快改变方向避险，但是实际上，这种模式并未像理论上那般发挥其作用，原因在于很多消费者在购车后根本就不知道自己的爱车具备这样的功能，在遇到突发状况时他们仍然会以正常的转向力度转动方向盘，而此时方向盘却比他们想象的要轻得多，导致方向盘转动角度大大高于实际所需的角度，车辆会出现过度的转向，在驾驶者意识到这种情况反打方向时又很容易造成纠正方向过度，反而增加了发生事故的风险。如果你一直都没有想明白为什么自己的车子突然像个疯子般不听使唤，那么，这个“紧急避险模式”就是你一直在找的答案。

5. 电动助力转向系统的优点

电动助力转向系统是一项采用现代控制方法的高新技术，与传统液压助力转向系统相比，它具有下述优点。

（1）电动机和减速机构安装在转向柱或在转向系内，所占空间小，零部件结构简单、安装方便，维护费用低。

（2）以电动机为动力，不需要转向油泵、油管及控制阀等液压元件，也不会耗用发动机的功率和发生液压油泄漏和损耗，电动机只在需要时才启动，耗用电能较少，提高了汽车经济性。

（3）低速停车入库时，转向助力器对转向力的降低非常显著。

（4）更好地吸收道路上的任何颠簸并能灵敏反映路面信息，改善汽车的转向特性，灵敏度高。

电动助力转向系统（Electric Power Steering System，EPS）采用直流电动机带动减速机构进行助力，ECU 引入了转矩传感器和车速传感器。ECU 根据方向盘的转矩传感器信号进行助力控制，转矩越大，助力越强，同时根据车速信号进行控制，车速越高助力越弱，使汽车路感增强了。

电动助力根据电动机的助力位置分为转向柱助力和齿条助力两种，如图 2-16～图 2-18 所示。电动转向助力是按需消耗能量，省略了液压系统，保养项目减少，降低了环境污染，对低温适应性强。

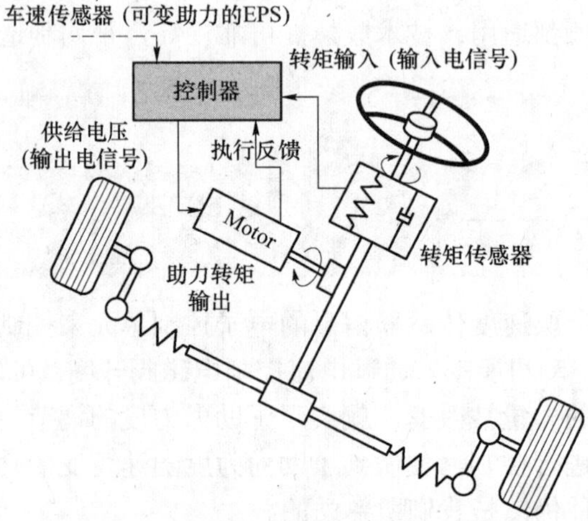

图 2–16　转向柱助力

完成任务

根据图 2-18，请写出下列元件的名称。

J500：__________；G269：__________；V187：__________。

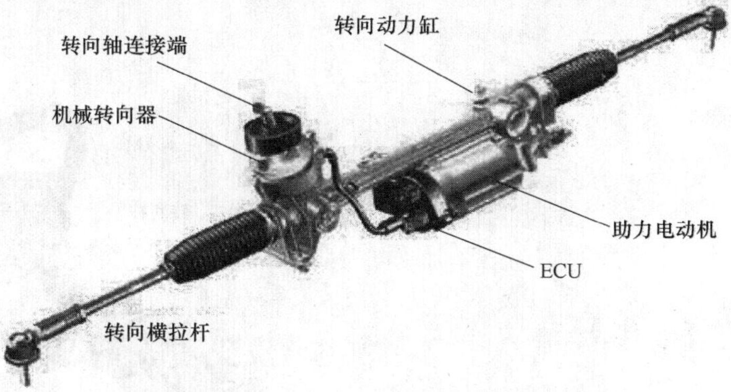

图 2-17 大众汽车的双小齿轮式齿条助力

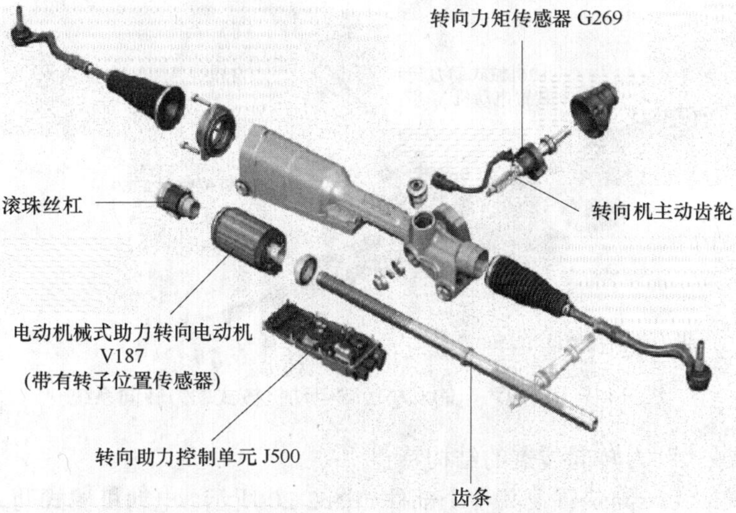

图 2-18 奥迪汽车的电动循环球式齿条助力

2.4 小齿轮助力转向

1. 双小齿轮助力转向

1）电动机械式助力转向装置的优点

奥迪汽车的双小齿轮电动机械式助力转向系统如图2-19所示，与液压式转向装置相比，电动机械式助力转向装置有很多优点。它可帮助司机减轻体力上和精神上的劳累程度，这是通过“按需”方式来实现的，也就是说，只有当司机需要转向助力时，助力装置才会工作。该装置的转向助力取决于车速、转向力矩及转向角。

2）电动机械式助力转向装置的部件

电动机械式助力转向装置的部件有：方向盘、转向柱开关（带有转向角传感器 G85）、转向柱、转向力矩传感器 J269、转向机、电动机械式助力转向装置电动机 V187、助力转向控制单元 J500。

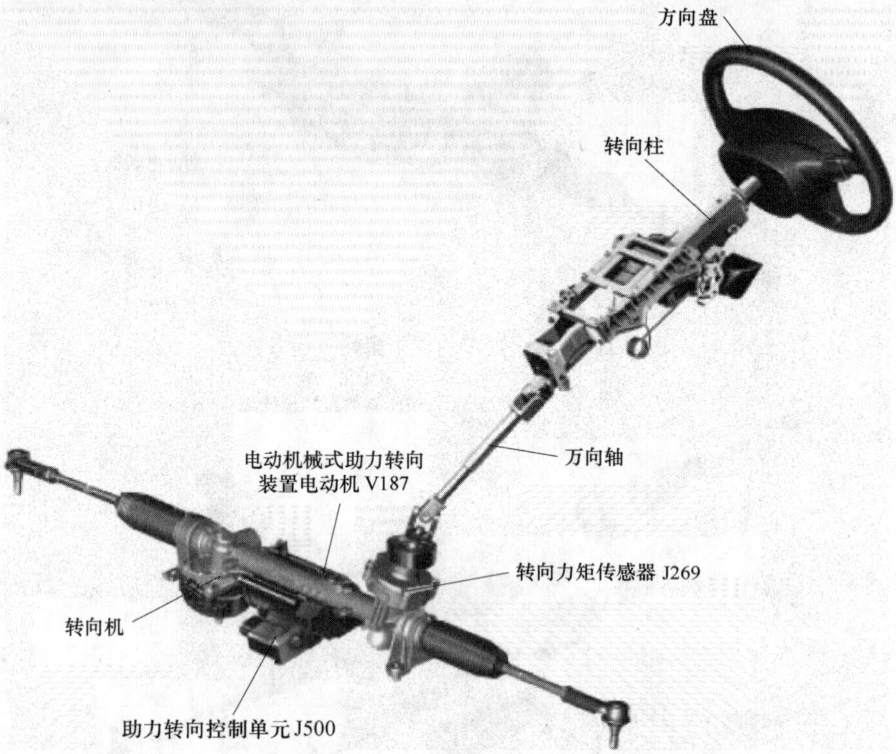

图 2–19　奥迪汽车的双小齿轮电动机械式助力转向系统

3）电动机械式助力转向装置的结构特点

电动机械式助力转向装置及其各个部件如图 2-20 所示。电动机械式助力转向装置采用双小齿轮结构，其特点是使用两个小齿轮（转向小齿轮和驱动小齿轮），所需要的转向力借助于这两个小齿轮传到齿条上。转向助力是通过“按需”来调节电机实现的。该系统根据行驶条件来为司机提供转向助力。方向盘回到中间位置是通过“主动返回”功能来实现的，这个回位是由电动机械式助力转向装置来帮助执行的。这样就使得司机有明显的对中感，且在各种行驶状况下都能保持非常准确的直线行驶。在有侧向风力持续作用或者路面倾斜的情况下，直线行驶校正功能可以产生一个辅助扭矩，这个扭矩可帮助司机将车转至直行行驶状态。

完成任务

根据图 2-20，请找出下列元件的位置，找出后在线上打“√”。

转向主动小齿轮：__________；转向力矩传感器 J269：__________；助力转向控制单元 J500：__________；电动机 V187：__________；蜗轮蜗杆机构：__________；传动小齿轮：__________。

4）电动机械式助力转向装置的电控系统

电动机械式助力转向系统的电控系统组成如图 2-21 所示。

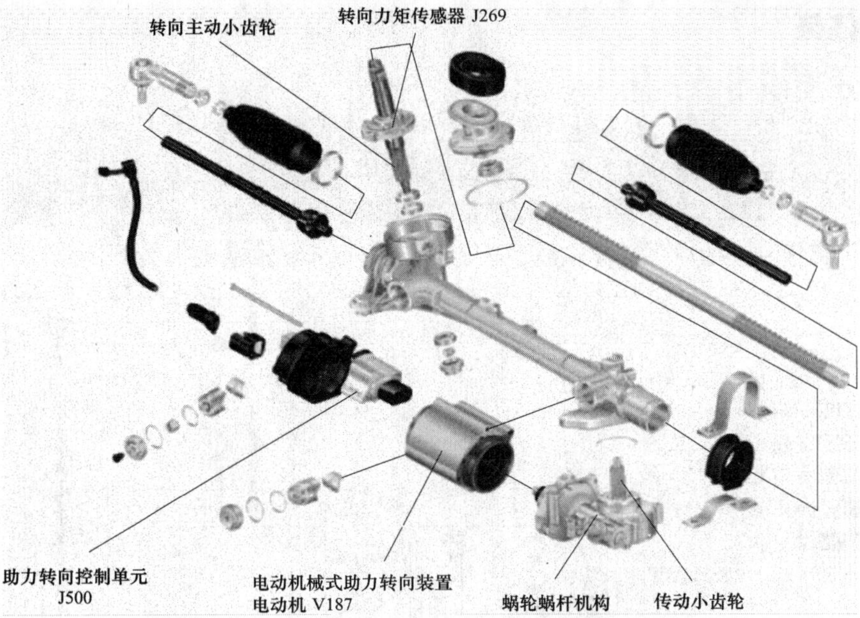

图 2–20 电动机械式助力转向装置及其各个部件

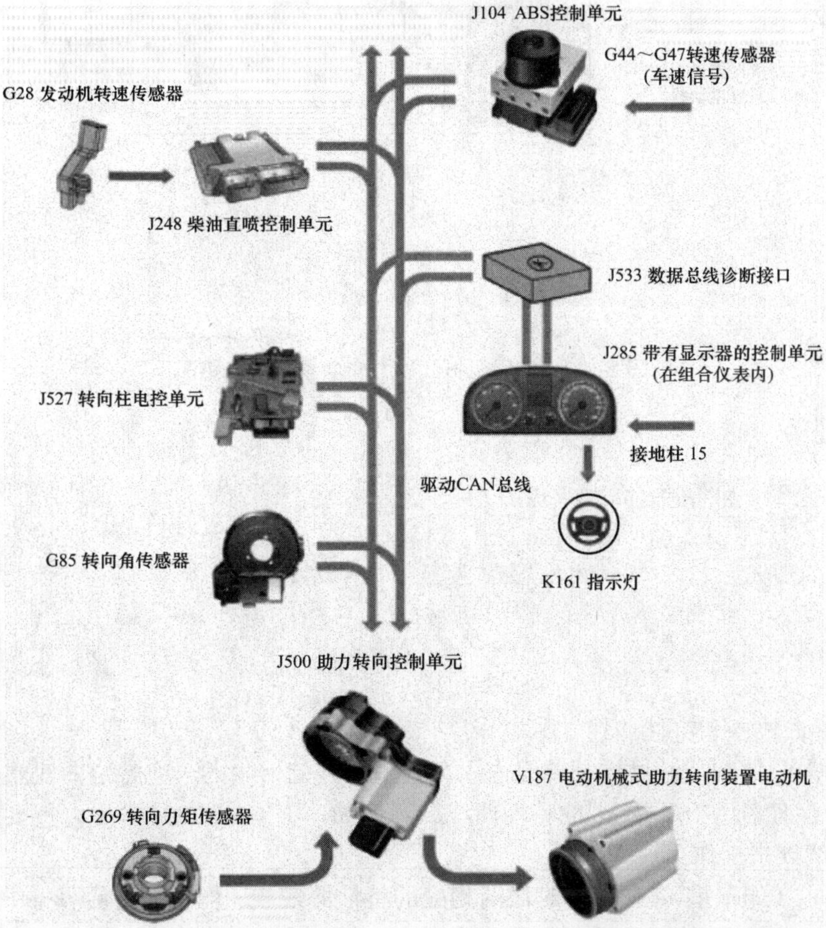

图 2–21 电动机械式助力转向系统的电控系统组成

完成任务

根据图 2-21，请写出下列元件的名称。

G28：____________；J248：____________；J527：____________；G85：____________；

J500：____________；G269：____________；V187：____________；K161：____________；

J285：____________；J533：____________；J104：____________；

G44～G47：____________；

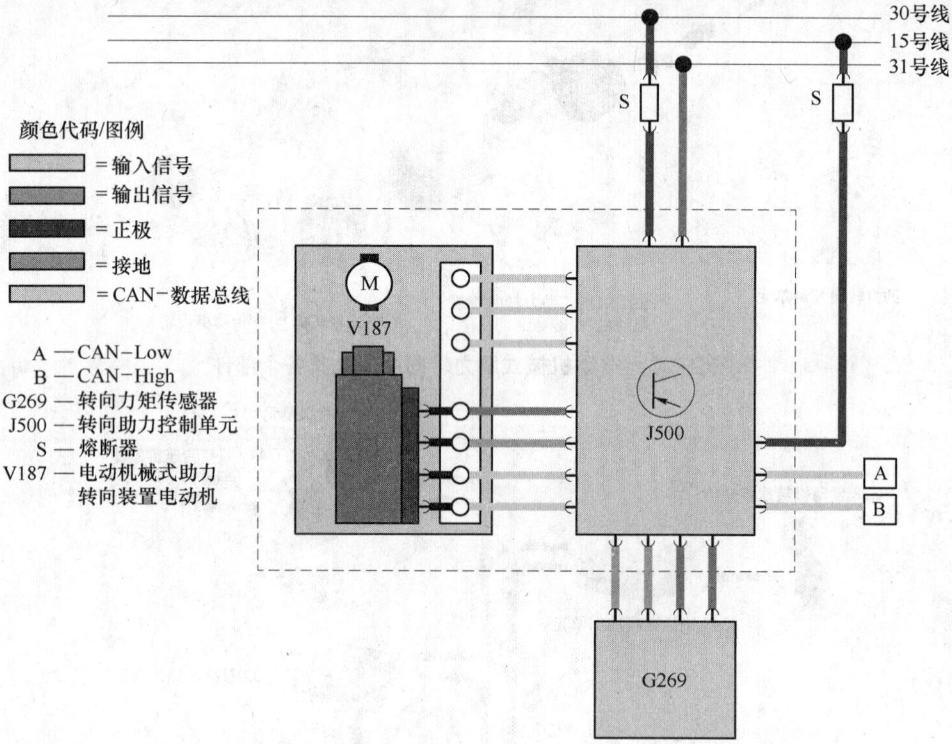

图 2-22 电动机械式助力转向系统的电路图

完成任务

根据图 2-22，请写出下列元件的名称。

A：____________；B：____________；G269：____________；J500：____________；

S：____________；V187：____________；电动机 V187 和 J500 间的三条线是什么线？____________；电动机 V187 和 J500 间的 4 条线是什么传感器？____________；传感器是什么形式的？____________。

5）特性曲线族和特性曲线

转向助力的控制是通过控制单元内永久式程序存储器中的一个特定曲线族来完成的。该存储器中存有多达 16 种不同的特性曲线族。例如，在 Golf 2004 车上，就要使用其中的 8 种特性曲线族来工作。

根据要求（如车重），在出厂时激活相应的特性曲线族。但是在售后服务中，也可以使用 VAS 5051，通过功能“自适应”在“通道 1”中激活特性曲线族。例如，在更换了控制单元或者更换了转向装置时，就需要进行这样的工作了。

如图 2-23 所示，作为示例，我们从 Golf 2004 车所使用的 8 种特性曲线族中选出一种用于质量较大的车的特性曲线族，再选出一种用于质量较小的车的特性曲线族。一种特性曲线族包括 5 条不同的特性曲线，它们用于不同的车速（如 0km/h、15km/h、50km/h、100km/h 和250km/h）。特性曲线表示在这个车速时，电动机在多大的转向力矩时提供多大的转向助力力矩。

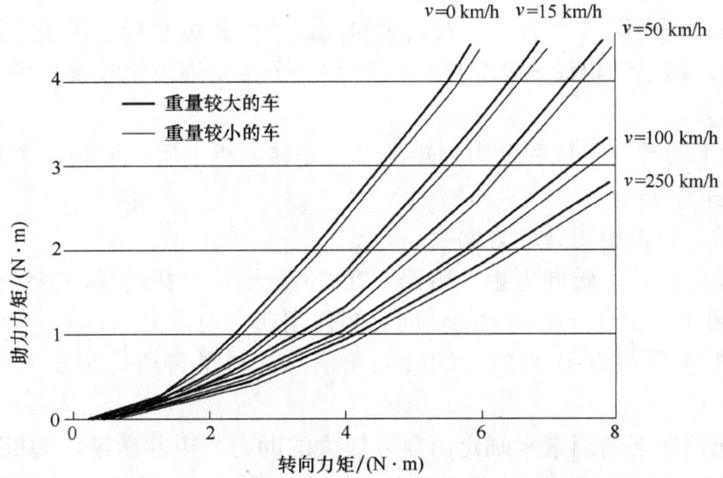

图 2-23　永久式程序存储器中的特定曲线族

2．转向过程的工作原理

转向过程的工作原理如图 2-24 所示。

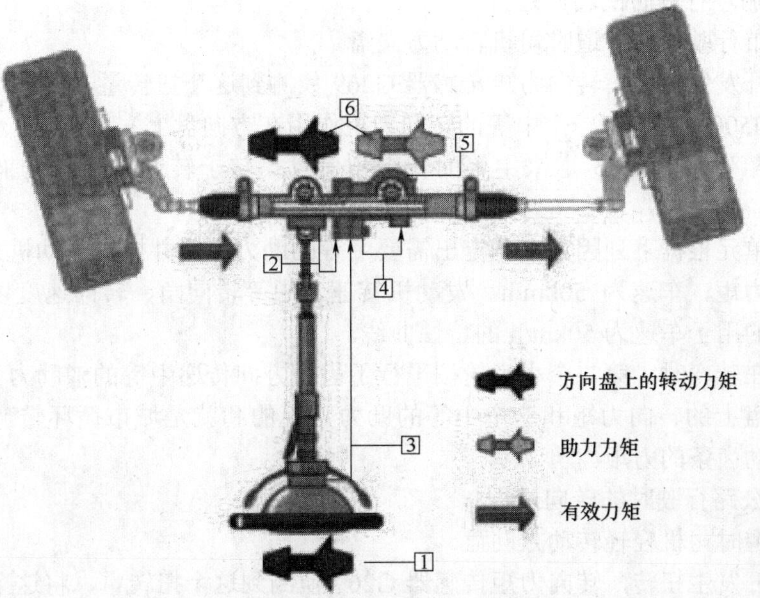

图 2-24　转向过程的工作原理

（1）司机转动方向盘时，转向助力过程就开始了。

（2）方向盘上作用的转动力矩使得转向机中的扭力杆发生扭转。转向力矩传感器 G269 侦测到这个扭转量，并将这个力矩通知控制单元 J500。

（3）转向角传感器 G85 送来实际转向角信息；转子转速传感器送来实际转向速度信息。

（4）控制单元根据下列因素来确定出所需要的助力力矩并操纵电动机来工作：转向力矩、车速、发动机转速、转向角、转向速度及控制单元内存储的特性曲线。

（5）转向助力是由第二个小齿轮来完成的，该小齿轮按平行于齿条方向传力，它由一个电动机来驱动。该电动机通过蜗轮蜗杆机构和一个传动小齿轮咬合在齿条上，并传递转向所需要的辅助力。

（6）方向盘上的转向力矩和助力力矩的和就是转向机上用于驱动齿条的力矩。

1）泊车时的转向过程

- 在泊车时，司机用力转动方向盘。
- 扭力杆发生扭转，转向力矩传感器 G269 侦测到这个扭转量，将这个信息通知控制单元 J500（现在有一个很大的转向力矩作用在方向盘上）。
- 转向角传感器 G85 送来较大的转向角信息；转子转速传感器送来实际转向速度信息。
- 控制单元根据下列因素来确定出需要较大的助力力矩并操纵电动机来工作：较大的转向力矩、车速为 0km/h、发动机转速、较大转向角、转向速度及控制单元内存储的用于车速为 0km/h 的特性曲线。
- 于是在泊车时，第二个小齿轮按平行于齿条方向传递最大的辅助力。
- 方向盘上的转向力矩和这个最大的助力力矩的和就是泊车时转向机上用于驱动齿条的力矩。

2）城市循环行驶时的转向过程

- 在城市行驶中遇弯道时司机转动方向盘。
- 扭力杆发生扭转，转向力矩传感器 G269 侦测到这个扭转量，将这个信息通知控制单元 J500（现在有一个中等的转向力矩作用在方向盘上）。
- 转向角传感器 G85 送来中等的转向角信息；转子转速传感器送来实际转向速度信息。
- 控制单元根据下列因素来确定出需要中等的助力力矩并操纵电动机来工作：中等的转向力矩、车速为 50km/h、发动机转速、中等转向角、转向速度以及控制单元内存储的用于车速为 50km/h 的特性曲线。
- 于是在转弯时，第二个小齿轮按平行于齿条方向传递中等的辅助力。
- 方向盘上的转向力矩和这个中等的助力力矩的和就是城市循环转弯时转向机上用于驱动齿条的力矩。

3）高速公路行驶时的转向过程

- 在变道时司机轻轻转动方向盘。
- 扭力杆发生扭转，转向力矩传感器 G269 侦测到这个扭转量，将这个信息通知控制单元 J500（现在有一个很小的转向力矩作用在方向盘上）。

- 转向角传感器 G85 送来很小的转向角信息；转子转速传感器送来实际转向速度信息。
- 控制单元根据下列因素来确定出需要很小的助力力矩或者根本不需要助力力矩并操纵电动机来工作：很小的转向力矩、车速为 100km/h、发动机转速、很小的转向角、转向速度以及控制单元内存储的用于车速为 100km/h 的特性曲线。
- 于是在高速公路上行驶时，第二个小齿轮按平行于齿条方向传递很小的的辅助力或者根本不传递辅助力。
- 方向盘上的转向力矩和这个最小的助力力矩的和就是高速公路变道时转向机上用于驱动齿条的力矩。

4）主动回位功能

- 在转弯时司机减小了转向力矩，扭力杆也就跟着松弛下来了。
- 根据转向力矩（也包括转向角和转向速度）的降低，就计算出一个回位速度规定值。该值同转向角速度进行对比，从而计算出回位力矩。
- 由于车轮定位参数的原因，在转向车轮上就产生一个回位力。由于转向系统和车桥内部的摩擦，这个回位力一般是非常小的，不足以将车轮转到直线行驶位置。
- 通过对转向力矩、车速、发动机转速、转向角、转向速度和控制单元内存储的特性曲线的分析，控制单元就可计算出回位所需要的力矩（由电动机产生）。
- 启动电动机，于是车轮回到直线行驶位置。

5）直线行驶校正功能

直线行驶校正功能是通过主动回位来实现的。这时产生一个辅助力矩，它将车辆带回到无力矩作用的直线行驶状态。直线行驶校正功能分为短时算法和长时算法。长时算法的任务是对长时间偏离直线行驶的情况进行补偿（如在将夏季轮胎换成旧的冬季轮胎时所出现的情况）。短时算法的任务是对短时的偏离直线行驶的情况进行校正。

短时算法可以减轻驾驶员的负担，例如，在有持续的侧向风作用时，就需要持续地“对抗转向”。当持续的侧向力（如侧向风）作用到车上。司机会转动方向盘，以便使车保持在直线行驶状态。通过对转向力矩、车速、发动机转速、转向角、转向速度和控制单元内存储的特性曲线的分析，控制单元就可计算出直线行驶校正所需要的力矩（由电动机产生）。启动电动机，于是车辆回到直线行驶位置。司机就不再需要进行“对抗转向”了。

3. 转向装置的机械和电控部分

双小齿轮式转向系统的机械结构如图 2-25 所示，在带有双小齿轮的电动机械式助力转向装置上，所需要的转向力是由转向小齿轮和传动小齿轮传递到齿条上的。转向小齿轮传递转向力矩，传动小齿轮通过蜗轮蜗杆来传递电动机械式助力转向装置电动机所提供的助力力矩。转向机由一个转向力矩传感器、一个扭力杆、一个转向小齿轮/传动小齿轮、一个蜗轮蜗杆机构及带有控制单元的电动机组成。电动机械式助力转向装置的核心部件是一个齿条，该齿条的两个齿与转向机啮合。这个带有控制单元和转向助力传感器的电动机布置在第二个小齿轮上。这种结构意味着方向盘和齿条之间是机械连接的，那么在这个伺服电动机出现故障时，仍可通过机械方式使车转向。

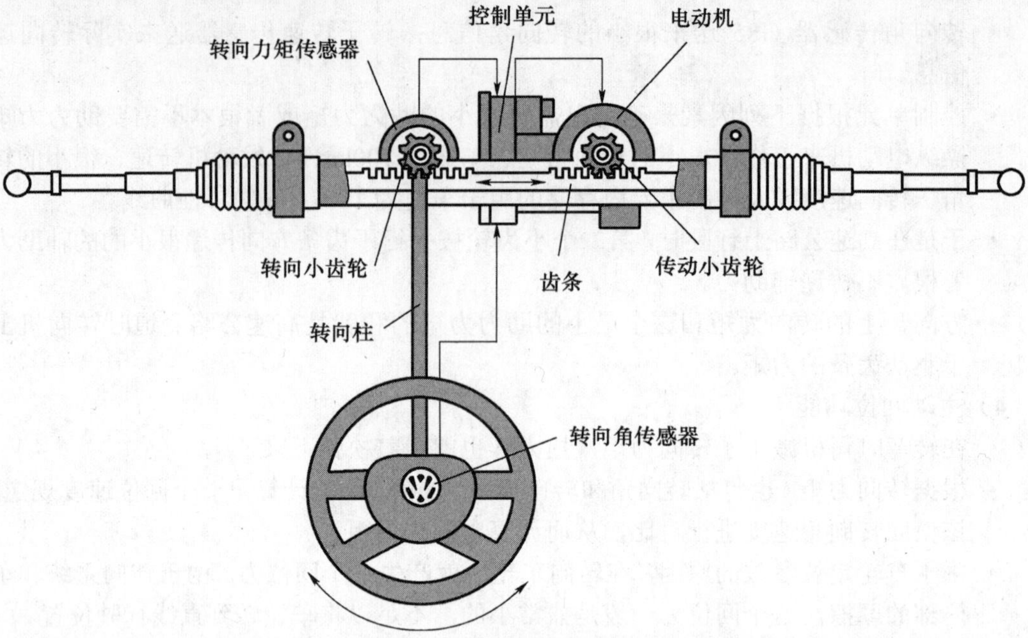

图 2-25　双小齿轮式转向系统的机械结构

4. 转向装置的电气部分

1）转向角传感器 G85

如图 2-26 所示，转向角传感器 G85 位于安全气囊的回位环（带有滑环）的后面，在转向柱开关和方向盘之间的转向柱上。该传感器通过 CAN 数据总线将用于计算转向角的信号传送给转向柱电控单元 J527。J527 内有用于分析这个信号的电子装置。

图 2-26　转向角传感器的位置

信号中断的影响：如果这个传感器出现故障的话，就会启动一个应急程序，用一个替代值来取代这个信号。转向助力功能仍保持完全正常状态。指示灯 K161 亮起表示有这个故障。

如图 2-27 所示，转向角传感器的基本部件有：带有两个编码环的编码盘和光耦元件（各有一个光源和一个光电传感器）。编码盘由两个环组成，外面的是绝对环，里面的是增量环。增量环划分成 5 个扇区，每个扇区为 72°，光电装置对会读取增量环的信息。环的扇区的内部穿有孔，在一个扇区内孔距是相等的，但是不同扇区的孔距是不相等的。这就构成了扇区编码。绝对环确定角度，角度由 6 个光电装置对来读出。转向角传感器能识别 1 044° 转向角。转向角传感器将角度累加起来，当超过了 360° 标记时，它就识别出现在方向盘已经转了整整一圈了。转向机的结构可使方向盘转动 2.76 圈。

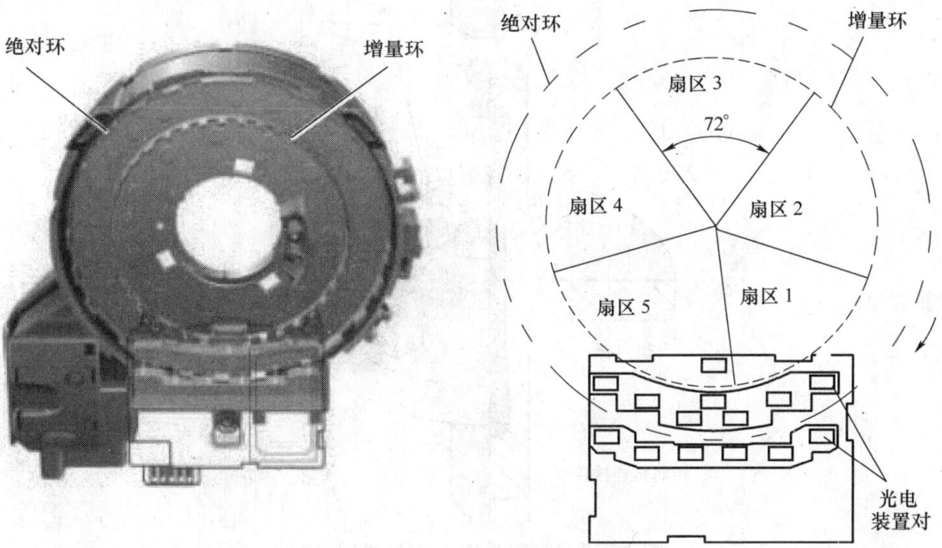

图 2–27　转向角传感器的基本部件

如图 2-28 所示，角度的测量采用的是光栅原理。为了简单起见，我们只考虑一下增量环，在扇环的一侧放一个光源，另一侧放一个光电传感器。如果光通过缝隙照到传感器上，那么就会产生一个电压信号；如果光源被遮挡了，那么电压就又中断了。如果转动增量环的话，就会产生一系列信号电压。与此完全相同，在绝对环上的各光电装置对也产生一系列信号电压。所有的这些信号电压都由转向柱电控单元来进行处理。系统通过比较这些信号，就可计算出环已经转动了多少，也就确定了绝对环的起始点。

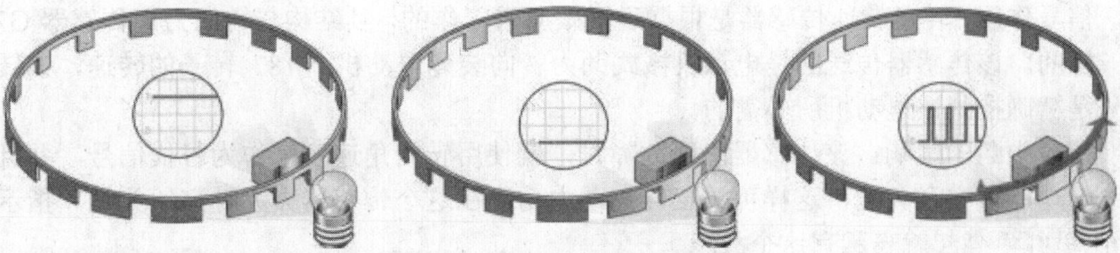

图 2–28　转向角传感器的工作原理

2）转向力矩传感器 G269

磁阻效应式力矩传感器 G269 如图 2-29 所示，方向盘上作用的力矩是由转向力矩传感器 G269 直接在转向小齿轮上测得的。这个传感器是根据磁阻效应来工作的。该传感器采用双体（超静定）结构，最大限度地保证其可靠性。转向柱和转向机在力矩传感器处通过一个扭力杆连在一起。与转向柱相连接的部件上有一个磁电极感应转子，其周围有 24 个不同的磁极区在交替转换。每次用两个极来估算力矩。对应件是一个磁阻传感元件，它固定在转向机的连接件上。如果转动了方向盘，那么这两个连接件就会按照作用的力矩相对运动。因为磁电极感应转子也会相对于传感元件发生扭转，于是就测量到了转向力矩，并将该信号发送给控制单元。

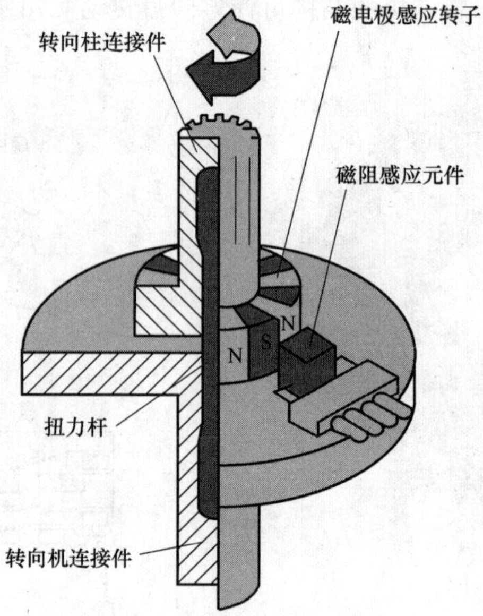

图 2-29　磁阻效应力矩传感器 G269

信号中断的影响：如果转向力矩传感器出现故障的话，必须更换转向机。控制单元识别出有故障时，转向助力功能就被关闭了。这个关闭过程不是突然的，而是“柔和的”。为了能实现“柔和”关闭，控制单元使用电动机的转向角和转子角计算出一个转向力矩的替代信号。指示灯 K161 呈红色亮起就表示出故障了。

3）转子转速传感器

转子转速传感器是电动机械式助力转向装置电动机 V187 的一个组件，从外面是看不见的。

信号作用：转子转速传感器是根据磁阻效应来工作的，其结构与转向力矩传感器 G269 是一样的。该传感器传送的是电动机械式助力转向装置电动机 V187 转子的转速，该转速信号是精确控制该电动机所必需的。

信号中断的影响：该传感器出现故障时，就使用转向角速度来作为替代信号，并且转向助力功能被安全关闭，这样可防止转向助力功能在这个传感器失灵时突然关闭。指示灯 K161 呈红色亮起就表示有这个故障。

4）车速信号

车速信号由 ABS 控制单元来提供。

信号中断的影响：车速信号出现故障时，会启动一个应急程序。这时司机仍可使用转向助力功能，但随速助力转向功能无法使用了。指示灯 K161 呈黄色亮起就表示有这个故障。

5）发动机转速传感器 G28

如图 2-30 所示，发动机转速传感器是一个霍尔传感器，它拧在曲轴密封法兰的壳体上。

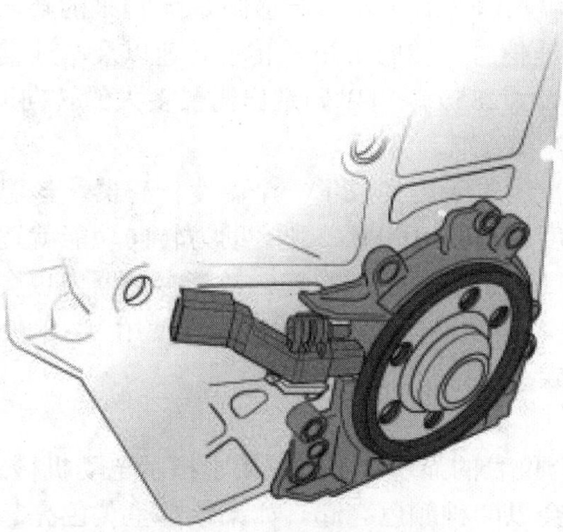

图 2-30 发动机转速传感位置

信号的作用：发动机控制单元根据发动机转速传感器的信号来获知发动机的转速和曲轴的位置信息。

信号中断的影响：如果发动机转速传感器出现故障，那么转向系统通过 15 号接线柱来工作。该故障不用指示灯 K161 来显示，如图 2-31 所示。

图 2-31 仪表动力转向故障灯符号 K161

6）电动机械式助力转向装置电动机 V187

V187 是一个无碳刷式异步电动机，它可以产生最大 4.1N · m 的力矩用于转向助力。异步电动机无永久磁场或电励磁。异步电动机输入电压的频率与电动机转动频率是不同的，这就是“异步”这个名称的由来。

异步电动机结构简单（无碳刷），所以工作非常可靠。异步电动机反应快，因此也就适用于有快速转向反应的场合。该电动机装在一个铝制壳体内，通过一个蜗轮蜗杆机构和一个传动小齿轮与齿条啮合，从而传递用于转向助力的力矩。在轴的控制端有一个磁铁，控制单元使用这个磁铁来获知转子的转速，控制单元使用这个信号来确定转向速度。

信号中断的影响：异步电动机的一个优点是在不通电的情况下，转向机仍可使电动机转动。这就是说，即使该电动机出现故障（也就是无转向助力了），那么只需稍微再多用点力仍可转动转向装置。即使短路，该电动机也不会锁止。指示灯 K161 呈红色亮起就表示电动机有故障。

7）转向助力控制单元 J500

转向助力控制单元 J500 直接固定在电机上，这就可省去助力转向装置复杂的管路布置。控制单元根据如下的输入信号：转向角传感器 G85 传来的转向角信号、发动机转速传感器 G28 传来的发动机转速信号、转向力矩和转子转速以及车速信号和点火钥匙识别信号（来自组合仪表内的控制单元 J285）就可以确定出需要多大的转向助力、计算出励磁电流强度的大小并启动电机 V187 来工作。

信号中断的影响：该控制单元内集成了一个温度传感器，该温度传感器用于确定转向系统的温度。如果这个温度超过了 100℃，那么助力转向功能就逐渐减弱。如果转向助力低于 60%了，那么指示灯 K161 就呈黄色亮起，故障存储器内也会记录下一个故障。如果控制单元 J500 出现故障了，必须整体更换。然后需要使用 VAS 5051 来激活控制单元永久存储器内相应的特性曲线族。

8）指示灯 K161

指示灯 K161 位于组合仪表的显示屏上，它用于指示电动机械式助力转向装置的故障。在出现故障时，该指示灯会以两种颜色亮起。如果该灯呈黄色亮起，这表示一个不严重的警告。如果该灯呈红色亮起，那就必须立即去服务站检查。当该灯呈红色亮起时，同时还会响起三声锣音。

在接通点火开关后，该灯呈红色亮起，因为这时电动机械式助力转向装置要进行自检。当助力转向控制单元确定系统工作正常的话，该指示灯就熄灭了。这个自检过程持续大约 2s。在发动机启动后该指示灯会立即熄灭。

如果牵引车辆，在车速大于 7km/h 且点火开关接通时，转向助力也会起作用。转向系统会识别出电压过低并对此做出反应。但如果蓄电池电压低于 9V，那么转向助力也就减至关闭状态，且指示灯呈红色亮起。如果电压只是短时降到 9V 以下，那么指示灯呈黄色亮起。

5. 售后服务

1）诊断

电动机械式助力转向装置的元件具有自诊断能力。

2）转向止点（挡块）的自适应

为了避免接触转向机构的机械硬止点，就通过软件来对转向角进行限制。这个“软件止点”（也就是缓冲）在机械止点前 5° 转向角时被激活。于是转向助力力矩就根据转向角和转向力矩来减小了。

在“基本设定”中必须使用 VAS 5051 来清除止点的角位置。这个自适应不需要检测仪就可进行。为此需要用到最新的维修手册和“故障导航”中的详细信息。

完成任务

请写出图 2-32 所示的双小齿轮电动转向系统部件的名称。

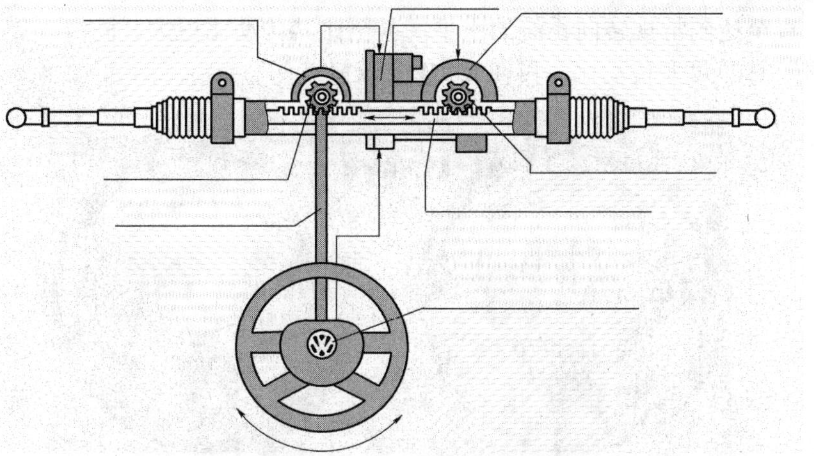

图 2-32　双小齿轮电动转向系统

2.5 主动转向系统

主动转向系统是在方向盘和转向机下部的小齿轮之间增加传动比可变的传动系统，液压转向系统的传动比控制目的是为了实现累加一个附加转向角（又称并行角）。若系统采用液压转向，可变传动比结构具体位置可在转向柱上，也可在转向机转阀下部、小齿轮的上部。电动转向系统也可采用此系统，如图 2-33 所示。

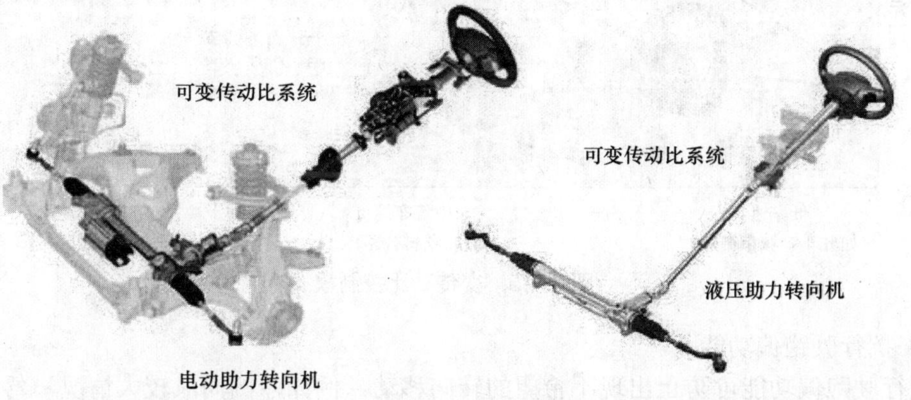

图 2-33　电动助力转向机（左）和液压助力转向机（右）皆可采用可变传动比系统

1. 主动转向系统功能

1）速度控制传动比功能

如图 2-34 和图 2-35 所示，驻车时和低速时控制传动比小，输出转速高于输入输速。因此只需要较小的方向盘旋转角度就可以使车轮有较大的转向角度，方向盘从一侧极限位置到另一侧极限位，只需要转动两圈，传统的要三圈左右。车速度较高时，转向传动比会越来越大，直至达到常规转向系统的水平，甚至比其传动比更大。同样，传动比模式（传动比=固定传动比×可变传动比）可在 MMI 中设置。

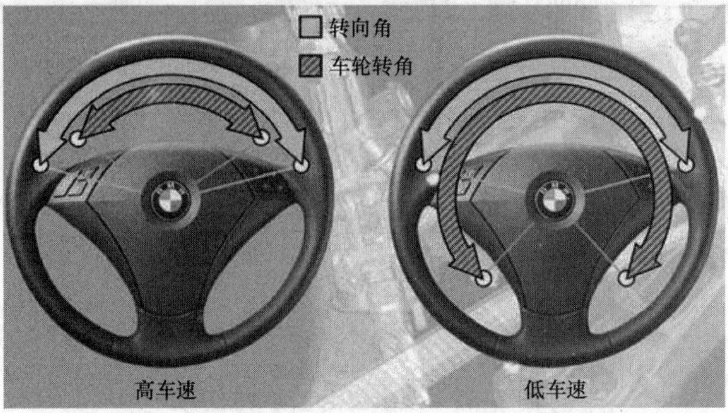

图 2-34　高车速和低车速时主动转向控制示意图

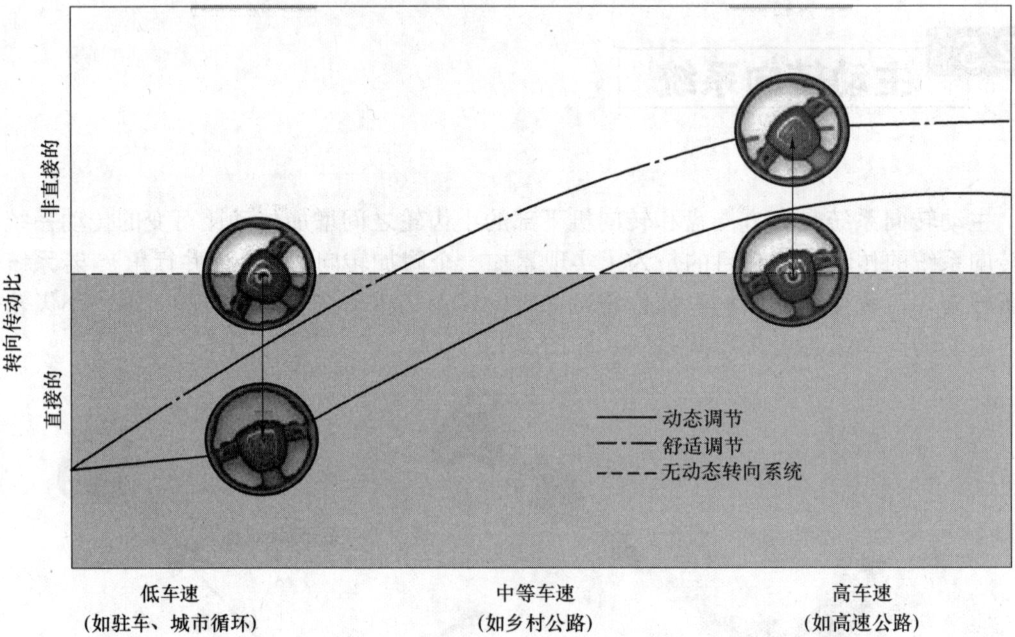

图 2-35　变传动比控制模式

2）抗行驶跑偏功能

抗行驶跑偏功能可防止出现不希望的转向移动，例如，侧向风较大情况，驾驶员感觉车辆比较稳定。

3）限制超过稳定边界功能

当车速很高（如大于100km/h）出现过度转向，俗称甩尾的时候，为了让车辆沿着所需要的轨迹行驶，驾驶员不必反向修正转向，这时主动转向系统即可对不希望的车辆移动进行反向转向补偿。这个作用是与动态稳定控制（DSC/ESP/VSC）来共同阻止驾驶员因转向过度造成车身超过稳定性边界，是一种限制超过稳定边界功能。如果主动式转向系统自身不足以让车辆维持稳定的前进路线时，动态稳定控制系统将及时介入，降低引擎功率输出或对个别车轮施以刹车。

2. 主动转向系统分类

如图 2-36 所示，根据附加转角叠加方式的不同，主动转向系统可分为机械式和电子式。对于机械式主动转向系统，典型的一种是德国宝马公司和 ZF 公司联合开发的行星齿轮式前轮主动转向（Active Front_Steering，AFS）系统，装备于部分宝马 3 系列和 5 系列轿车上；另一种是奥迪的谐波齿轮式主动转向系统（奥迪称其为动态转向系统）。而电子式主动转向系统的代表是线控转向技术。

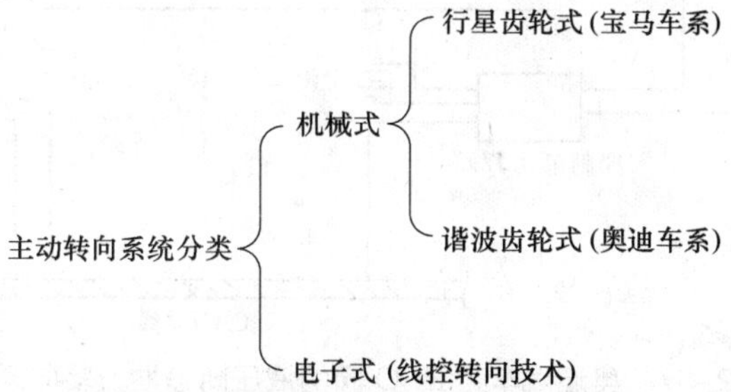

图 2-36　主动转向系统分类

主动转向系统的电控系统又称动态稳定控制系统（DSC），系统通过测量转向角度，可以掌握驾驶者的意图。系统有两只内置横向加速度传感器的偏航率传感器，两只传感器采用冗余控制思想。动态稳定控制系统依据车轮转动的圈数可以计算出车速，而偏航率传感器则可随时监控车辆垂直轴（*Z* 轴）的稳定性。动态稳定控制系统（DSC）有极高的运算速度，可提供实时、理想的转向传动比，并在毫秒之内相应地调整转向角度。

配备主动转向系统的汽车，即使系统发生故障，仍然能进行转向动作，只不过其转向角度无法增加或减少，传动比为转向机的固定传动比。对于软件障碍而造成严重的转向失误是不会发生的，因为重要传感器采用冗余控制，同时所有的信息分别在主、从两个微控制器中以不同方式进行分析处理，只有主、从微控制器的结果相同时指令才被接受，主控制器发出控制指令。如果主、从控制器结果出现矛盾，主控制系统就会自行关闭。

3. 带 ECO 阀的液压随速助力转向系统

宝马和奥迪汽车的带传动比控制的动力转向系统为液压随速助力转向系统，只是传动比的机械实现方式不同。奥迪汽车的电控过程是由控制单元 J792 通过给 ECO 阀通以 PWM 信号（脉冲宽度调制信号）来实现的，PWM 信号根据转向速度和车速来实施。奥迪汽车带 ECO 阀的液压随速助力转向系统如图 2-37 所示。

如图 2-38（a）所示，ECO 阀通入电流越大，开口截面积变小，输油油压变小，那么调节阀活塞的上端就会形成很小的压强。当上部压强到达某一值时，从泵的输出侧到吸油侧的调节活塞打开泄压，于是泵的输油压力就减小了。

如图 2-38（b）所示，当转向速度很快，而车速却很低时，ECO 阀通入电流越小，开口截面积很大。调节阀活塞上部将从控制油道获得很大的向下压力。压力调节阀的活塞向下移动，关闭调节阀泄油油道，从而形成泵输出的高油压。

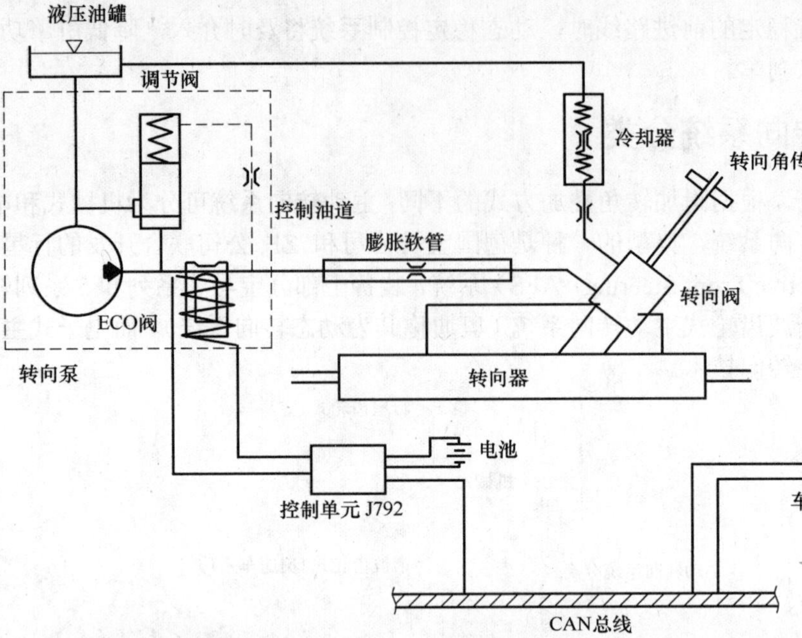

图 2-37　奥迪汽车带 ECO 阀的液压随速助力转向系统

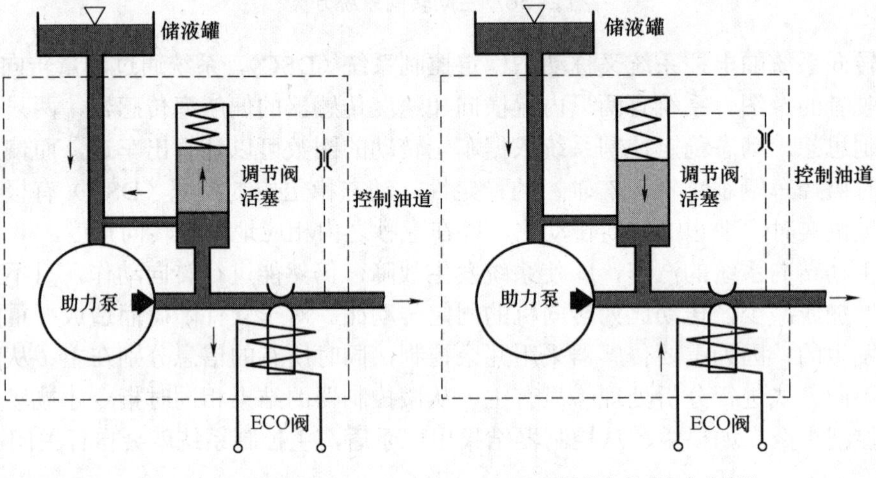

（a）ECO 阀电流大时为小节流孔　（b）ECO 阀电流小时为大节流孔

图 2-38　ECO 阀的开口控制

完成任务

控制 ECO 阀的两个主要信号是：____________；______________。ECO 阀在断电时，开口面积是最大还是最小？______________。

4. “双行星齿轮”传动比可变系统

如图 2-39 所示，宝马汽车的传动比可变的转向系统的结构特点是利用在方向盘柱和齿轮齿条式转向机之间安装了两套行星齿轮机构，两套行星齿轮机构采取行星架公用的结构，其上部行星排的太阳轮接上部转向柱，下部行星齿轮的太阳轮接小齿轮，这样传动比为 1，不变速。内齿圈转速由电动机通过减速机构进行调节，致使太阳轮和行星架之间的转速比发生变化。其优点是低速时使车的转向更加直接、快速，高速时车身稳定性强。在此系统中不仅像其他系统解决了助力大小，同时这套系统增加了危险边界，可根据汽车车辆的横摆时重心的角加速度和侧向加速度情况确定是否有危险，主动增大转向传动比。

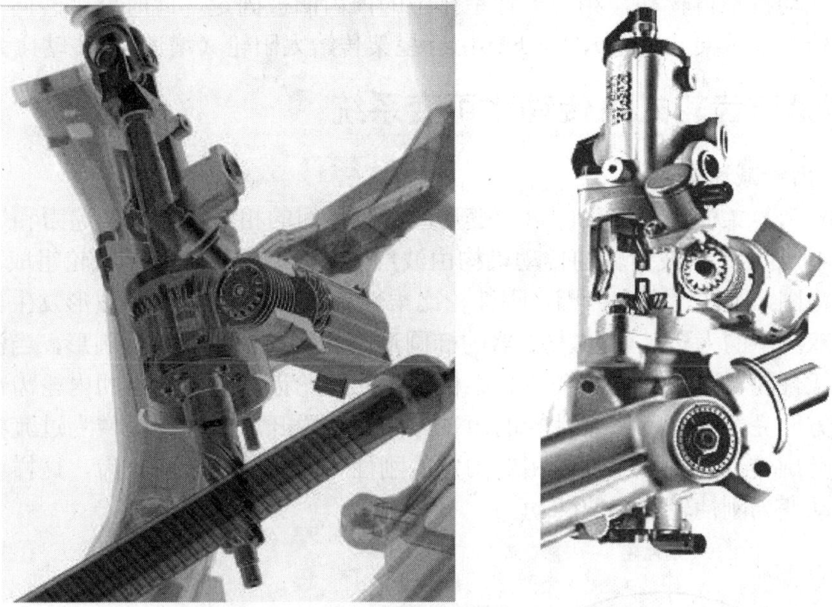

图 2-39 宝马汽车的双行星齿轮式主动转向系统

该系统能够实现独立于驾驶员的转向干预，从而达到主动改变前轮转向角的目的。前轮主动转向技术的核心在于通过对前轮施加个不依赖驾驶员方向盘输入的附加转角来提高车辆的操纵性、稳定性和轨迹保持性能。该系统除传统的转向机械构件外，主要包括两大核心部件：一是一套双行星齿轮机构，通过叠加转向实现变传动比功能，二是液压助力伺服转向系统，用于实现转向助力功能。

驾驶员的输入包括力矩输入和角输入两部分，共同传递给扭杆，其中的力矩输入由液压助力伺服机构根据车速和转向角度进行助力控制，而角输入则通过由伺服电动机驱动的双行星齿轮机构进行转向角叠加，经过叠加后的总转向角才是传递给齿轮齿条转向机构的最终转角。与常规转向系统的显著差别在于，宝马汽车的主动转向系统不仅能够对转向力矩进行调节，而且还可以对转向角度进行调整，使其与当前的车速达到完美匹配。由于保留了原来从方向盘到转向轮的机械连接，在电动机发生故障时仍能保证转向安全性。与传统转向系统相比，双行星齿轮机构与原有齿轮齿条转向器的摩擦及刚度条件不变，对驾驶员来说有利于保持原有的操纵感觉；由双行星齿轮机构产生的作用反力矩，可通过改变原有的助力控制进行补偿。双行星齿轮机构运行于低速条件，有利于减少噪声。双行星齿轮机构与转向管柱、转向小齿轮集成在一起，使结构更加紧凑。

自诊断：为了保证系统实时安全可靠，首先对传感器信号（如车轮转速）进行滤波处理，然后根据一定的预估算法计算出某一状态变量的参考值（如横摆角速度、小齿轮转角），接着将由传感器直接测得的状态变量实际值与参考值进行比较，得到一偏差。当偏差在设定的门限范围内时，认为传感器工作良好，可以采用该信号；当偏差过大时，则必有某一传感器信号为错误信号，要结合其他信号进行故障诊断。

失效保护：在蜗杆端部有一圆锥齿轮，而电磁锁止装置中装有预紧弹簧，在正常状态下，AFS 的 ECU 给电磁锁止装置供电，保证圆锥齿轮和电磁锁止装置分离良好；当伺服电动机发生故障时，ECU 停止供电，预紧弹簧将把电磁锁止装置的端部压入圆锥齿轮的某两齿间，使得电动机不再转动，相当于行星排中的内齿圈被固定，此时整个转向系统是在上部由太阳轮传给行星架（减速），在下部由行星架传给太阳轮（增速），传动比为 1。

5. “谐波齿轮式”传动比可变系统

1）谐波齿轮减速原理

谐波齿轮依靠柔性齿轮产生的可控变形波引起齿间的相对错齿来传递力和运动的。

如图 2-40 所示，谐波齿轮的传动机构由波形发生器、柔性轮和刚性轮组成。柔性轮是一个薄壁外齿圈，刚性轮有内齿圈，刚性轮比柔性轮多 2～4 个齿（由波形发生器上触轮的多少而异，双波型的为 2）。双波发生器的椭圆形滚子将柔性轮撑成椭圆形，当波发生器为主动轮时，柔性轮和刚性轮为从动轮，柔性轮上的外轮齿与刚性轮上的内轮齿在椭圆形柔性轮的长轴方向完全啮合，则柔性轮的短轴方向完全脱开，而中间区域为过渡状态。当波发生器顺时针旋转一周时，柔性轮相对固定的刚性轮逆时针旋转两个齿，这样就把波发生器的快速转动变为刚性轮的慢速转动。

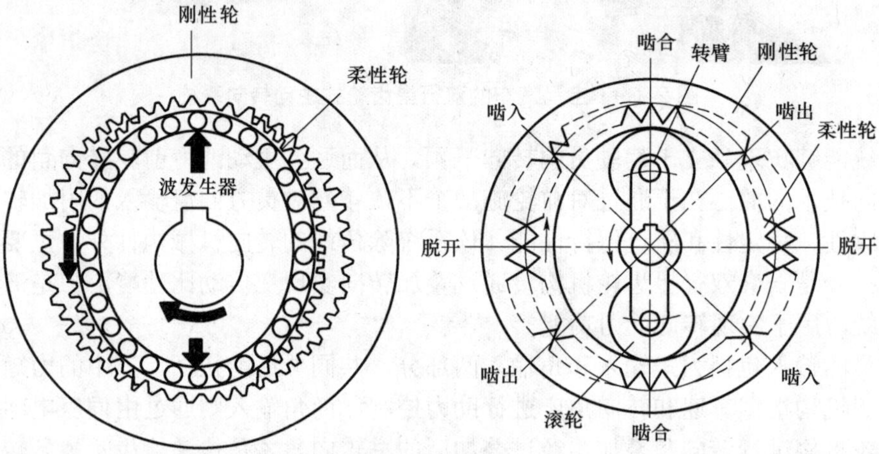

（a）椭圆双波发生器式谐波齿轮　　（b）双行星轮双波发生器式谐波齿轮

图 2-40　谐波齿轮

谐波齿轮传动的柔性轮和刚性轮的齿距相同，但齿数不等，通常采用刚性轮与柔性轮齿数差等于波数，即

$$z_2-z_1=n$$

式中　z_2、z_1——分别为刚性轮与柔性轮的齿数。

当刚性轮固定、发生器主动、柔性轮从动时，谐波齿轮的传动比为 $i=-z_1/(z_2-z_1)$。双波传动中，$z_2-z_1=2$，柔性轮齿数很多。上式负号表示柔性轮的转向与波发生器的转向相反。刚性轮固定的情况也可以用摆线转子泵的啮合原理解释，我们先假设柔性轮外齿和刚性轮内齿都是 102 个齿，柔性轮第 1 个齿指向刚性轮第 1 个齿，柔性轮小，刚性轮大，柔性轮和刚性轮啮合一圈，柔性轮没有自转，这个好理解，因为无论转多少圈，柔性轮第 1 个齿永远指向刚性轮第 1 个齿。下面做一下变化，柔性轮只有 100 个齿，开始的时候柔性轮第 1 个齿指向刚性轮第 1 个齿，柔性轮第 1 个齿和刚性轮第 1 个齿啮合，刚性轮转动 7.2°，然后柔性轮第 2 个齿和刚性轮第 2 个齿啮合，刚性轮再转动 7.2°，……，然后柔性轮第 100 个齿和刚性轮第 100 个齿啮合，波发生器转 50 圈，柔性轮转 1 周。但在奥迪汽车的可变传动比系统中，输入是柔性轮转速，输出是刚性轮转速，调节轮是双波发生器的转速，这与上面情况并不一致，所以仍要继续说明。

输入为双波发生器顺时针转一周（固定刚性轮），输出柔性轮逆时针转两齿。

固定刚性轮，输入为双波发生器，输出为柔性轮的反向减速传动说明三者有如下关系：

$$n_1-k_2n_2=k_3n_3$$

式中　n_1——输入的双波生器转速；

n_2——柔性轮转速；

n_3——刚性轮转速。

上面举的例子是 $n_3=0$，$k_2=50$ 时的情况，现在让 n_1 变速为输入，显然 n_2/n_3 是无级变化的，且 n_1 转速高时，$n_1 \geqslant k_2n_2$，n_3 要大于 0，为同向运动，n_1 转速低时，$n_1 \leqslant k_2n_2$，n_3 为负，为反向运动。

谐波齿轮具有结构简单，传动比大，可实现几十至几千倍降速，传动精度高，回程误差小，噪声低，传动平稳，承载能力强，效率高等特点。谐波齿轮减速器没有得到广泛应用的根本原因是柔性轮不好做。柔性轮是一个需要反复变形的零件，目前的许多材料在抗疲劳方面达不到要求，从而大大降低了谐波齿轮减速器的使用寿命。

2）主动转向系统工作原理

奥迪汽车的主动转向系统组成如图 2-41 所示，奥迪汽车的谐波减速机构系统构造 1 如图 2-42 所示，奥迪汽车的谐波减速机构系统构造 2 如图 2-43 所示，失效锁止电磁阀的工作原理如图 2-44 所示。

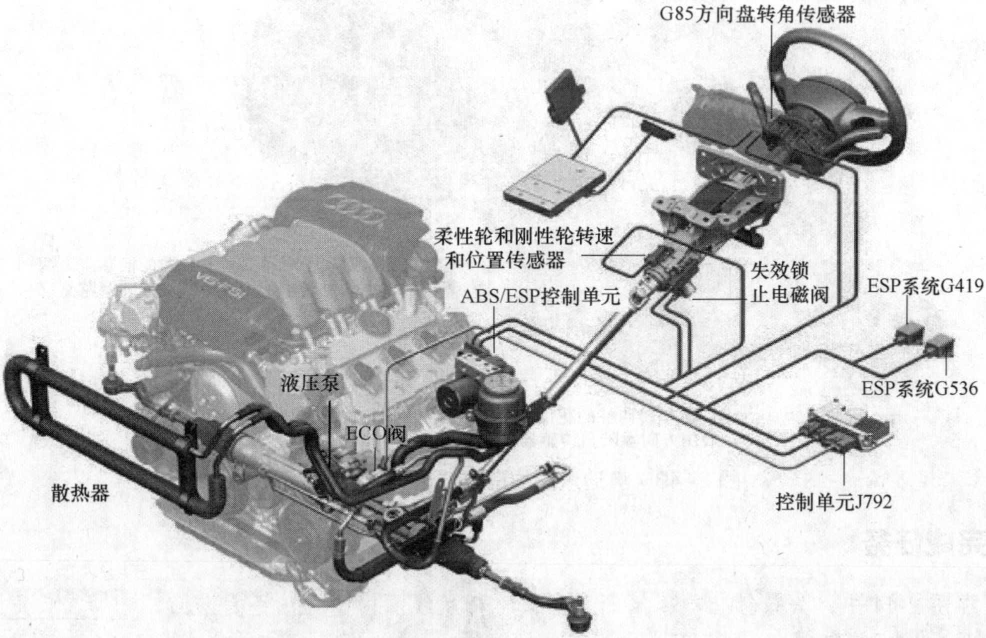

图 2-41　奥迪汽车的主动转向系统组成

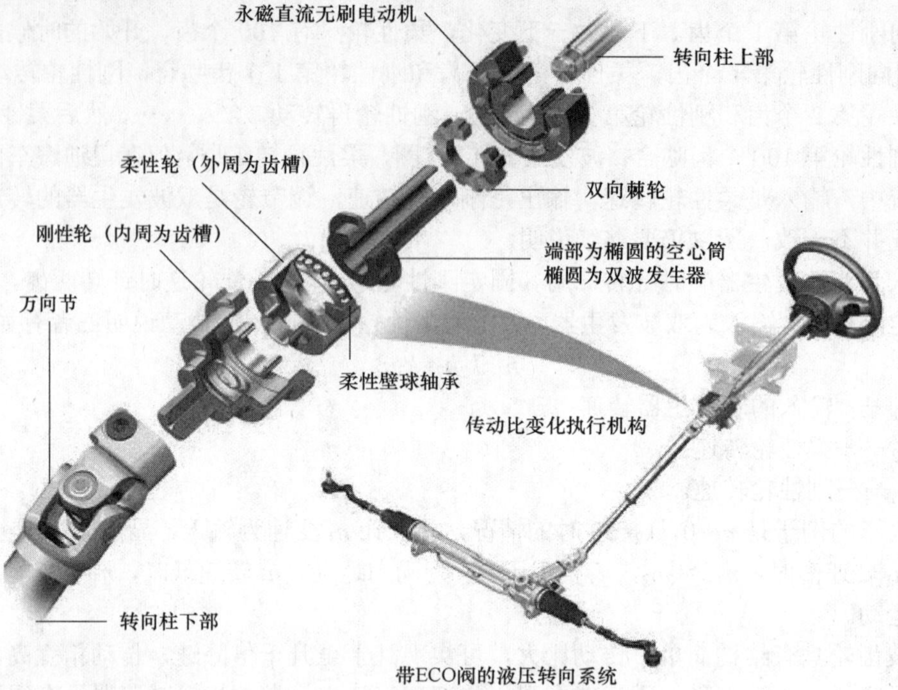

图 2–42　奥迪汽车的谐波减速机构系统构造 1

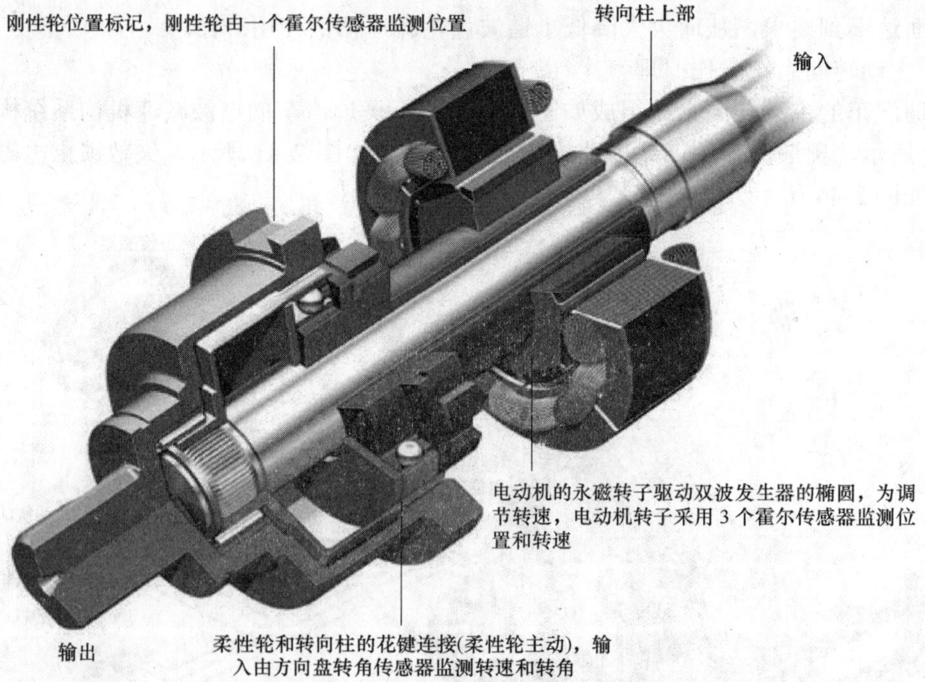

图 2–43　奥迪汽车的谐波减速机构系统构造 2

完成任务

在图 2-44 中，失效锁止电磁阀断电后，推杆从线圈内是伸出还是缩回？___________；失效后，推杆控制哪个元件不动？___________。

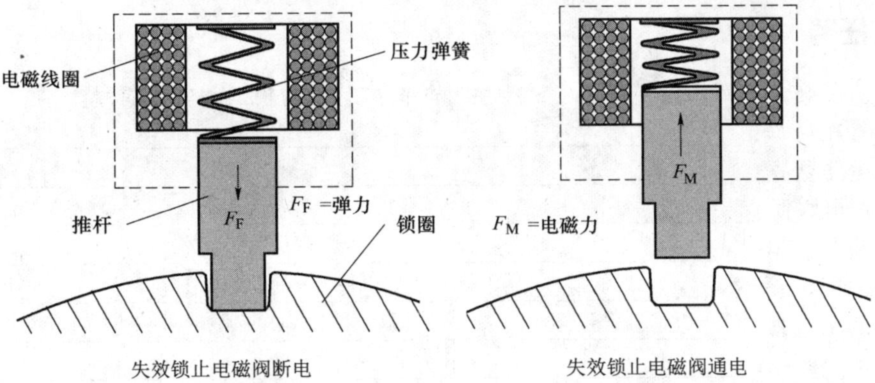

图 2–44　失效锁止电磁阀的工作原理

3）电控系统的工作原理

如图 2-45 所示，液压系统控制单元 J792 利用车速信号控制液压助力转向系统的 ECO 阀，实现随速动力转向功能。同时，J792 接收来自 ABS/ESP 系统的偏移率传感器信号、车速、方向盘转角信号以确定三相永磁同步电动机的控制转速，J792 给电动机通电，在电动机上的 3 个霍尔传感器测量电动机转子的位置/转速，以进行电动机的反馈控制，方向盘转角/转速传感器（光耦）输入方向盘转角/转速，一个霍尔传感器测量输出刚性轮的位置/转速，确定实际传动比。

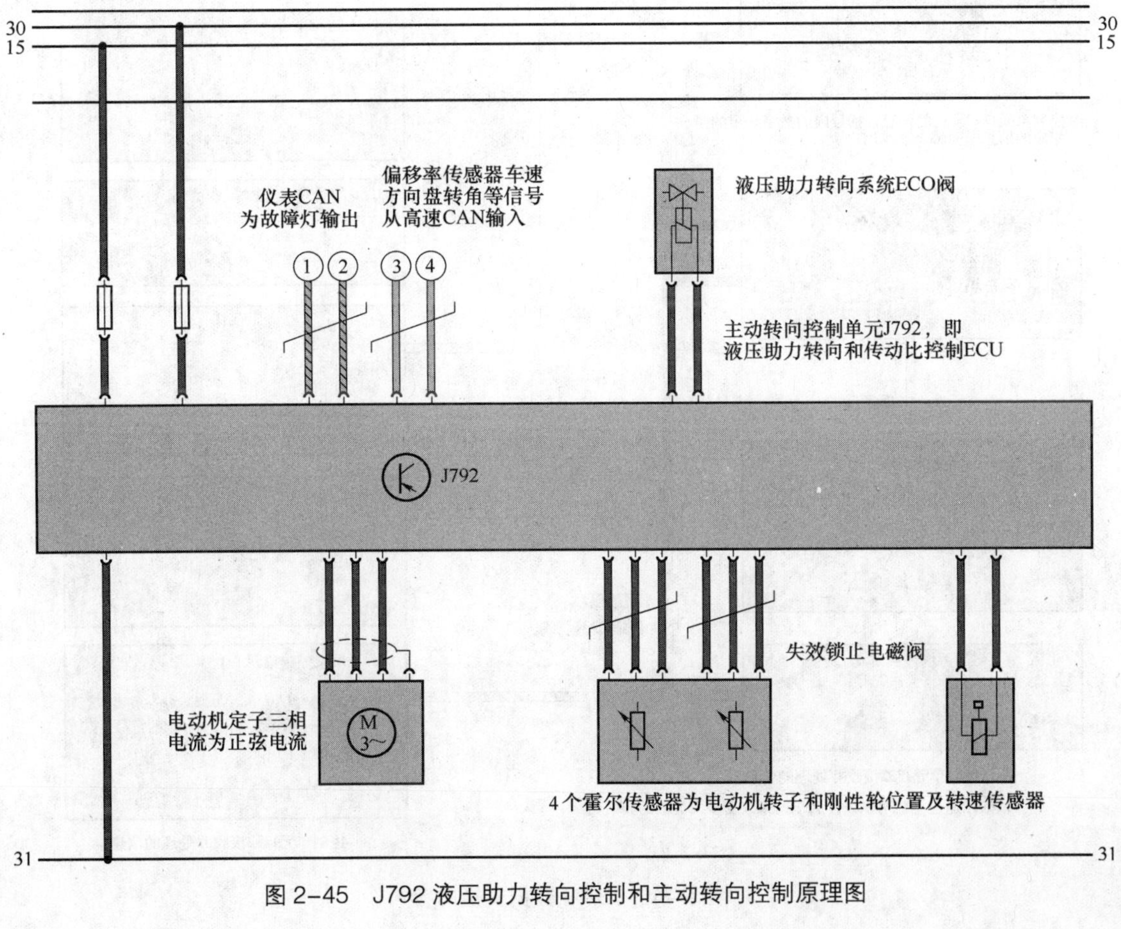

图 2–45　J792 液压助力转向控制和主动转向控制原理图

完成任务

根据图 2-45，请写出以下部件在进行主动转向控制时的输入和输出信号。

J792 输出数据：______________________________；

J104 输出数据：______________________________；

G85 输出数据：______________________________；

J285 输入数据：______________________________；

G419/G536 输出数据：______________________________；

J519 输出数据：______________________________；

J220 输出数据：______________________________；

J533 输出数据：______________________________；

J393 输出数据：______________________________。

CAN 数据交换内容如图 2-46 所示。

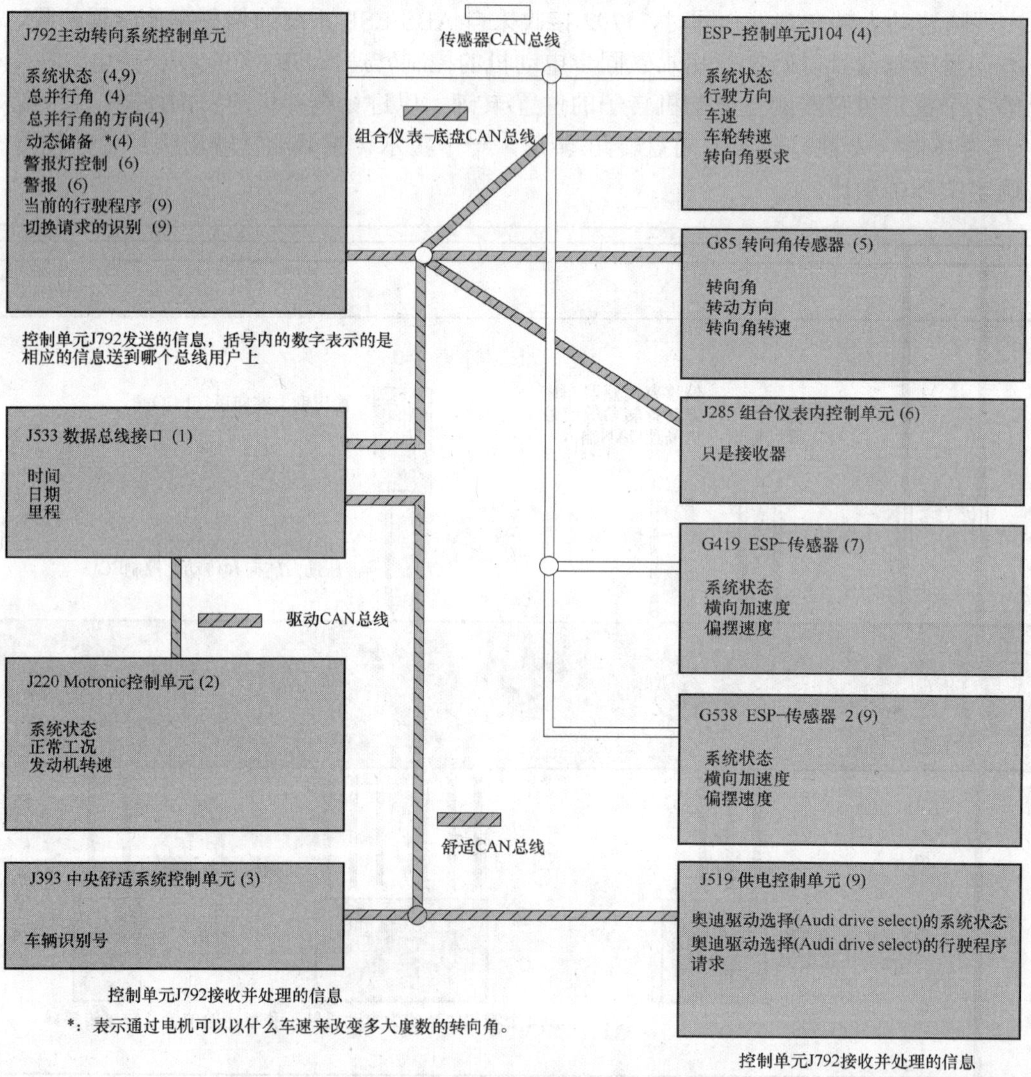

图 2-46 CAN 数据交换内容

6. 线控转向系统（选修）

线控技术（X-by-Wire）源于飞机控制（Fly-by-Wire）系统，它将飞机驾驶员的操纵命令转换成电信号，利用计算机控制飞机飞行。这种控制方式引入汽车驾驶上，就是将驾驶员的操作动作经过传感器转变成电信号，通过电信号网络传输到功率放大电路，再推动执行机构。典型的汽车线控系统有线控油门 Throttle-by-Wire 系统、线控转向（Steer-by-Wire）系统、线控制动（Brake-by-Wire）系统等。

线控转向（Steer-By-Wire，SBW）系统是最新一代的转向系统，最大特点是取消了方向盘和转向轮之间的连接，方向盘采用具有较短转向柱的方向盘总成，方向盘总成上安有方向盘转角传感器和路感电动机等，路感电动机向驾驶员反馈路感，方向盘转角传感器向 ECU 提供转向意图，ECU 产生目标前轮转向角。前轮转向总成包括齿条位移传感器和转向电动机，电动机驱动车轮，位移传感器跟踪目标前轮转角。

以轮毂电动机、线控车轮转向电动机和线控制动钳为一体的车轮结构如图 2-47 所示。

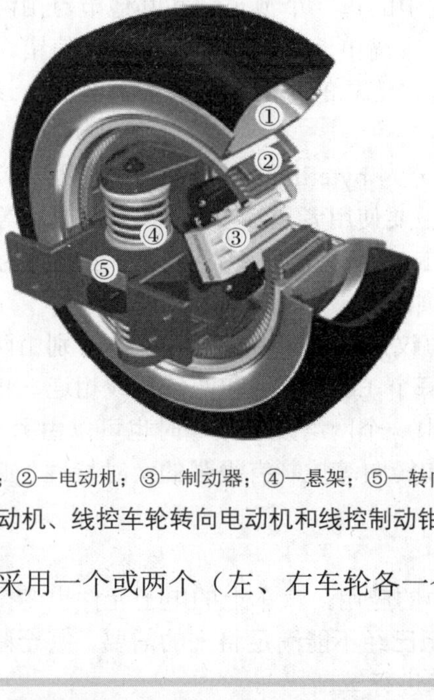

①—轮胎；②—电动机；③—制动器；④—悬架；⑤—转向电动机

图 2–47 以轮毂电动机、线控车轮转向电动机和线控制动钳为一体的车轮结构

前轮线控转向电动机可采用一个或两个（左、右车轮各一个）电动机，对于四轮转向则采用 4 个电动机。

完成任务

在图 2-47 中，车轮的质量会大大增加，是增加了悬架的簧上质量还是簧下质量？________。降低了汽车的什么性能？__________；未来如何避免这种情况？__________。

在纯粹的线控转向系统中，转向由电子信号控制，方向盘与车轮之间并没有直接的机械结构相连，线控转向系统一旦失效，将无法转向，所以制动系统要及时制动。目前，关于线控技术应用在转向系统仍有争议，毕竟电控系统不及机械系统可靠。

线控转向系统消除凹凸地面冲击方向盘，减轻了驾驶员的疲劳，不必设计转向柱吸能装置；方向盘布置灵活，增加了驾驶员腿部空间，使驾驶员出入方便。其缺点是电控系统出现故障时将无法转向，且成本较高，目前很难在家用轿车中普及。

线控转向系统的关键技术如下。

1）容错控制技术

为了提高汽车的可靠性和安全性，汽车线控转向系统必须采取容错控制，即当有些部件出现故障或失效的时候，它们在系统中的功能可以用系统中的其他部件完全或部分代替，使系统能继续保持规定的性能或不丧失最基本的功能，或进一步实现故障系统的最优性能。

2）通信网络技术

通信网络技术要具有实时性好、可靠性高、时间特性好（通信事件发生时间是确定的）、冗余等特点。

线控转向系统网络协议主要有 TTCAN、TTP/C（Time Triggered Protocol，SAE Class C）、FlexRay。

TTP 协议满足 SAE C 级网络的时间触发协议，目前有 VOLKSWAGEN、AUDI、HONEYWELL 和 DELPHI 等作为线控网络的协议标准。

TTP 协议原先应用于航空产品，安全性设计非常严格，基于严格的时序安排，具有非常可靠和容错的特性。系统中的每一个节点都和其他节点由两个重复的通道连接。这些节点可以被复制，并分组成为容错单元（FTU）来弥补通信错误。由于重复信息同时在两个不同的通道上发送，所以传输信息的时间和量值都被复制。该协议的节点成本比其他协议的成本更高。

FlexRay 协议（动态部分为 byteflight 协议）是一种既支持时间触发又支持事件触发访问方式的协议。FlexRay 的主要使用者包括宝马、大众、通用等汽车厂商，最近丰田、日产、本田等汽车厂商也加入了 FlexRay 标准组织，使之有可能成为事实标准。

FlexRay 协议主要特点如下。

- 可靠性：FlexRay 协议采用冗余备份的办法，分别由两条总线和两个网络控制器构成一个完整网络，每个 ECU 分别和两条总线相连，正常情况下可以利用双通道进行数据传递，当其中一个网络发生故障时也可以由另一个备份网络承担通信任务。
- 速度：启动、制动和转向等控制有很强的实时特性，必须有很高的数据传输速率才能满足。

3）动力电源技术

随着线控技术在汽车中的应用，汽车上的电子元件也变得越来越多，对电量的需求也越来越大，传统的 14V 电源已经不能满足将来的需要，甚至阻碍了线控技术的发展。这就需要对汽车现有的电源技术进行革新。

众所周知，电压值的提高可使系统电流减小。而小的电流可使导线上的损耗减少，从而可使用更细更小的线束。提高电压值，也可以减少电器装置本身的体积、质量和损耗，也有利于实现控制装置的小型化，提高集成度。目前，提出新系统标准为 42V。实验证明，电压越高，电流越小，在传输过程中损失的能量越小，电源系统越有效。但为什么新系统标准为 42V 呢？因为对于直流电，60V 是一个安全极限，超过 60V 将要考虑系统的安全性，需要使用更加先进的材料，这无疑增加了汽车的生产成本。而对于 42V 来说，工作峰值电压 58V 在安全极限之内，既满足了增加电压的要求，也不会增加太多的生产成本。

线控技术对汽车电源技术提出了新的要求，汽车 42V 电源技术的发展为线控技术提供了可靠的能量保证。汽车线控技术作为汽车发展的一个重要方向，将对全球汽车制造业产生重大影响。汽车线控技术给汽车设计提供了新的思路，对汽车电子技术、控制技术、网络技术等方面提出了新的课题，给汽车整体结构带来了新的变革。

完成任务

为什么对于线控转向系统高电压供电更好？________________。

7. 轮转向系统（选修）

四轮转向系统（4WS）是指转向时，后轮参与对汽车质心侧偏角和侧向运动的控制，这样可减小运动的滞后性，可独立控制车辆运动轨迹与姿态，使车辆方向角和航向重合，可有效提高车辆的侧向稳定和操纵灵活。汽车低速时，在后轮附加一个与前轮相反的转向角，进行逆向位转向，以减小转弯半径。汽车高速时，后轮与前轮采用同相位转向，减小车辆横摆和侧向产生的加速度，操纵性提高。

四轮转向系统车辆转向时，后轮的旋转方向与前轮相反，使转弯半径尽可能小并改善操纵特性，中速到高速的客车四轮转向系统发展历史较短，该技术的应用主要是改进操纵稳定性和转向响应性能。

轿车的四轮转向系统具有以下两个功能。

（1）高速行驶时，以与前轮相同的方向转动后轮，减小整车的摇摆运动，从而改进转向稳定性。

（2）中、低速行驶时，以与前轮相反的方向转动后轮，使低速行驶时转弯半径减小，中速行驶时转向响应性能得以改进。

·第3章·

传统汽车制动系统

3.1 定义和分类

1. 制动系统定义

以下 6 种功能都有使汽车减速甚至停止的功能，其中前 3 种是制动系统，后 3 种只有制动功能，不能称之为一个系统。

1）行车制动系统

行车制动系统又称“脚刹”。用脚踩刹车踏板实现“全轮制动”，对于轿车为四轮制动，行车制动系统有独立部件。

2）驻车制动系统

驻车制动系统又称“手刹”。在停车后，为保持车在原地不动，采用对汽车的部分车轮进行制动的方式，对于轿车为后轮制动。驻车制动系统有独立部件，分为机械式和电子式两种控制。目前，多采用机械式，操作方式是用手或脚控制驻车制动杆实现“后轮制动”，不能对前轮实施制动，这种方式可靠，成本低。少数车采用了电控驻车系统，利用按压开关来将信号传给驻车控制器 ECU，驻车控制器 ECU 控制电动机来实现盘式驻车，这种方式节省了驻车制动操作时的空间，系统能进行自诊断，但成本要增加很多。

3）“货车”的辅助制动系统

在辅助制动开关按下或拉下时，利用机械阀关闭排气管来增大发动机排气行程阻力的方式来增大发动机制动效果；或者利用传动系统传动轴的转动，带动电涡流缓速器将汽车动能转化为电能，并以热能的形式耗散到大气中去；或在变速器后部增加液力缓速器，利用传动系统带动液力缓速器的泵轮，将油液打向涡轮后，再经发动机前部的散热器以热能的形式耗散到大气中去。

4）发动机制动功能

发动机制动是将变速器移向低挡，实现车身的平动，动能反向传递给传动系统、发动机和发动机外挂部件，具体说是提高传动系统部件、发动机和发动机外挂的发电机、空调压缩机和助力泵的转速以实现能量的转移。任何汽车利用接合传动系统都有发动机制动，没有发动机制动功能的变速器是不允许生产的。由于其完全没有自己独立的系统部件，只是对变速器的一个驾驶操作，所以不能称为系统。

5）能量回馈制动功能

电动汽车和混合动力汽车拥有能量回馈制动，它是车轮带动电机的永磁转子扫描定子发电，实现机械能向电能转化。它是不具有独立部件且以回馈能量为主的一个系统，电机在车上主要作为电动机。电机控制系统根据汽车的减速情况自动控制回馈能量的大小。

6）应急制动功能

在行车中，行车制动失灵时，不得不利用驻车制动和发动机制动来实现停车，汽车上没有独立的应急制动装置。在行车中，使用驻车制动时有甩尾的危险。

完成任务

传统轿车采用的两个制动系统是：____________；____________。货车采用的两个制动系统是：____________；____________。应急制动本质是什么制动？________。

纯电动汽车采用的两个制动系统是：____________；____________。发动机制动是让发动机熄火还是让发动机转移车的水平动能？或者是让发动机转速提高？____________。

2. 制动系统分类

1）按制动力的来源分类

按制动力的来源分为人力制动、助力制动、人力+助力制动3种。

（1）人力制动。

人通过机械或液压油进行传力的制动称为人力制动，它只适用于小型车，不适用于较高档的轿车和货车。

（2）助力制动。

助力制动是指货车利用空气压缩机的压缩空气（相对压强为5～8bar）和空气大气压（相对压强为0）之间的压强差来助力，由于压差较大，可减小伺服机构尺寸，从而实现制动。

（3）人力+助力制动。

轿车利用真空源（一般最大为-0.3bar）和大气压（相对压强为0）之间的压差助力，称为真空助力，压差最大为0.7bar。人力+助力制动是人力和真空制动力的叠加，这是轿车常用的方式。当真空助力失效后，只有人力助力，制动距离明显增长。真空源有3种：对于汽油发动机，利用发动机工作时进气歧管的真空度；对于柴油机，采用发电机后部或凸轮轴端部带动的一个叶片真空泵，也可采用电动真空泵。现在轿车配有自动变速器时，为增加制动助力效果，还有采用电动真空泵辅助发动机进气歧管形成真空源的设计方法。

完成任务

货车的气压助力和轿车的液压助力，在没有助力的情况，哪种还能实现人力制动？

____。

2）按制动传力介质分类

按制动传力介质分为机械式、液压式、气压式和电磁式。其中，低速农用车一部分采用机械式，大部分采用液压式；轿车全部采用液压式；轻型货车可采用液压式或气压式，重型货车全部采用气压式。

3）按制动主缸个数（气压制动按四通阀分出的分类封闭管路数目）分类

液压传力的制动系统分为单管路和双管路制动两种，制动主缸采用一个管路时称为单管路制动，制动主缸采用两个时称为双管路制动。

20 世纪 80 年代以前，汽车制动系统多为单回路。在单回路制动系统中，制动主缸有一个输出口，连接到制动管路上，向所有车轮制动器提供制动力。该制动系统虽然结构简单，但只要系统中任意一处损坏而漏气或漏油，就会造成整个制动系统失效，即“刹车失灵”，不少车毁人亡的惨剧便因此而发生。为了可靠制动，各国先后采用“冗余技术”，通过法规强制推行双回路制动系统，以确保制动系统的可靠性，保证行驶安全。双回路制动系统又称双管路制动系统，是指全车的所有行车制动器的液压或气压管路由两条相互独立的回路组成。双回路制动系统的制动主缸有两个独立的工作腔，分别与各自回路的管路连接。当其中一个回路失效后，仍能利用另一完好的回路起制动作用。

目前，只有极少数轻型低速货车仍在采用单管路液压制动，轿车全采用液压双管路制动。在气压制动的货车上，采用上、下腔的制动阀不能相当于双管路制动，因为制动阀本身并不产生制动力。所以应根据四通阀分出的封闭管路数目来确定，多轴货车会有两管路或三管路制动，余下的一个管路作为辅助制动控制用。

气压制动脚制动阀相当于液压制动主缸，气压制动的制动气室相当于制动轮缸。目前，气压制动脚制动阀分为上、下两层管路，下层管路为前转向轮管路制动，上层管路为后轮管路制动。

4）按双回路制动系统管路布置形式分类

双回路制动系统有以下 5 种不同的管路布置形式。

（1）Ⅱ式（前、后式）。

一条回路连接前桥（轴）车轮制动器，另一条回路连接后桥（轴）车轮制动器，如图 3-1（a）所示。前桥车轮制动器与后桥车轮制动器各用一个回路。

Ⅱ式管路布置简单，可与传统的单轮缸（或单制动气室）鼓式制动器配合使用，成本较低，目前在各类汽车特别是货车上应用最广泛。当一套回路失效时，前轴或后轴车轮制动力丧失，将使整车的制动减速率下降。当后制动回路失效时，对于无 ABS 装置的汽车，一旦前轮抱死则极易丧失转弯制动能力。严重的是当前轴制动失效时，对于无 ABS 装置的汽车，不仅会出现后轮抱死而丧失稳定性，而且因为停车制动装置是通过后轴起作用的，所以即使施加停车制动也无法弥补前轴制动力的丧失。

（2）X 式（对角线式）。

一条回路连接左前轮和右后轮制动器，另一条回路连接右前轮和左后轮制动器，如图 3-1（b）所示。前轴的一侧车轮制动器与后桥的对侧车轮制动器同属一个回路。

X 式管路布置简单。直行制动时，任一套回路失效，剩余总制动力都能保持正常值的 50%，并且不会丧失稳定性。因为无制动力一侧的车轮可以承受侧向力。但是，一旦某一管路损坏将造成两侧制动力不平衡，此时前轮将朝制动力大的一边绕主销转动，出现制动跑偏。但可通过调整主销偏移距，使其为负值（即前轮接地点在主销延长线与地面交点的内侧，达20mm），这时不平衡的制动力使车轮反向转动，避免两侧的制动力不均而引起的跑偏。但主销偏移距值不宜过小，否则不仅使转向沉重，而且在转向时轮胎与路面间将产生较大的滑动，加速轮胎磨损。

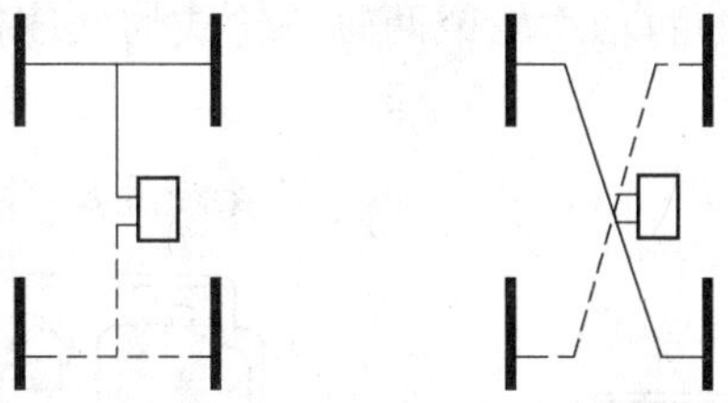

（a）II式　　（b）X式

图3-1　II式管路布置和X式管路布置

双回路制动系统管路布置形式应采用II式或X式。对于中型和重型等后轮重载荷的商用汽车宜采用II式管路布置；对于质心偏前的汽车，如乘用车及轻型汽车多采用X式管路布置。

5）按有无电控系统分类

按有无电控系统分为传统制动系统和电控制动系统，其中电控系统又分为ABS和ABS/ESP两种电控系统。

传统制动系统设计时，后轮正常制动，前轮晚于后轮制动，所以要设计计量阀，这种功能在电控制动系统轿车上不再重要，软件上也无计量阀的功能。在制动强度控制上，后轮制动力要小于前轮（防止后轮抱死发生甩尾事故），所以要设计比例阀或感载比例阀。

采用电控ABS系统后，后轮采用了低选原则，也就是电子制动力分配功能。所以，在电控系统中没有计量阀和比例阀。当电控系统有ABS/ESP功能时，除了要在行车制动中进行ABS的制动压力调节外，在汽车转弯行驶时，ESP功能还要提供自动制动“部分车轮”，以实现驾驶员意图路径跟踪功能。

6）按行车制动系统是否有能量回馈制动分类

按行车制动系统是否有能量回馈制动功能可分为机械摩擦制动和混合制动两种，电动汽车和混合动力汽车拥有机械摩擦制动和混合制动两种制动。

3.2 单管路制动系统

现代汽车多数为双管路制动系统，但少数低速货车和农用车为了降低成本仍采用单管路制动系统，为了减少操纵用力，采用了真空助力器。一般人们习惯将单管路的真空助力器也称为真空增压器，真空助力器和真空增压器两者功能完全相同，只不过货车或农用车的单管路真空助力器的控制机构（大气阀和真空阀）为降低生产成本设计在助力器外部。轿车的双管路真空助力器的控制机构（大气阀和真空阀）在真空助力器内部。

1．真空增压器的作用

真空增压器的作用是利用真空对制动主缸输出的油液进行增压。其控制装置是通过制动踏板机构的主缸输出的液压来操纵的。真空增压器用于间接操纵式伺服制动系统中，主要应用的汽车为轻型货车，如两轴六轮或两轴三轮式的低速货车。如图 3-2 所示为货车单管路制动系统的结构。

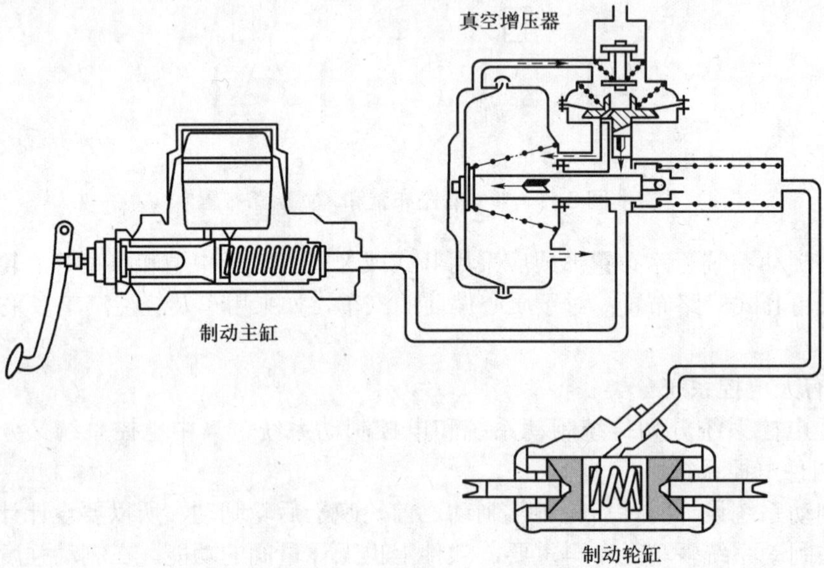

图 3–2　货车单管路制动系统的结构

2．真空增压器的工作原理

真空增压器的工作原理如图 3-3 所示。

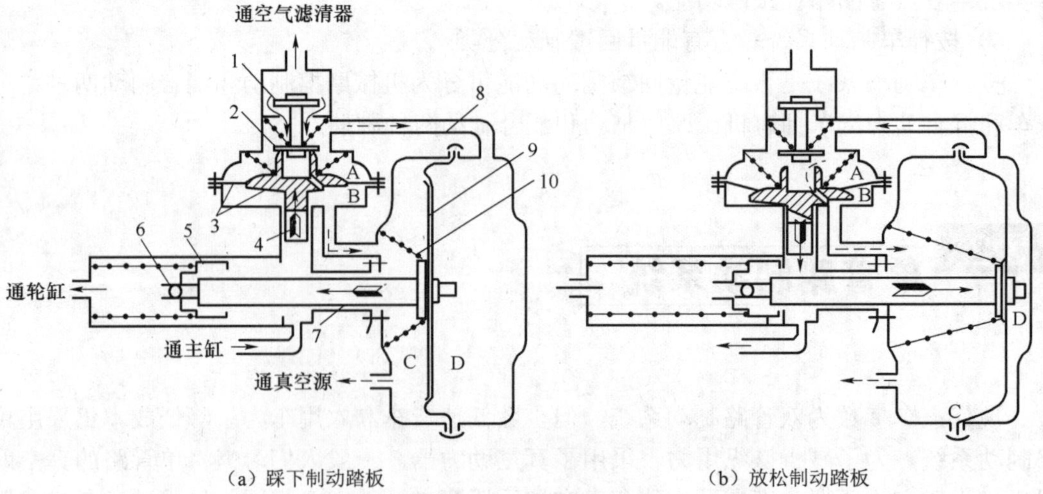

1—空气阀；2—真空阀；3—真空阀膜片；4—控制阀活塞；5—增压缸活塞；6—截止阀；7—推杆；8—通气管；9—伺服气室膜片；10—伺服气室膜片回位弹簧

图 3–3　真空增压器的工作原理

1）踩下制动踏板

制动液自制动主缸输入增压缸，开始时截止阀处于开启状态，所以制动液可由增压缸活塞上的孔进入前、后各制动轮缸。此时，轮缸压力等于主缸压力。与此同时，输入增压缸的压力油还作用到控制阀活塞上，推动膜片座上移，首先将真空阀关闭，使控制阀上腔 A 与下腔 B 隔绝，然后将空气阀打开。于是，空气便经空气滤清器流入空气阀上腔 A 和伺服气室右腔 D，如图 3-3（a）所示，使其中的压力升高（即真空度减小）。而此时，控制阀下腔 B 和伺服气室左腔 C 中的真空度则保持不变。在 C、D 两腔压力差的作用下，伺服气室膜片带动推杆向左移动，使截止阀抵靠在增压缸活塞的阀座上，并使制动主缸与增压缸左腔隔绝。这时，作用在增压缸活塞上有两个力：一个是从制动主缸传来的液压作用力；另一个是推杆传来的推力。所以，增压缸左腔及各轮缸的液压要高于主缸的液压，因此起到了增压效果。

随着 A、D 两腔中真空度的降低，控制阀的膜片及阀门组件逐渐下移。A、D 两腔中真空度降低到一定值时，空气阀关闭，此时真空度将保持在某一稳定值上，其大小取决于输入控制压力，即主缸压力。而控制压力又取决于踏板力和踏板行程。所以，驾驶员作用于踏板上的力将对制动强度起决定作用。

2）抬起制动踏板

当制动踏板回升一定距离，如图 3-3（b）所示，即主缸压力下降一定值时，控制阀平衡状态被破坏，控制阀活塞及膜片座下移，真空阀开启，于是 A、D 两腔压力降低，使 D、C 两腔压力差有所减小。增压缸输出压力也就保持在较低值，从而使制动强度减弱。当制动踏板完全放松时，所有运动件都在各自的回位弹簧作用下回复原位。

3）失效替代

若真空增压器失效或管路漏气而无真空度时，增压缸中的截止阀将保持开启，使制动主缸与制动轮缸之间的油路畅通。整个系统就像无增压器工作一样，只是所需踏板力要大些。

完成任务

学完真空增压器的工作原理后，写出图 3-4 所示的货车真空增压器实物的元件名称或连接的部件。

1：__________；2：__________；3：__________；4：__________；5：__________；
6：__________；7：__________；8：__________；9：__________。

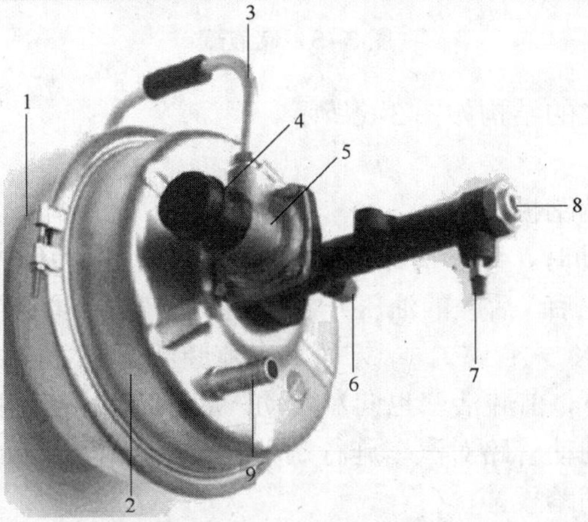

图 3–4　货车真空增压器

3.3 液压双管路制动

1. 制动主缸（总泵）

1）制动主缸的作用

制动主缸的作用是将踏板力转变成液压力。

2）制动主缸的结构

制动主缸上部为储存制动液的储液罐，如图 3-5 所示，为防止双管路中一个管路漏油导致储液罐内油流光，在储液罐内由一个栏板将储液罐分成两个室，两室在上部相通，在下部隔开。储液罐盖上有小孔通大气，同时盖上也标明使用什么型号的制动液，例如，“WARNING:CLEAN FILLER CAP BEFORE REMOVING USE ONLY DOT3 FLUID，FROM A SEALED CONTAINER”（警告：只能使用容器是密封的 DOT3 制动液，更换 DOT3 制动液时要清洁加注器具）。

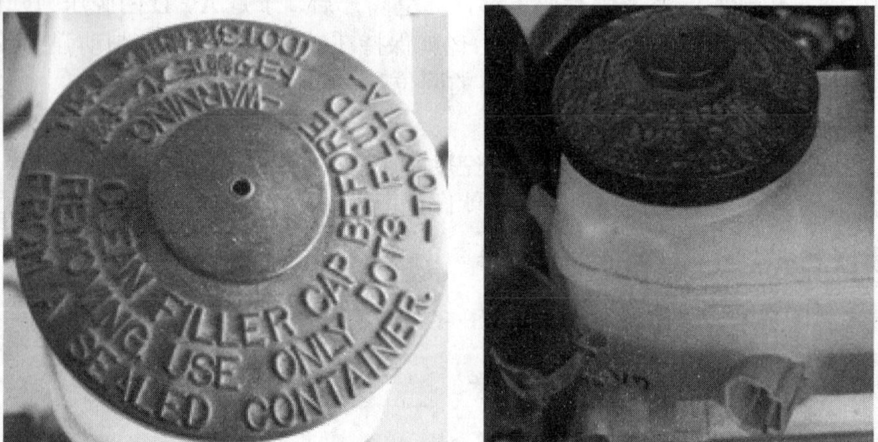

图 3–5　储液罐

双腔串联式制动主缸的结构如图 3-6 所示。

3）工作原理

（1）驾驶员踩下制动踏板。

如图 3-7 所示，制动时，驾驶员踩下制动踏板，真空助力器推动制动推杆向左移动，在后腔密封圈遮住补偿孔后，后腔的油压开始升高，油液一方面通过腔内出油孔进入右前、左后制动管路（前提是 X 式管路），一方面又对前腔活塞产生推力，在此液压推力及后腔活塞弹簧力的共同作用下，前腔活塞也向左移动，这样前腔也产生了压力，油液进入左前、右后制动管路，于是两制动管路对汽车施行制动。

（2）驾驶员松开制动踏板。

解除制动时，驾驶员松开制动踏板，前腔活塞在弹簧作用下回位，液压油自轮缸（或液压缸）和管路中流回制动主缸。如果活塞回位迅速，工作腔内容积也迅速扩大，使油压迅速降低。由于管路阻力的影响，管路中的油液不能及时流回工作腔以充满活塞移动让出的空间，使工作腔形成一定的真空度。这时，储液罐里的油液便经进油孔和活塞油封后面的小孔推开密封圈的边缘流入工作腔（前腔和后腔）。当活塞完全回位时，补偿孔打开，工作腔内多余的油由补偿孔流回储液罐。若液压系统由于漏油及由于温度变化引起主缸工作腔、管路、轮缸中油液的膨胀或收缩，都可以通过补偿孔进行调节。

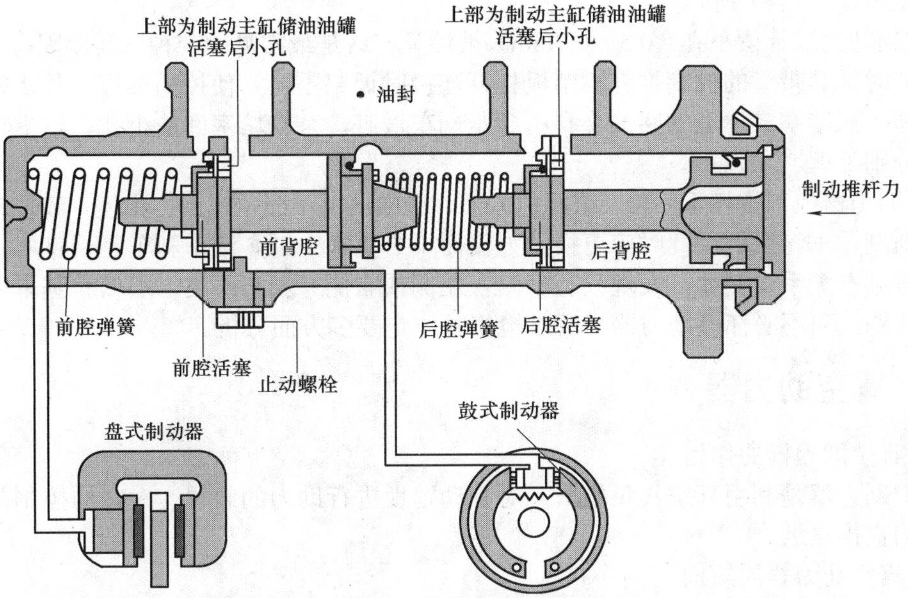

图 3-6　双腔串联式制动主缸的结构

（3）失效替代。

若左前、右后轮制动管路损坏而（前腔）漏油，则踩下制动踏板时，只有后腔中能建立一定压力，而前工作腔中无压力。此时，在两腔压力差的作用下，前腔活塞被迅速推到底。之后，后腔中的油压才迅速升高，使右前、左后车轮产生制动作用。

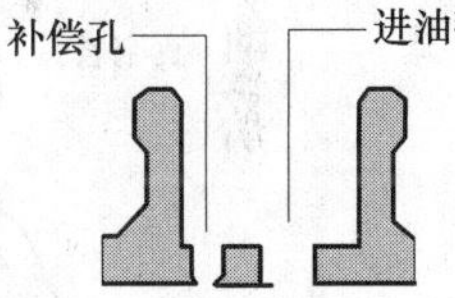

图 3-7　补偿孔和进油孔

若右前、左后轮制动管路损坏而（后腔）漏油，则在踩下制动踏板时，开始只是后腔活塞前移，因后工作腔不能建立油压，因而不能推动前腔活塞向前移动。继续踩下制动踏板，在后腔活塞前端杆部直接顶到前腔活塞时，便能推动前腔活塞，使前腔建立油压。

由此可见，双回路液压制动系统中，一套管路损坏而漏油时，另一套管路仍能工作，只是所需的踏板行程加大而已。

4）制动主缸故障检修

（1）制动主缸漏油。

制动主缸漏油有内漏及外漏两种。

外漏：从外表面可以看见漏油处，其种类有以下 3 种。

① 制动主缸与助力器连接处漏油。

② 活塞限位螺钉处漏油。

③ 缸体有气孔造成渗漏。

对于限位螺钉（止动螺钉）处漏油，用扳手拧紧即可，对于另外两种须更换制动主缸，但不必更换助力器。

内漏：此种情况踏板可踏到底或逐渐沉到底，但仍刹车不良或失效。前者是总泵内漏，后者则无内漏，只是助力器的助力比偏大。

（2）刹车抱死。

主要有以下两种原因。

① 制动主缸补偿小孔（0.5～0.7mm）被堵死，这是最常见的一种。其原因有：一是助力器装车时，其带叉的控制推杆与踏板杠杆连接时调整不当，使控制推杆太长，推动主缸活塞前移，而堵塞缸体上的回油小孔；二是刹车液脏，杂物堵塞回油小孔，以上可根据不同情况分别处理。

② 助力器控制推杆不回位，或回位太慢，造成踏板不回位或回位太慢，致使刹车抱死或严重拖刹，车轮发烫，此时应更换助力器而不必更换主缸。汽车刹车是否良好，与整个制动系统都有关系，例如，发现只有一侧（左侧或右侧）刹车不良，那么就基本可以判定是分泵问题，而不必怀疑助力器，所以检修时一定要多方面分析。

2. 真空助力器

1）真空助力器的作用

真空助力器是利用真空（负气压）对制动踏板进行助力的装置，对它的控制就是利用踏板机构直接操纵。

2）真空助力器的结构

真空助力器的结构如图 3-8 所示。真空助力器主要由前、后室和控制阀（在真空助力器推杆左侧）两部分组成。前腔（前室）通向发动机进气歧管（即真空源）。

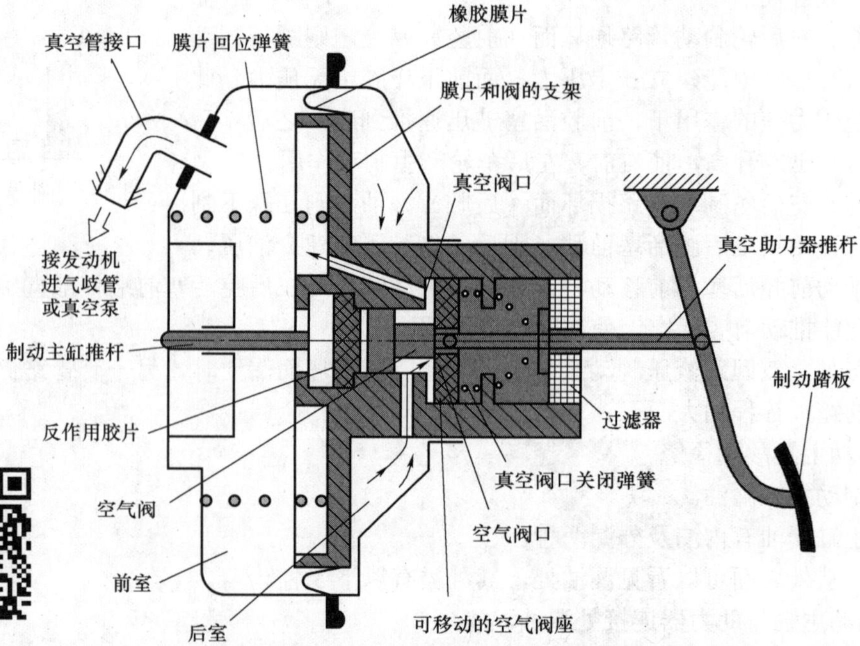

图 3-8　真空助力器的结构（抬起制动踏板）

控制阀包括空气阀和真空阀。可移动的阀座可在真空阀关闭弹簧的作用下左移关闭真空阀口。

空气阀在右侧并与可移动的阀座贴紧时，空气阀关闭。在制动时，空气阀左移，当可移动的空气阀座关闭真空阀口时，不能再移动，空气阀的继续左移会打开环形的空气阀口。橡胶反作用胶片是两面受力：右面要承受真空助力器推杆、空气阀及膜片座（膜片和阀的支架）的推力；左面要承受制动主缸推杆传来的主缸液压的反作用力。

完成任务

在踩下制动踏板时，膜片和阀的支架是否会发生左移？________。

3）真空助力器的工作原理

（1）抬起制动踏板。

抬起制动踏板时，空气阀和控制阀推杆在控制阀推杆回位弹簧的作用下离开橡胶反作用盘，处于右端极限位置，并使真空阀离开膜片座的真空阀口，即真空阀处于开启状态。而真空阀又被阀门弹簧压紧在空气阀上，即空气阀处于关闭状态。此时，伺服气室的前、后两腔互相连通，并与大气隔绝。在发动机工作时，两腔内都产生一定的真空度。

完成任务

请在图 3-9 中画出抽真空时气体的流向。

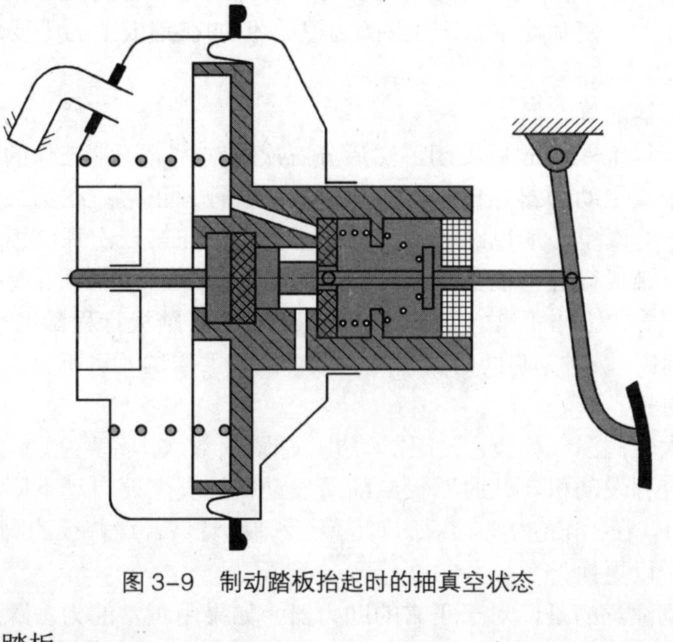

图 3–9　制动踏板抬起时的抽真空状态

（2）踩下制动踏板。

如图 3-10 所示，制动时，真空阀口被关闭，环形空气阀口打开。大气由滤清器进入后室，推动膜片推动制动主缸推杆工作。

（3）抬起制动踏板。

解除制动时，控制阀推杆弹簧将控制阀推杆和空气阀推向右边，使真空阀离开膜片座上的真空阀口，真空阀阀口开启。伺服气室前、后两腔相通，均为真空状态。膜片座和膜片在膜片回位弹簧的作用下回位，制动主缸即解除制动作用。

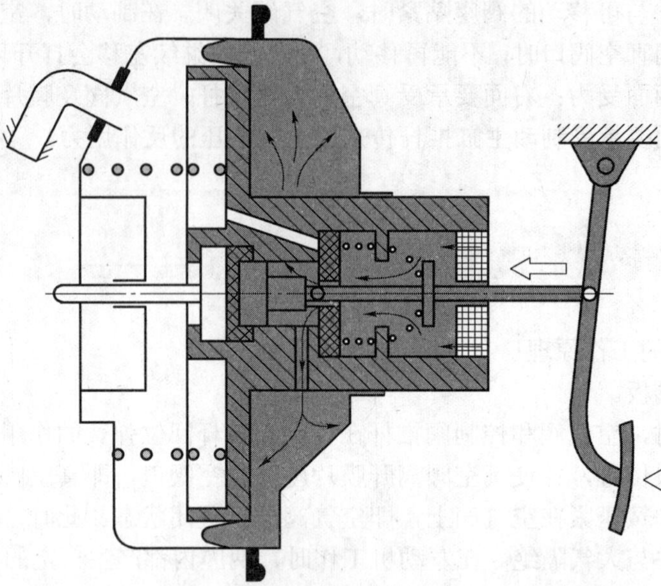

图 3–10　制动踏板踩下真空助力器工作

（4）失效替代。

若真空助力器失效或真空管路无真空度时，控制阀推杆将通过空气阀直接推动膜片座和制动主缸推杆移动，使制动主缸产生制动压力，但加在踏板上的力要增大。

4）真空助力器的故障

（1）真空助力器漏气。

启动发动机运行 1～2min 后关闭，然后分三次踩踏板。正常工作的真空助力器在第一次踩踏板时，由于真空助力器存在足够真空，其踏板行程正常；在第二次踩踏板时，由于助力器内已损失一些真空，所以踏板行程会减小很多；在第三次踩踏板时，真空助力器内真空已很少，所以踏板行程也很少，再踏下去就踏不动了。以上即所谓“一脚比一脚高”。这证明助力器无漏气，工作正常。如果每一次踩踏板时，踏板行程都很小，且行程都不变，即所谓的“脚特别硬”，则说明助力器漏气失效。漏气严重的，可听到漏气声音。对于漏气的助力器须予以更换。

真空助力器大气阀漏气检查：关闭发动机，踩踏板数次，将真空助力器内真空“放掉”。然后踩住踏板，打开发动机，此时踏板应随着发动机抽真空而自动下降，待下降到正常位置后，关闭发动机，在 1min 内踩踏板的脚应无反弹感觉。若踩踏板的脚逐渐被抬起，说明助力器漏气，应予以更换。

这里需要特别注意的是，对于正常的助力器，如果用正常的力去踩踏板并使踏板停在某处后继续加大力度踩踏板，踏板还会继续往下沉，这种情况不是助力器漏气，因为漏气的助力器只能使你踏不下去，即所谓“脚硬”，并且会把你的脚向回推（即向上推）。对于这种所谓“脚低”的助力器有两种可能：一是因助力器仍工作在助力状态，只要你继续加力，踏板肯定会继续往下沉，这时，刹车已经非常可靠，属正常现象；二是主缸漏油，此时能够一脚踩到底，并且无刹车。

（2）真空助力器异响。

不良的助力器会发生异响，有的是“咔嗒”一声，有的是“噗噗”声，异响一般不影响刹车性能，但属于噪声，明显的异响可更换助力器，但不必更换制动主缸。

3．制动管路

连接主缸和轮缸之间的制动管路常采用高压双层钢管或高强度软管。制动管路将制动液从主缸传送到轮缸和制动钳。制动管路传递并引导液压制动系统的压力制动液。

制动管路大部分由刚性管路构成。为了具有最大的强度和耐久性，所有制动管路都采用双层结构并由钢板卷制而成。双层制动管有无缝管和多层管两种类型。为了防锈和防腐蚀，所有的双层制动管都镀有锡、锌或类似的物质，SAE 标准规定了制动管路必须能够承受 55 000kPa 的压力，其他标准规定制动管还应具有抗疲劳、耐热、防锈和防腐蚀的能力。

一部分铠装设计的钢制动管路可防止路面上的石头或其他碎片飞溅打伤或损坏制动管路。如果铠装制动管路需要更换，一定要更换铠保护管。制动管路的弯曲必须正确才能保证管路通畅，扭伤不但影响管路中制动液的流动，而且使管路强度变弱，通道变窄的制动软管可维持制动能力，但会造成制动摩擦块的过度磨损和制动力的不平衡问题。通道变窄的制动软管也可造成制动跑偏问题。

在制动管与前轮和制动后轮连接处，为了允许转向并允许悬架的运动，常用制动软管。高强度橡胶制动软管会产生裂纹、起泡和渗漏，每隔 6 个月应该检查一次，制动软管可承受超过 6 900kPa 的制动压力。

4．制动力调节装置

1）计量阀

如图 3-11 所示，计量阀的作用是使后轮在正常时刻制动，前轮稍晚制动，防止车身惯性质量前移过多，甚至制动力超过地面附着力。现代汽车采用计量阀的已经很少，只在一些低档汽车中应用。

图 3–11　计量阀图片

计量阀一般放在发动机后部的车身位置，是不可维修部件，须整体更换。对于有计量阀的汽车，在管路放气时要采用先放净后轮管路，等后轮管路压力能建立起来后，才能放净前轮管路，所以人们总结出的放气方法是以制动主缸为基准的“由远及近法”。

完成任务

传统汽车制动系统放气方法为“由远及近法”。那么，轿车上 4 个车轮的放气的顺序应为：________；________；________；________。

2）比例阀和感载比例阀

过去，不少汽车在制动系统中增设了前、后车轮制动力分配调节装置，以减少车轮的抱死现象。现在最理想的还是防抱死制动系统（ABS）的电子制动力分配功能（EBD）。虽然比例阀和感载比例阀不可修也不可拆开，但在没有 ABS 的中、小型液压制动的货车上仍有广泛的使用。

（1）比例阀的作用。

比例阀可以进行压力大小控制，使后轮制动压力与前轮制动压力的比小于 1，本质上是前轮是主缸的压力，后轮对主缸压力进行了减压，这样可防止后车轮甩尾。

现代汽车比例阀的应用极少，多采用感载比例阀，如图 3-13 所示，感载比例阀固定在车身上，摇臂通过较长的一根弹簧装在后悬架桥壳上，同时摇臂通过较短的一根弹簧产生一个向上的力，上部的一根输入油管来自制动主缸，下部输出的两根油管输往左后和右后两个车轮。车载重增加时，后桥和车身的距离变小，摇臂下部长弹簧放松，在摇臂上部小弹簧使摇臂上移，摇臂的动作可使感载比例阀内部调节出较高的后轮制动压力。

图 3–12　感载比例阀的位置和工作原理

（2）工作原理。

车身载荷增加，制动后轮所需的制动力也要增加（但压力上升不抱死车轮）。车身下降时，摇臂向上的转动控制来自制动主缸的压力，此压力更多地被传入后车轮分缸，压力达到感载比例阀限制值后，感载比例阀关闭，压力不再增加。

技师指导

随着汽车 ABS 系统的采用，计量阀和比例阀（或感载比倒阀）的功能可以由后轮 ABS“低选原则”控制完成。

5. 制动轮缸（分泵）

制动轮缸的功用是将液体压力转变为制动蹄张开的机械推力。制动轮缸有单活塞式和双活塞式两种。单活塞式制动轮缸主要用于双领蹄式和双从蹄式制动器，而双活塞式制动轮缸应用较广，既可用于领从蹄式制动器，又可用于双向双领蹄式制动器及自增力式制动器。

双活塞式制动轮缸如图 3-13 所示。在缸体内装有两个活塞，两个皮碗装在两个活塞的端面以实现油腔的密封，活塞内侧为半球形，这是为了保持两活塞之间的进油间隙，也可采用弹簧保持两活塞之间的进油间隙。防护罩除防尘外，还可以防止水分进入，以免活塞和缸体生锈而卡死。制动时，来自制动主缸的制动液经进油管接头和进油孔进入两活塞之间的油腔，将活塞向外推开，通过顶杆推动制动蹄。

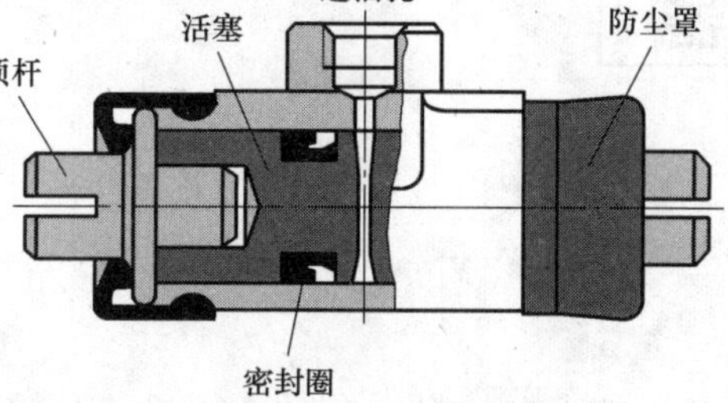

图 3–13 双活塞式制动轮缸

技师指导

制动轮缸的皮碗密封不严，制动液会跨过活塞从外部的防护罩上流出来，这样侧车轮的制动力会下降，但一般不太明显，多在更换蹄片、拆装时发现，这时要更换轮缸总成，同时进行这个管路的放气。

6. 简易故障的排除与分析

简易故障的排除与分析见表 3-1。

表 3-1 简易故障的排除与分析

出现的故障	原 因 分 析	采 取 措 施
刹车效果差或无刹车	1. 制动液变质或混进其他油液 2. 制动主缸皮圈严重磨损 3. 制动主缸补偿孔堵塞或储油室盖通气孔堵塞 4. 制动管路中有空气	1. 更换制动液 2. 更换制动主缸 3. 疏通总泵进油小孔或通气孔 4. 排净管路中的空气

续表

出现的故障	原因分析	采取措施
刹车效果差或无刹车	5. 刹车片与刹车鼓间隙调整不当 6. 控制推杆行程或制动分泵行程调整不当 7. 制动管路漏油 8. 制动主缸失效 9. 真空助力器漏气	5. 重新调整 6. 重新调整 7. 检修制动管路 8. 更换制动主缸 9. 更换真空助力器
制动抱死	1. 助力器推杆与制动主缸活塞孔之间的间隙不当 2. 制动主缸进油小孔严重堵塞	1. 调整间隙为不大于 0.5mm 2. 更换制动主缸
刹车时有异响	1. 真空单向阀性能不良 2. 推杆与制动主缸活塞孔底部间隙过大 3. 真空助力器内部零件配合不当	1. 更换单向阀 2. 调整间隙为不大于 0.5mm 3. 更换真空助力器
无法排净管路中的空气	助力器推杆与制动主缸活塞孔底部顶死无间隙	调整间隙为不大于 0.5mm

3.4 车轮制动器

1. 鼓式制动器

1）鼓式制动器的特点

（1）摩擦表面为圆形，不能充分接触，制动力矩只能是较稳定；热稳定性稍差，受热后制动鼓在内、外两方向膨胀，影响制动间隙。同时摩擦生热后，再加上受水浸渍，易发生不均匀的变形。

（2）制动力矩与汽车行驶方向有关。

（3）为防止行驶过程中的摩擦，制动间隙要预留稍大，而且两侧间隙要调节相同，手动调节麻烦，所以要设计自动调节装置。

（4）检查、维护和更换稍微麻烦。

（5）兼用驻车制动时，鼓式制动器的控制容易，因而多用在后轮进行驻车制动。

鼓式制动器按照其结构与工作特点不同，又分为领从蹄式制动器、双领蹄式制动器、双向双领蹄式制动器和自增力式制动器 4 种，要注意其中“领”和“从”的意义。

对于气压制动的鼓式制动器目前全为领从蹄式制动器。

2）领从蹄式制动器

（1）“领”和“从”的概念。

当汽车前进行驶时，制动鼓的旋转方向如图 3-14 中箭头所示。制动时，两制动蹄绕各自的支撑点向外旋转张开。制动蹄 1 的旋转方向与制动鼓的旋转方向相同，称为领蹄，制动蹄 2 的旋转方向与制动鼓的旋转方向相反，称为从蹄。当汽车倒驶制动时，制动蹄 1 变成从蹄，而制动蹄 2 变成领蹄。这种在汽车前进制动和倒向行驶制动时，都有一个领蹄和一个从蹄的制动器即称为领从蹄式制动器。

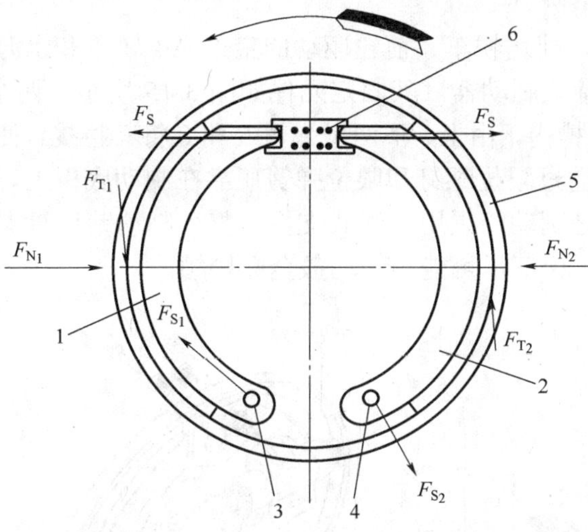

1—领蹄；2—从蹄；3，4—支撑销；5—制动鼓；6—制动轮缸

图 3-14 领从蹄式制动器示意图

领从蹄式制动器的受力情况如图 3-14 所示。制动时，两制动蹄 1 和 2 在相等的促动力 F_S 的作用下，绕各自的支撑销 3 和 4 向外偏转一个角度，紧压在制动鼓 5 上，旋转的制动鼓即对两制动蹄分别作用法向反力 F_{N_1} 和 F_{N_2} 以及相应的切向反力 F_{T_1} 和 F_{T_2}，这里法向反力 F_N 和切向反力 F_T 均为分布力的合力。两制动蹄受到的这些力分别被各自的支承反力 F_{S_1} 和 F_{S_2} 所平衡。领蹄上的切向力 F_{T_1} 所造成的绕支撑销 3 的力矩与促动力 F_S 所造成的绕同一支撑销的力矩是同向的，所以力 F_S 的作用结果是使领蹄 1 在制动鼓上压得更紧，即力 F_{N_1} 变得更大，从而力 F_{T_1} 也更大，这表明领蹄具有“增势”作用。与此相反，切向力 F_{T_2} 则使从蹄 2 有放松制动鼓的趋势，故从蹄具有“减势”作用。

由上述可见，虽然领蹄和从蹄所受促动力相等，但所受制动鼓法向反力 F_{N_1} 和 F_{N_2} 却不相等，且 $F_{N_1} > F_{N_2}$，相应地 $F_{T_1} > F_{T_2}$，故两制动鼓所施加的制动力矩不相等。一般来说，领蹄产生的制动力矩为从蹄制动力矩的 2～3 倍。显然，由于领蹄与从蹄所受法向反力不等，在两蹄摩擦片工作面积相等的情况下，领蹄摩擦片上的单位压力较大，因而磨损较严重。为了使领蹄和从蹄的摩擦片寿命相近，有些领从蹄式制动器，其领蹄摩擦片的周向尺寸设计得较大。但这样将使两蹄的摩擦片不能互换，从而增加了零件品种数和制造成本。

此外，领从蹄式制动器的制动鼓所受到的来自两蹄的法向力 F_{N_1} 和 F_{N_2} 不相平衡，则两蹄法向力之和只能由车轮轮毂轴承的反力来平衡，这就对轮毂轴承造成了附加径向载荷，使其寿命缩短。这种制动器称为非平衡式制动器。

完成任务

请说出领从蹄式制动器的“领”和“从”的意义。

____。

（2）领从蹄式制动器举例。

一汽奥迪 100 型轿车、捷达轿车、前轮驱动的宝来 A4 轿车和上海桑塔纳轿车的后轮制动器都采用了这种领从蹄式制动器，其固定元件如图 3-15 所示。两个制动蹄 3 和 12 下端插在制动底板 10 相应的槽内，由上、下两个弹簧 5 和 8 将其拉拢，使其上端紧靠在制动轮缸 9 的活塞上。制动蹄通过限位螺钉和限位弹簧压靠在制动底板上。制动蹄外圆弧面上铆有制动摩擦片。其特点是制动蹄采用了浮式支撑，整个制动蹄可沿支撑平面有一定的浮动量，使制动蹄自动定心，保证尽可能与制动鼓全面接触。

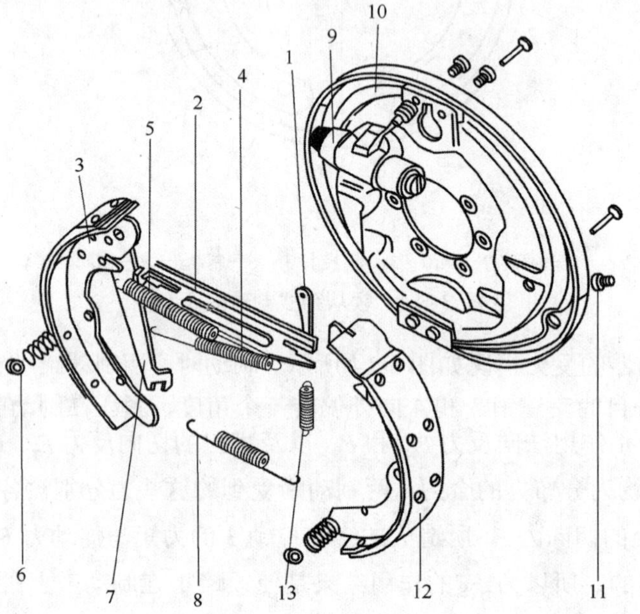

1—制动间隙调整楔；2—驻车制动推杆；3—后制动蹄；4—连接弹簧；5—上回位弹簧；6—弹簧座；
7—驻车制动拉杆；8—下回位弹簧；9—制动轮缸；10—制动底板；11—栓塞；12—前制动蹄；13—弹簧

图 3-15　一汽奥迪 100 型轿车后轮制动器的固定元件

该行车制动器兼充驻车制动器，因此，在这种制动器中还加装了驻车制动机械传动机构。驻车制动拉杆 7 铆装在制动蹄 3 上，并能自由摆动。驻车制动推杆 2 左端的槽插在驻车制动拉杆 7 上，右端槽孔插装在前制动蹄的凸棱上。连接弹簧 4 的左端钩挂在驻车制动推杆 2 左侧的孔内，右端钩挂在前制动蹄 12 的腹板上，上回位弹簧 5 的右端钩挂在驻车制动推杆 2 右侧的孔内，左端钩挂在后制动蹄 3 的腹板上。由于弹簧的作用，使驻车制动推杆 2 拉靠在驻车制动拉杆 7 上。驻车制动拉杆 7 的下端与驻车制动软轴相连。

制动时，驾驶员拉动驻车制动操纵手柄，带动驻车制动软轴，进而带动驻车制动拉杆 7 绕上端支点向右转动，推动驻车制动推杆 2 向右移动，向外推开前制动蹄 12。当前制动蹄 12 压紧在制动鼓上后，驻车制动拉杆 7 又绕和驻车制动推杆 2 接触处转动，推动后制动蹄 3 也压靠在制动鼓上。这样，两个制动蹄都将制动鼓压紧，从而对车轮进行制动。解除制动时，驾驶员松开驻车制动操纵杆，两个制动蹄在上、下回位弹簧 5、8 及连接弹簧 4 的作用下回位，使制动蹄和制动鼓间保持适当的间隙，车轮便可以自由转动，制动作用解除。

完成任务

根据图 3-15，在图 3-16 中写出奥迪 100 型轿车后轮制动器元件名称，引出线采用 45°/水平/垂直线，不要出现交叉。并说出：哪些是行车制动元件？____________________；
哪些是驻车制动元件？____________________；
哪些是制动自动间隙调节元件？____________________；
制动蹄是哪两个制动公用的？____________________。

在图 3-16 中，最易出现故障的两个部件是__________、__________，促使售后服务中要有更换制动轮缸的业务和更换制动蹄的业务。

图 3–16　一汽奥迪 100 型轿车后轮制动器元件

（3）双领蹄式与双从蹄式制动器。

在汽车前进时，两制动蹄均为领蹄的制动器称为双领蹄式制动器。图 3-17 为双领蹄式

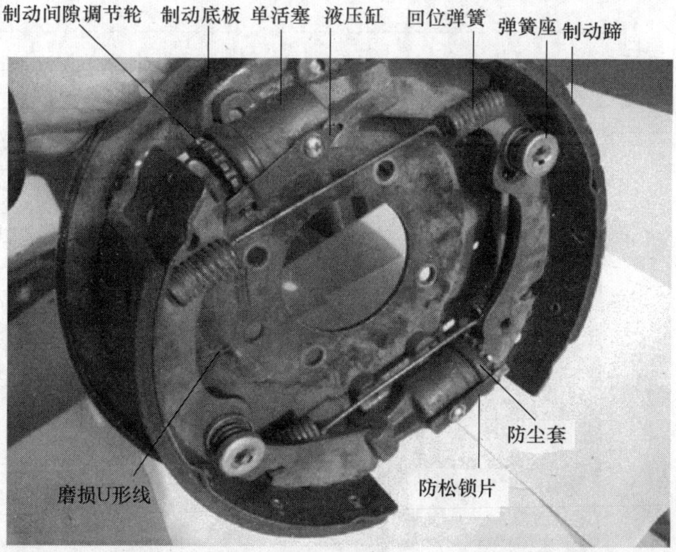

图 3–17　双领蹄式制动器元件组成

制动器元件组成，其总体构造与图 3-14 所示的领从蹄式制动器差不多，只是采用了两个单活塞式制动轮缸，制动蹄一端卡在带调节轮的制动轮缸活塞上，另一端支撑另一个活塞的尾端，这个尾端作为支点。该制动器的受力情况可以简化为图 3-18 所示的示意图，在汽车前进时，该制动器的前、后蹄均为领蹄，故称为双领蹄式制动器。

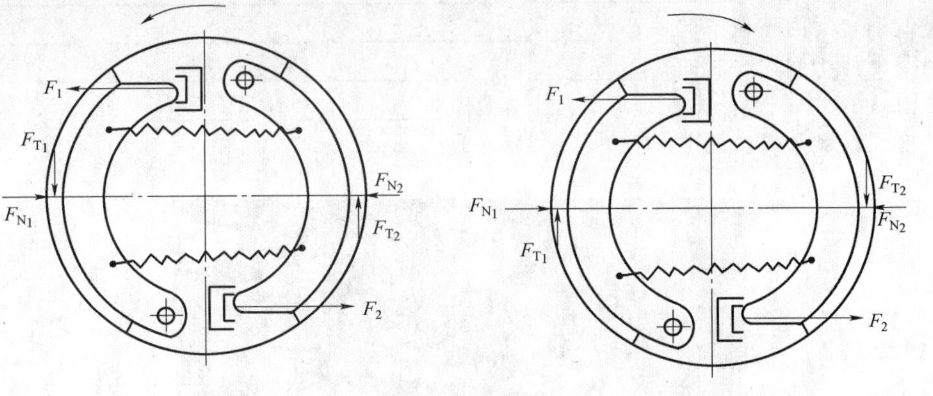

图 3-18 双领蹄式制动器的受力情况

这种制动器前进制动时效能高，但在倒车制动时，两制动蹄都变成从蹄，制动效能下降很多。

如将图 3-18 所示的制动器翻转 180°，便成为在汽车前进时两蹄均为从蹄的双从蹄式制动器。显然，双从蹄式制动器的前进制动效能低于双领蹄式和领从蹄式制动器。但其制动效能对摩擦系数变化的敏感程度较小，即具有良好的制动效能稳定性。

完成任务

根据图 3-17，在图 3-19 中写出车轮制动器元件名称，引出线采用 45°/水平/垂直线，不要出现交叉。并说出：哪些是行车制动元件？________________；
哪些是驻车制动元件？________________；
哪些是制动间隙调节元件？________________；
制动间隙的调节方法是什么？________________；
如果在制动蹄片上发现有两条金属线，这两条金属线的作用是：________________。

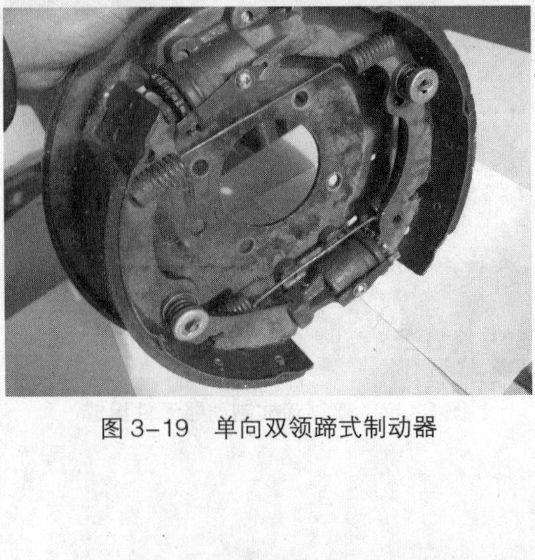

图 3-19 单向双领蹄式制动器

（4）双向双领蹄式制动器。

在倒车制动时，如果能使上述制动器的两个制动蹄的支撑点和促动力作用点相互对调，就可以得到与前进制动时相同的制动效能。

解放 CA1040 系列轻型载货汽车的后轮制动器即根据这一设想制成，它是一种双向双领蹄式制动器，如图 3-20 所示。其结构形式与前述的领从蹄式制动器相比，差别是在制动轮缸的对面又加了一个轮缸，两制动蹄的两端都为浮式支撑，且支撑点的周向位置也是浮动的。制动底板上的所有固定元件，如制动蹄、制动轮缸、复位弹簧等都是成对的，而且是既按轴对称又按中心对称布置的。

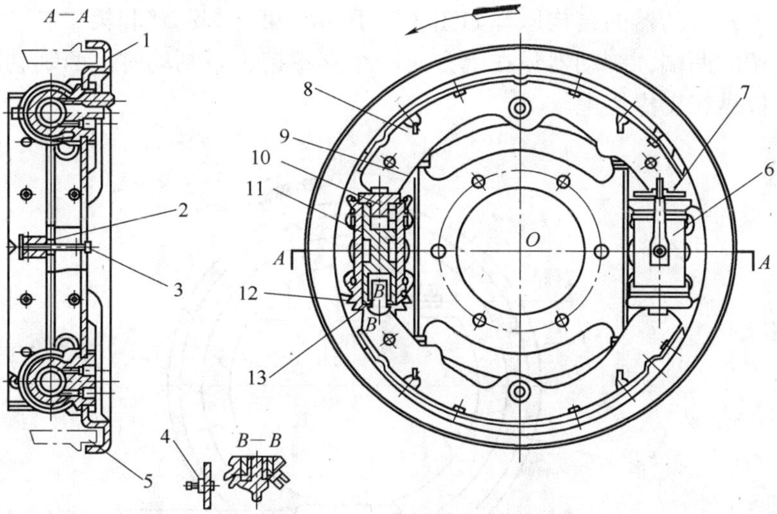

1—制动底板；2—制动蹄定位弹簧；3—制动蹄定位销钉；4—制动底板调整孔堵塞；5—制动鼓；6—制动轮缸；7—锁片；8—制动蹄；9—制动蹄复位弹簧；10—支座；11—轮缸活塞；12—调整螺母；13—可调支座

图 3-20　双向双领蹄式制动器

在前进制动时，所有的轮缸活塞都在液压作用下向外移动，将两制动蹄压靠在旋转的制动鼓上。之后，在制动鼓摩擦力的作用下，两制动蹄绕车轮中心 *O* 点，沿车轮旋转方向转过一个角度，将两轮缸活塞外端的支座推回，直到顶靠在轮缸端面上为止，此时两轮缸的支座便成为制动蹄的支撑点，制动器的工作情况同图 3-20 所示的制动器一样，为双领蹄式制动器。倒车制动时，制动鼓对制动蹄作用着相反方向的摩擦力矩，使两制动蹄绕车轮中心逆箭头方向转过一个角度，将可调支座连同调整螺母一起推回原位，于是两支座便成为制动蹄新的支撑点，两个制动蹄仍为领蹄。这种在前进制动和倒车制动时，两制动蹄都为领蹄的制动器称为双向双领蹄式制动器。

调整螺母用于调整制动器间隙。拨动调整螺母头部的齿槽，使螺母转动，带螺杆的可调支座便向内或向外移动，使制动器间隙得以调整。调整合适后，将锁片插入调整螺母的齿槽中，以防螺母松动。

双领蹄式、双从蹄式与双向双领蹄式制动器的固定元件都是中心对称布置的，如果间隙调整正确，两制动蹄对制动鼓所施加的法向作用力能够相互平衡，不会对轮毂轴承造成附加的径向载荷，因此，这 3 种制动器都是平衡式制动器。

完成任务

请说出图 3-20 中双向双领蹄式制动器元件名称，并说出：哪些是行车制动元件？________；哪些是驻车制动元件？__________；哪些是制动间隙调节元件？________。

3）自增力式制动器

自增力式制动器分单向自增力和双向自增力两种，它们在结构上只是轮缸中的活塞数目不同而已。

（1）单向自增力式制动器。

单向自增力式制动器的结构原理如图 3-21 所示。第一制动蹄和第二制动蹄的下端分别支撑在浮动顶杆的两端。制动器只在上方有一个支撑销。不制动时，两制动蹄上端均靠各自的复位弹簧拉靠在支撑销上。

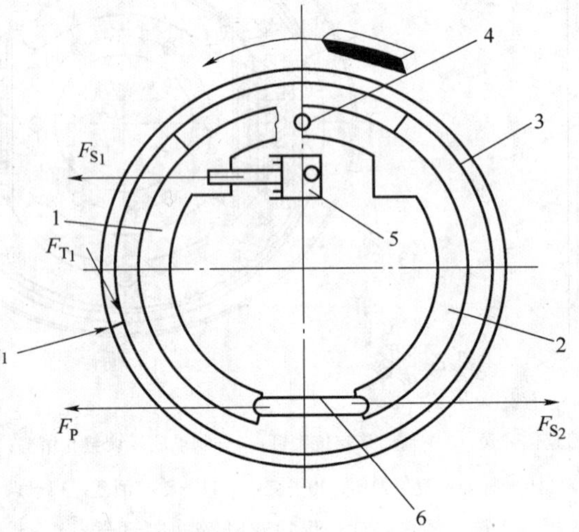

1—第一制动蹄；2—第二制动蹄；3—制动鼓；4—支撑销；5—轮缸；6—浮动顶杆

图 3-21 单向自增力式制动器的结构原理

汽车前进制动时，制动鼓的旋转方向如图 3-21 中箭头所示。单活塞式轮缸只将促动力 F_S 加于第一制动蹄，使其上端离开支撑销，整个制动蹄绕浮动顶杆左端支撑点旋转，并压靠在制动鼓上。显然，第一制动蹄是领蹄，并且在促动力 F_{S_1}，法向合力 F_{N_1}，切向合力 F_{T1} 和沿顶杆轴线方向的力 F_P 作用下处于平衡状态。由于顶杆是浮动的，自然成为第二制动蹄的促动装置，而将与力 F_P 大小相等、方向相反的促动力 F_{S_2} 施于第二制动蹄的下端，故第二制动蹄也是领蹄。由于顶杆是完全浮动的，不受制动底板约束，作用在第一制动蹄上的促动力和摩擦力没有像一般领蹄那样完全被制动鼓的法向反力和固定于制动底板上的支撑件反力的作用所抵消，而是通过顶杆传到第二制动蹄上，形成第二制动蹄促动力 F_{S_2}。所以 F_{S_2} 大于 F_{S_1}。此外，作用力 F_{S_2} 对第二制动蹄支撑点的力臂也大于 F_{S_1} 对第一制动蹄支撑点的力臂。因此，第二制动蹄的制动力矩必然大于第一制动蹄的制动力矩。由此可见，在制动鼓尺寸和摩擦系数相同的情况下，这种制动器在前进时的制动效能不仅高于领从蹄式制动器，也高于双领蹄式制动器，具有自增力效果。

倒车制动时，第一制动蹄上端压靠在支撑销上不动。此时第一制动蹄虽然是领蹄，但其力臂却大为减小，因而第一制动蹄的制动效能比一般领蹄要低得多。第二制动蹄则因未受到促动力而不起作用。故此时整个制动器的制动效能甚至比双从蹄式制动器的制动效能还要低。因此单向自增力式制动器在汽车上已很少应用。

（2）双向自增力式制动器。

双向自增力式制动器的结构原理如图 3-22 所示。当前进制动时，两制动蹄在相同的轮缸促动力 F_S 作用下同时向外张开，压靠到旋转的制动鼓上，并由于摩擦力的作用，使两制动蹄均沿箭头方向转过一个角度。当后制动蹄尚未顶靠到支撑销时，前制动蹄与制动鼓所产生的切向合力所造成的绕下支点的力矩与促动力所造成的绕同一支点的力矩同向，故前蹄为领蹄；当两制动蹄继续移动到后制动蹄顶靠在支撑销上以后，前制动蹄即对浮动的可调顶杆产生作用力矩，并间接作用在后制动蹄下端。此时后制动蹄上端为支撑点，在促动力 F_S 和 F_P 共同作用下向外旋转张开，使该制动蹄也变成了领蹄。此时后制动蹄对制动鼓的压力比前制动蹄还大，产生了自动增力作用。

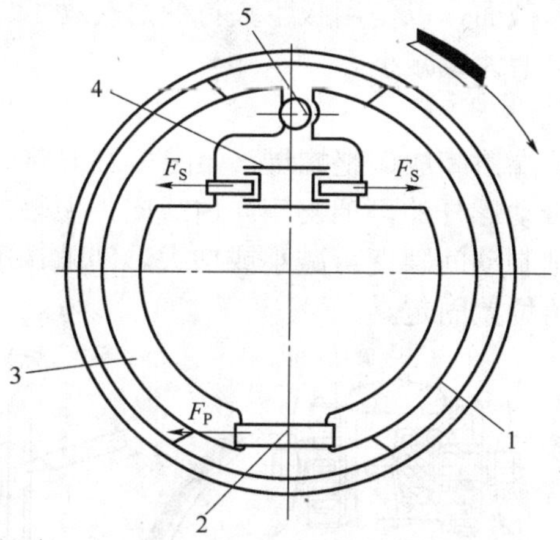

1—前制动蹄；2—可调顶杆；3—后制动蹄；4—制动轮缸；5—支撑销

图 3-22　双向自增力式制动器的结构原理

倒车制动时，两制动蹄的工作情况正好相反，此时前制动蹄具有自动增力效果。由于在行车制动和倒车制动时，制动器都具有自动增力作用，因此该种制动器称为双向自增力式制动器。

以上介绍的各种轮缸式制动器各有特点。双向自增力式制动器多用于轿车后轮，原因之一是便于兼充驻车制动器。单向自增力式制动器只用于少数中、轻型汽车的前轮，因为倒车制动时对前轮制动器的制动效能要求不高。双从蹄式制动器虽然制动效能低，但却具有良好的效能稳定性，因而也被少数高档轿车所采用。双领蹄式、双从蹄式及双向双领蹄式等具有两个轮缸的制动器最适宜布置双回路制动系统。领从蹄式制动器发展最早，其制动效能及效能稳定性均居于中游，且具有结构简单等优点，故目前仍被各种汽车广泛应用。

4）制动器间隙的调整

在制动器不工作时，其摩擦片与制动鼓之间应留有适当的间隙，一般为 0.25～0.5mm。间隙过小，不能保证彻底解除制动，将造成摩擦副的拖磨；间隙过大，会推迟制动器开始起作用的时刻，造成制动不灵，同时也将使制动踏板行程太长，致使驾驶员操作不便。在制动器工作过程中，摩擦片的不断磨损将导致制动器间隙逐渐增大。情况严重时，即使将制动踏板踩到底，也产生不了足够的制动力矩。因此，要求任何形式的制动器在结构上必须保证有制动间隙的调节装置。制动间隙的调整有手动调整和自动调整两种方法。

（1）手动调整。

一般在制动鼓腹板外边开有一个检查孔，以便用厚薄规检查摩擦片与制动鼓之间的间隙（制动器间隙）是否符合规定值，若不符合要对其进行调整。手动调整一般有以下几种方法。

① 转动调整凸轮和带偏心轴颈的支撑销。

例如，汽车制动器中，若发现制动器间隙已增大到使制动器效能明显降低时，可转动调整凸轮，进行局部调整。这样，沿摩擦片周向各处的间隙即可增大或减小。当制动鼓磨损到一定程度时，要重新加工修整其内圆面，在进行修理作业后重新装配制动器时，为保证蹄鼓的正确接触状态和间隙值，应当全面调整制动器间隙，这时除靠转动调整凸轮外，还要转动制动蹄下端的支撑销。支撑制动蹄的支撑销的轴颈是偏心的。支撑销的尾端伸出制动底板外，并铣切出矩形截面，以便用扳手夹持使之转动。转动支撑销，各处（特别是制动蹄下端处）的间隙即可增大或减小。

② 转动调整螺母。

有些制动器轮缸两端的端盖制成调整螺母，如图 3-23 所示。用一字螺丝刀拨动调整螺母的齿槽，使螺母转动，带动螺杆的可调支座向内或向外做轴向移动。因此，可使制动蹄上端靠近或远离制动鼓，则制动间隙便可减小或增大。间隙调整好以后，用锁片插入调整螺母的齿槽中，使螺母的角位置固定。

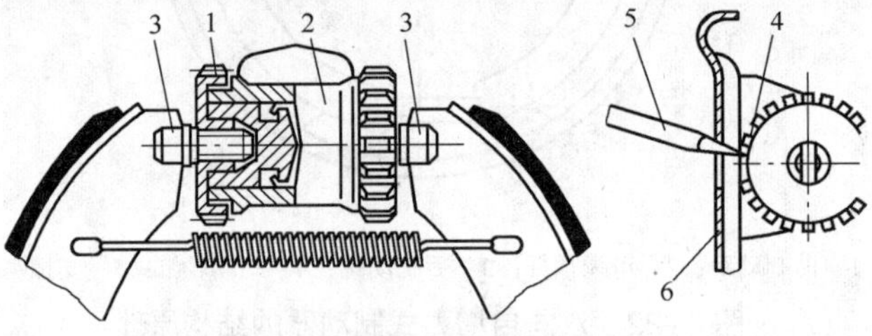

1—调整螺母；2—制动轮缸；3—可调支座；4—齿槽；5—一字螺丝刀；6—制动底板

图 3-23　用调整螺母调整制动间隙

③ 调整可调顶杆长度。

在自增力式制动器中，两制动蹄下端支撑在可调顶杆上，其结构及工作原理如图 3-24 所示。可调顶杆由调整螺母、顶杆套和顶杆体组成。顶杆套一端有带齿的凸缘，套内制有螺纹，调整螺钉，借螺纹旋入顶杆套内，顶杆套与顶杆体做动配合。当拨动顶杆套带齿的凸缘，可使调整螺钉沿轴向移动，因此就改变了可调顶杆的总长度，从而调整了制动器间隙。

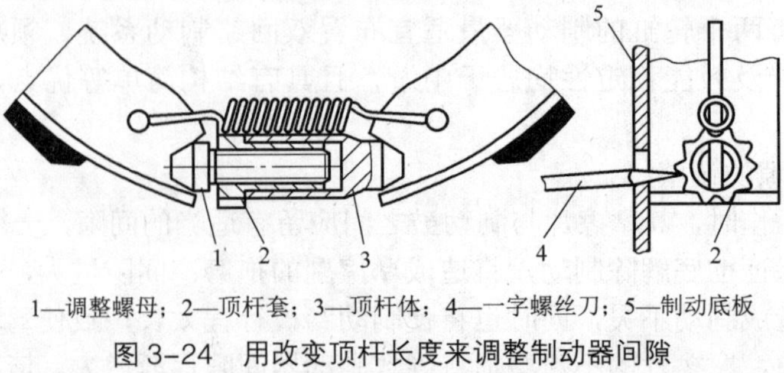

1—调整螺母；2—顶杆套；3—顶杆体；4—一字螺丝刀；5—制动底板

图 3-24　用改变顶杆长度来调整制动器间隙

技师指导

手动调节间隙时应先调节到前、后蹄与制动鼓贴紧，然后以同样的齿数反调两个调整螺母，直到制动鼓能转动，这样调节的目的是使前、后蹄的制动间隙相同。

（2）自动调整。

制动器间隙调整是汽车维护和修理作业中必不可少的重要作业项目。为了减少其工作量，制动器间隙的自动调整装置（以下简称间隙自调装置）得到迅速发展，其结构形式有如下几种。

① 摩擦限位式间隙自调装置。

如图 3-25 所示为一些轿车上采用的摩擦限位式间隙自调装置。用以限定不制动时制动蹄的内极限位置的限位摩擦环，装在轮缸活塞内端的环槽中，如图 3-25（a）所示，或借矩形断面螺纹旋装在活塞内端，如图 3-25（b）所示。限位摩擦环是一个有切口的弹性金属环，压装入轮缸后与缸壁之间的摩擦力可达 400～550N。活塞上的环槽或螺旋槽的宽度 B 大于限位摩擦环厚度 b。活塞相对于摩擦环的最大轴向位移量即为两者之间的间隙 $\Delta=B-b$。间隙Δ应等于制动器间隙为标准值时施行完全制动所需的轮缸活塞行程。

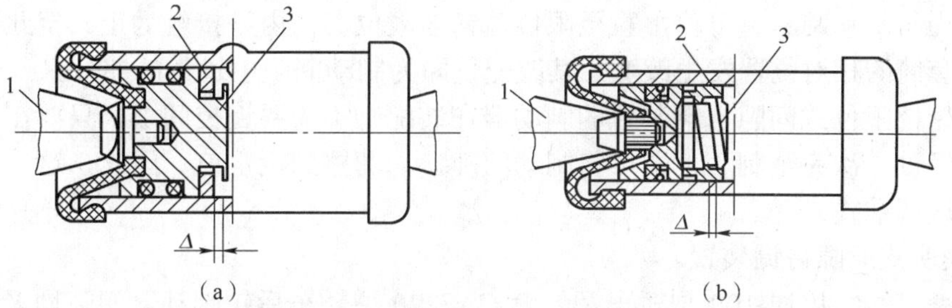

1—制动蹄；2—摩擦环；3—活塞

图 3–25　摩擦限位式间隙自调装置（一）

不制动时，制动蹄复位弹簧只能将制动蹄向内拉到轮缸活塞与摩擦环外端面接触为止，因为复位弹簧力远远不足以克服摩擦环与缸壁之间的摩擦力。此时，间隙 Δ 存在于活塞与摩擦环内端面之间。

制动时，轮缸活塞外移。若制动器间隙正好等于设定值，则当活塞移动到与摩擦环内端面接触（即间隙 Δ 消失）时，制动器间隙应已消失，并且蹄鼓已压紧到足以产生最大制动力矩的程度。若制动器间隙由于种种原因增大到超过设定值，则活塞外移到 $\Delta=0$ 时，仍不能实现完全制动。但只要轮缸液压达到 0.8～1.1MPa，即能将活塞连同摩擦环继续推出，直到实现完全制动。这样，在解除制动时，制动蹄只能恢复到活塞与处于新位置的限位摩擦环接触为止，即制动器间隙恢复到设定值。由此可见，正是摩擦环与缸壁之间的这一不可逆转的轴向相对位移补偿了制动器的过量间隙。这也是一切摩擦限位式间隙自调装置的共同原理。

摩擦限位式间隙自调装置也可以装在制动蹄上，如图 3-26 所示。限位套筒穿过制动蹄腹板上的长孔，并借压紧弹簧将两限位摩擦片夹持在制动蹄腹板上，由此保持限位套筒与制动腹板的相对位置。球头限位销固定在制动底板上，穿入限位套筒的孔中，限位套筒与限位销球头之间的间隙 Δ 决定了限位套筒相对于限位销的位移量，也即制动蹄与制动鼓之间所设定的制动间隙。

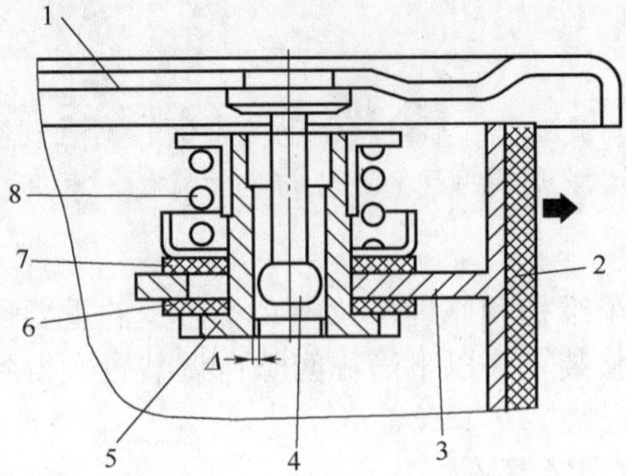

1—制动底板；2—制动蹄摩擦片；3—制动蹄腹板；4—限位销；5—限位套筒；6，7—限位摩擦片；8—压紧弹簧

图 3-26　摩擦限位式间隙自调装置（二）

当制动蹄与制动鼓之间存在过量的间隙时，由于限位销对限位套筒的定位作用，使得制动蹄在张开的过程中先出现限位套筒与限位球销的接触，随后制动蹄在促动力作用下使制动蹄腹板克服限位摩擦片上的摩擦力，相对于限位套筒继续向右移动，压向制动鼓，实现完全制动。当制动促动力解除以后，在制动蹄复位弹簧作用下，限位套筒借限位摩擦片上的摩擦力与制动蹄一起复位，直至限位球销与限位套筒内壁接触为止。至此，制动蹄腹板与限位套筒的相对位置发生改变，其改变量即为制动间隙中过量的部分。

具有摩擦限位式间隙自调装置的制动器在装配时不需要调校间隙，只要在安装到汽车上以后，经过一次完全制动，即可将制动间隙自动调整到设定值。因此，这种间隙自调装置属于一次调准式。

② 楔块式间隙自调装置。

上海桑塔纳、奥迪 100 型轿车及红旗 CA7220 型轿车后轮制动器间隙均采用楔块式间隙自调装置。如图 3-27 所示，楔块式间隙自调装置的调整楔装在推杆右端槽内，其下端与弹簧相连，弹簧固定在制动蹄上。制动推杆两端有缺口，其右端缺口的端面压在调节楔的齿形面上，调节楔的另一侧齿形面压在与后制动蹄固定在一起的斜支撑上。在连接弹簧的作用下，制动推杆紧紧压在调节楔和斜支撑上，制动推杆左端的头部有一凸耳，它与驻车制动拉杆的外侧面之间有一设定间隙 Δ（0.2～0.3mm）。上回位弹簧使制动拉杆与制动推杆左侧缺口的端面紧紧贴在一起。

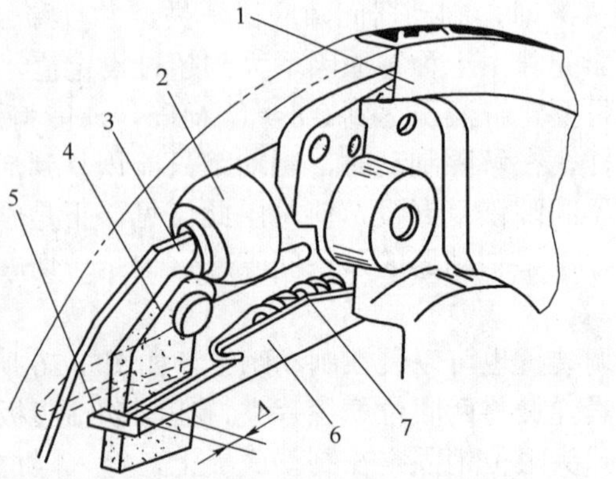

1—制动底板；2—制动轮缸；3—后制动蹄；4—驻车制动拉杆；5—推杆凸耳；6—驻车制动推杆；7—连接弹簧

图 3-27　楔块式间隙自调装置

在正常制动间隙（设定间隙 Δ）内进行制动时，两制动蹄在轮缸活塞的推力作用下向外张开，并压靠到制动鼓上，实施制动。此时，由于连接弹簧的刚度设计得比上回位弹簧大，所以上回位弹簧被拉伸，而连接弹簧不被拉伸。此时，驻车制动拉杆始终压住调整楔，并与前制动蹄一起压靠到制动鼓上，制动拉杆与制动推杆凸耳不相接触。

当制动间隙增加超过设定间隙 Δ 并进行行车制动时，两蹄在轮缸活塞推力的作用下，上回位弹簧首先被拉伸到一定程度后，连接弹簧也被拉伸，使制动拉杆与制动推杆凸耳不但接触，而且外移。此时，驻车制动推杆与前制动蹄斜支撑间形成的切槽与调整楔间便产生了间隙，于是调整楔被弹簧往下拉，直到调整楔与切槽两侧面重新接触为止，从而补偿了制动器的过量间隙。

解除制动时，两制动蹄在复位弹簧的作用下复位，但不可能恢复到制动前的位置。因为借以补偿过量制动间隙的调整楔与切槽的相对位置是不可逆转的。这种间隙自调装置也是一次调准式。

③ 星形螺母式间隙自调装置。

如图 3-28 所示为鼓式制动器星形螺母式间隙自调装置，它安装于制动器的从蹄上，在汽车倒车且实施制动的过程中完成调节。采用这种方式的间隙自调装置可以大大减少“过调节”的可能性，即通过将制动间隙调整安排在很少出现的倒车制动过程中，来有效地避免由于制动鼓严重受热膨胀变形造成的间隙增大。自调节系统主要由自调节拉索、自调节拉索导向板、自调节棘爪和间隙调整星形螺母等组成。自调节拉索的一端固定在制动器促动活塞上方的轴销中，另一端绕过自调节拉索导向板后与自调节棘爪相连。当制动间隙处于正常范围内实施制动时，自调节棘爪受自调节拉索的控制在小范围内转动，无法跨越间隙调整星形螺母上与自调节棘爪相接触的齿顶部，因而不能拨动间隙调整星形螺母。而一旦制动蹄摩擦片磨损变薄后，自调节棘爪随后制动蹄一起顺时针转过一个较大的角度，自调节棘爪两端部将跨过间隙调整星形螺母上与原齿轮规定的位置，卡入间隙调整星形螺母

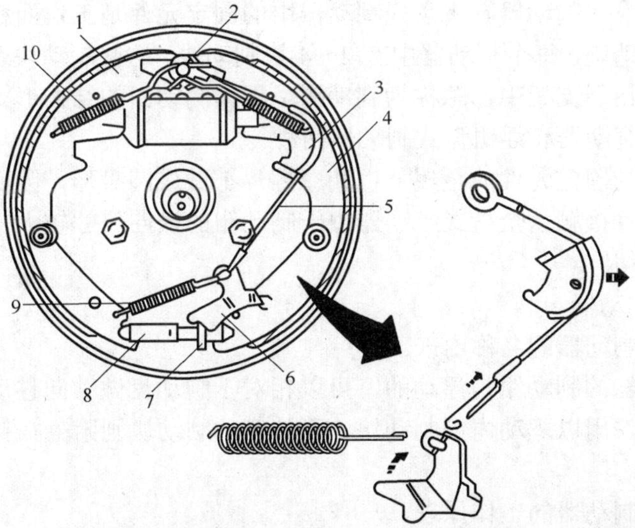

1—前制动蹄；2—自调节拉索定位端；3—自调节拉索导向板；4—后制动蹄；5—自调节拉索；
6—自调节棘爪；7—间隙调整星形螺母；8—可调顶杆；9—棘爪复位弹簧；10—制动蹄复位弹簧

图 3-28　星形螺母式间隙自调装置

上新的齿隙中。解除制动时，在棘爪复位弹簧的拉力作用下，棘爪逆时针转动复位，推动间隙调整星形螺母转动，使得可调顶杆改变长度，从而达到调整制动蹄与制动鼓之间间隙的目的。

完成任务

写出鼓式车轮制动器的自动间隙调节元件在车轮制动器上设计的4个位置：_________；_________；_________；_________。你所在学校有哪种自调间隙装置？_________。

2. 盘式制动器

1）盘式制动器的特点

盘式制动器具有以下优点。

（1）摩擦表面为平面，不易发生较大变形，制动力矩较稳定。

（2）热稳定性好，受热后制动盘只在径向膨胀，不影响制动间隙。

（3）受水浸渍后，在离心力的作用下水很快被甩干，摩擦片上的剩水也由于压力高而较容易被挤出。

（4）制动力矩与汽车行驶方向无关。

（5）制动间隙小，便于自动调节间隙。

（6）摩擦片容易检查、维护和更换。

盘式制动器与鼓式制动器相比，不足之处如下。

（1）盘式制动器摩擦片直接压在圆盘上，无自动摩擦增力作用。

（2）兼用驻车制动时，驻车制动装置较鼓式制动器复杂，因而用在后轮上受到限制。

盘式制动器摩擦副中的旋转元件是以端面工作的金属圆盘，称为制动盘。其固定元件有着多种结构形式。根据固定元件的结构形式不同，盘式制动器大体上可以分为两类，即钳盘式制动器和全盘式制动器。钳盘式制动器中的固定元件是工作面积不大的摩擦块与其金属背板组成的制动块，每个制动器中有2～4块制动块。这些制动块及其促动装置都装在横跨制动盘两侧的钳型支架中，总称为制动钳。根据制动钳的结构形式不同，钳盘式制动器又分为定钳盘式制动器和浮钳盘式制动器两种。

全盘式制动器的固定元件的金属背板和摩擦片都做成圆盘形，因而其制动盘的全部工作面可同时与摩擦片接触。全盘式制动器由于制动钳的横向尺寸较大，主要应用在重型汽车上，这里不再介绍。

2）浮钳盘式制动器

（1）浮钳盘式制动器的名称由来。

浮钳盘式制动器的制动钳是浮动的，可以相对于制动盘做轴向移动。其中，只在制动盘的内侧设置油缸，用以驱动内侧制动块，而外侧的制动块则附着在钳体上，制动时随制动钳做轴向移动。

（2）浮钳盘式制动器的工作原理。

如图3-29所示，制动时，内侧活塞及摩擦片在液压作用力作用下，向左移动压向制动盘。同时，液压的反作用力推动制动钳体向右移动，使外侧摩擦片也压靠到制动盘上。导向销上的橡胶衬套不仅能够稍微变形以消除制动器间隙，而且可使导向销免受泥污。

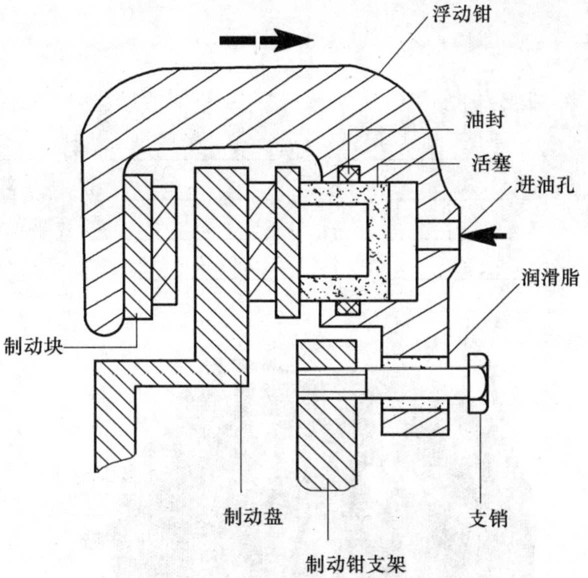

图 3-29 浮钳盘式制动器的结构

解除制动时，橡胶衬套所释放出来的弹性能有助于外侧制动块离开制动盘。活塞密封圈使活塞回位。若制动器产生了过量的间隙，则活塞相对于密封圈滑移，借此实现间隙自动调整。

若制动器存在过量间隙，则制动时活塞密封圈变形达到极限值后，轮缸活塞在液压作用下克服密封圈的摩擦力而继续移动，直到完全制动为止。但解除制动后，活塞密封圈将活塞拉回的距离为制动器间隙恢复的设定值，如图 3-30 所示。由此可见，密封圈能兼起活塞回位弹簧和一次调准式间隙自调装置的作用，可使制动钳结构简单，造价低廉，故在轻、中型轿车上得到广泛应用。

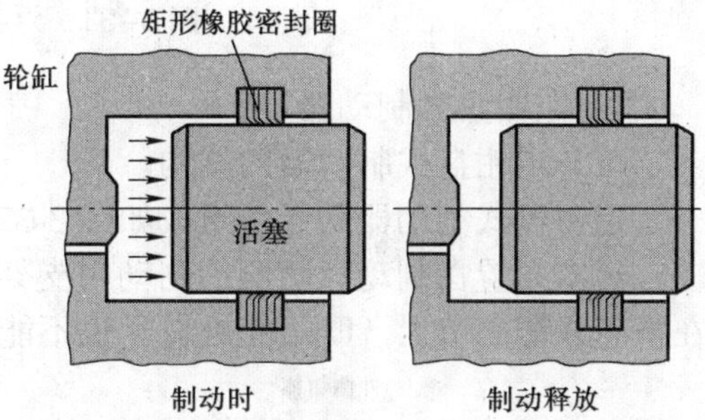

图 3-30 活塞密封圈的工作情况

但这种结构对橡胶密封圈的弹性、耐热性、耐磨性及加工精度要求较高，而且所能保持的制动器间隙较小，在保证彻底解除制动方面还不十分可靠。

3）浮钳盘式制动器的优缺点

浮钳盘式制动器的优点：采用单侧油缸，结构简单，使制动器的轴向与径向尺寸较小，成本低，近年来在轿车及轻型载货汽车上得到广泛应用。浮钳盘式制动器在后轮前进兼当行车和驻车制动器时，不用加设驻车制动钳，只需在行车制动钳油缸附近加装一些驻车制动机械传动零件，用以推动油缸活塞。

浮钳盘式制动器的缺点：制动时由于浮动销在内侧，以及浮动销和配合件的间隙会导致浮钳向前转动，导致制动摩擦片磨损。同时，作为驻车制动时不及鼓式驻车效果好。

完成任务

写出图 3-31 中元件的名称。

1：____________；2：____________；3：____________；4：____________；4 的内部是：____________；5：____________；6：____________；6 的外部，5 的内部的橡胶圈是：____________；7：____________；8：____________（可以查看制动块厚度）；9：____________；10：____________；11：____________。

图 3-31　浮钳盘式制动器结构组成

4）定钳盘式制动器

（1）定钳盘式制动器的结构。

定钳盘式制动器的元件组成如图 3-32 所示。制动盘与车轮相连接，随车轮一起转动。轮缸活塞布置在制动盘两侧的制动钳支架中，活塞的端部粘有摩擦片。制动钳用螺栓固定在桥壳或转向节上，既不能旋转，也不能沿轴向移动。

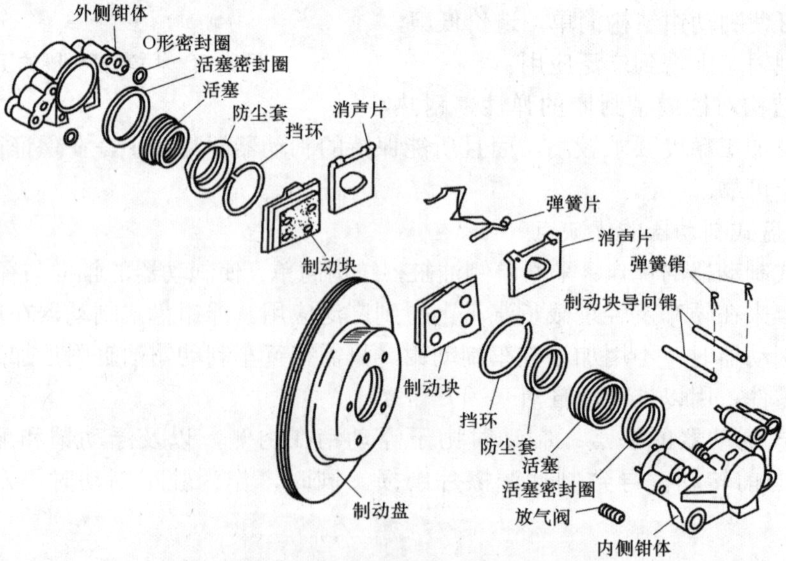

图 3-32　定钳盘式制动器的元件组成

完成任务

根据图 3-32，写出图 3-33 的元件名称。

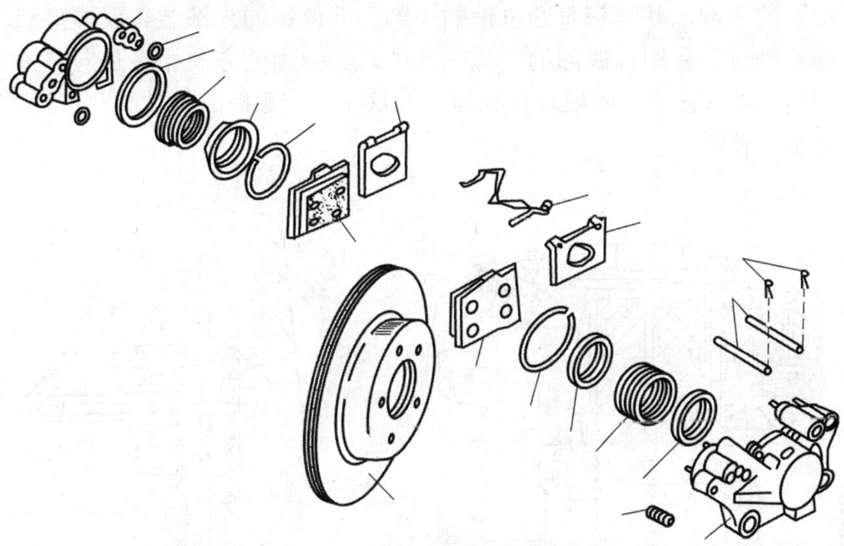

图 3–33 写出定钳盘式制动器的元件名称

（2）定钳盘式制动器的工作原理。

如图 3-34 所示，制动时，高压制动液被压入两制动轮缸中，推动轮缸活塞，使两个制动摩擦片同时压向制动盘，产生制动作用。此时，活塞上矩形橡胶密封圈的刃边在活塞摩擦力的作用下产生弹性变形。其极限变形量应等于（制动器间隙为设定值时）完全制动所需的活塞行程。解除制动时，活塞在密封圈的弹力作用下回位，直至密封圈变形完全消失为止。

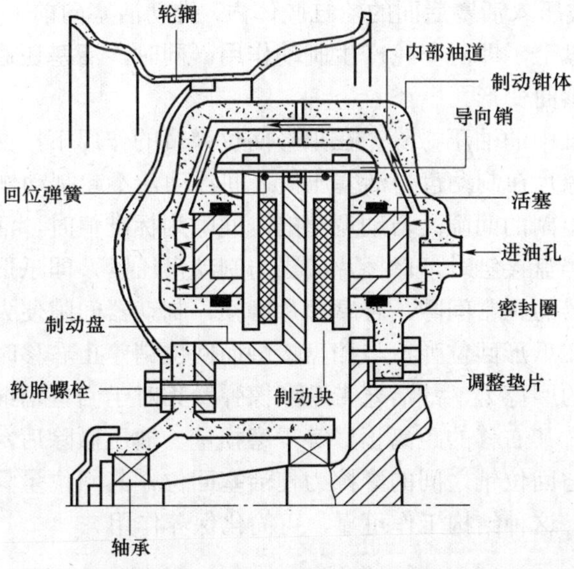

图 3–34 定钳盘式制动器的结构

5）德国奔驰 600 型轿车前轮制动器制动钳间隙调节原理

德国奔驰 600 型高级轿车前轮定钳盘式制动器如图 3-35 所示。内、外两侧制动钳体实际上各为一个液压轮缸的缸体，其中各装有一个活塞，内、外液压轮缸有油道连通。摩擦弹簧固装在活塞的尾端，并紧箍着回位销的中部。回位销的头部装有限位垫圈。爪形回位弹簧及回位弹簧挡盘装在钳体底部的锥形凹坑中，其弹力的方向始终是向左拉着回位销。在活塞的前端装有活塞压板，摩擦片粘在摩擦片底板上，底板的外端装在摩擦片定位销上，并可沿定位销轴向移动。

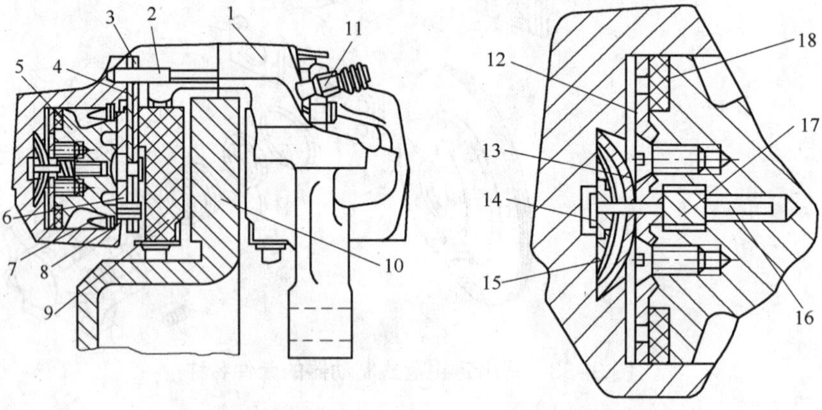

（a）间隙调节原理　　（b）构造

1—制动钳体；2—摩擦片定位销；3—摩擦片底板；4—隔片；5—活塞；6—活塞压板；7—防尘罩；8—卡环；9—摩擦片；10—制动盘；11—放气螺钉；12—密封环挡片；13—回位弹簧挡盘；14—限位垫圈；15—爪形回位弹簧；16—回位销；17—摩擦弹簧；18—活塞密封环

图 3-35　德国奔驰 600 型轿车前轮定钳盘式制动器

制动时，制动液被压入活塞后面的轮缸腔体内，推动活塞向前（图 3-35 中向右）移动，将摩擦片压紧在制动盘上，即对车轮产生制动作用。同时，活塞还通过摩擦弹簧、回位销使爪形回位弹簧向前拱曲变形。

解除制动时，轮缸中的油压撤除，在爪形回位弹簧的作用下，回位销又通过摩擦弹簧将活塞拉回，于是摩擦片在制动盘与活塞压板之间浮动，不起制动作用。

这种制动器中摩擦副的间隙是自动调整的。间隙为标准值时，活塞在油压作用下右移到爪形回位弹簧与其挡盘接触时，摩擦片应当与制动盘压紧，即爪形回位弹簧与其挡盘之间的间隙应等于制动器的正常间隙。若摩擦片磨损，制动器间隙便大于爪形回位弹簧与其挡盘之间的间隙，则在爪形回位弹簧与挡盘接触而回位销停止右移时，由于液压力大于摩擦弹簧与回位销之间的摩擦力，故活塞带动摩擦弹簧相对于回位销继续右移，直到摩擦片压紧到制动盘上为止，其右移的距离正好等于磨损量。油压撤除后，爪形回位弹簧带动回位销并依靠摩擦弹簧与回位销之间的摩擦力使活塞回位，其回位量只能等于爪形回位弹簧与其挡盘之间的间隙。这种结构工作可靠，可简化保养作用。

3.5 驻车制动装置

驻车制动装置的作用是使停驶后的汽车能够驻留原地不动，使汽车在坡道上能顺利起步，当行车制动效能失效后临时使用或配合行车制动器进行紧急制动。

传统驻车系统操纵方式和位置分为左脚驻车式（可分为左脚释放和手动拉钮释放两种）、手动拉起旋转式、手动拉起式 3 种，其中轿车采用主副驾驶位的手动拉起式较多，手动拉钮释放式较少；手动拉起式在面包车中应用较多。

驻车制动装置按其安装位置可分为中央制动式和车轮制动式两种。前者的制动器安装在变速器的后面，制动力作用在传动轴上；后者与车轮制动器公用一个制动器总成，只是传动机构是相互独立的。

驻车制动器按其结构形式分为鼓式、盘式、带式和弹簧式。

1．中央驻车制动器

如图 3-36 所示为中型货车变速器后部的鼓式驻车制动器。

图 3–36　中型货车变速器后部的鼓式驻车制动器

技师指导

中央驻车制动器可采用鼓式驻车制动器和盘式驻车制动器，但盘式驻车效果不佳，所以现在几乎不采用。鼓式驻车制动器间隙可从制动鼓的间隙观察窗看见，在操纵机构上进行间隙调节。

2．带驻车制动机构的鼓式制动器

如图 3-37 所示为带驻车制动机构的鼓式制动器，这种驻车制动机构通常设置在后轮鼓式制动器中，与行车制动系统公用一套制动器。操纵机构通过驻车制动拉索，拉动制动蹄操纵杆绕支点转动，并通过驻车制动蹄支柱，推动两制动摩擦片外张，压住后制动鼓，起到驻车制动的作用。

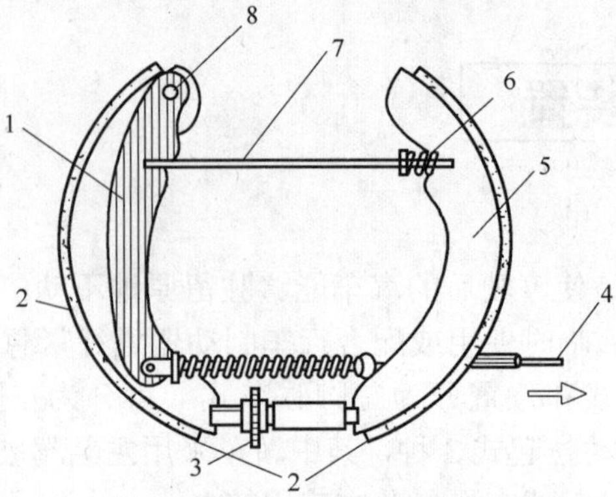

1—制动蹄操纵杆；2—摩擦片；3—调整支销；4—软线；5—制动蹄；6—弹簧；7—制动蹄支柱；8—杠杆销

图 3–37　带驻车制动机构的鼓式制动器

完成任务

若调节图 3-37 的调整支销变长，是否能调节驻车制动间隙？＿＿＿＿＿＿；是否有必要使左、右两侧制动间隙相同？＿＿＿＿＿；左、右两侧制动间隙不相同时，驻车拉线上的平衡器是否会发生偏摆？＿＿＿＿＿。如果后轮采用"盘式"制动，这种结构是否能用于驻车制动？＿＿＿＿＿＿。

3．盘式驻车制动器

如图 3-38 所示为一种带凸轮促动机构的浮钳盘式驻车制动器。自调螺杆穿过制动钳体的孔，旋装在有粗牙螺纹的自调螺母中，螺母凸缘的左边部分被扭簧紧箍着。扭簧的一端固定在活塞上，而另一端则自由地抵靠在螺母凸缘上。推力球轴承固定在螺母凸缘的右侧，并被固定在活塞上的挡片封闭。膜片弹簧使螺杆右边斜面与驻车制动杠杆的凸缘斜面始终贴合。

驻车制动时，在驻车制动杠杆的凸轮推动下，自调螺杆连同自调螺母一直左移到螺母接触活塞的底部。此时，由于扭簧的障碍，自调螺母不可能倒转着相对于螺杆向右移动，于是轴向推力便通过活塞传动到制动块上而实现制动。解除制动时，自调螺杆在膜片弹簧的作用下，随着驻车制动杠杆复位。

4．带鼓式驻车制动器的盘式行车制动器

带鼓式驻车制动器的盘式行车制动器又称盘鼓式制动器，如图 3-39 所示。

驻车制动器蹄和制动鼓在长时间使用后间隙会变大，因此间隙要调整。调整时如图 3-40 所示，要用螺丝刀穿过制动盘孔，并克服拉紧弹簧力 B 转动调整螺母 A，直至制动盘不能够旋转；接着松开调整螺母 6 个齿，使得制动盘又能够自由转动。检查脚驻车制动器的空行程：在操纵脚驻车制动器踏板 2～3 个锁止齿情况下，转动车轮可自由转动，制动毂与制动蹄片不刮磨；在操纵脚驻车制动器踏板 5～7 个锁止齿情况下，车轮应锁止不动，最后安装车轮。

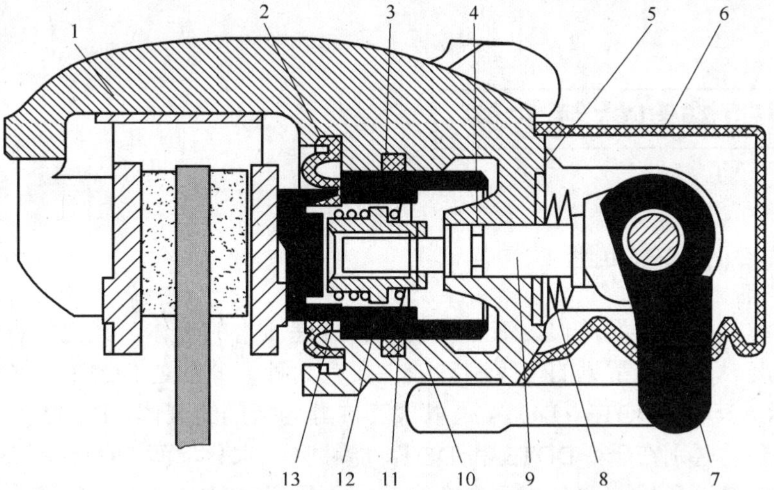

1—制动钳体；2—活塞护罩；3—活塞密封圈；4—自调杠杆密封圈；5—膜片弹簧支撑垫圈；6—驻车制动拉杆护罩；7—驻车制动拉杆；8—膜片弹簧；9—自调螺杆；10—挡片；11—推力球轴承；12—自调螺母；13—扭簧

图 3-38　带凸轮促动机构的浮钳盘式驻车制动器

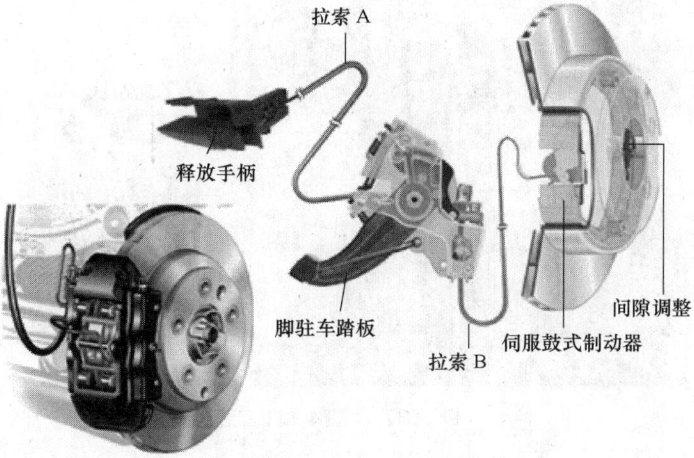

图 3-39　盘鼓式制动器

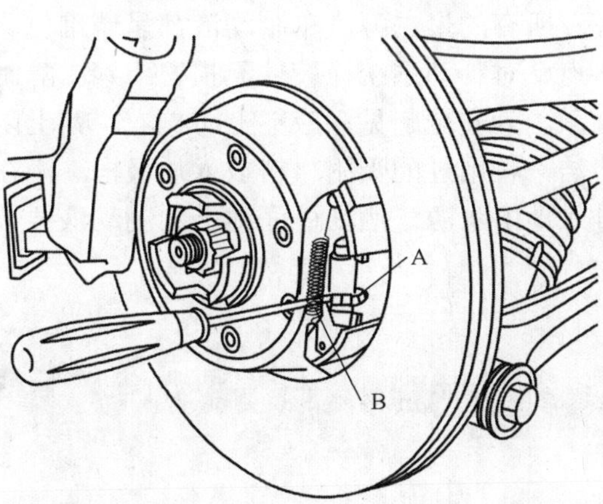

图 3-40　间隙调整

3.6 制动液和放气方法

1. 汽车制动液种类

制动液俗称“刹车油”，作为液压制动系统传递压力的液体，其优劣直接关系到制动系统的可靠程度。目前，常见的车用制动液主要有 3 种，分别是 DOT3、DOT4 和 DOT5，如图 3-41 所示。其中，DOT3、DOT4 是以聚乙二醇为基剂的液体，DOT5 是以硅氧烷为基剂的液体。主要的区别在于，DOT3 和 DOT4 能够吸收水分，而 DOT5 不吸收。DOT3 和 DOT4 会腐蚀车漆，所以应避免溅洒在车身上；不同种类的制动液不能混合使用，它们会产生严重的化学反应而腐蚀制动系统；车辆行驶两年或者 4 8000km 必须更换制动液。

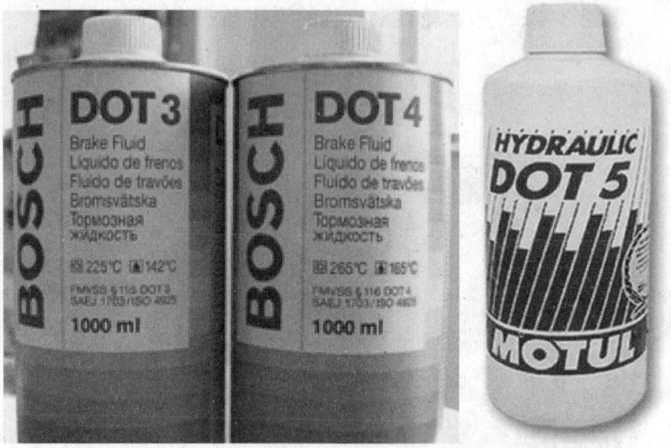

图 3-41 DOT3、DOT4 和 DOT5 制动液

汽车制动液是由许多种非石油基液体和乙二醇组成的。它是一种聚烯属烃、乙二醇、醚类混合物，简称聚二醇。所有的聚二醇汽车制动液都呈琥珀色。汽车制动液必须具备以下特性：高的沸点、低冰点、对制动系统橡胶件无损害。聚二醇制动液有轻微毒性，且有的可能对眼睛和皮肤有刺激。为安全起见，应穿上防护衣，戴上防护镜。溅到地上的制动液，应用吸附材料进行清洁，将用过的吸附材料放入垃圾桶。洒在空地上的制动液将变成危险的废弃物，它可能进入地下水源。洒在外面地上的制动液要根据洒落的量等其他一些因素来决定处理方案。

完成任务

车辆行驶________年或者______km 必须更换制动液。

2. 制动液指标

对于制动液，沸点是其性能评价的指标之一。随着时间的推移，制动液会从储液罐的通气孔吸湿，这将降低制动液的沸点，如图 3-42 所示，并导致制动系统元件腐蚀的增加。当制动摩擦片、制动鼓或制动盘发热时，热量传递给制动轮缸，制动液温升将使车辆制动系统失去部分制动效力。若长时间连续制动，制动液沸腾，制动系统将完全失去制动效力。检测者甚至能听到前轮制动液沸腾，并在离车轮 30cm 处感到制动器发热。如果检查者在距车轮 30cm 处感到发热，说明制动器一定热到不能再使用了，要靠边停车，直至制动器冷却后车辆方可行驶，否则制动失灵会引发事故。另外，制动失灵引起的制动鼓温升也会使轮胎气压升高，发生爆胎。检查者建议在下坡时将挡位换入低挡，这样可用发动机降低车速，而不完全依赖制动系统来降低车速。

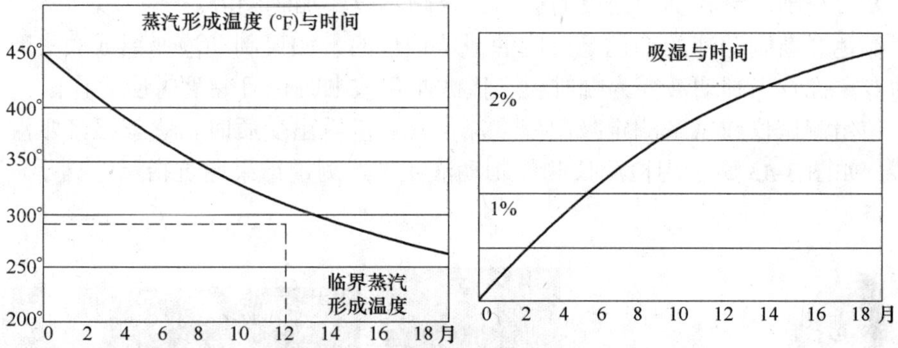

图 3-42　制动液吸湿曲线

在汽车服务店制动液的定期更换是汽车常规服务的一个组成部分。驾驶员一般不能马上注意到定期更换制动液对汽车制动系统有何作用，也不会注意制动系统元件的抗腐蚀能力的降低，所以要注意提醒驾驶员。

汽车制动液的其他指标有：低温流动性；高温下（测试温度为 100℃）的蒸发百分率；与其他汽车制动液的兼容性；抗氧化性；对橡胶制品的分解、硬化、有限的软化作用。

DOT3 是最常用的汽车制动液，是目前货车和中、低档轿车采用的理想制动液。制动液是通过制动系统的微孔或密封部位吸湿的。随着时间的推移，水将会腐蚀制动系统并使制动液变浓。制动液吸潮，会使其蒸发温度阈值降低，导致制动时制动踏板踩上去很软，DOT3 制动液可通过塑料吸收空气中的水分，专家推荐购买封闭的金属容器装制动液。

制动液每年以 2%的速率（体积）吸收空气中的水分，当制动液吸收水分后，其沸点温度降低。

使用 DOT3 制动液的车辆可以使用 DOT4 制动液。不过应先清除制动系统中的 DOT3 制动液，再加 DOT4 制动液。推荐换制动液周期为两年或行程 4 8000 万 km，达到两条件之一时，就应更换制动液。这对装有防抱死制动系统（ABS）的车辆更为重要，因为污染的制动液将导致 ABS 制动系统昂贵的零部件磨损和腐蚀。汽车使用 DOT3 还是 DOT4 制动液可从加液盖上的英文标识来识别，加多少从储液罐上的上、下限标记来识别。过多制动液在高温时会造成管路内产生压力，导致不必要的制动器磨损。DOT4 的价格大约是 DOT3 的 2 倍，这也是一些汽车厂仍采用 DOT3 的原因，汽车厂装车用 DOT3，说明 DOT3 就足够使用，不必一定要用 DOT4 造成浪费。DOT3 与 DOT4 的比较见表 3-2。

表 3-2 DOT3 与 DOT4 的比较

	DOT3	DOT4
干沸点	205℃	230℃
湿沸点	140℃	155℃
吸湿性	每年能吸收 2%（体积百分数）	—
溶解空气的能力	乙二醇溶解 5%	乙二醇溶解 5%

（1）正常液位。制动液的液位应在主缸储液室最低液位与最高液位之间。除非外部有渗漏或需要检查制动蹄和制动踏板的磨损，否则不要添加制动液。

（2）颜色。新制动液的颜色是透明的或琥珀色的，如果制动液变黑或失去颜色，应更换。有的专家推荐当制动液变为咖啡色、黑咖啡色或咖啡色且黏稠时应更换。

（3）使用测试仪或试纸测定吸湿程度。常常还没看出变质时，它就已经吸湿到影响它的效力了，如图 3-43 所示用检测仪测量制动液状态，测量结果通过指示灯指示，可表明制动液的状态。

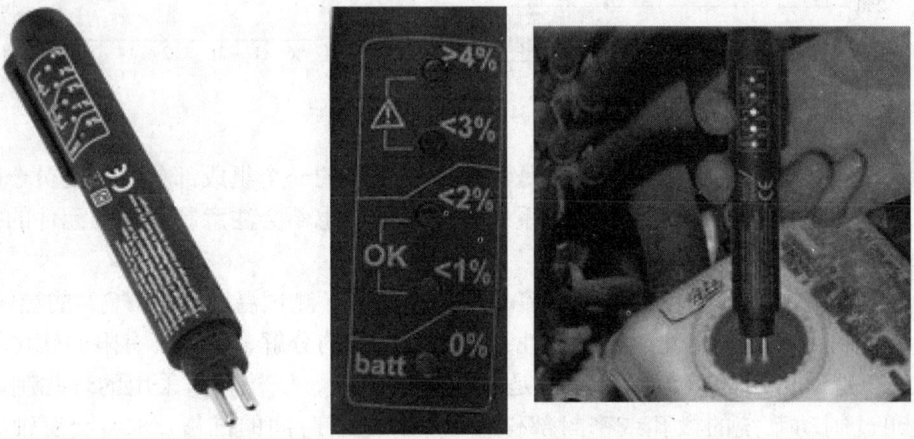

图 3–43 用检测仪测量制动液状态

绿色 LED 灯亮时，制动液含水量＜1.5%，制动液合格；黄色 LED 灯亮时，制动液含水量＝1.5%～3%，可以继续使用，6 个月以后再检测一次；红色 LED 灯亮时，制动液含水量＞3%，制动液不能继续使用，须更换。

（4）制动液污染测试。如果制动液中混有矿物油，如发动机润滑油、动力转向油、自动变速器油，制动系统的橡胶元件就会膨胀而使制动系统失效。为了检查制动液的污染程度，应打开制动主缸上的盖子。如果橡胶膜片膨胀或变形，制动液很可能被污染。测量制动液污染时，使用泡沫聚苯乙烯杯，杯中放入水。在制动储液室中取一茶匙制动液放入水中。纯净的制动液会完全溶入水中。若制动液被污染，此时矿物油会浮在水面，并保持它原有的颜色。矿物油会在油水分界线处溶解泡沫聚苯乙烯杯。如果制动液被污染，应放出所有制动液并冲洗，制动系统的所有橡胶元件应更换。

制动液的使用和注意事项：为防止水分、空气和其他物质污染制动液，最好购买小桶容器的密封的制动液；不可把制动液装入曾经装过润滑油、煤油、汽油、防冻液、水、清洁剂或其他液体和化学品的容器中；从其他车上抽出的制动液或排气过程排出的制动液不能再使用（排气阀排出的制动液中混有较多的空气）；清洗制动系统时，应用新鲜的制动液，不应使用酒精或水冲洗液，因为它们不可能完全排除。

技师指导

制动轮缸的温度为什么会那么高？这是因为当制动摩擦片、制动鼓或制动盘发热时，热量会传给制动轮缸，一般温度时车辆制动系统将失去部分制动效力。但制动液沸腾时，制动系统将完全失去制动效力。检测者听到了前轮制动液沸腾，会在离车轮 30cm 处感到制动器发热。如果检查者在距车轮 30cm 处感到发热，说明制动器一定热到不能再使用了，车辆必定被指挥靠边停车，直至制动器冷却后车辆方可行驶。

汽车的制动系统、悬架系统、转向系统和发动机使用多种类型的橡胶元件。橡胶元件常称为弹性元件。制动液可能损坏耐润滑油、润滑脂的橡胶元件，而耐制动液的橡胶元件若与润滑油、润滑脂接触就会变形和膨胀。

3．制动液放气

制动液可以流过计量阀和比例阀。比例阀一般向后制动装置开启，直到压力达到预定值，此时比例阀开始限制后制动装置的压力。用于控制和延迟前制动装置的计量阀向前制动装置开启，直到压力超过 70～100kPa。因此，只要没有人踩下制动踏板，计量阀继续保持对前制动装置开启，主缸的制动液就会轻易流下，并从开启的排气阀流出。

1）重力排气

重力排气只需打开排气阀，让重力迫使制动液流出排气阀。因为制动液没有压力，大的气泡不会被分解成手动排气时可能出现的更小的难以排出的气泡。制动液在一段空气柱上，制动液的重力作用压迫气体流出，从而排净空气。用重力排气可以一次对 4 个制动轮缸同时进行排气。在此过程中，同时松开所有 4 个轮缸的排气螺钉，系统自然排放直到所有从排气阀流出的制动液中再没有空气。重力排气是一个缓慢的过程，需要一个小时或更长的时间。另外，不能对有余压单向阀的制动系统采用此方法，因为单向阀限制了制动液的流动。重力排气的优点在于在排气过程中只需要一名技师，而且在制动装置排气时，他还可以兼顾其他工作。当其他排气方法失效时，重力排气法有时对残留小气泡的制动系统排气有效。

2）压力排气

压力排气有时也称为动力排气，是最快、最有效，而且也是最常用的一种液压制动系统排气方法。在此方法中，同主缸相连接的压力排气装置迫使制动液在压力作用下在系统中流动，排空任何残留的空气。一旦液压系统加压，技师即可按前述排气顺序开启排气螺钉，让制动液流出，直到没有气泡为止。

3）脉动排气

脉动排气是一种辅助排气方法，主要用于排除其他排气过程未能排净的气泡。在脉动排气时，由于快速踩动制动踏板，会使制动系统中产生紊流。这种振荡将帮助消除附着在粗糙铸铁孔隙或者制动管路高点或转弯处的气泡。加注 DOT5 制动液的制动系统不能用脉动排气。这些制动液往往会使从制动系统中排出的微小气泡留下来。通过脉动排气产生的振荡只能使这种情况更糟糕。

脉动排气需要一位踩制动踏板的助手，一把排气螺钉扳手，一根可紧套在排气螺钉上的透明塑料软管，一个装有干净制动液的收集罐。脉动排气应按以下步骤进行。

（1）把塑料软管安在需要排气的轮缸或制动钳排气螺钉上，管子另外一端放入装有制动液的收集罐中。

（2）拧松排气螺钉约半圈。

（3）在排气螺钉开启的状况下，让助手迅速踩动踏板几次，气泡就会与制动液一道排出。

（4）当助手踩下制动踏板时，拧紧排气螺钉。

（5）按照排气顺序，重复步骤（2）～步骤（4），给每一个排气螺钉排气。

4）制动液逆向加注排气

逆向液体加注装置用来为液压制动装置排气，方法是强迫制动液从排气阀进入主缸，这样可将系统中残留的空气排出，但不适用于带有 ABS 的系统，因为会将铁锈从制动轮缸导入 ABS 泵和制动主缸，导致 ABS 阀体卡滞。

5）真空排气

如图 3-44 所示，真空排气使用一个与排气阀螺钉相连的特殊真空泵。该真空泵在螺钉的周围形成一个低压区，可使排气螺钉在旋开的状态下，大气的压力迫使制动液在系统中流动。真空排气只需要一名技师，其排气步骤如下。

（1）在主缸储液罐加注新的制动液，使其在整个排气过程中至少保持一半的制动液。

（2）按照排气顺序，用塑料管将真空排气装置同第一个轮缸或制动钳的排气螺钉相连。

（3）操作泵柄，在收集瓶中产生部分真空。

（4）旋松排气螺钉约半圈，制动液和气泡将进入收集瓶内。如果液体流动停止，则旋紧排气螺钉。

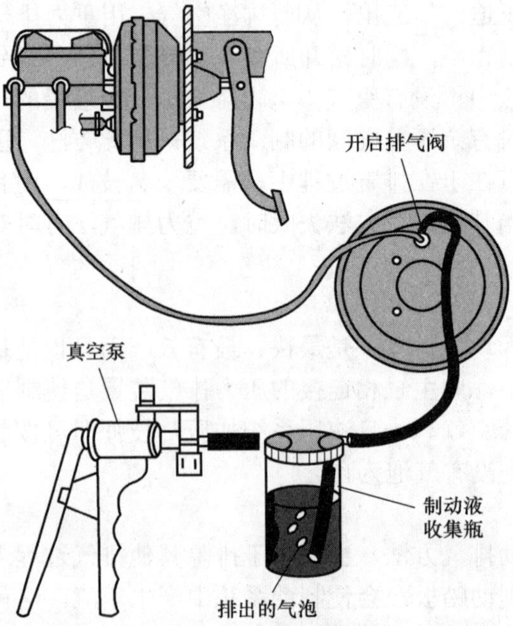

图 3–44　真空排气法

（5）重复步骤（3）和步骤（4），直到没有气泡从排气装置排出。

（6）按排气顺序，将真空排气装置移动到下一个轮缸或制动钳，重复步骤（3）和步骤（4）。然后继续进行其他轮缸或制动钳的排气，直到所有 4 个车轮制动器全部排气。

完成任务

请进行一次脉动排气实习和真空排气实习。

3.7 制动报警装置

1．制动钳磨损报警装置

许多盘式制动器上装有制动块摩擦片磨损报警装置，用来提醒驾驶员制动块上的摩擦片需要更换。常见的磨损报警装置有机械声音报警装置、电子报警装置和触觉报警装置 3 种。

1）机械声音报警装置

如图 3-45 所示，这种系统在制动块摩擦片的背板上装有一个小弹簧片，其端部到制动盘的距离刚好为摩擦片的磨损极限，当摩擦片磨损到要更换时，弹簧片与制动盘接触发出刺耳的尖叫声，这种刺耳的尖叫声在行车过程中一直存在，警告驾驶员需要维修制动系统。

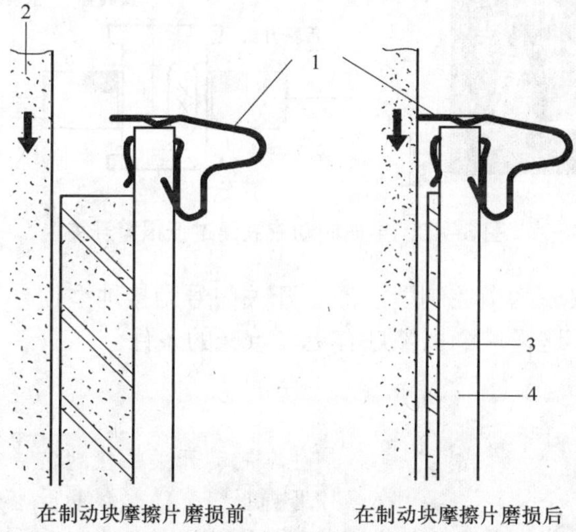

1—制动块摩擦片磨损指示器；2—盘式制动器摩擦片；3—消声片；4—背板

图 3-45　机械声音报警装置

技师指导

在实践中车轮发出刺耳的尖叫声也可能是控制摩擦片的片状弹簧轴向定位不正确造成的，但大多数是真的磨损到摩擦片要更换了。

2）电子报警装置

电子报警装置是在摩擦片内预埋了U形线电路，平时有微弱的电流流过，U形线被磨断时（踏板踏下时仍可通过制动盘接通），当驾驶员抬起踏板，U形线无电流流过，这个信号发送给仪表，点亮仪表板上的警告灯，告知驾驶员摩擦片要更换。此灯在制动液面低和手制动拉起时也会亮，所以报警、制动液面低和手制动拉起三者是“或门”电路。

3）触觉报警装置

触觉报警装置是在制动盘表面有一个传感器，摩擦片也有一个传感器。当摩擦片磨损到两个传感器接触时，踏板产生脉动，提醒驾驶员要更换摩擦片，这种装置极少使用。

完成任务

通过盘式制动钳的制动观察窗或制动鼓的制动间隙观察窗看制动块或制动蹄厚度是否合格？________；前盘式刹车片的使用里程一般为多少km？________；后鼓式制动蹄片的使用里程一般为多少km？________；两者一般有近乎几倍的关系？________。在更换新制动块（刹车片）时，为什么要先将轮缸回位？________；更换完成后，为什么要多踩几脚刹车踏板？________。

2．制动液液面报警

如图3-46所示，制动液液面过低时储液罐浮子下移，常开的舌簧开关闭合，仪表上的报警灯点亮。

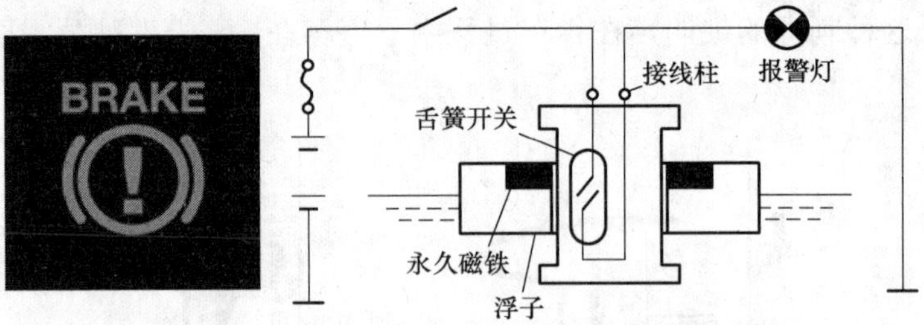

图3-46　早期制动液液面过低报警开关

不过现在的汽车仪表为微控制型，浮子开关信号为接地型信号，接地信号给仪表后，仪表再控制报警灯亮，这样这个报警灯有更多点亮的条件。

技师指导

制动报警灯电路是一个“或门”电路，驻车制动开关的接地信号是一个条件，制动液液面过低的接地信号是一个条件，若有摩擦片磨损报警，U形线断开也是一个条件，不过这个信号为高电平。在“或门”电路中要将驻车接地和液面过低取反后再驱动末级三极管点亮制动报警灯。

3．摩擦片磨损报警装置

在刹车蹄片中埋入导线，磨损到导线时，利用刹车盘是金属搭铁也是开关信号，可直接控制磨损检测传感器，磨损检测传感器用于检测汽车制动器摩擦片的磨损情况。摩擦片磨损情况的检测方法有两种，当制动蹄摩擦片超过磨损允许的限度时，一种方法是磨损使磨损检测传感器本身磨断，另一种方法是磨损使制动盘接触到磨损检测传感器构成回路，国内多为第一种方法。

磨损检测传感器的本质是 U 形金属丝，在盘式制动器上的安装情况是两个前车轮 U 形金属丝串联，如图 3-47 所示。

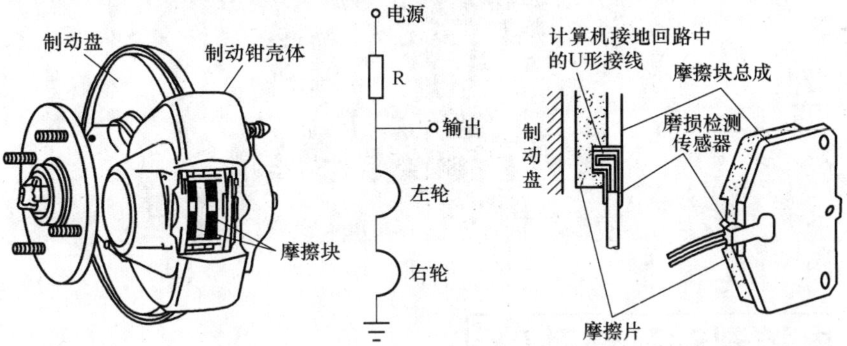

图 3–47　磨损检测传感器的安装位置、电路结构、传感器在制动器上的安装状况

磨损检测传感器用一个安装在摩擦片中的 U 形金属丝检测，U 形金属丝的顶端就处在制动器摩擦块的磨损极限位置，制动器摩擦片没有磨损到极限位置时，输出电压为 0，当摩擦片磨损到规定限度时，U 形金属丝部分被磨断，但电路可通过制动盘连通。当抬起制动踏板时，制动摩擦片和制动盘间形成制动间隙，此时电路断开，这时输出电压为高电平，异常信号输入电控单元中或通过电阻 *R* 接通报警电路，使灯泡点亮。

完成任务

有磨损检测传感器的汽车，正常未报警时断开车轮处的插头是否会报警？___________；用金属线短接仪表侧的两端子时，制动警告灯是否熄灭？___________。

·第 4 章·

电控制动系统

4.1 电控制动系统基础

1．电子制动与安全系统

电子制动与安全系统（Electronic Brake & Safety Systems），其中包括人为施加制动触发的 EBD 和 ABS 功能，系统自动触发的功能有 ESP、TCS（ASR）、EDL（德 EDS）、BAS 等自动制动功能。这些电控制动技术并不一定有必要点亮刹车灯，只有在车速真实有下降时，为警示后车才有必要点亮刹车灯，事实上到目前为止，只有人为施加制动或 ACC 自适应巡航系统请示制动时，制动灯才有必要点亮。

2．电控制动系统简介

1）防抱死制动系统（ABS）

ABS 是 Anti-lock Braking System 的缩写，简称防抱死制动系统。

没有安装 ABS 的汽车，在行驶中如果用力踩下制动踏板，车轮转速会急速降低，当制动力超过车轮与地面的摩擦力时，车轮就会被抱死，完全抱死的车轮会使轮胎与地面的附着系数下降，摩擦力下降。如果前轮被抱死，驾驶员就无法控制车辆的行驶方向；如果后轮被抱死，就极容易出现侧滑现象。

装有 ABS 的汽车具有稳定的附着系数，因此具有转向功能，能绕过障碍物，避免碰撞。同时，它还具有相对较短的制动距离和较好的制动稳定性（不侧滑不甩尾）。为什么是相对较短的制动距离呢？因为车辆在遇到较厚积雪路面或软沙地情况下，制动距离反而会有所增加，由于车轮会抱死，从而在车轮前部地面会形成制动楔形物，但配有 ABS 的汽车在车轮前部地面不会形成楔形物。轿车采用液压 ABS 已经十分普及，客车和货车采用气动 ABS 结构也逐步增加。

应当注意的是，在遇到紧急情况制动时，装有 ABS 的汽车会有一些震感，有时还会有声音，这时不能松开踏板，因为这表明 ABS 开始起作用了。

2）电子制动力分配（EBD）

EBD是Electronic Brake Force Distribution的缩写，简称电子制动力分配，其作用相当于传统制动系统的感载比例阀。EBD是ABS的有效补充，当发生紧急制动时，EBD动作发生在ABS起作用之前，可依据车身的质量和路面条件，自动以前轮为基准去比较后轮轮胎的滑动率，如发觉此差异程度有必要被调整时，制动系统将会调整后轮的油压，以得到更平衡且更接近理想化的刹车力分布。汽车在制动时，即使4只轮胎所附着的地面条件相同，其与地面的摩擦力也不同，由于惯性质量前移，后轮附着力降低了，制动时稍转弯或地面稍有横向外力，后轮就易产生后打滑并产生车身倾斜而不受司机控制，在冰雪路面制动严重时会发生甩尾调头。为了有效地避免这种现象，电子制动力分配装置应运而生，它的作用就是在汽车制动的瞬间，通过对车轮的减速度计算得出不同的路面附着系数数值，使4只轮胎的制动装置根据不同的情况用不同的方式和力量制动，并在运动中不断高速调整，从而保证车辆的平稳、安全。

3）驱动防滑（TCS/ASR）

TCS是Traction Control System的缩写，即牵引力控制系统，ASR是Acceleration Slip Regulation的缩写，即驱动防滑系统，两者是不同车型和不同年代的称呼，它们的作用都是防止驱动力大于地面附着力。例如，在低附着系数路面，无经验的司机在起步时用低挡，通常采用加大油门以使车快速起步的方法会造成驱动轮打滑现象，行驶中也存在这种情况，这种情况下不仅驱动困难，维持车辆起步行驶方向的稳定性也比较困难。

当制动ECU收到驱动车轮打滑的状态时，TCS/ASR首先会经过发动机控制计算机减小发动机点火提前角，再通过关闭电子节气门降低发动机进气量，从而在不改变发动机空燃比的条件下降低扭力输出，这样有利于排放（柴油汽车采用减少喷油量的方法），这是从源头降低牵引力。最后是对输出动力的打滑轮施加点刹，当车轮的驱动力降低到地面附着力以下（但大于阻力）时驱动轮开始抓地行驶。在控制上，也可使变速箱维持较高的挡位，降低驱动力，进行中游控制。

4）电子差速锁（EDL）

EDL是Electronic Differential System的缩写，即电子差速（锁），德文为EDS。其功能是如果一侧的车轮打滑或者悬空时，利用其差速不差扭的特性来造成另一侧车轮完全没动力，轮速传感器检测时，就会通过电控制动系统对打滑一侧的车轮进行制动，从而使驱动力有效地作用到非打滑侧的车轮，保证汽车平稳起步。EDL在车速低于40km/h时才会启动，主要是防止起步和低速时打滑。目前，还只在一些高档车上才装置有EDL。

EDL只对汽车的加速打滑进行控制，而不对发动机管理系统进行干预。

5）发动机制动控制（EBC）

EBC是Engine Brake Control的缩写，简称发动机制动控制，德文为MSR。其作用是在加速踏板突然松开或者带着挡位施加制动时，为了加强发动机制动效果而产生的驱动轮抱死，控制发动机电子节气门适当增大来增加发动机动力，或通过变速器升挡方法来降低发动机制动效果。

6）电子稳定程序（ESP）

ESP是Electronic Stability Program的缩写，简称电子稳定程序。在车高速转弯时，车身会出现不足转向和过度转向，这时通过对4个车轮中的部分车轮进行制动来实现车身稳定。丰田汽车公司将其缩写为 VSC（Vehicle Stability Control），即车辆稳定控制，马自达和尼桑汽车公司将其缩写为 DSC（Dynamic Stability Control），即动态稳定控制。

7）制动辅助系统（BAS）

BAS 是 Brake Assistance System 的缩写，简称制动辅助系统。其设计的目的是由于许多驾驶员在紧急情况下迅速制动，但踩制动踏板的力量和踏板行程不足，因而使制动距离较长，有可能导致碰撞事故。制动辅助系统（BAS）能在紧急制动情况下确保立即产生最大的制动助力效果，增加管路液压压强，从而使制动距离显著减小。

3．制动系统基础知识

1）卡姆摩擦圆

底盘电子控制系统应保证汽车在制动、加速和转弯时的安全控制。汽车每一种运动或运动中的变化都是由车轮所受的力引起的。这些力包括：

（1）作为驱动力或制动力的切向力，它们作用在轮胎的纵向方向；

（2）横向力，如由转向或外部干扰（如横向风）产生的力；

（3）由汽车质量引起的正压力，它垂直作用在路面上。

这些力的大小取决于路面、轮胎状况和类型、天气条件等。

轮胎与路面之间可传递的力是由摩擦力确定的。最佳的力传递只能根据轮胎与路面之间静摩擦的大小而进行。底盘电子控制系统能最好地利用这种静摩擦。

切向力通过静摩擦作为驱动力（FM）或制动力（FB）传递给路面，其大小等于正压力 F_N 乘以摩擦系数 μ_F（0.1～0.9）。最大驱动力 F_M 和制动力 F_B 都等于 $F_N \cdot \mu_F$。

摩擦系数（抓地值）由以下因素决定：材料副、轮胎与路面、天气的影响。

卡姆摩擦圆如图 4-1 所示。最大可传递给路面的力（$F_{max}=F_N \cdot \mu_F$）被表示为一个圆（卡姆摩擦圆）。对稳定行驶情况来说，切向力 F_P 和横向力 F_L 产生的合力为 F_{res}。F_{res} 必须位于卡姆摩擦圆以内，因而 $F_{Res}<F_{max}$。

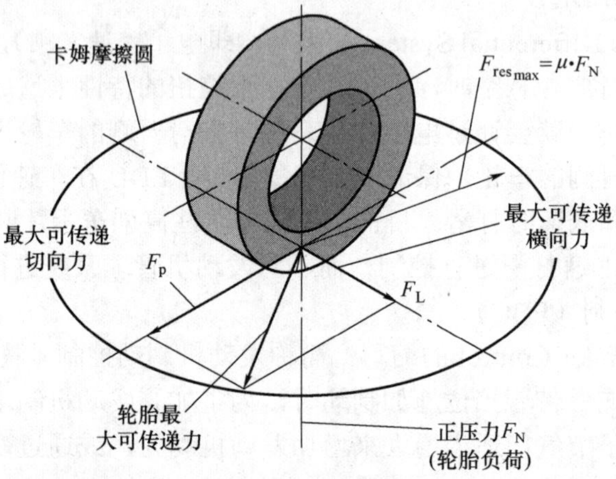

图 4-1　卡姆摩擦圆

如果切向力 F_P 由于车轮抱死滑转而达到最大值，则横向力 F_L 不能被传递，因而汽车无法再稳定操纵。

如果以最大转弯速度转弯时，横向力 F_L 达到最大值，则不能对汽车进行制动或加速，否则会使汽车后轮侧滑。

为了让汽车的车轮能够传递纵向力附着系数 F_U（驱动力或制动力）和横向力 F_S，必须利用车轮与路面之间的附着力。所传递的两个力的大小取决于正压力（车轮负荷）和附着系数。

图 4-1 所示的卡姆摩擦圆给出了这种边界条件。这样得到的 F_{res} 就是在静摩擦条件下轮胎能够传递的最大作用力。此力可以分为两个分力：周向力（如制动时产生的制动力 F_U）和横向力（如转弯时产生的横向力 F_S）。当纵向力达到最大极限值时，车轮就转向了。例如，轮胎对地面的压力和附着系数的乘积为 5 000N（即 F_{res}=5 000N），如果车轮在制动期间抱死（F_U 方向向后）或起步时滑转（F_U 方向向前），正常行驶时纵向驱动力 F_U 为 4 000N，则横向转向力 F_S 为 3 000N，可以转向。一种情况是，制动时驾驶员将制动踏板踩死，车轮与路面之间发生纯滑动摩擦，制动力最大可达 5 000N，在这种情况下，没有横向力（横向力为 0）传给路面，汽车失去转向能力；另一种情况经常发生在汽车起步时，驾驶员在起步时用低挡大油门加速，车轮因驱动力大于地面附着力 5 000N，这时车轮原地滑转，从而汽车不能行驶，更不能转向。

适当地控制轮胎滑动和滚动的比例可以控制轮胎的抓地能力，从而提高汽车驱动能力、制动能力、转向能力和汽车稳定性。

2）车轮打滑率和横、纵向附着力

（1）制动时的打滑率。

如图 4-2 所示，当轮胎滚动时，会产生弹性变形和打滑。如果具有滚动周长为 2m 的车轮被制动，滚动一圈所行驶的距离仅为 1.8m，那么，轮胎周长与制动距离之间的差为 0.2m。这就相当于有 10%的打滑率。如果车轮被驱动时处于抱死或滑转状态，则打滑为 100%。轮胎与路面之间力的无打滑传递是不可能的，因为车轮不能充分抓住地面，所以，驱动或制动时，车轮总是要有一点打滑。

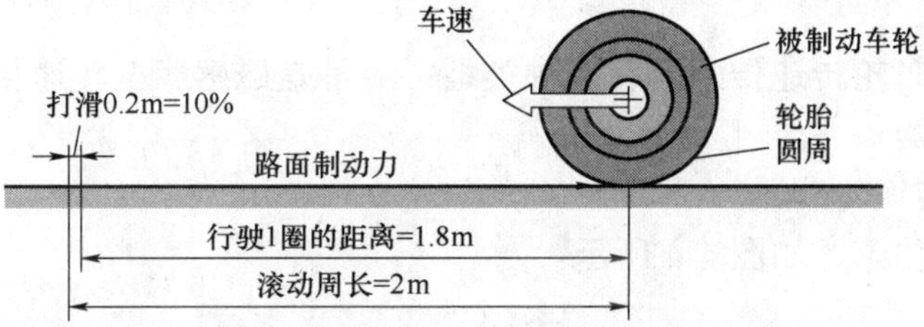

图 4–2 车轮制动时的打滑率

（2）横、纵向附着力。

汽车直线向前行驶时，驱动力、制动力、横向力与打滑率之间的关系如图 4-3 所示。当打滑值较小时，制动力会急剧增加至最大值。然后，当打滑值继续增加时，制动力又会下降一些。驱动力或制动力曲线轨迹和最大值取决于轮胎与路面的摩擦系数。

如图 4-3 所示，驱动力或制动力最大值位于 8%～35%打滑率之间。曲线的第一个区域称为稳定区域，因为车轮保持稳定行驶和转向，这是车轮具有最好的力传递的区域，因而电子控制系统应工作在这个控制范围。对大的打滑率来说，横向力会显著减小，因此，汽车的方向可能会无法控制，并且行驶特性不再稳定，而汽车的控制系统能使稳定区域得到保持。

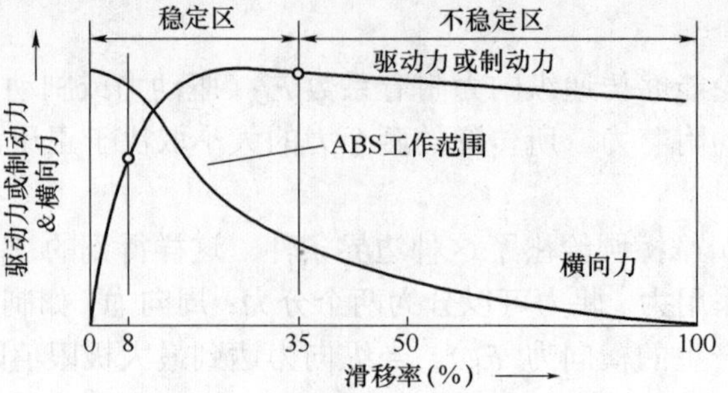

图 4-3 车轮驱动力、制动力、横向力和打滑率的关系

由于在这个过程中，人为的脚制动力足渐增加，超过 ABS 工作下限值时，相对应车轮的出液阀关闭，相对应的分缸工作压力增加车轮趋于抱死。当车 ABS 工作时的打滑率超过上限值时，进液阀也关闭，进入车轮保压；这时，有两种情况可能发生：一是打滑率再次超过上限值，则打开进液阀；二是打滑率低于下限值，则出液阀打开泄压。总之，是要把车轮的打滑率控制在下限值（如 10%）和上限值（如 30%）之间，让轮胎更好地与地面进行滑动摩擦，事实上只有更好地抓住地才能更好地摩擦。

实际上汽车制动打滑率和汽车制动减速度是一个同方向变化的两个量，在 ABS 软件中采集车轮转速进入 ABS ECU 后，软件利用上一时刻和下一时刻的车轮转速变化换算出车轮的制动减速度，这样就可利用轮速传感器对相应的车轮进行打滑率的控制了。

完成任务

在图 4-3 中，当车轮打滑率超过上限值（35%）时，应如何控制？__________；当车轮打滑率低于下限值（8%）时，应如何控制？__________。

4．转速传感器

目前，常用的车轮转速传感器有两种类型：一种是磁感应型转速传感器；另一种是电流型霍尔转速传感器。

1）磁感应型转速传感器

磁感应型转速传感器如图 4-4 所示。

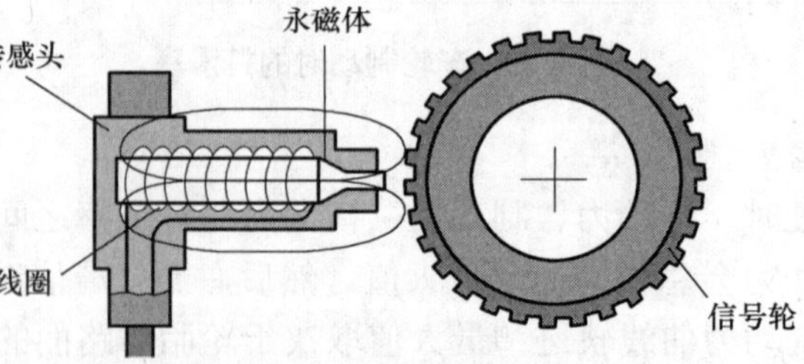

图 4-4 磁感应型转速传感器

完成任务

调节示波器的幅值为 1V/div，时基为 5ms/div，车轮转速为 60r/min，测量车轮磁感应型转速传感器的波形。

2）电流型霍尔转速传感器

电流型霍尔传感器是指一个霍尔传感器采用两线有源电流型传感器，传感器内部共有两个这样的传感器，如图 4-5 所示。

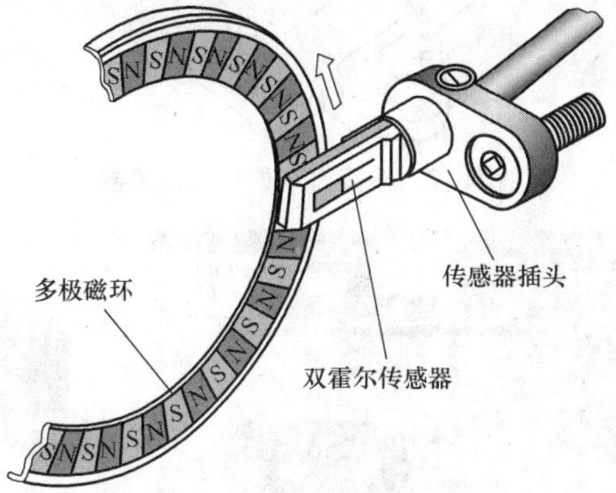

图 4–5　电流型霍尔传感器

完成任务

调节示波器的幅值为 1V/div，时基为 5ms/div，分别以车轮转速为 60r/min 和 120r/min 转动车轮，测量转速两线电流霍尔传感器的波形。

5. 方向盘转角传感器

如图 4-6 所示为丰田汽车方向盘转向角传感器，已在前面章节详细介绍过了，这里不再赘述。

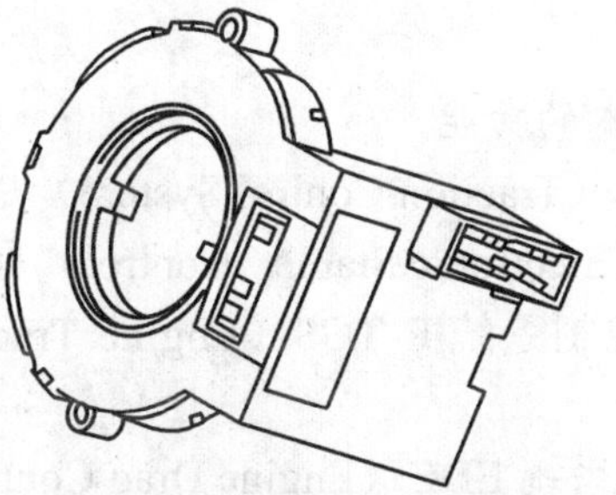

图 4–6　丰田汽车转向角传感器

6. 偏移率传感器

如图 4-7 所示，减速度传感器安装在偏移率传感器中，用于检测偏移率和侧向加速度，并将此信号发送到制动防滑控制 ECU。

如图 4-8 所示，德国大陆公司的横摆率传感器可以在 3 个轴向上进行横摆角速度和加速度测量。

维修更换偏移率传感器或制动防滑控制 ECU 后，制动防滑控制 ECU 侧的减速度传感器和偏移率传感器两者都必须进行初始化。

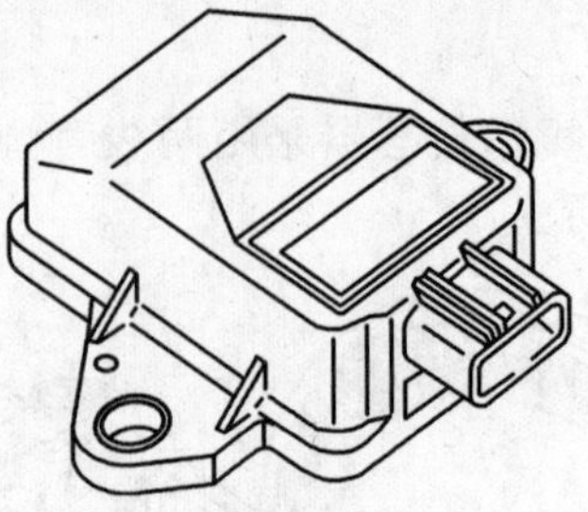

图 4-7　丰田汽车偏移率传感器

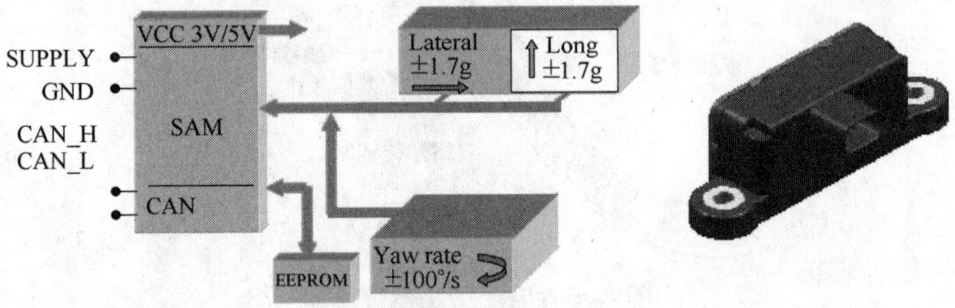

图 4-8　Lateral（横向）、Long（纵向）、Yaw rate（转动率）三轴式横摆率传感器

7. 电控制动系统的其他功能扩展（自学）

电控制动系统的软件功能有的与制动有关，但近年来增加了许多与制动无关的软件，进一步扩展了电控制动系统的功能。例如，德国大陆公司的汽车制动系统 ABS MK70M 和 ESC MK60/25 E 系统性能如下。

（1）防抱死制动系统 ABS（Anti-lock Brake System）是 ESC MK70M 和 MK60/25E 的标配。

（2）电子制动力分配 EBD（Electronic Brake Force Distribution）的 ESC MK70M 和 MK60/25E 的标配。

注：ABS 和 EBD 是最基本的功能。

（3）牵引力控制系统 TCS（Traction Control System）是 MK60/25E 的标配。

（4）电子稳定控制 ESC（Electronic Stablity Control）是 MK60/25E 的标配。

（5）发动机干预牵引力控制系统 E-TCS（Engine Traction Control）为 ESC MK70M 可选。

（6）发动机拖滞力矩控制系统 EDC（Engine Drag Control）是 MK60/25E 标配。

（7）方向回正稳定性控制 ABS Plus 是 ESC MK70M 和 MK60/25E 的标配。

注：以上 TCS、ESC、E-TCS、EDC、ABS Plus 5 项是常见的功能。

（8）液压紧急制动系统 HBA（Hydraulic Brake Assist）是 MK60/25E 标配。

（9）制动衰退补偿 FBS（Fading Brake Support）是 MK60/25E 可选。

（10）拖车稳定性辅助 TSA（Trailer Stability Assist）是 MK60/25E 可选。

（11）主动防侧翻系统 ARP（Active Rollover Protection）是 MK60/25E 可选。

（12）针对电动转向系统的前轮主动转向 DSR（Drive Steering Recommendation Steering torque overlay with EPS）是 MK60/25E 可选。

（13）冷启动/助力失效支持 Cold Start/Booster Performance/Booster Failure-Support 是 MK60/25E 可选。

（14）制动预警 RAB（Ready Alert Brake）是 MK60/25E 可选。

（15）胎压检测系统 DDS（Deflation Detection System）是 ESC MK70M 及 MK60/25E 可选。

（16）坡路起步辅助 HSA（Hill Start Assist）是 MK60/25E 可选。

（17）自适应巡航控制 ACC（Adaptive Cruise Control）是 MK60/25E 可选。

ABS MK70M 适用于小型及中级车，使用数字阀技术，标配防抱死制动系统（ABS）、电子制动力分配功能（EBD），可选发动机干预牵引力控制（E-TCS）、胎压检测功能（DDS）。ABS ECU 的特点是 26 针连接器，集成了泵电机连接器，泵电机驱动器集成在 ECU 内，8 个电磁阀驱动器（仅输入通电和断电两种信号），主/被动轮速传感器接口，PCU 集成了 CAN 收发器，按照客户需要可具备轮速信号脉冲输出功能，支持客户化的数字输入、输出功能。

ESC MK60/25 E（MK25E）使用模拟阀技术，MK60E 适用于小型及中级车，MK25E 适用于高档车。其基本功能支持防抱死制动系统、牵引力控制系统、电子稳定性程序；其他功能包括紧急助力、制动衰退补偿、主动防侧翻、拖车稳定性辅助系统、前轮主动转向、制动预警、胎压检测；舒适性功能及驾驶员辅助系统功能（包括坡道起步辅助系统和自适应巡航控制系统），其系统具有高舒适性、平稳的压力调节、最小的制动踏板抖动、低噪声、可以将压力传感器集成到电子控制单元内。ABS ECU MK60/25E 的特点是采用 47 针连接器，集成化的泵电机连接器，泵电机驱动器集成在 ECU 内，12 个阀驱动器，其中 4 个模拟阀，8 个数字阀，主/被动轮速传感器接口，CAN 收发器集成在 ECU 内，集成化的压力传感器信号输入端口，集成化的组合传感器（可选），速度信号脉冲输出是可能的，支持客户化的数字输入、输出功能。

主动式转速传感器技术：主动式转速传感器区别于传统的转速传感器，不仅具有测量转速功能，而且具有带前行/后退的方向识别功能。

MK25EL 这个名称中 MK25 为结构系列的名称，EL 为用线性切换阀作为转换阀（2 个）和进液阀（4 个），内部一个集成式压力传感器。

ESP 系统的特点：泵和阀有两个 30 号线接头；15 号线只用于唤醒功能（不供电）；无控制单元续动（继续工作）功能（没必要有这个功能，因为无 EPB）；主动制动助力器配备有制动灯截止继电器（膜片向后拉制动踏板，这时制动灯不工作）。车轮转速传感器确定转速、识别前行和后退，以及安装位置识别装置；另有纵向加速度传感器用于精确识别车辆的减速（不采用 Bosch 公司那样的模拟计算）；在 GRA（巡航）或 ACC（自适应巡航）工作状态采用独立的接口来控制动灯（可靠性验证功能：只当出现 CAN 信号和独立线上的信号时，制动灯才亮）；可通过 VAS 检测仪来刷新升级。

电控制动系统的软件新功能如下。

（1）制动保护（仅指带有自适应巡航装置的汽车）：该功能会在与前面车辆有碰撞危险时主动给司机发出警告。预警时通过仪表声音和仪表中央显示屏的特定图形指示。另外，紧急报警时，可通过快速压力建立来提供制动压力。

注：在售后维修中，若行驶过程中进行制动保护功能检查，有发生事故的危险！

（2）越野（Offroad）模式：根据车速来优化 ESP-/ASR/EDS/ABS 的接合情况，从而达到改善牵引状况和在松软路面的制动过程的目的。此功能通过短促按压 ESP 按键（<3s），

驾驶员信息系统的显示屏上显示“Offroad”（越野）字样，黄色的ESP指示灯亮起。

激活越野（Offroad）模式后系统发生如下控制。

① 为了使EDS提前开始工作，使用ESP、ASR、ABS控制的打滑率下限值升高；打滑率下限值不是一成不变的，而是根据车速来提高，约自80km/h以上时，系统的状态就与“正常模式”相同。有越野模式中无法通过按压ESP按键来关闭ESP。

② 越野时，为了防止拖车造成的误报警，系统关闭ESP功能。

③ 在上坡路上如果发生溜车，ABS的电子制动力分配系统会给前轮多一些制动力，给后轮则少一些制动力；但若在上坡路上不想上坡行驶，挂入倒挡想倒回坡底时，ABS会给后轴更多的制动力，给前轴少一些制动力。

④ 下坡行驶辅助功能又称下坡缓降功能：在下坡车速低于20km/h，而坡度在10%～15%时，ESP系统对车轮自动制动，保证在陡坡和光滑下坡时的恒速行驶功能。

（4）ESP系统会根据车速选择进行最佳牵引力和最佳稳定性控制（车速大于80km/h）。

注：在越野（Offroad）模式激活后，仪表有指示灯显示及文字说明。

3）挂车稳定性控制：如果挂车趋于震动和摆动，那么前桥的两个制动器就会交替进行制动，以便使挂车稳定下来。如果震动越来越大（震动激励），那么车上所有制动器都会以一定的减速度进行制动，同时发动机扭矩也被降低，于是车速就降下来了，这就可使车辆脱离危险的车速范围。在制动过程中制动灯亮起，ESP指示灯会闪烁。

注：在售后维修中，挂车要在行驶过程中进行功能检查，再测量数据块10，但要注意，此时有发生事故的危险！

（4）防滚翻稳定装置：在有侧翻危险的极限范围内，可通过降低横向加速度来使车辆稳定下来，这个过程是通过前桥上强有力的制动来实现的，与此同时也降低了发动机扭矩。司机能注意这个调节过程，但却没有感觉到有什么危险状况。在这个调节过程中，ESP指示灯会闪烁。

制动压力的建立是通过主动制动助力器的工作来实现的，并通过ESP来实现主动压力的建立。通过主动制动助力器可以在ESP回流泵的吸油一侧快速建立起压力，因而就可以通过ESP来实现快速提升制动压力。

注：在售后维修中，要在行驶过程中进行功能检查，但要注意，此时有发生事故的危险！

（5）制动器性能防衰退（FBS）：由于摩擦衬块（制动蹄片）和制动盘之间的摩擦系数降低，那么制动效果就变差，但可以通过回油泵再建立压力来补偿制动力的损失。这个补偿过程出现在测得的制动压力很大且没有达到调节范围时（用于显示制动极限范围的不舒适效果）。

注：在售后维修中，在行驶过程中进行功能检查会有非常不舒适的制动。

（6）制动盘清洗：当车速>50km/h且CAN总线上有风窗刮水器指令时（包括间歇工作模式），那么大约每行驶3km，就会通过启动一次回油泵，该泵会将0.8～1.2 bar的压力作用到前轮制动块上，压力作用时间长约8s，这样做的目的是为了去掉制动盘上的水膜。这个功能不显示给司机看。在每次操纵制动器时，会重新启动功能间隔。在售后服务中可以通过测量数据块来检查这项功能。

注：会有制动盘清洗记录在测量数据块内。

应急制动信号：当以很大的减速度制动时或在 ABS 调节范围内制动时，危险警报灯会被激活。激活该功能时，通过 ESP 来区别车辆在公路上行驶时的摩擦系数是高还是低。

采用主动式真空制动助力器后，虽然驾驶员没有主动去施加制动，车上的制动灯也会自动点亮，这是正常现象，刹车灯不仅以刹车开关闭合为标准，同时也以车轮是否真的施加了制动为标准。因为启用主动式制动助力器的电磁阀后，可以使制动踏板在驾驶员不操作的情况产生少许位移。由此便可以控制刹车灯开关。发动机控制单元会读取刹车灯开关的变化信息，随后授权舒适/便捷系统的中央控制单元 J393 对刹车灯进行控制。中央控制单元 J393 还可以同时接收来自独立导线的刹车灯开关信号。如果出现 CAN 信息或独立信号，J393 就会对刹车灯加以控制。

但在制动调节干预时，制动助力器也会受到控制，但刹车灯不应受到控制。在这些情况下，继电器会抑制独立信号的发送。ESP 控制单元会为此切换继电器，并通知发动机控制单元不要对刹车灯进行控制。

售后服务范围：控制单元编码的功能内容得到扩展；安全气囊控制单元增加了编码内容（与奥迪 A6 汽车上的 wie Bosch 8.0 一样）；制动灯可进行执行元件诊断；更换新的测量值；有关转速传感器的故障在清除故障存储后要试车；无法单独更换控制单元。

注：控制单元编码依据制动装置（前驱、后驱、四驱）、发动机类型（排量、汽/柴油）、底盘类型（自适应悬架、标准底盘、舒适底盘、运动底盘）三者的不同而不同。

4.2 丰田汽车的制动系统

本节以丰田皇冠轿车的制动系统为例，对其制动系统加以介绍。丰田皇冠轿车前制动器为 16 in 通风盘，后制动器为 15 in 整体盘。其电控制动系统带有制动分配系统 EBD、制动助力辅助 BAS、牵引力控制 TRC、车辆稳定控制 VSC 和坡路启动车 HAC 的一套 ABS 制动系统。其驻车制动为踏板型，并采用能检测极低速度的动态速度传感器。

1. 主组件

丰田皇冠轿车的控制系统如图 4-9 所示。

2. EBD 控制

在过去，汽车是机械地完成制动力分配；而现在，汽车制动力分配是在制动防滑控制 ECU 的电动控制下完成的，根据车辆的驱动状况，制动防滑控制 ECU 能精确地控制制动力。

1）纵向制动力分配

当车辆直线向前行驶时，如果施加制动，则载荷的转移会减少施加在后轮上的载荷。通过来自速度传感器的信号，制动防滑控制 ECU 确定该状况，并且制动执行器调节后轮制动力分配，以优化控制。

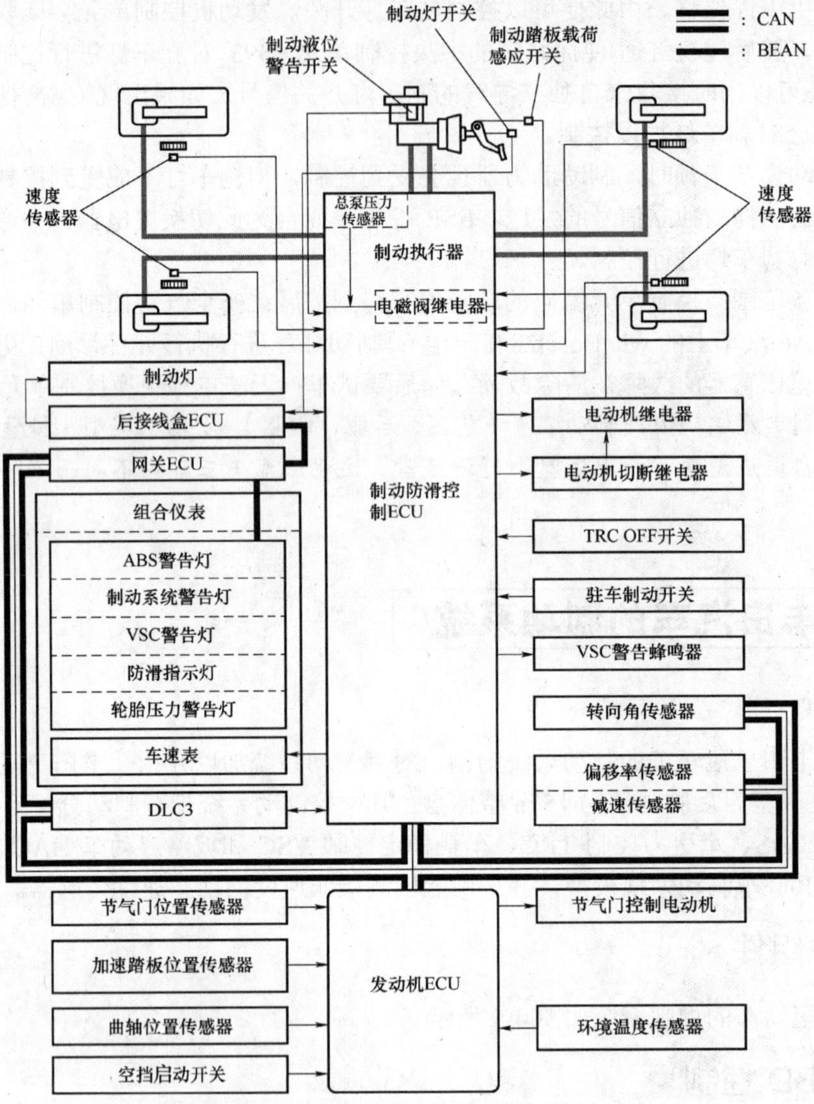

图 4-9　丰田皇冠轿车的控制系统

如图 4-10 所示，在制动中，施加于后轮的制动力大小随车辆是否承载而变化。同时，施加于后轮的制动力大小也根据减速程度而变化。这样，为了有效地利用后轮制动力，要优化控制后轮的制动力分配。

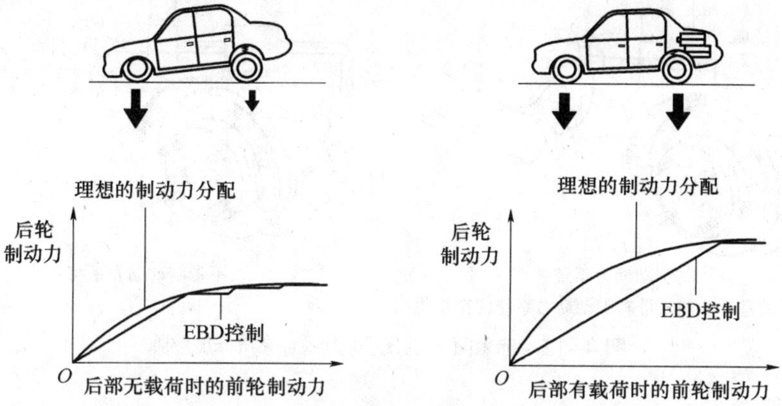

图 4–10 有无载荷的制动力分配关系

2）横向制动力分配

当车辆正在转弯时，如果施加制动，则加在内轮上的载荷减少，加在外轮上的载荷增加。

通过来自速度传感器的信号，制动防滑控制 ECU 确定该状况，并且制动执行器调节制动力，以优化控制在内轮和外轮上的制动力分配，如图 4-11 所示。

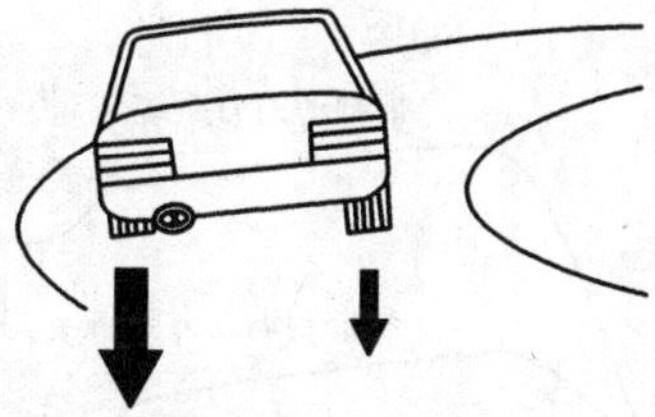

图 4–11 内外车轮的制动力分配

3. 制动助力系统（BAS）

如图 4-12 所示，制动助力系统（BAS）与 ABS 结合使用有助于改善车辆制动性能。制动助力系统将急踩制动踏板视为紧急制动，此时，如果驾驶员不用力踩制动踏板，则系统也会产生制动力。紧急情况下，尤其是没有经验的驾驶员通常会惊慌失措而不能用力踩制动踏板。制动助力系统的主要特性就是设计了制动助力的定时和程度，而驾驶员无须了解制动时的任何异常状况。当驾驶员故意松开制动踏板时，系统就会减小制动力。根据总泵压力传感器和制动踏板行程传感器的信号，制动防滑控制 ECU 能计算制动踏板作用的速度和程度，然后判定驾驶员紧急制动的意图。如果制动防滑控制 ECU 判定驾驶员确实想紧急制动，则系统就会启动制动执行器来增大制动液压，从而增大制动压力。

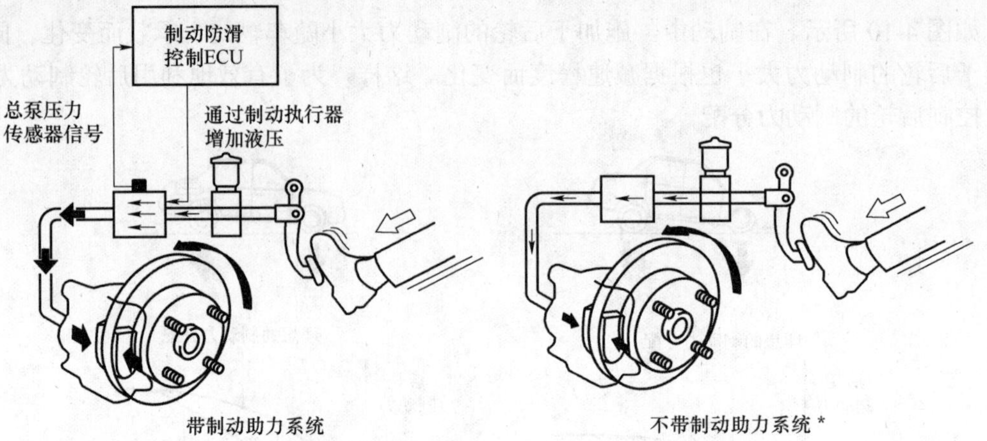

*：制动器的基本性能与带有制动助力系统的车型相同。

图 4–12　带和不带制动助力系统的制动控制

完成任务

根据图 4-12，回答以下问题。

如果驾驶员踏下制动踏板很深，但总泵压力信号很小，助力功能是否起作用？________。

助力功能是由什么来完成的？________；完成的程度由哪个传感器来确认？________。

带和不带制动助力系统的制动力对比如图 4-13 所示。

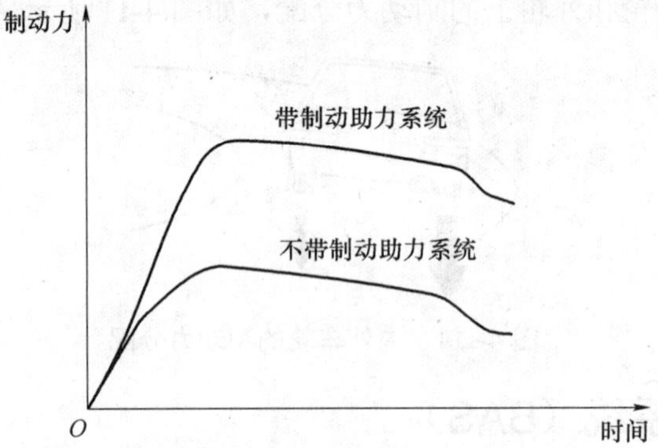

图 4–13　带和不带制动助力系统的制动力对比

4．TRC 系统

在光滑的路面上启动或加速时，如果驾驶员过度地踩加速踏板，则由于产生过大的扭矩，驱动轮将出现滑转。TRC 系统通过调节发动机点火提前角和关闭节气门以控制发动机的输出功率，并给驱动轮施加液压制动控制，TRC 系统帮助驱动轮滑转程度最小化。这样，就可产生适合路面状况的驱动力。

如图 4-14 所示，一辆带有 TRC 系统，一辆不带 TRC 系统。当在不同表面摩擦特性的路面上行驶时，如果每辆车的驾驶员都以同样粗鲁的方式操作加速踏板，在光滑路面上，未装 TRC 的车辆的驱动轮将打滑，这样车辆将不稳定。然而，当车辆安装了 TRC 系统时，制动防滑控制 ECU 立即判定车辆状态，发动机 ECU 接收来自制动防滑控制 ECU 的信号，并减小点火提前角、节气门开度和控制发动机的扭矩输出。若效果不明显，则使制动执行器工作，以给打滑的驱动轮施加制动，如图 4-15 所示，这样该系统能够持续地保持一个稳定的车姿。

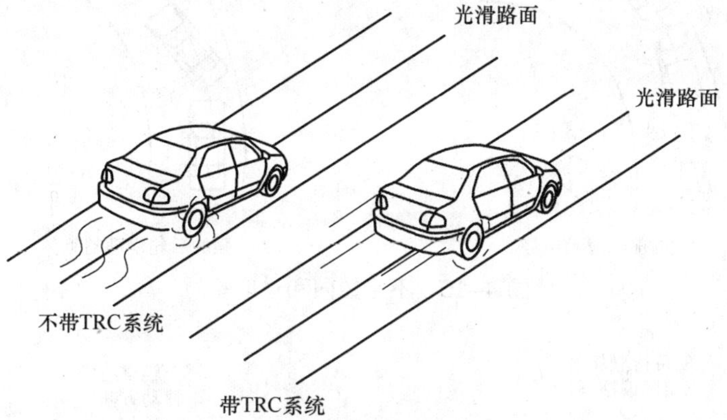

图 4-14　带和不带 TRC 系统驱动对比

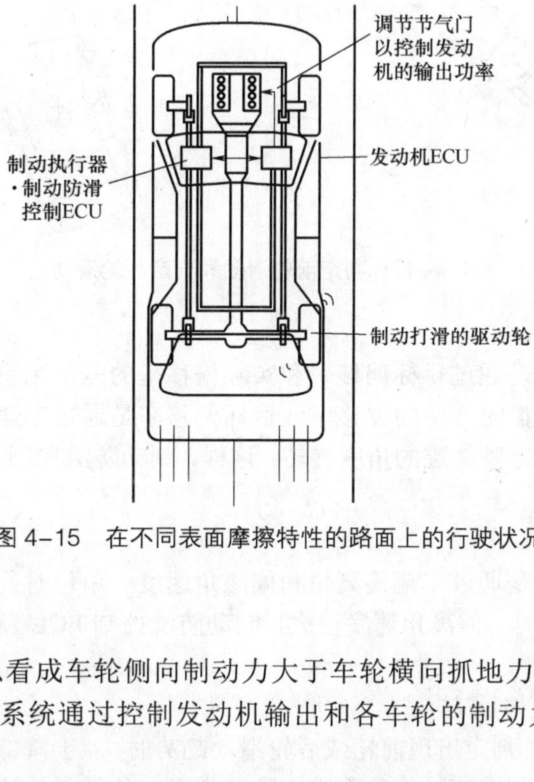

图 4-15　在不同表面摩擦特性的路面上的行驶状况

5. VSC 系统

下面两个例子可以看成车轮侧向制动力大于车轮横向抓地力极限的情况。车辆在下列之一的情况下，VSC 系统通过控制发动机输出和各车轮的制动力来帮助控制车辆行驶状况。

- 和后轮相比，前轮抓地力减小时，出现强的前轮滑动趋势，称为不足转向。
- 和前轮相比，后轮抓地力减小时，出现强的后轮滑动趋势，称为过度转向。

不足转向和过度转向如图 4-16 所示。

1）判定车辆状态的方法

为了判定车辆状态，ABS/VSC ECU 检测方向盘的转向角、车速、车辆的偏移率和横向加速度，然后将这些值输入制动防滑控制 ECU 来计算，如图 4-17 所示。

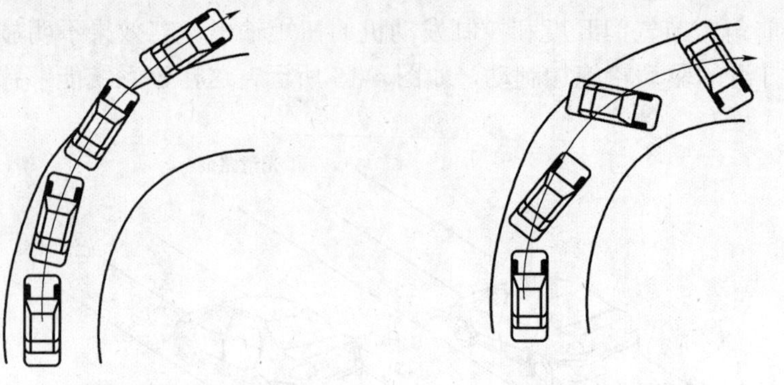

图 4-16　不足转向和过度转向

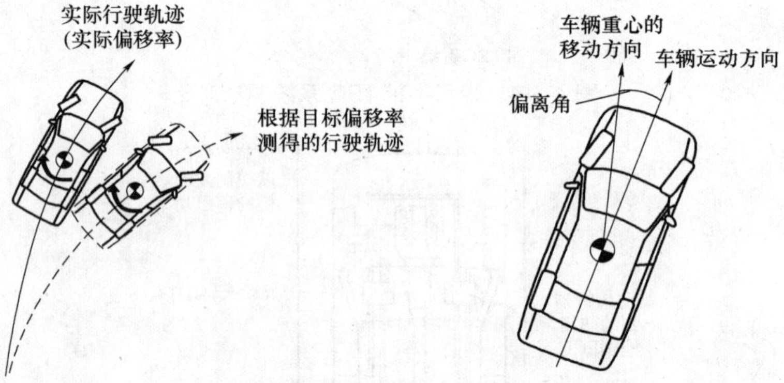

图 4-17　判定前轮滑动和判定后轮滑动

（1）判定前轮滑动。

车辆前轮是否滑动是通过目标偏移率和实际偏移率的差值判定的，当车辆的实际偏移率小于驾驶员操作方向盘时产生的偏移率（目标偏移率是通过车速和转向角判定的）时，就意味着车辆将以大于行驶轨迹的角度旋转。这样，制动防滑控制 ECU 就判定前轮有很大的滑动趋势。

（2）判定后轮滑动。

车辆后轮是否滑动是通过车辆偏离角和偏离角速度（单位时间内偏离角的变化）的值判定的。车辆偏离角大时，偏离角速度也大，制动防滑控制 ECU 就判定车辆的后轮有很大的滑动趋势。

2）防车轮滑动的控制方法

制动防滑控制 ECU 判定出现前轮或后轮滑动趋势时，就会降低发动机的输出功率并在前、后轮施加制动来控制车辆的偏移力矩。防车轮滑动的控制方法根据车辆特性和行驶条件的不同而不同，如图 4-18 所示。

（1）阻止强的前轮滑动。

制动防滑控制 ECU 判定前轮有很大的滑动趋势时，它就会根据滑动趋势的大小来抵消滑动趋势。转向时，制动防滑控制 ECU 控制发动机的功率输出，并在外侧前轮和两个后轮上施加制动来抑制前轮的滑动趋势。

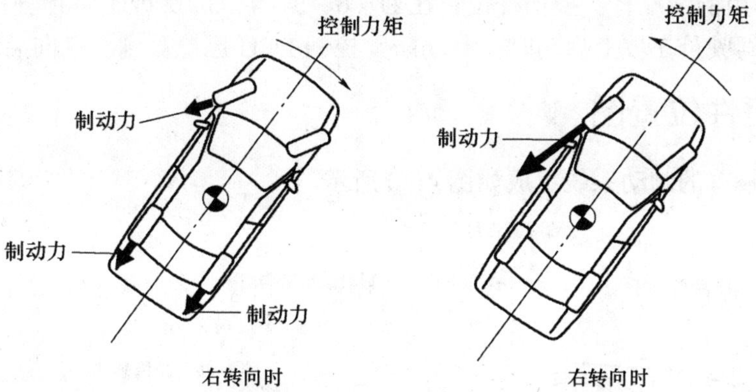

图 4-18 阻止强的前轮滑动和阻止强的后轮滑动的控制方法

（2）阻止强的后轮滑动。

制动防滑控制 ECU 判定后轮有很大的滑动趋势时，它就会根据滑动趋势的大小来抵消滑动趋势。为了抑制后轮滑动趋势，它会给外侧前轮施加制动，并产生向外侧的惯性力矩。制动力除了降低车速外，还能保证车辆具有较高的稳定性。制动防滑控制 ECU 在必要时也给后轮施加制动力。

6. HAC

车辆在陡坡或滑坡上起步时，驾驶员由制动踏板转换到加速踏板，车辆将向后下沉，这样会使车辆很难启动。为防止这种情况发生，HAC 给 4 个车轮临时地（最长时间大约 5s）施加制动，以减小车辆的倒车速度。如图 4-19 所示，没有 HAC 时，驾驶员必须快速而准确地从制动踏板转换到加速踏板。然而带有 HAC 时，驾驶员能以轻松的方式轻易地启动和操作踏板，因为 HAC 可以减小车辆的倒车速度。

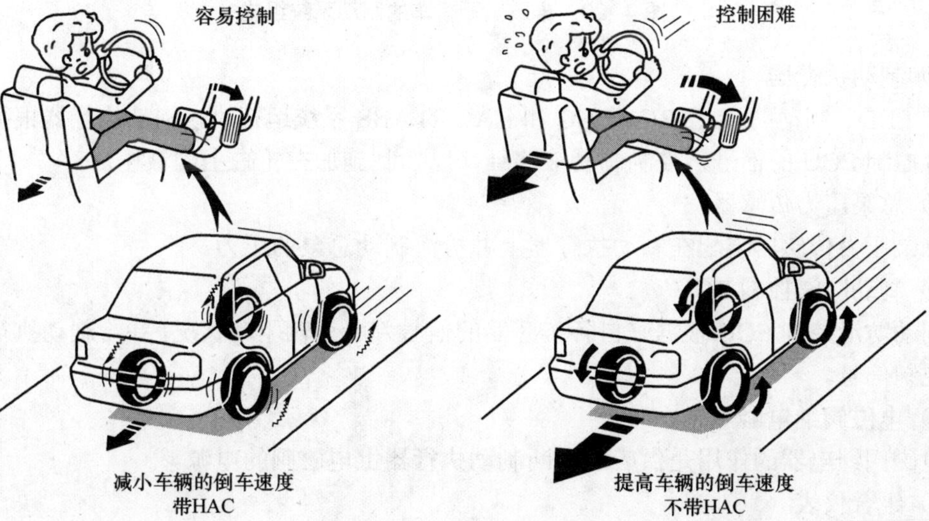

图 4-19 有 HAC 和无 HAC 的坡路启动车的比较

HAC 起作用的情况有：换挡杆位置在 D、6、5、4、3、2 或 1 等行驶挡位；驾驶员没踩制动踏板；驾驶员在坡上启动时；制动防滑控制 ECU 已检测到车辆向后移动。

7. 主组件位置图

丰田皇冠轿车的制动系统组成如图 4-20 所示。

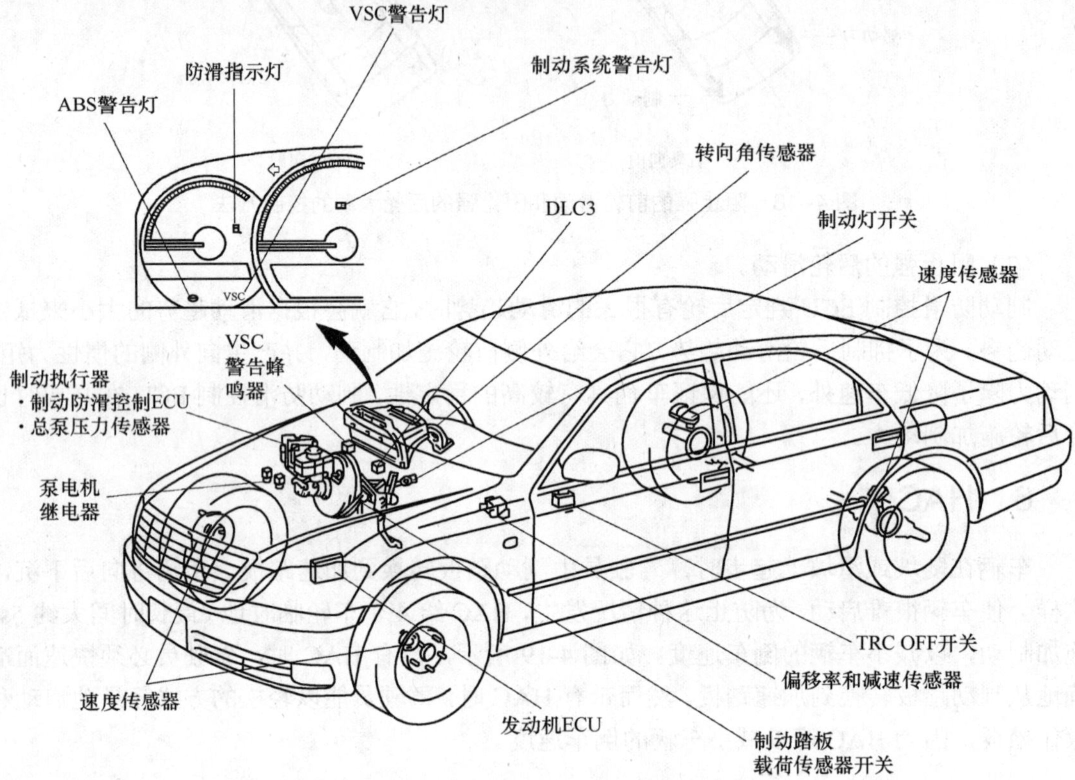

图 4-20 丰田皇冠轿车的制动系统组成

1）制动执行器

带 EBD、制动助力、TRC、VSC 和 HAC 的 ABS 系统运行时，制动执行器根据来自制动防滑控制 ECU 的信号，控制制动液路径，以控制施加在轮缸上的液压。

2）总泵压力传感器

总泵压力传感器装配在制动执行器上并检测制动总泵的压力。

3）制动防滑控制 ECU

制动防滑控制 ECU 根据来自各传感器的信号判断车辆驱动状况，并给制动执行器发送制动控制信号。

4）电磁阀继电器

电磁阀继电器的作用是供应或切断制动执行器上电磁阀的电源。

5）组合仪表

（1）制动系统警告灯。

① 当 EBD 控制或制动防滑控制 ECU 发生故障时，制动系统警告灯亮起以通知驾

驶员。

② 当踩下驻车制动踏板时，制动系统警告灯亮起以通知驾驶员。

③ 当制动液位下降时，制动系统警告灯亮起以通知驾驶员。

（2）ABS 警告灯。

当制动防滑控制 ECU 检测到 ABS、EBD 或制动助力系统发生故障时，ABS 警告灯亮起以通知驾驶员。

（3）VSC 警告灯。

当制动防滑控制 ECU 检测到 TRC 或 VSC 发生故障时，VSC 警告灯亮起以通知驾驶员。

（4）防滑指示灯。

当 TRC、VSC 或 HAC 运行时，防滑指示灯闪烁以通知驾驶员。

（5）速度传感器。

速度传感器用来检测各车轮转速。

（6）转向角传感器。

转向角传感器用来检测方向盘的转向和角度。

（7）偏移率传感器和减速传感器。

① 偏移率传感器用来检测车辆的偏移率。

② 减速传感器用来检测车辆向前、向后和横向的加速度。

（8）泵电机继电器。

泵电机继电器用来供应或切断制动执行器上泵电机的电源。

（9）制动灯开关。

制动灯开关用来检测制动踏板踩压信号。

（10）TRC OFF 开关。

TRC OFF 开关只是用来取消 TRC 操作，它不影响其他系统。

（11）VSC 警告蜂鸣器。

激活 VSC，VSC 警告蜂鸣器间歇地响起以通知驾驶员。

（12）发动机 ECU。

发动机 ECU 根据接收到的来自制动防滑控制 ECU 的信号来控制节气门开度，以控制发动机输出功率。同时也向制动防滑控制 ECU 发送节气门开度信号、加速踏板位置信号和发动机转速信号。

（13）曲轴位置传感器

曲轴位置传感器用来检测发动机转速，并经发动机 ECU 将其发送到制动防滑控制 ECU。

8. 制动执行器

制动执行器由执行器部分、制动防滑控制 ECU、ABS 电磁阀继电器、泵电机和总泵压力传感器组成。

丰田皇冠轿车的制动执行器电路如图 4-21 所示，液压系统回路如图 4-22 所示。制动执行器由 10 个电磁阀、2 个压力调节阀、2 个泵、2 个储液罐和 1 个总泵压力传感器组成。10 个电磁阀由 2 个总泵切断电磁阀（1、2）、4 个压力保持阀（3、4、5、6）和 4 个减压阀（7、8、9、10）组成。

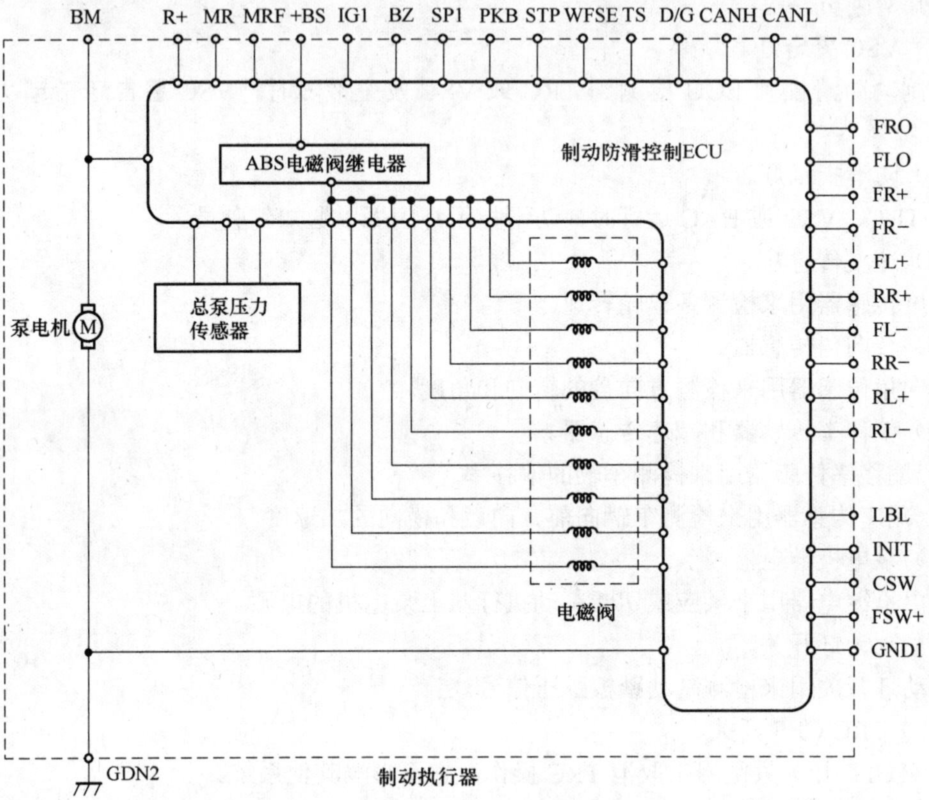

图 4-21　丰田皇冠轿车的执行器电路

9．系统操作

1）正常制动

正常制动时，所有电磁阀关闭，如图 4-23 所示。

2）带 EBD 的 ABS 操作

根据接收到的来自 4 个车轮转速传感器、偏移率传感器和减速传感器的信号制动防滑控制 ECU，计算各车轮转速和减速值并检查车轮打滑情况。根据打滑情况，ECU 控制压力保持阀和减压阀以下列 3 种模式调节各轮缸的制动液压力：减压模式、保持模式和增压模式。

3）制动助力操作

在紧急制动情况下，制动防滑控制 ECU 根据通过压力传感器信号测定的总泵中压力增加的速度检测驾驶员的意图。如果 ECU 判定需要额外的制动助力，就会在制动执行器的泵上产生比总泵更大的制动液压力，并且直接加在轮缸上。

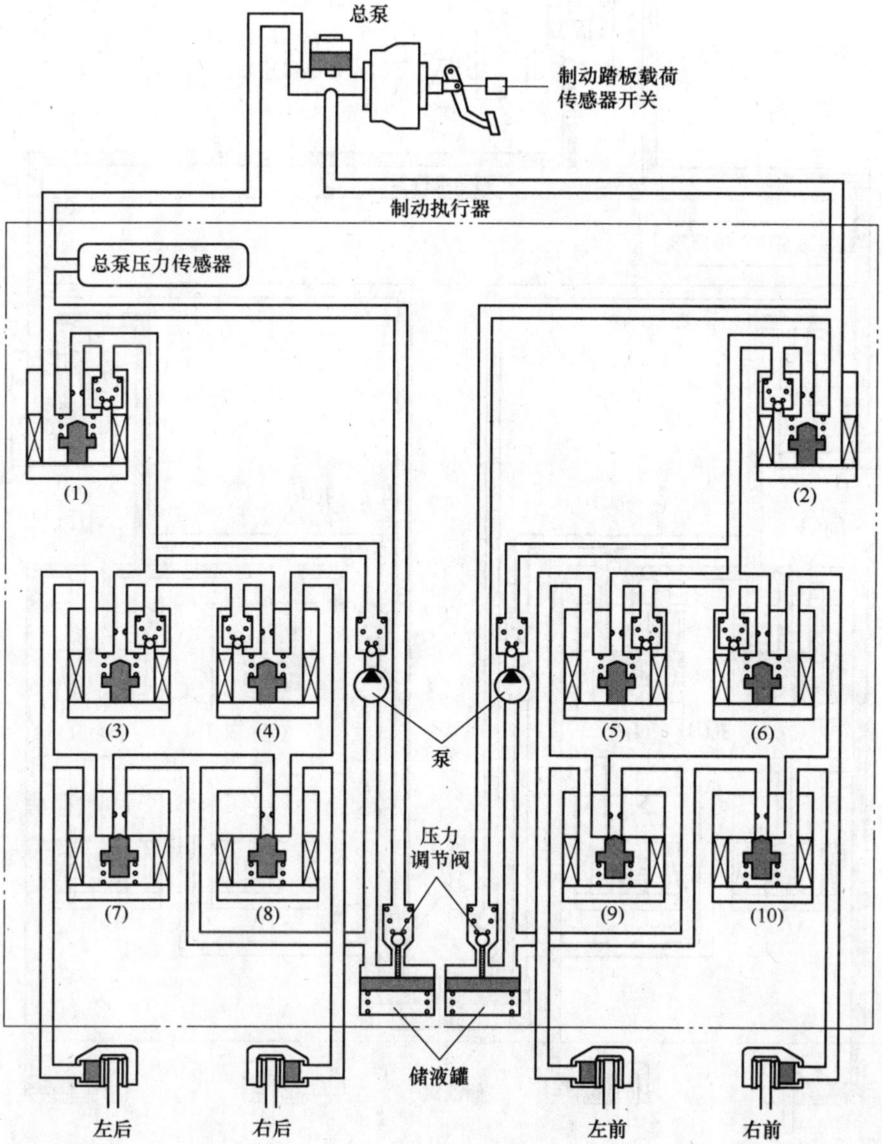
总泵
制动踏板载荷
传感器开关
制动执行器
总泵压力传感器
(1)
(2)
(3)
(4)
(5)
(6)
泵
(7)
(8)
(9)
(10)
压力
调节阀
储液罐
左后
右后
左前
右前

图 4-22　液压系统回路

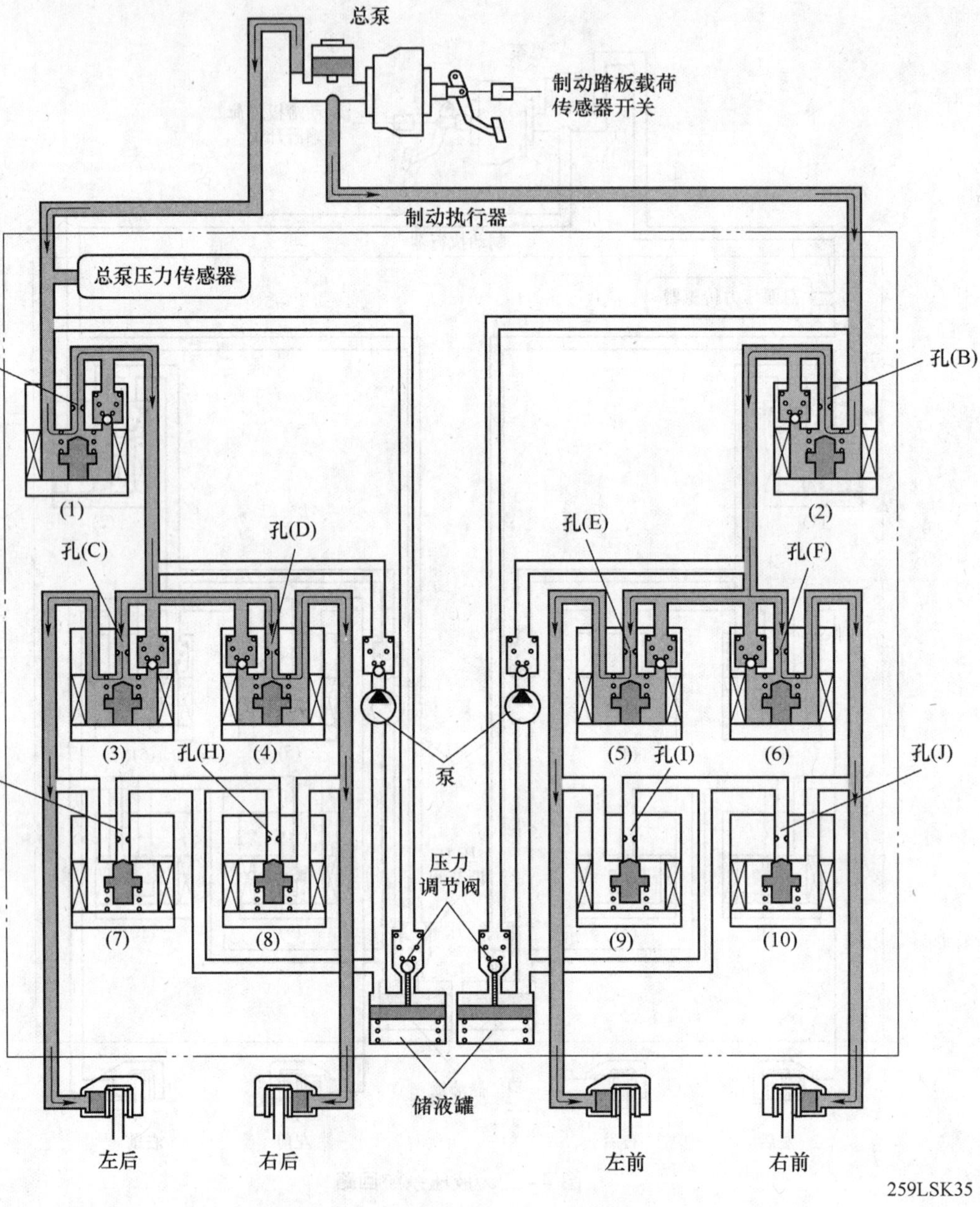

图 4-23　正常制动时所有电磁阀关闭

在下列情况下，制动防滑控制 ECU 也提供制动助力。

（1）在制动助力器失效情况下，制动防滑控制 ECU 根据来自制动载荷传感器开关和总泵压力传感器的数据检测到制动助力器失效。

（2）在车辆满载情况下，制动防滑控制 ECU 通过总泵压力传感器和车速信号可检测到车辆满载。

制动操作时的增压模式如图 4-24 所示。

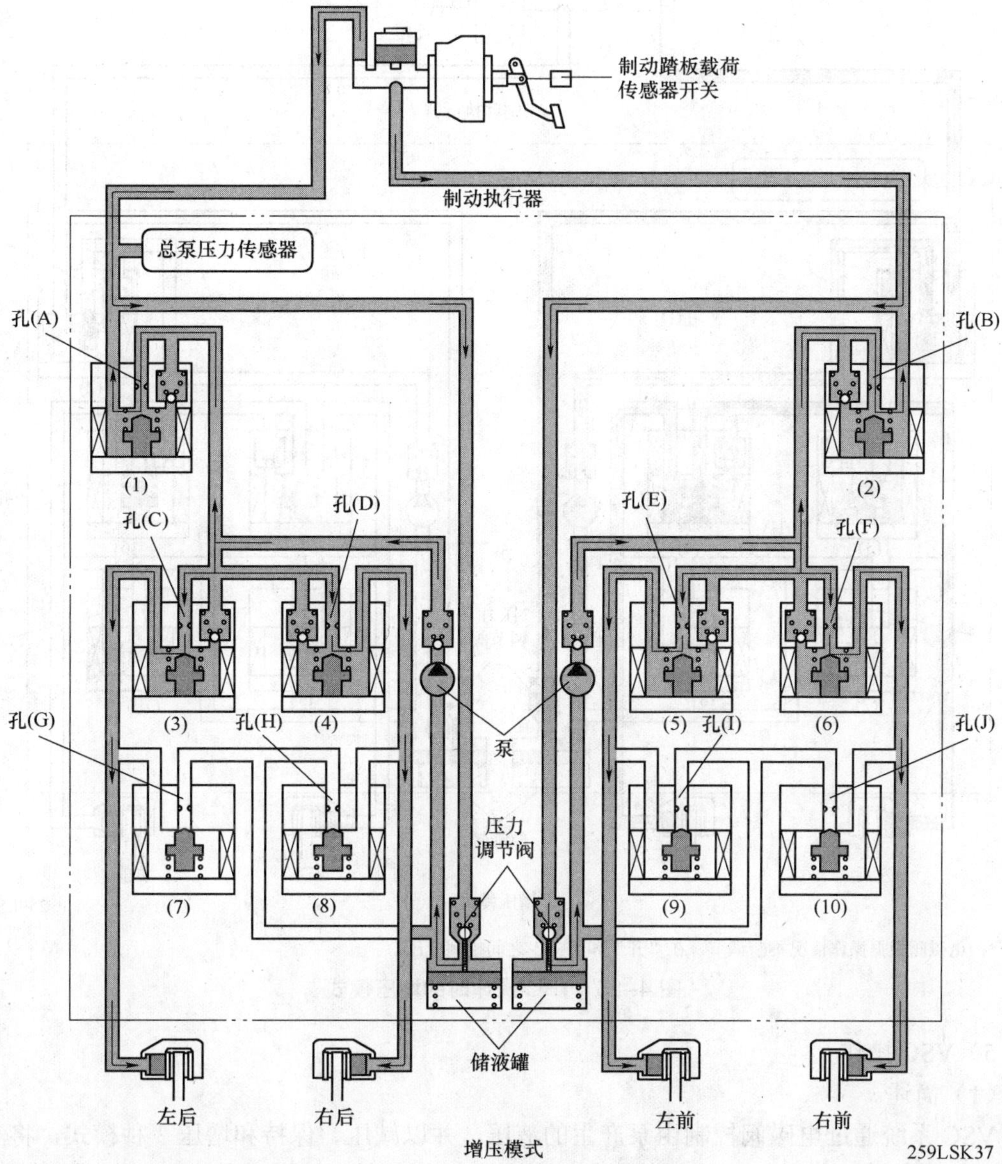

*：电磁阀根据操作情况不断调节，在“开”和“关”之间控制液压。

图 4-24 制动操作时的增压模式

4）TRC 操作

通过总泵切断电磁阀将泵产生的液压调节到所需的压力。这样，以减压、保持和增压 3 种模式控制驱动轮的轮缸，以控制驱动轮打滑。如图 4-25 所示为 TRC 系统激活时，增压模式的液压系统回路。根据带 EBD 的 ABS 工作模式来打开或关闭（ON/OFF）压力保持阀和减压阀。

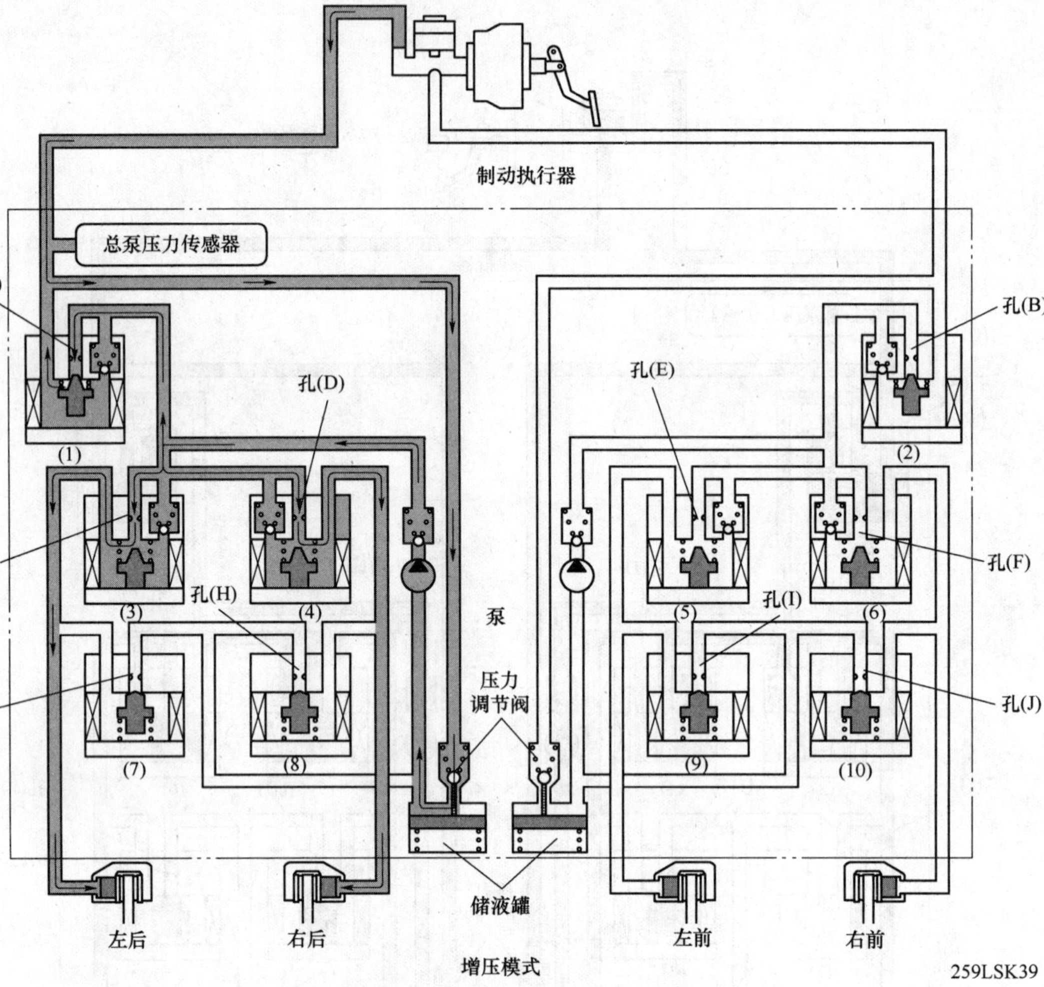

*：电磁阀根据操作情况不断调节，在“开”和“关”之间控制液压。

图 4-25　TRC 操作时的增压模式

5）VSC 操作

（1）简述。

VSC 系统通过电磁阀控制由泵产生的液压，并以减压、保持和增压 3 种模式，将液压施加到各车轮的制动轮缸，这样就可控制前轮滑动或后轮滑动的趋势。

（2）前轮防滑控制（向右转向）。

在前轮防滑控制中，在转向外侧的前轮和两个后轮上施加制动。另外，根据制动器是 ON 或 OFF 和车辆的状况，某些时候原本需要施加制动的车轮也许得不到制动力。

① 如图 4-26 所示是增压模式下的液压系统回路，车辆向右转时，它能抑制前轮滑动。

② 在其他工作模式时，根据带 EBD 的 ABS 的工作模式打开或关闭压力保持阀和减压阀。

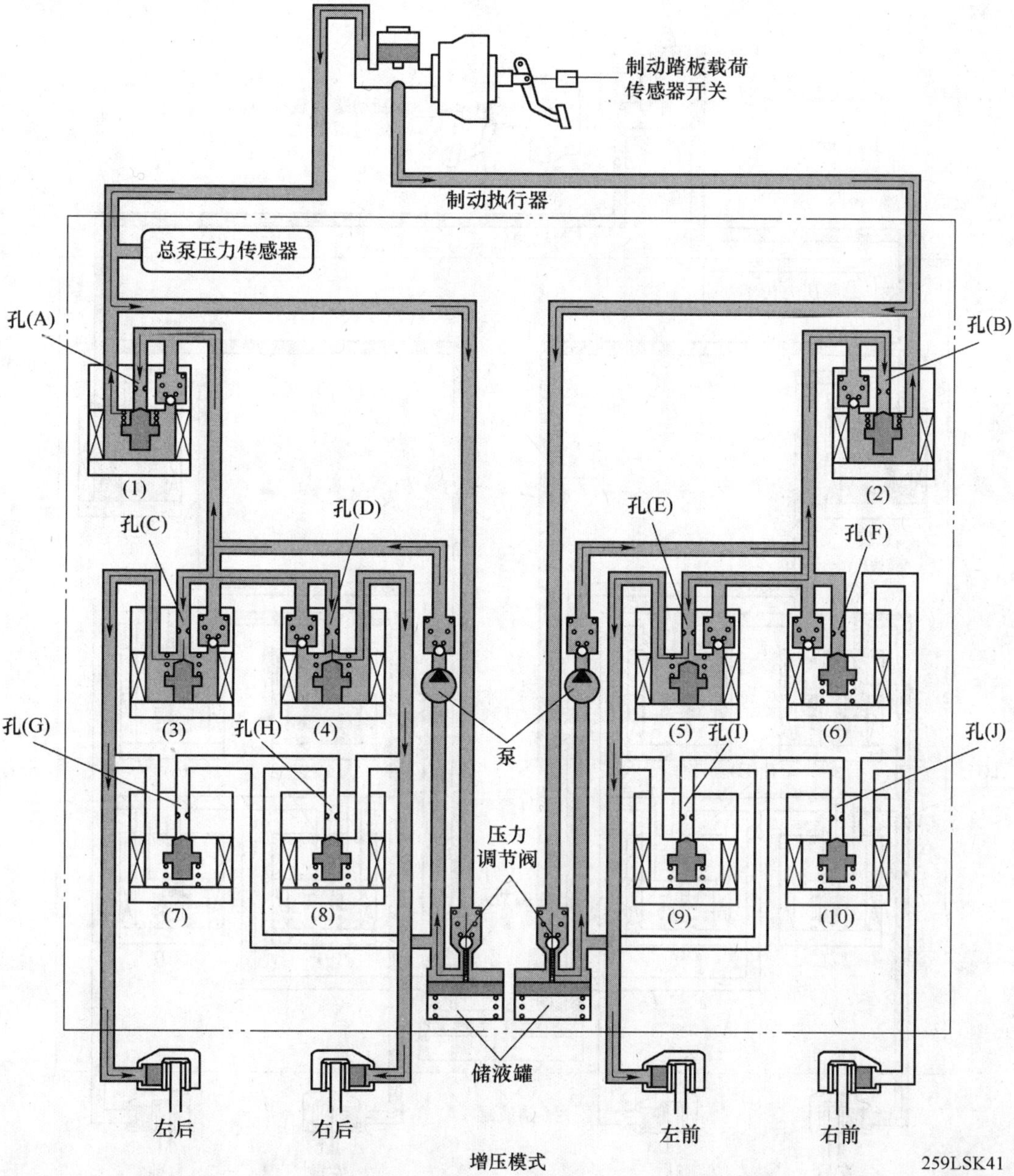

*：电磁阀根据操作情况不断调节，在“开”和“关”之间控制液压。

图 4-26　VSC 操作时的增压模式

（3）后轮防滑控制（向右转）。

在后轮防滑控制中，在转向外侧的前轮和后轮上施加制动。另外，根据制动器是 ON 或 OFF 和车辆的状况，某些时候原本需要施加制动的车轮也许得不到制动力。

① 如图 4-27 所示是增压模式下的液压系统回路，车辆向右转时，它能抑制后轮滑动。

② 在其他工作模式时，根据带 EBD 的 ABS 的工作模式打开或关闭压力保持阀和减压阀。

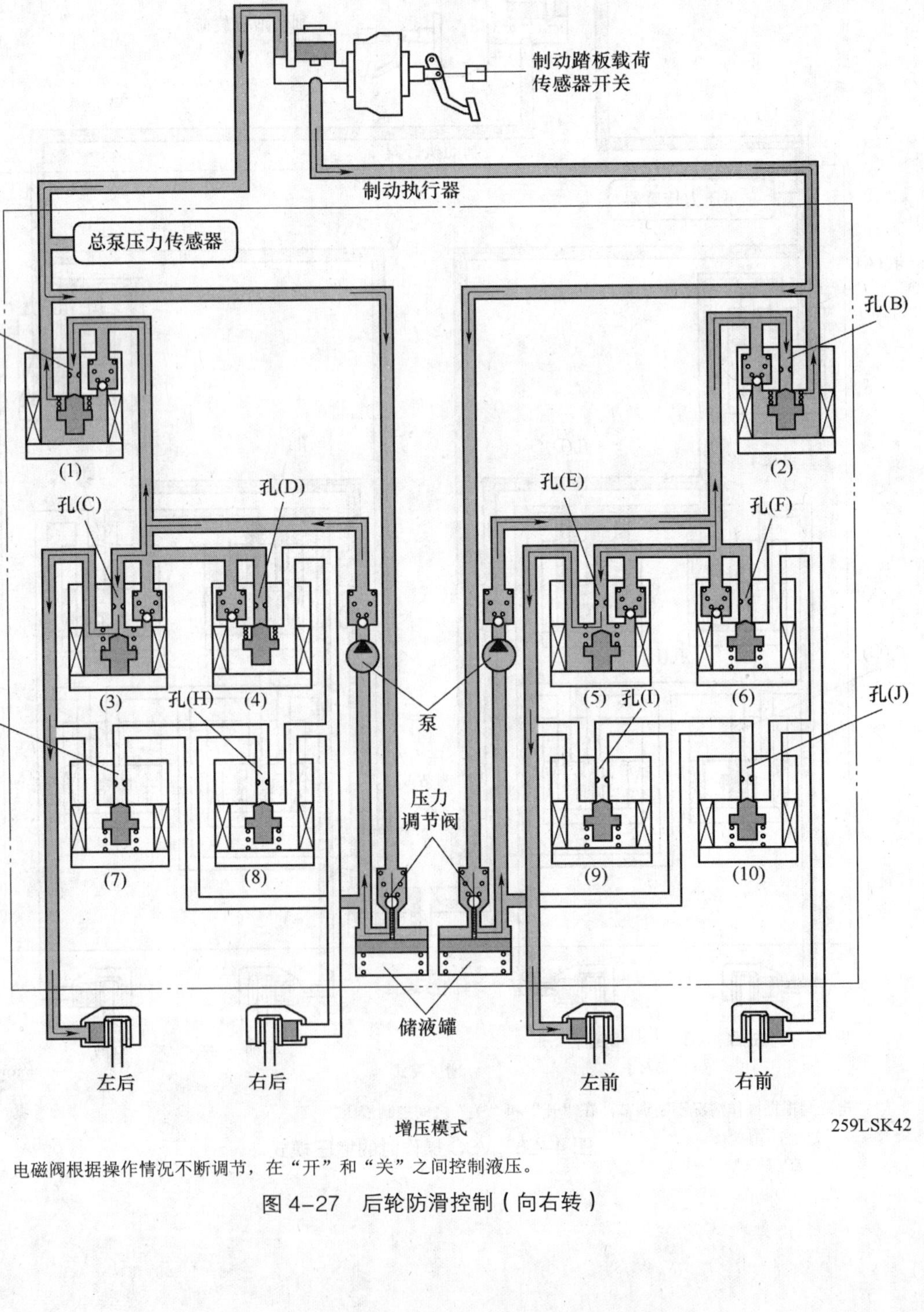

*：电磁阀根据操作情况不断调节，在“开”和“关”之间控制液压。

图 4-27　后轮防滑控制（向右转）

然而，后轮制动防滑控制时，压力保持阀打开（ON），阻塞前内轮的液压通道，以防止对前内轮施加制动。

6）HAC 操作

（1）在 HAC 操作中，将泵产生的液压分配到轮缸以施加制动。这样，该操作阻止车辆的倒车。

（2）HAC 操作变换的模式有：控制轮缸的液压减压、保持压力、增压模式。

（3）在 HAC 操作的增压模式中，阀的操作情况和制动液的流动情况在下页中说明。

（4）根据带 EBD 的 ABS 工作模式打开或关闭压力保持阀和减压阀。

HAC 操作时的增压模式如图 4-28 所示。

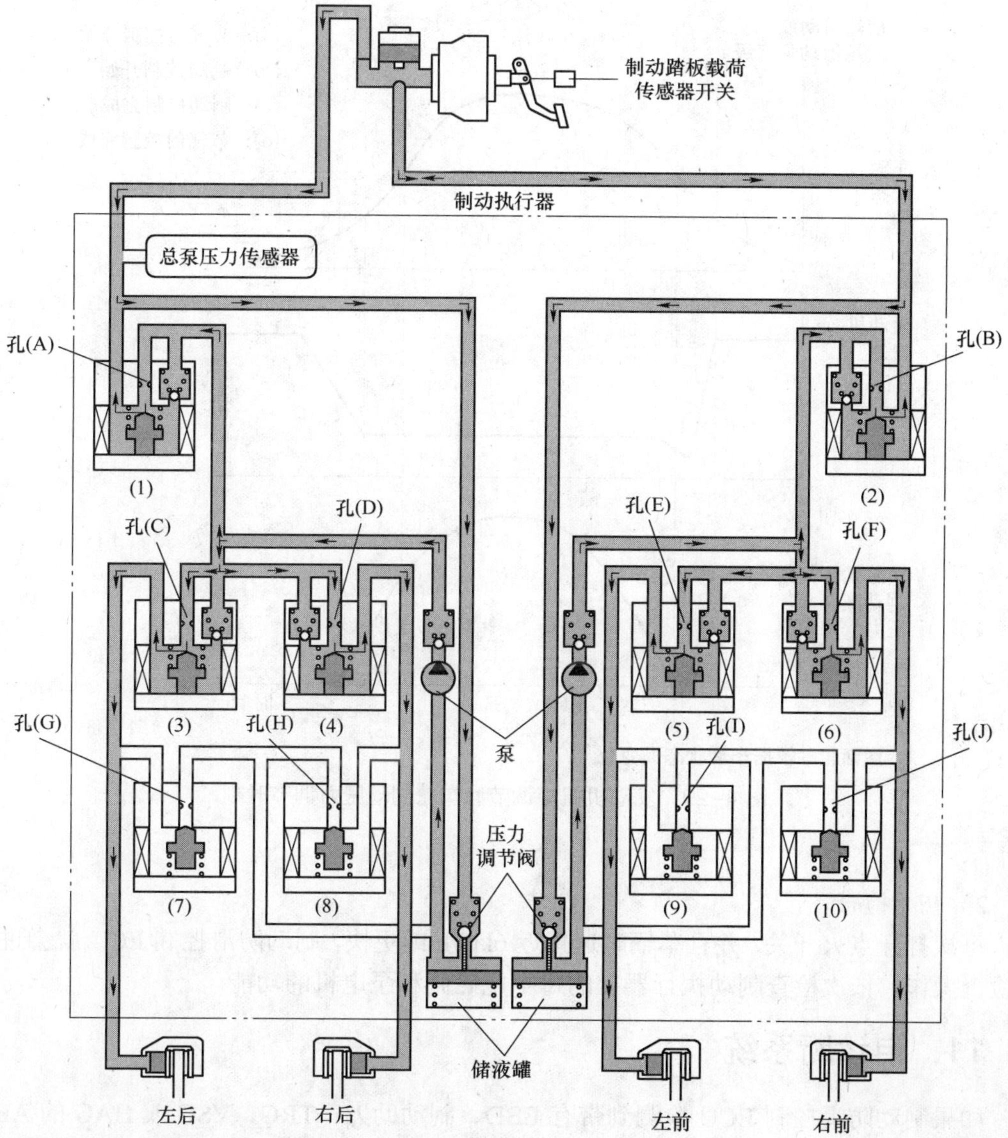

*：电磁阀根据操作情况不断调节，在“开”和“关”之间控制液压。

图 4-28 HAC 操作时的增压模式

10．制动防滑控制 ECU

1）车身稳定控制

制动防滑控制 ECU 根据接收来自车轮转速传感器、偏移率传感器、减速传感器和转向角传感器 4 个不同传感器的信号计算车辆状态。

如果在紧急制动或转弯时，前轮和后轮产生强的滑动趋势，同时制动防滑控制 ECU 求出车辆状态的数值超出规定值，如图 4-29 所示，它就会通过节气门和需要的制动液压力来控制发动机扭矩，从而控制车辆。

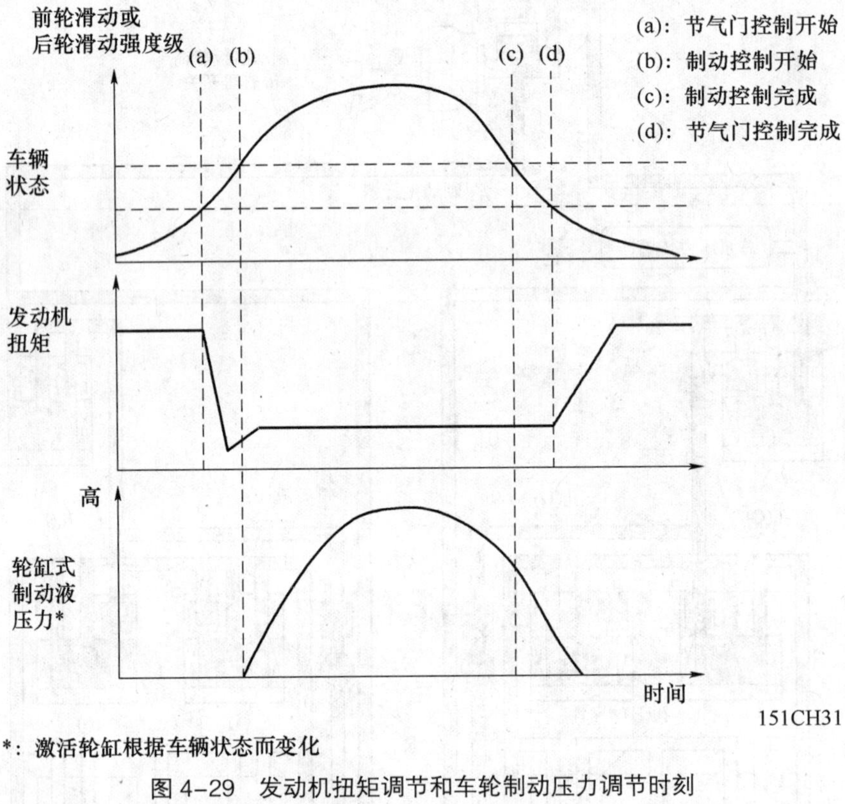

图 4-29　发动机扭矩调节和车轮制动压力调节时刻

2）初始检查

每次打开点火开关，并且车辆时速接近 6km/h 或更快，制动防滑控制 ECU 就会进行初始检查操作，依次检查制动执行器上的每个电磁阀和泵电机的功能。

11．自诊断系统

如果制动防滑控制 ECU 检测到带有 EBD、制动助力、TRC、VSC 或 HAC 的 ABS 系统有故障，那么自诊断系统检测出故障的相应 ABS、制动系统和 VSC 警告灯和防滑指示灯会亮起，以提醒驾驶员。不同功能的故障显示见表 4-1。

表4-1 不同功能的故障显示

项 目	ABS	EBD	制动助力	TRC	VSC	HAC
ABS警告灯	○	○	○	—	—	—
制动系统警告灯	—	○	—	—	—	—
防滑指示灯	—	—	—	△	△	△
VSC警告灯	—	—	—	○	○	—

注："○"—点亮；"△"—闪烁；"—"—灯灭。

同时，DTC（诊断故障代码）存储在存储器中。通过在DLC3的Tc和CG端子间连接SST（09843～18040），并观察ABS警告灯和VSC警告灯的闪烁情况，或通过连接智能测试仪II来读取DTC。自诊断系统具有传感器信号检查（测试模式）功能。通过在DLC3的Ts和CG端子间连接SST（09843～18040）或连接智能测试仪II可激活此功能。此检查功能可以进行偏移率传感器零点校正、减速传感器零点校正、偏移率传感器检查、总泵压力传感器检查和速度传感器检查操作。如果制动防滑控制ECU在传感器检查过程中检测到故障，它会将DTC保存在存储器中。在传感器信号检测操作中，通过连接DLC3的Tc和CG端子并观察ABS警告灯和VSC警告灯的闪烁情况，或在智能测试仪II上，可以读取该DTC。如果CAN在ECU或传感器上有通信故障，多个DTC（诊断故障代码）会同时输出，以指示故障位置。

对于ABS系统会有如下故障类型：ABS SOL继电器或电磁阀线路电路开路/短路；传感器尖端附有异物；蓄电池正极电压低；压力传感器故障或压力传感器输出信号错误；减速传感器故障；制动灯开关电路开路；制动踏板载荷传感器开关故障；ABS电机安全保护继电器电路短路；CAN通信故障；制动防滑控制ECU故障；ABS警告灯电路开路；速度传感器输出电压低或电压异常变化。

对于VSC会增加如下故障码类型：转向角传感器故障；偏移率传感器故障或偏移率传感器零点校正未完成，以及偏移率传感器输出信号错误；减速传感器故障或减速传感器零点校正未完成；发动机ECU通信电路故障；偏移率传感器与CAN通信故障；转向角传感器与CAN通信故障；ECU与CAN通信故障；制动防滑控制ECU故障。

12. 安全保护

（1）在TRC和/或VSC发生故障时，制动防滑控制ECU会停止TRC和VSC的操作。

（2）在ABS和/或制动助力发生故障时，制动防滑控制ECU会停止ABS、制动助力、TRC和VSC的操作。

（3）在EBD控制发生故障时，制动防滑控制ECU会停止EBD控制。即使在这种情况下，除制动控制系统（带EBD、制动助力、TRC和VSC的ABS）外的一般制动操作仍是安全的。

（4）如果在制动防滑控制ECU和转向角传感器或偏移率传感器和减速传感器间发生通信故障，则制动防滑控制ECU停止TRC和VSC的控制。

（5）当发动机ECU检测到DTC时，发动机ECU会使TRC和VSC失去控制能力。

4.3 大众汽车的制动系统

1. 大众汽车的 ABS 泵总成

上海汽车制动系统有限公司引进德国 TEVES 公司技术生产的 MK20 系列制动防抱死制动装置 ABS 是目前世界上最新一代轿车防抱死制动系统，它具有电子制动力分配 EBD_功能，故无须配备制动比例控制阀。1997 年末，大众轿车多采用此种结构，老款电机为外部接线，油管在一侧，新款电机为内部接线，供油管发生了位置变化，如图 4-30 所示。

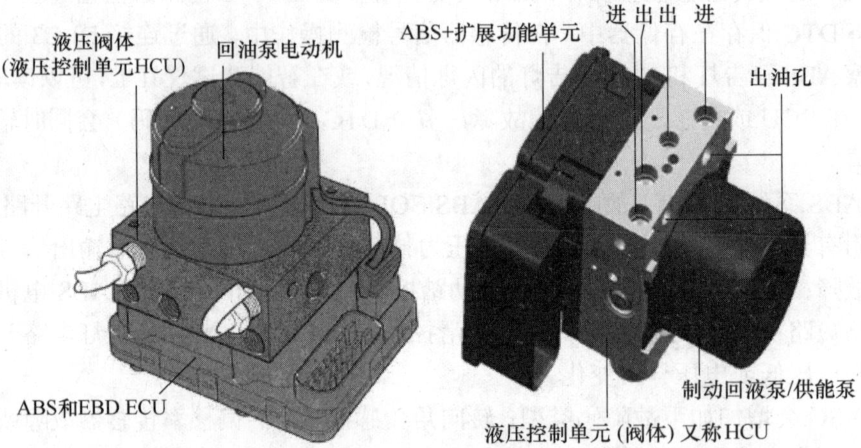

图 4–30　MK20 系列制动防抱死制动装置（油管位置不同）

MK20 系列制动防抱死制动装置具有下列特点：液压阀体、控制单元、回油泵电机三者集成在一起，即具有集成化模块式结构设计；体积小、质量小、成本低；安全、可靠、易维护；具有故障信息存储、自诊断接口。

2. 大众捷达汽车的 ABS 系统组成

完成任务

在图 4-31 中，写出元件位置，ABS 回油泵电机：__________；ABS 液压控制单元：__________；ABS 电子控制单元：__________；制动灯开关：__________；仪表上 ABS 警告灯的位置：__________。

ABS 电控制动系统组成如图 4-32 所示。

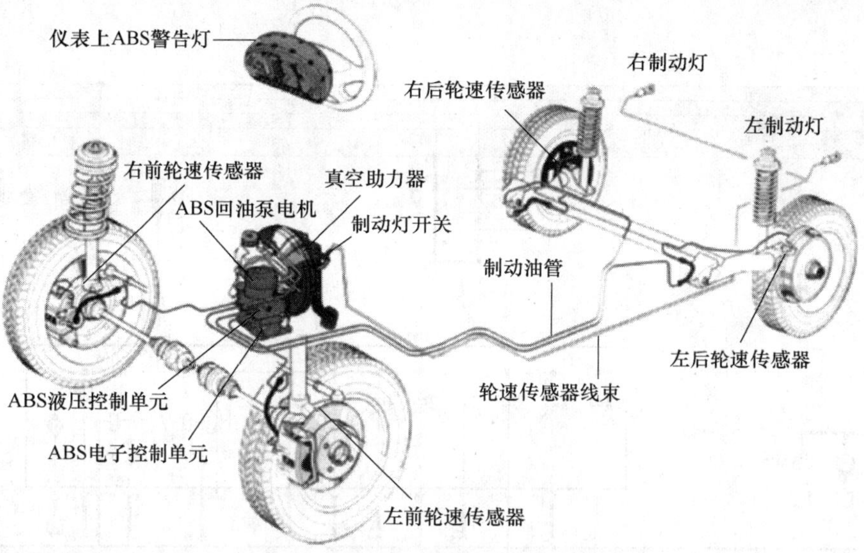

图 4-31 大众捷达汽车的 ABS 系统组成

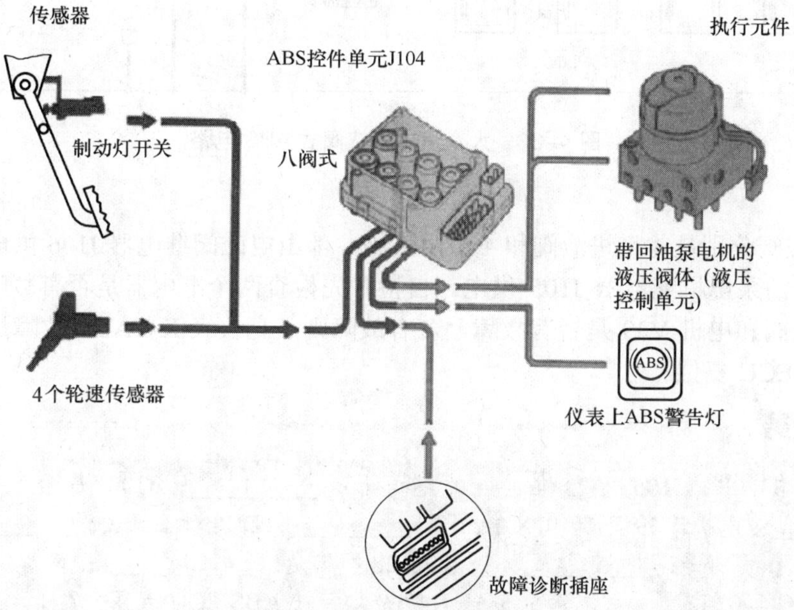

图 4-32 ABS 电控制动系统组成

3. 八阀式 ABS 电路工作原理

大众汽车的八阀式 ABS 电路如图 4-33 所示，传感器由 4 个车轮上的轮速传感器确定打滑率（或制动减速度），制动灯开关除了点刹车灯 M9、M10 外，还要给 ABS ECU 一个制动过程开始准备计算打滑率的信号。

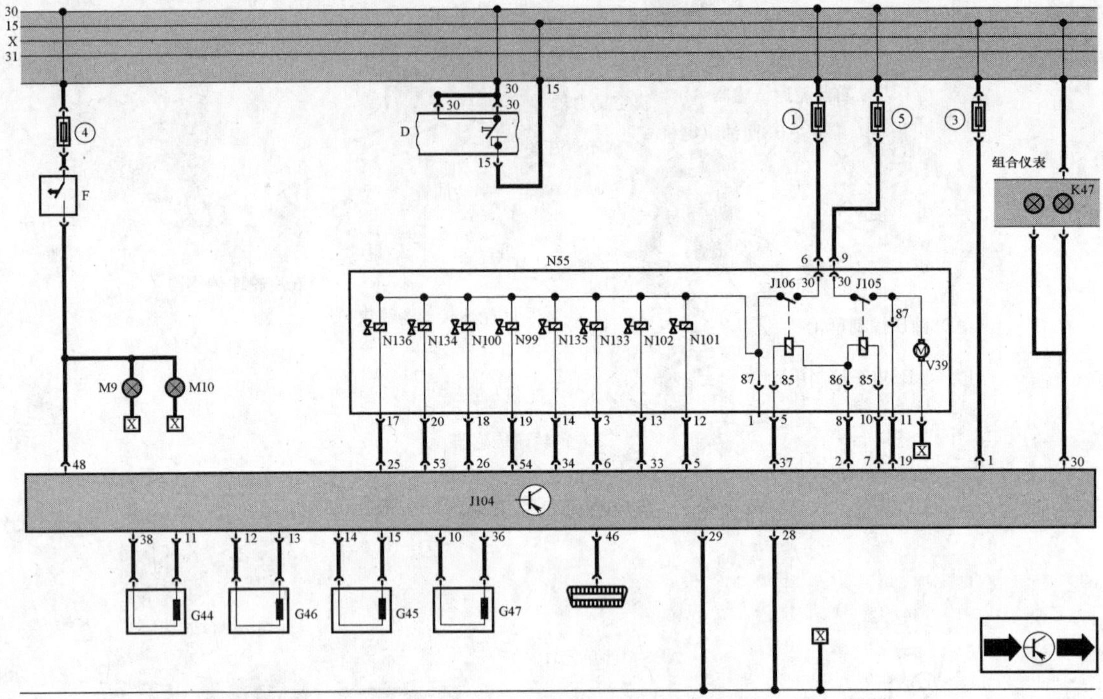

图 4–33　大众汽车的八阀式 ABS 电路

8 个电磁阀分别是 4 个进液阀和 4 个出液阀，都由电磁阀继电器 J106 供电。回油泵电机 V39 由回油泵电机继电器 J105 供电。自检时先检查两个继电器是否有故障，再检查 8 个 ABS 电磁阀和电机 V39 是否有故障，若有故障则点亮仪表 K47ABS 故障灯。点火开关 D 用于 ABS ECU 复位。

完成任务

在图 4-33 中，J106 是给谁供电的继电器？__________；J105 是给谁供电的继电器？________；电机 V39 下部的 X 接哪？__________；D 是什么开关？____________；ABS ECU 的 1 引脚是：____________；29、28 引脚是：____________；诊断仪通过哪个引脚与 ABS ECU 通信？__________；仪表 K47 是如何被 ABS ECU 点亮的？____________。

制动时，若制动开关 F 损坏，导致制动灯开关 F 无法接通，仅凭车轮转速传感器的急剧降速是否可以判别在制动？________________，从而启动 ABS 控制。

4．ABS 的单个液压通道

ABS 的单个液压通道的结构如图 4-34 所示。

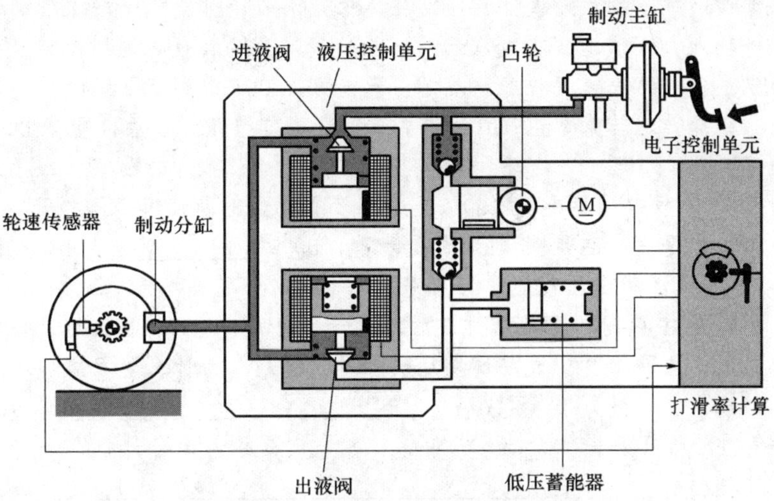

图 4–34　ABS 的单个液压通道的结构

完成任务

在图 4-34 中，进液阀是常开阀还是常闭阀？__________；出液阀是常开阀还是常闭阀？__________；轮速传感器检测到车轮打滑率超过上限（如 35%）时，电子控制单元应如何操作？______________；轮速传感器检测到车轮打滑率低于下限（如 8%）时，电子控制单元应如何操作？______________；回流泵电动机 M 是在车轮打滑率低于下限时工作还是在高于上限时工作？__________；回流泵电动机 M 工作时，制动踏板是否弹脚？__________；此时，驾驶员是保持踏板踩下还是抬起制动踏板？__________；低压蓄能器在这里的作用是：________________。

整车 ABS 系统液压系统原理图 4-35 所示。HR 为左后车轮，HL 为左后轮，H 为后轮的意思；VR 为左前轮，VL 为右前轮，V 为前轮的意思；左 R 右 L 恰好和英文左 L 右 R 相反。D 为缓冲室、B 单向阀、S 低压蓄能器。

完成任务

根据图 4-35，分析带有 ABS 的制动系统的放气流程。

只有在低压蓄能器 S 中、电动机带动的回流泵中、高压蓄能器 D 中有气时才有必要按照 ABS 的放气流程操作。

如果制动轮缸（分泵）漏油，仅更换制动分缸，或 4 根分管损坏，只换 4 根分管，是否按 ABS 的放气流程操作？______________。

如果要更换制动主缸（总泵）和两根供油管，是否按 ABS 的放气流程操作？__________。

如果要更换 ABS 泵总成，是否要按 ABS 的放气流程操作？______________。

ABS 的放气流程：连接解码器→打开点火开关→选择“刹车防抱死系统”→进行读码→确认无故障码→选择基本设定功能，输入 001 通道→按照提示操作：（a）踩下制动踏板并且保持住，松开两前轮排气螺栓→（b）踩下制动踏板 10 次，锁紧放气螺栓→选择基本设定功能，输入 002 通道→踩下制动踏板并且保持住，松开两前轮排气螺栓→踩下制动踏板 10 次，锁紧放气螺栓→输入 003 通道，重复（a）、（b）步骤→输入 016 通道，重复（a）、（b）步骤→输入 017 通道，结束排气程序。注意，只能按照 001 组到 017 组顺序递增操作，中间不能跳越任何一组操作。若感觉空气还没有排干净，行车 15km 以后，重复 001 组到 017 组步骤，整个程序完成。

在 ABS 的放气流程中反复重复（a）、（b）步骤的目的是让哪个阀打开？__________；操作过程中电机工作是发生在步骤（a）还是步骤（b）？__________。18 次循环后，低压蓄能器 S 中、__________和高压蓄能器 D 就充满了制动液。

无诊断仪更换 ABS 泵时，在常规排气后，找一个空旷的地方，猛加速，再猛刹车，注意不要松开刹车踏板，立即进行排气，反复几次即可。试想：为什么要“猛加速，再猛刹车，不要松开刹车踏板，立即进行排气”？______________________________。

这样的放气方法要几人操作？__________；放气时是否需要举升机？__________；叙述一下确切的操作过程：______________________________。

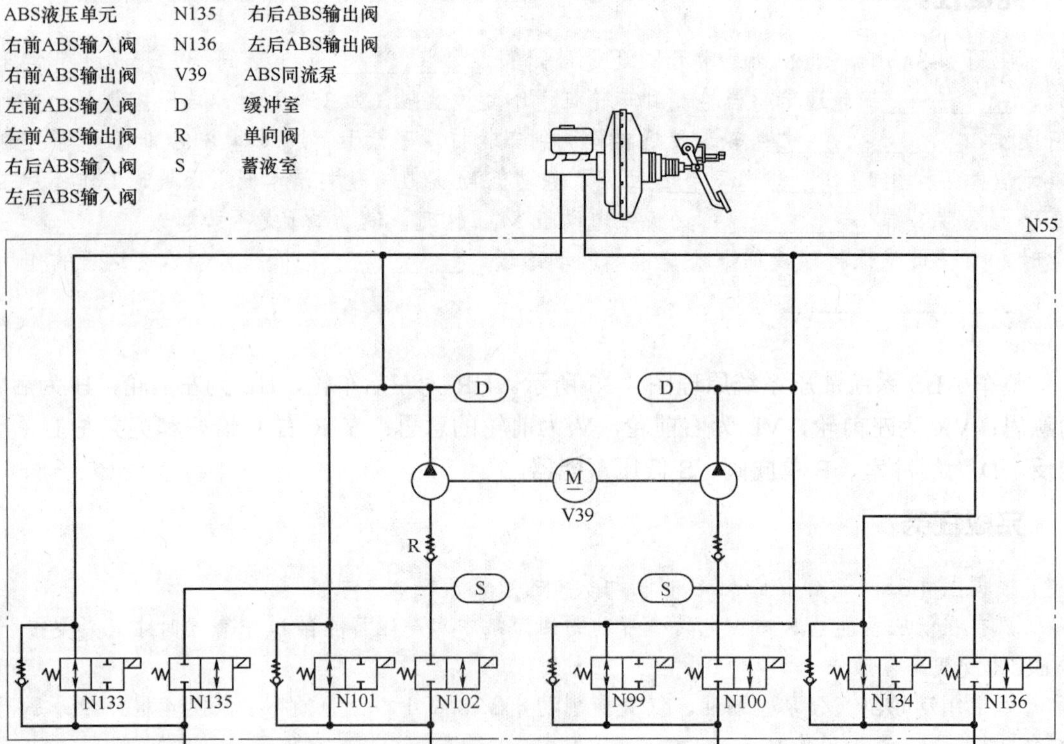

图 4-35　ABS 的原理图

4.4 制动辅助系统

1. 制动辅助系统功能

注：目前在自动制动系统的助力方面有两种控制方法：一种是在传统真空助力基础上改进，让传统真空助力通过电控执行器控制产生助力；另一种是在供能泵上下功夫，就是采用高、低速电动机带动泵或无级电动机带动泵。在一些混合动力汽车上没有真空助力器，正常制动助力和辅助制动助力是靠电动机带动泵来实现。在有真空助力的车上，正常制动由真空助力器实现，而辅助制动则由真空助力器的执行器实现。

制动辅助系统（BAS）。制动辅助系统在紧急制动情况下，能确保立即产生最大的制动助力效果，从而使制动距离显著减小。许多驾驶员在紧急情况下迅速制动，但踩制动踏板的力量和踏板行程不足。因而使制动距离较长，有可能导致碰撞事故。

制动辅助系统如图 4-36 所示，其包括 BAS-ECU、踏板行程传感器、电磁阀、释放开关等部件。

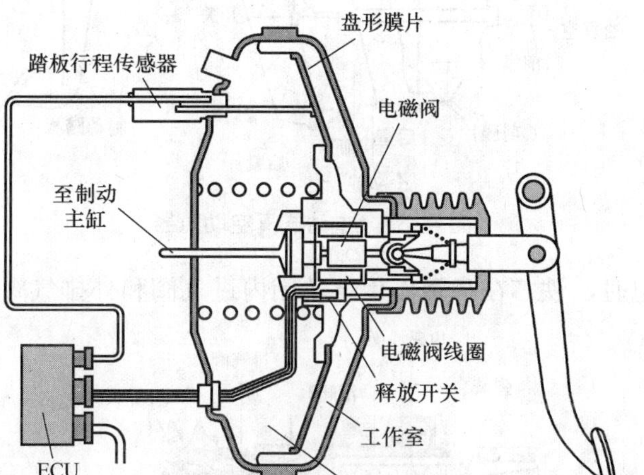

图 4–36 制动辅助系统

2. 制动辅助系统（BAS）工作原理

制动踏板的运动引起踏板行程传感器中电阻的变化，并将这一信号传送给 BAS-ECU。如果 ECU 检测到踏板被突然踩下（如紧急制动）时，则给电磁阀通电，使制动助力器工作室通风，产生最大的助力，从而实现紧急制动。ABS 防止了车轮抱死。只有在松开制动踏板并返回到其原始位置时，电磁阀才通过释放开关被关闭。

为进行数据交换，BAS-ECU 通过 CAN 总线连接到其他底盘电子控制系统（如 ABS、TCS、ESP）的 ECU 上。如果 ECU 检测到系统有故障，则会关闭制动辅助系统并以黄色警告灯予以提示。

对于抗翻滚稳定程序及 ESP 电子稳定程序的自动制动介入来说，在车辆过度转向时特别需要快速建立起压力。因此，就要通过控制制动助力器，使 ESP 回油泵吸油一侧建立起压力，由于液体压缩量较小，回油泵的抽吸量增大后就可快速建立起压力。

主动式真空制动助力器如图 4-37 所示。传统真空助力是利用在正常行驶中，真空助力器的前室和后室皆由发动机抽成真空，当制动踏板踏下时，前室和后室的连通通道关闭，同时后室通道进入大气推动膜片进行助力制动。主动式真空制动助力器是在无人进行主动施加制动时，由计算机控制电磁阀产生电磁吸力，控制前室和后室的连通通道关闭，同时后室通道进入大气推动膜片进行助力制动。通过控制电磁阀的电流可以控制后室的大气压力大小，进而完成压力增大（通大电流）、压力压持（减小电流）、压力释放（无电流）3 种工况。

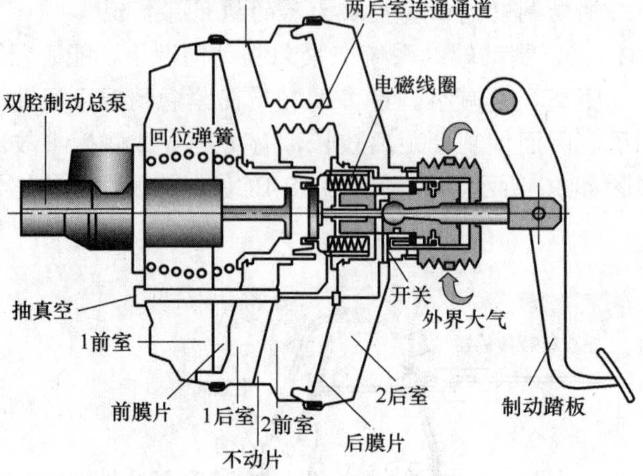

图 4-37　主动式真空助力器

电磁线圈未通电时，铁芯在弹簧作用下关闭内进气阀和外排气阀，如图 4-38 所示。

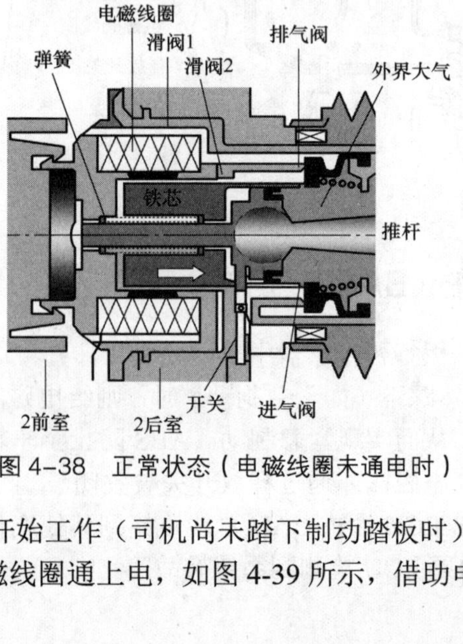

图 4-38　正常状态（电磁线圈未通电时）

当系统识别出 ESP 应开始工作（司机尚未踏下制动踏板时），ABS/EDS/ASR/ESP 的控制单元就会给制动压力电磁线圈通上电，如图 4-39 所示，借助电磁线圈的帮助，可建立起

10bar 的预压力，这个预压力作用在回液泵吸液一侧。

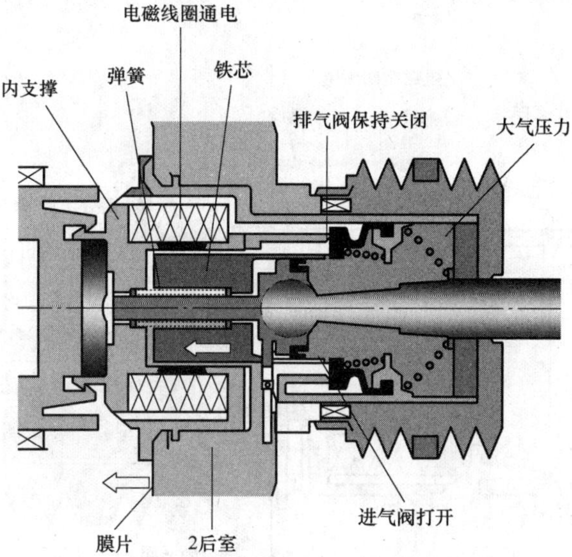

图 4-39　电磁线圈通电时

如果超过了规定 10bar 预压力，那么电磁线圈的供电就会减少，如图 4-40 所示，铁芯向回滑动，预压力就降低了。

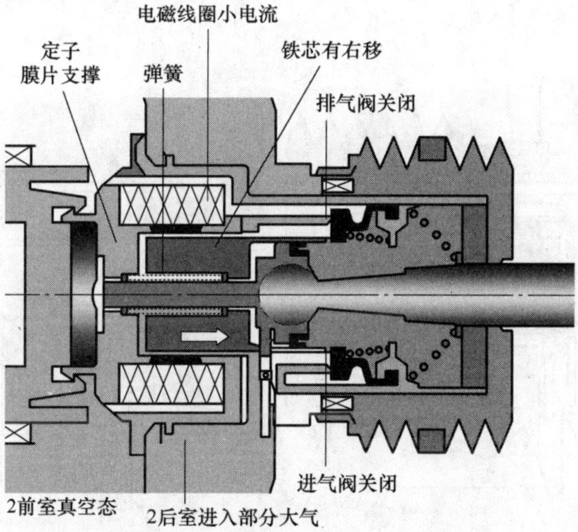

图 4-40　电磁线圈减小电流的保压状态

ESP 调节结束或司机踏下了制动踏板后，控制单元就切断了电磁线圈的供电，如图 4-41 所示。电磁线圈减小电流，进气阀和排气阀都关闭，2 后室进入保压状态。

电磁阀由 ESP 控制单元进行控制。通过主动式制动助力器中的一个释放开关识别驾驶员是否踩下或松开制动器。释放开关被设计为一个双向开关（打开和关闭）。在静止位置中或电动操纵制动助力器时，释放开关与主动式制动助力器壳体接触并连通电路 1。如果驾驶员踩踏制动踏板，操纵杆便会移动，使得释放开关与主动式制动助力器壳体分离，电路 1 断开，电路 2 接通，如图 4-42 所示。

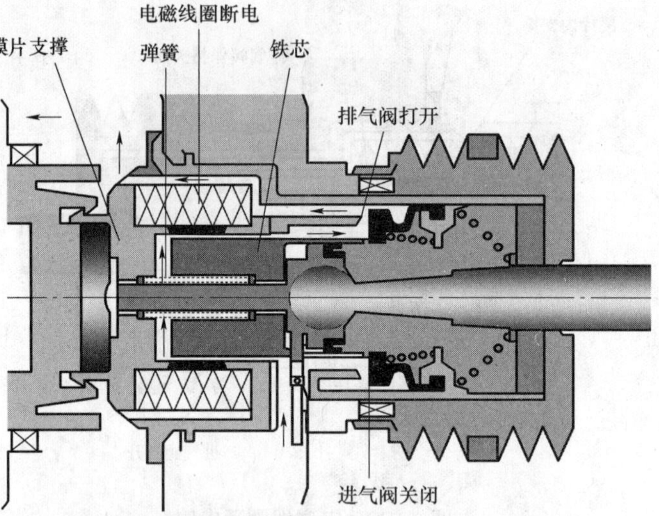

图 4-41　电磁线圈断电态（箭头代表真空吸力方向）

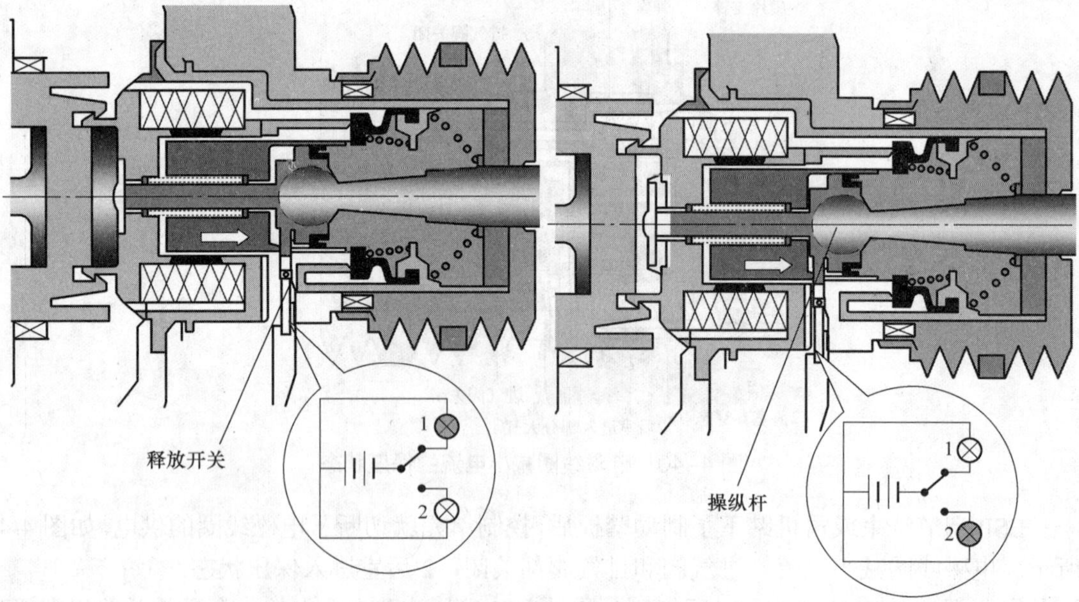

图 4-42　未制动状态（左图）和人为制动状态（右图）

奥迪 Q7 汽车上使用的是 Continental–Teves 公司生产的新型 ESP。与现在使用的 Mk60IS 相比的重要区别是：功能范围扩大了，液压泵尺寸加大了，电机功率增大了，内部储存腔增大了。

4.5 电动真空泵

1. 电动真空泵的作用

在装有自动变速器的轿车汽油发动机上，为了满足 EU4 排放标准，要求在冷启动后催化净化器有预热要求。另外，要补偿较低温时高的发动机运转摩擦力矩，如变扭器内的阻力。在冷启动及挂入挡位并踏下制动踏板怠速运转时，节气门开度更大。为防止发动机在节气门开度较大且发动机转速较低情况下，进气歧管提供的真空源真空度有限，不能保证此时制动所需真空助力要求。系统要求配有一个电动真空泵，如图 4-43 所，该泵用于增大单向阀后的真空度，从而保持真空助力器有正常的助力制动力。

图 4–43　电动真空泵

2. 电动真空泵的分类

大众汽车的电动真空泵有两种形式，分别使用在不同的车型上。一种是制动助力器控制单元 J542 与真空泵集成在一起，并由发动机控制单元 J220 根据控制单元内的曲线进行控制，大众汽车公司称为可控式，我们称为无压力传感器式。另一种是没有制动助力器控制单元 J542，真空泵是电机拖动的真空泵，由发动机控制单元 J220 通过继电器根据单独的压力传感器控制，大众汽车公司称为可调式，我们称为有压力传感器式。

传统真空助力器与发动机进气歧管的真空管内有一单向阀，防止发动机已经建立的真空源真空度降低。另外，为了防止真空泵在不转时，泄漏进入真空助力器外界气体，真空度下降，真空泵吸入口处又增设了一个单向阀。在两单向阀内侧设计了真空度传感器（绝对压力传感)。

3. 电动真空泵原理

下面介绍的这两种形式的真空泵，在结构及功能方面都是相同的。电动真空泵由电机和叶片泵构成，电机驱动叶片泵，每次启动发动机后，电动真空泵会运转1～2s。

1）可控式电动真空泵

例如，国内的Golf、Bora、奥迪A3汽车采用的是可控式电动真空泵，制动助力器上无压力传感器。可控式真空泵的特点：发动机控制单元中存有进气歧管压力模型曲线，发动机控制单元根据发动机负荷、转速、节气门位置、制动灯开关情况计算出制动助力器的压力。发动机控制单元把计算出的制动助力器内的压力与发动机控制单元中的进气歧管压力模型曲线进行对比以控制电动真空泵。如果发动机控制单元计算出的进气歧管压力过低，与发动机内部的进气歧管压力模型曲线对比后，发动机控制单元会给电动真空泵控制单元发出一个接地信号，真空泵开始运转。该曲线取决于周围的大气压力，它由发动机控制单元计算出来，或发动机控制单元内部的压力传感器来确定。

为了保证真空泵不是总在频繁的EIN/AUS接通/断开状态，有一个滞后（作用的持续）功能，此功能是指在一定的压力范围内，真空泵处于接通/断开状态。这个特定的压力范围是接通压力和断开压力之差，真空泵切断后，压力仍保持着，当踏下制动踏板时此压力才卸掉。不同海拔高度时，接通的压力是不同的。

2）可调式电动真空泵

例如，国内的Passat 2001、奥迪A4、奥迪A6汽车采用的是可调式电动真空泵，这种控制方式在制动助力器上带有压力传感器。可调式电动真空泵的特点：可调制动助力器内的真空度由压力传感器反馈控制。发动机控制单元把传感器测量值与存储的规定值进行对比，然后调节电动真空泵。

如果压力传感器失效，那么将切换到可控式电动真空泵的计算模式。

可调式电动真空泵系统中，在接制动助力器的管路中装有一个压力传感器。接通点火开关后，压力传感器有5V供电。压力传感器内有一个膜片，膜片上有电阻应变片。如果传感器内压力改变，那么应变片上的电阻也随之改变，通过压力传感器内的放大器就产生一个电信号。压力传感器将该信号向发动机控制单元发送，发动机控制单元（负极）控制一个常开触点继电器，接通电动真空泵。大气压力状态下，膜片及电阻应变片变形非常小，于是施加的电压相对应一个很小的电阻，电压变化很小。真空状态下，膜片及电阻应变片变形非常大，与此相应的电阻变化也很大，输出电压增大。

可调式电动真空泵的工作条件：发动机控制单元内存有控制电动真空泵的特性曲线。接通时刻取决于制动助力器内部压力传感器及测得的周围压力。压力则由发动机控制单元计算出或由发动机控制单元内的压力传感器来决定。

4. 电动真空泵的检测

制动助力器电动真空泵的检测：可用VAS 5051或VAS 5052进行检测诊断。输入地址码01（发动机控制单元），电动真空泵可执行下述各项功能。对于可控式检测仪可用功能02、03、05、06、08（显示组008，3显示区，制动助力器中的绝对压力）；对于可调式检测仪可用功能02、03、04（系统检测，在一定时间内，已进气的制动助力器须再抽成真空）、05、08（制动助力器中的绝对压力），如出现故障，必要时空调压缩机会被切断。

4.6 电子驻车控制技术

1. 电子驻车制动系统简介

EPB是Electromechanical Parking Brake的缩写，译为电子驻车制动，是指利用线控技术将行车过程中的临时性制动和停车后的长时性制动功能整合在一起，并由电子控制方式实现停车制动技术，以替代传统意义的手刹车功能。其优点是舒适与方便、节约车内空间、可以进行自诊断、简化装配过程、安全性高。

EPB系统与传统的驻车制动系统有着极大的差别，其执行机构通过丝杆减速增矩能够把电动机的转动平稳转化为制动块的平动，系统能够自动补偿由于长期工作而产生的制动间隙，控制部分能精确控制电动机的转速和转角，从而快速响应驾驶员意图。

2. 电子驻车制动系统分类

EPB系统从节省能量的角度来说可以分为两大类：第一类是电动机直接带动机械执行机构，然后作用到制动盘上，其典型代表是Continental Teves（德国大陆和戴维斯）公司研制的制动器；第二类是电动机通过一个自增力机构，间接作用到制动盘上，可以大大降低系统所消耗的能量。German Aerospace Center（DLR）内部资料显示其公司研制的EPB制动系统e-Brake比第一类结构节省了约83%的能量。第一类非增力形式的制动器特点是：控制简单，制动过程稳定；但是由于电动机提供所有推动制动块所需的推力，使得驱动电动机所需功率很大，从而造成电动机的尺寸、质量和能耗都较大。增力式结构形式的制动器由于间接利用了汽车的动能作为制动自增力，驱动电动机所需功率可大幅下降，只需要约3%的其他方案的能耗，其体积、尺寸和质量也必然比第一类结构形式的制动器小。

3. 电子驻车制动系统功能

电子驻车制动系统需要实现的功能如下。

（1）能够提供足够保证车辆驻车安全的制动力。

（2）能够在驾驶舱内实施操纵。

（3）在仪表台上具有驻车制动状态的显示。

（4）在驻车制动系统达到极限位置时，机械装置要具有锁止功能。

（5）要具有执行机构夹紧力自动调节功能。

针对传统手动驻车制动系统的缺点及不足，基于降低驾驶难度，提高驾驶与操纵的舒适性与方便性，综合驻车制动系统安全策略，电子驻车制动系统还应拓展的功能如下。

（1）坡道辅助启动功能。

（2）根据路况（坡度大小），准确控制制动系统与地面坡度相适应的制动力。

（3）能够实时探测施加制动力的大小，保证制动装置获得足够制动力，确保可靠驻车。

（4）系统在确认驾驶员未实施驻车操作而有离车意图时，能够自动驻车。

（5）在驾驶员未实施解除驻车操作而有驶离意图时，能够自动解除驻车功能。

（6）当行车制动失效，要具有紧急情况下的辅助应急制动功能。

采用电子驻车制动系统后，由于车厢内取消了驻车制动杆，取而代之的是一个停车制动电子按钮，驾驶员不必费力拉手驻车制动杆。同时，为车厢内留出更多的空间，可用来安装装饰部件及便利的设施等。

考虑系统的安全可靠性，系统还设置故障自诊断功能和失效保护功能。即当汽车蓄电池处于亏电状态，或者当电子驻车制动装置自身存在故障，导致制动器不能正常工作时，可能会出现当汽车处于驻车制动的状态，操作驻车制动按钮不能正常解除装置制动状态的情况，这时电子驻车制动系统应具有紧急解除组件，即可通过紧急解除组件解除装置的制动状态，则可避免因制动状态不能解除而带来的极大不变和安全隐患。

4. 大众汽车的迈腾 EPB 系统

传统手刹车和电子机械制动的比较：传统车在操作上要拉起手制动手柄并按下驻车制动按钮，释放时采用再次按下此按钮的方法，并通过按钮内的指示灯来指示是否是驻车状态。在坡路启动车时，对于传统车，驾驶员要熟练控制加速踏板、离合踏板、手制动才能很好地启动车；而对于 EPB 系统在车辆启动时是自动释放的。行车制动过程中，若停车未稳时，传统车仍须施加脚制动或采用手制动；而对于 EPB 系统车辆，当激活 AUTO HOLD 功能后，车辆会在每次静止后自动停稳。

驻车制动系统的组成如图 4-44 所示。其中，E538 驻车制动开关位于仪表台上，E540 AUTO HOLD 开关位于换挡手柄下部的中央控制台上，两开关内部都有警告灯供指示用。制动系统警报灯 K118 位于组合仪表内，当施加制动时，该灯点亮。电子机械式驻车制动系统故障警报灯 K214 位于组合仪表内。

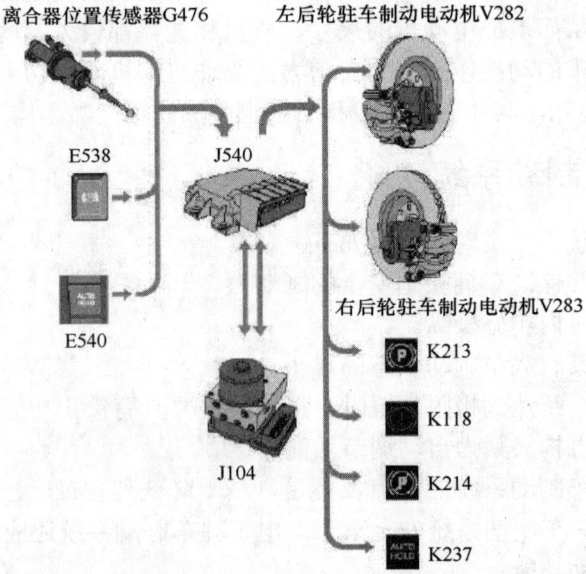

图 4-44 驻车制动系统的组成

完成任务

根据图 4-44 提示，写出下面元件的功能。

E538：________________；E540：________________；

J104：__________；液压离合器位置传感器 G476：__________。

如图 4-45 所示，离合器位置传感器位置的作用是反映离合器踏板踏下的深度，3 个霍尔传感器中，其中两个输出开关信号，一个输出模拟电压信号，3 个信号传到相应的控制单元，如图 4-46 所示。

完成任务

根据图 4-45 和图 4-46，完成下列任务。

永久磁铁的位置：__________；离合器开关有几个引脚？__________；其中 1 引脚和 5 引脚是什么作用？__________；在图 4-46 中，3 个信号输出是离合器踏板抬起时还是踩下时的输出信号？__________。

发动机控制单元 J220 检测离合器开关的作用是：__________；电子机械驻车控制单元检测离合器位置的作用是：__________；车载电源控制单元 J519 检测离合器开关的作用是：__________。

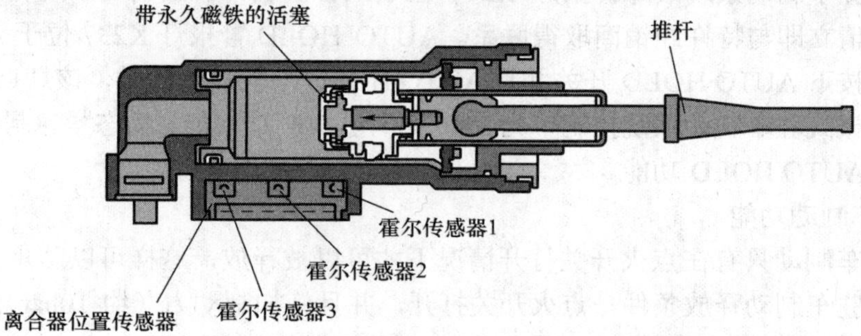

图 4-45　离合器位置传感器中 3 个霍尔传感器位置

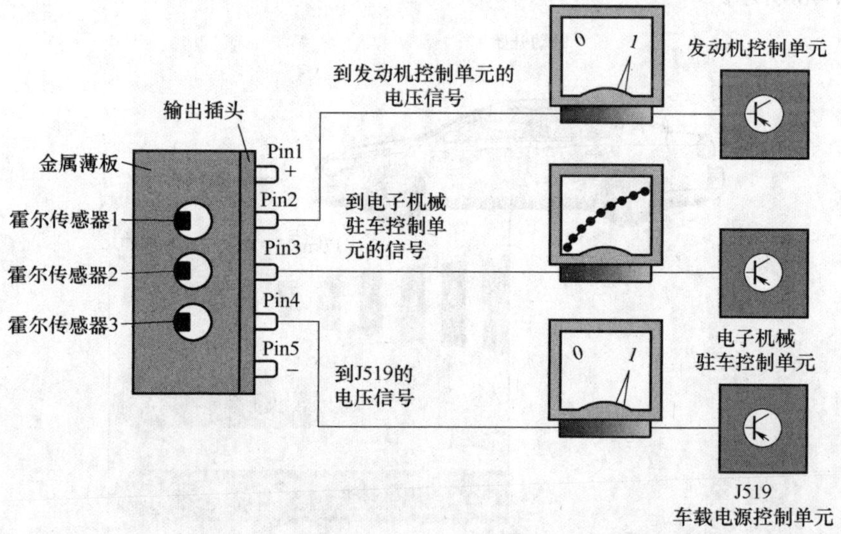

图 4-46　离合器位置信号类型和相应控制单元

传统汽车的离合器液压主缸上不设计离合器液控开关，若设计开关，也仅是在踏板支架上设计一个机械式离合器开关，负责给发动机控制单元发送离合器是否踏下信号。在大众迈腾汽车的EPB系统中，采用了两个霍尔开关和一个霍尔模拟电压信号反映离合器位置。

完成任务

根图4-47，请画出K213、K118、K214、K237的符号，并说出之间的区别。
K213符号：________；K213功能：________；K118符号：________；
K118功能：________；K214符号：________；K214功能：________；
K237符号：________；K237功能：________。

图4-47　行车制动和驻车制动灯

电子机械驻车制动警报灯K213位于驻车制动开关内。当按下开关并且驻车制动被激活时，警报灯点亮。制动系统警报灯K118位于组合仪表内，当施加制动时，该灯点亮。电子机械式驻车制动系统故障警报灯K214位于组合仪表内。当制动系统有故障时，该灯点亮，此时请立即与特许经销商取得联系。AUTO HOLD警报灯K237位于AUTO HOLD开关内，当按下AUTO HOLD开关并且AUTO HOLD功能被激活时，该灯点亮。

电子机械式驻车制动系统控制单元J540具有驻车制动功能、动态紧急制动功能、动态启动功能、AUTO HOLD功能。

1）驻车制动功能

电子驻车制动只有在点火开关打开情况下才可以被释放，这样可以防止儿童按下驻车制动开关。驻车制动释放条件是点火开关打开，并且施加制动力（约10bar），发动机运转并且踩下油门踏板。车辆行驶时，驾驶员踏下制动踏板且车速低于7km/h时驻车制动起作用，如图4-48所示。

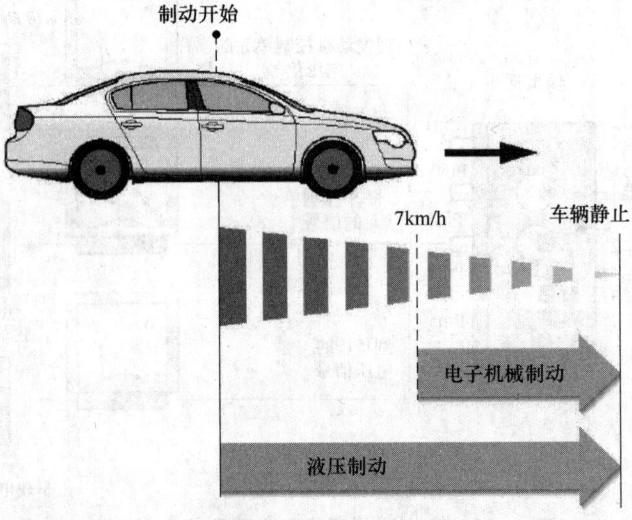

图4-48　驻车制动功能

完成任务

根据图 4-49，写出驻车制动时控制的输入信号传感器和输出执行器。
输入信号传感器：________________；输出执行器：________________。
并写出其控制流程：________________________________。

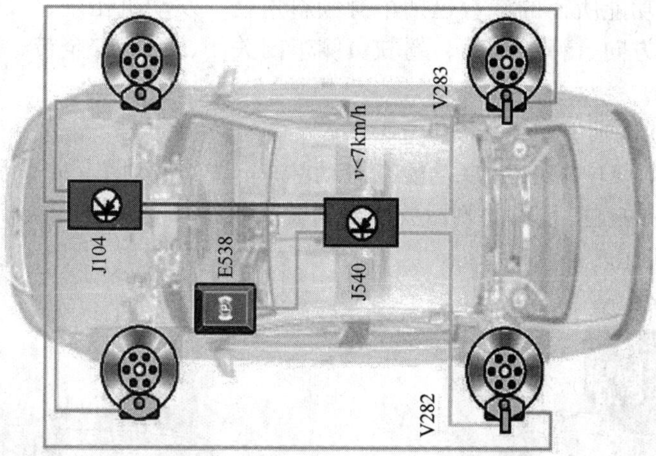

图 4-49　控制驻车制动功能的元件

2）动态紧急制动功能

如图 4-50 所示，动态紧急制动功能的执行过程是按下 E538 开关，并且保持住，仪表会有视觉和听觉警报信号。动态紧急制动的减速度为 6m/s²，由于有刹车效果的存在，车尾部的制动灯应点亮。

图 4-50　控制动态紧急制动功能的元件

完成任务

根据图 4-50，在操作 E538 实现动态紧急制动功能时，仪表显示什么符号？__________；发出什么声音？__________；制动灯是否点亮？__________；是四轮制动还是后轮制动？__________；写出其工作流程：____。

3）动态启动功能

实现动态启动功能所需的参数包括车身倾斜角度、发动机扭矩、加速踏板位置、离合器踏板位置、行车方向、释放制动、驾驶员侧车门关闭、系好安全带、发动机运转、前进力矩大于阻碍力矩。

4）AUTO HOLD 功能

如图 4-51 所示，AUTO HOLD 功能有自动驻车、坡路启动车、驻车和启动车辅助功能。激活 AUTO HOLD 的前提是车的侧门关闭，驾驶员系好了安全带（防止突然减速产生的驾驶员前移），发动机运转。

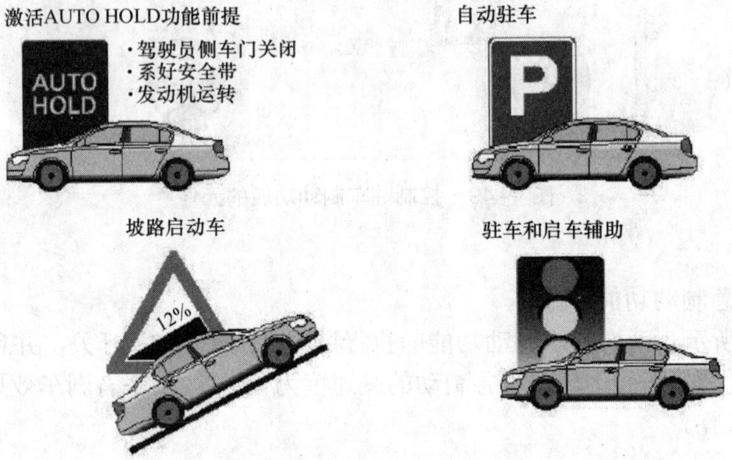

图 4-51 AUTO HOLD 功能

5. 电子驻车检修

1）间隙调整

制动蹄片间隙调整在车辆静止时会周期性地进行。当行驶距离每超过 1 000km，而且电子驻车制动没有被应用时，间隙调整自动进行时，制动蹄片从起始位置被压向制动盘，控制单元通过检测电机电流信号来判断蹄片行程，从而判断蹄片磨损情况，并对间隙进行补偿。更换制动蹄片时不能施加驻车制动，可以通过 VAS 5051/5052 将压力螺母退回到初始位置。

更换完制动蹄片后，再次使用 VAS 5051/5052 对蹄片位置进行匹配。

2）EPB 的功能检测模式

检测前提是点火开关打开，AUTO HOLD 功能关闭，前轮静止，后轮以 2.5～9km/h 的速度持续运转 5s 以上。执行该功能时，位于组合仪表内的警报灯 K214 会点亮。发生下列情况之一时检测即被终止：点火开关关闭，前轮运转、后轮转速低于 2.5km/h 或高于 9km/h，按下驻车制动开关、施加的制动力会递增。

控制单元会调整施加的制动力，连续四次按下驻车制动开关，每次制动活塞都会向前移动标定距离，每次制动力都递增。第五次按下驻车制动开关时，驻车制动被释放。

EPB 的功能检测需要接收的数据有离合器位置、司机侧车门状态、安全带状态、电子驻车制动开关 E538 状态、AUTO HOLD 开关 E540 状态、左后制动操作和右后制动操作状态、离合器轨迹、显示上一次驻车制动工作状态、电子驻车制动指示灯 K 213 状态、AUTO HOLD 指示灯 K238 状态、ABS 控制单元编码、AUTO HOLD 状态、驻车制动状态、ABS 数据总线连接状态、安全气囊数据总线连接状态、自动变速箱数据总线连接状态、发动机数据总线连接状态、网关数据总线连接状态、组合仪表数据总线连接状态、自动变速箱数据总线连接状态、点火锁数据总线连接状态。

·第 5 章·

气压制动系统

豪华客车、重型卡车比普通型轿车技术复杂的地方主要集中在底盘汽车制动系统和传动系统，这些年汽车书籍集中在所谓的高级电控技术，但实际高级电控部分功能已经由软件固化，更多的是介绍产品的功能，实际上能由售后服务人员动手操作的地方很少。现以我国重型汽车为例介绍，客车部分可参考本章内容。

5.1 气压制动技术

1. 气压制动的特点

1）制动系统

行车制动系统和驻车制动系统是汽车制动的两个系统，但在货车上，特别是重型货车上必须装备有辅助制动系统，辅助制动有发动机排气制动、电力缓速和液力缓速制动 3 种，排气制动和电力缓速制动通常可以联合使用。

2）多管路制动

行车制动至少是双回路系统，制动系统采用前、后布置，如果前管路储气筒制动管路失效，后管路储气筒压力能使车辆有效停止。对于后轮采用弹簧驻车时应设计第三管路储气筒解除弹簧驻车，一般采用 4 个回路。对于重载且经常下长坡的汽车，是采用气压作用控制排气阀关闭来实现缓速制动的。

3）全轮制动

行车制动必须作用在所有车轮上，具有均匀的制动效果，驻车制动可作用在后轮的部分车轮上。

4）渐进功能

制动控制必须具有渐进功能，例如，挂车制动要早于前车；前、后制动力分配要有要求。

5）报警和保护

气压制动结构上必须具有声或光报警装置和保护装置，例如，储气筒气压低时，气压报警开关触发的仪表报警；保护装置如气压高时储气筒上的安全阀；另外，还要设计放水螺钉。

6）辅助用气

对于有气扬声器、气动选挡换挡、气压离合助力的客车或卡车，要从第四回路引出气管，大多也专有储气筒，虽然它们与气压制动无关。

7）泄荷装置

空气压缩机要设计泄荷装置，早期控制泄荷采用可调的调压阀，现在多由干燥器引出管路进行控制。

8）干燥器

空气要经干燥器内分子筛筛出水分后进入管路，防止生锈和结冰。干燥器内的分子筛在再生储气筒的作用下把水排出，干燥器内要设计自动开关控制的加热器以防止排水口结冰。

注：气压制动和液压制动设计要求是不完全相同的。

2．主车制动系统的结构

如图 5-1 所示为主车制动系统气动元件和管路的连接，挂车部分制动未显示。挂车由主车和挂车（见图 5-2）两部分组成，挂车是无驱动轮的部分，分为全挂和半挂两种。半挂车主车前轮用于转向，后轮采用两轴 8 个驱动轮或一轴 4 个驱动轮进行驱动，后面挂车有 12 个或 8 个车轮承载随动，半挂车架的车架本身前部没有车轮，前部是搭在主车的驱动轮上部车架上的。全挂车（见图 5-3）车架是有前轮的，如图 5-3 所示。

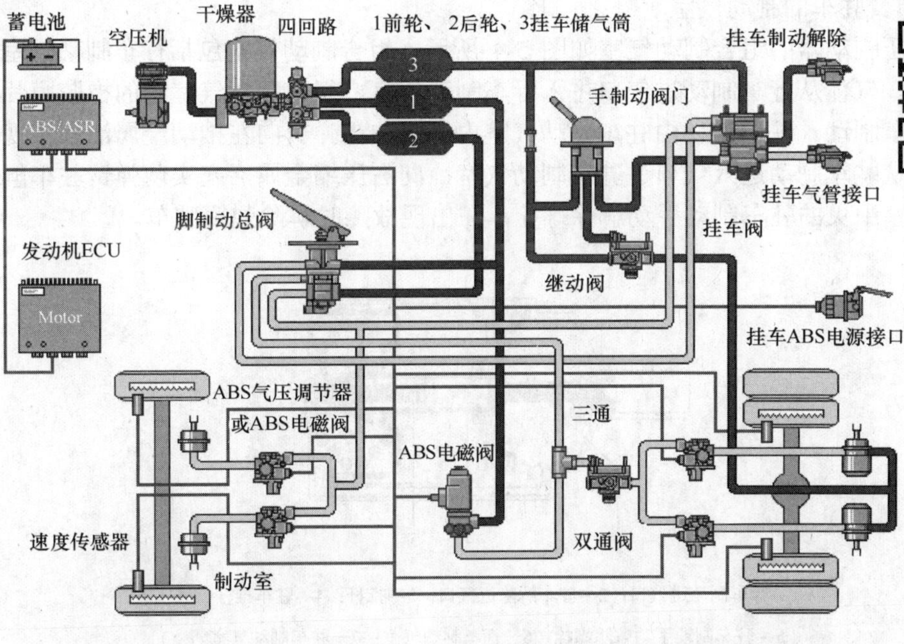

图 5-1　主车制动系统气动元件和管路的连接（手驻车阀处于解除状态）

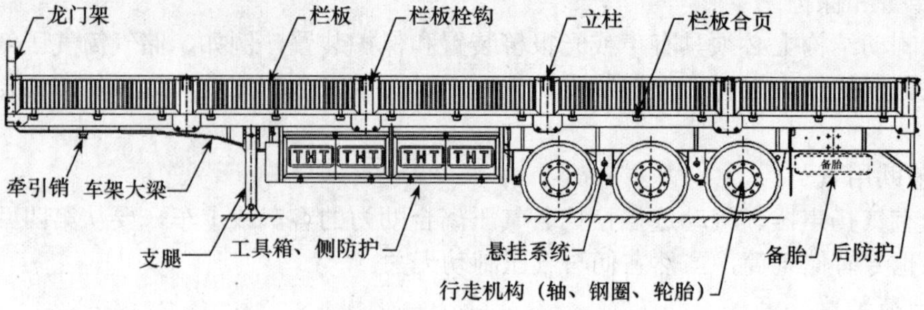

图 5-2　半挂车的结构

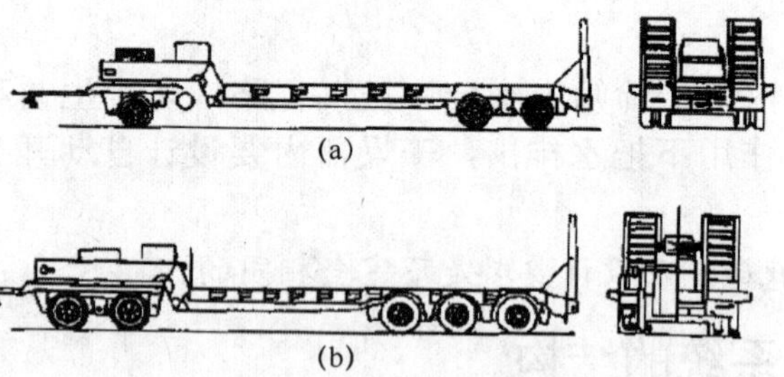

图 5-3　前部单轴和前部双轴全挂车的结构

需要强调的是，这里介绍的主车制动系统的结构不适用于具有在变速器后部有机械式中间驻车制动器的气压刹车系统的汽车，而适用于驻车制动为弹簧制动的车辆。

3．主要部件的结构

1）带弹簧驻车的制动气室

用于气压制动器的组合制动气室如图 5-4 所示。组合制动气室包括行车制动气室和驻车制动气室。气体从行车制动进气口进入行车制动气室，行车制动气室内的橡胶膜片推动推杆实现行车制动。驻车推杆由驻车制动气室内右侧的粗弹簧向左推动金属活塞实现弹簧驻车。气体从驻车制动进入气口进驻车制动气室，向右压缩金属活塞实现弹簧驻车解除。旋出金属活塞中央的驻车制动手动解除螺栓，在出现故障时解除弹簧驻车。

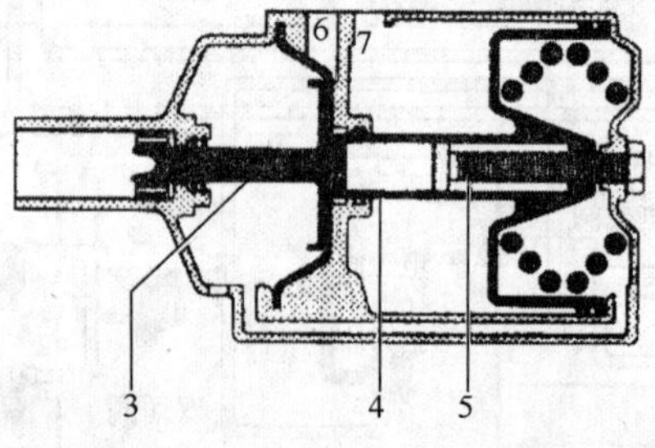

1—行车制动进气口；2—驻车解除进气口；3—推杆；4—驻车推杆；

5—驻车制动手动解除螺栓；6—行车制动气室；7—驻车制动气室

图 5-4　气压制动器的组合制动气室

2）干燥器

干燥器（见图5-5）内置有分子筛，空压机压缩空气产生的水分子会被吸附在分子筛的一侧，空气通过分子筛后成为干燥的空气，干燥的空气可防止管路生锈和结冰，增加制动系统的可靠性。干燥器下部的加热器还能在低温时实现自动的电加热，防止排气口结冰。当压缩机泄压后，先前储存好的一部分干燥的空气会反向冲刷分子筛，将水分子从干燥器的底部放水口排出，因此使干燥器具有“再生能力”。

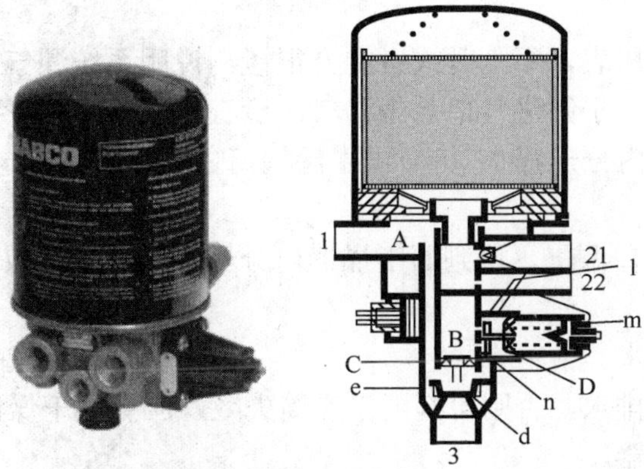

图5-5 带有加热器的干燥器

干燥器的工作原理：来自空压机的压缩空气经进气口1进入A腔，因温度降低产生的冷凝水在这里聚集，向下经通道C聚集到出口（e）处。向上经过干燥筒内部分子筛过滤后进入中央的空心管内，经单向阀后通过出气口21流向四回路保护阀，同时干燥后的空气也经节流口并通过出气口22到达再生储气筒，再生储气筒进口无单向阀，因此可反吹分子筛上的水分子。三口式干燥器内分子筛在管路中的连接如图5-6所示。

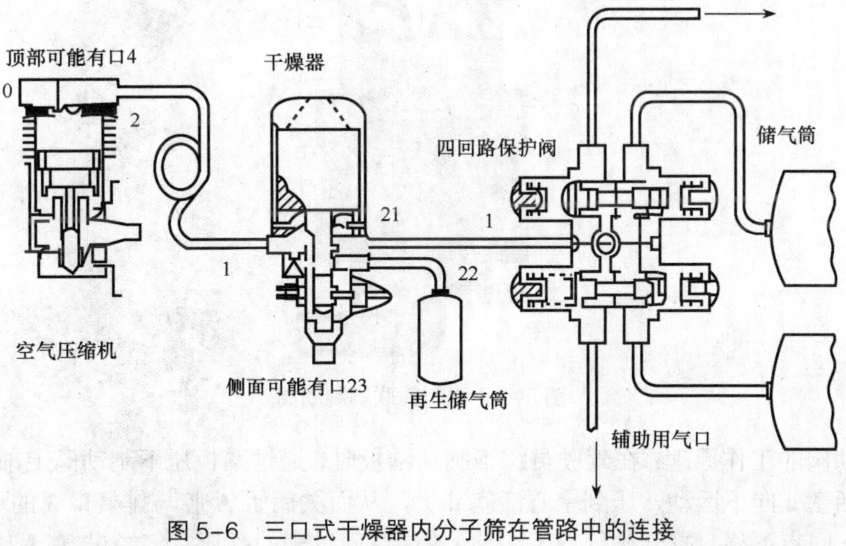

图5-6 三口式干燥器内分子筛在管路中的连接

干燥器的主要性能参数：切断压力（系统压力）为（8.5±0.2）bar；工作压力为10bar；压力调节范围为0.7～0.75bar；加热器功率为100W；直流工作电压为24V（21.6～28.8V）；自动开启温度为（7±6）℃；自动关闭温度为（29.5±3）℃。

干燥器的接口：1 口接进气口，规格为 M22×1.5；21 口接出气口，规格为 M22×1.5-VOSS230；2 口接再生储气筒，规格为 M16×1.5-VOSS230；3 口接排气口（出气口标准 JED-463-0，可接消音器）。

干燥器的安装要求：干燥器内分子筛必须垂直安装且干燥器内分子筛进气口的温度不超过 65℃。

空气干燥器内分子筛常见故障及处理如下。

（1）整车气压低。

车辆怠速时观察气压表，不上升或者上升很慢，说明系统漏气；用肥皂水涂抹检查空压机出气口到干燥器内分子筛进气口是否漏气；检查干燥器内分子筛切断压力与调节范围是否正常；检查干燥器内分子筛 22 口与再生储气筒之间是否漏气。

（2）3 口常漏气。

车辆运转正常时 3 口漏气，可判断干燥器内分子筛失效。失效原因多为管路有脏物，应更换干燥器内分子筛。

（3）制动管路中有水。

检查 3 口能否正常排水，否则可判断干燥筒失效，应更换干燥筒。

（4）加热器烧熔断器。

检查加热器的温控器内的电线是否和干燥器内分子筛的壳体短路（干燥器内分子筛加热器不分正、负极）。

3）脚制动阀

脚制动阀（见图 5-7）用于实现行车制动的双回路制动，前、后制动管路是独立的。脚制动阀的上腔（后轮）和下腔（前轮）结构上是上、下串联，但在功能实现上却是并联。

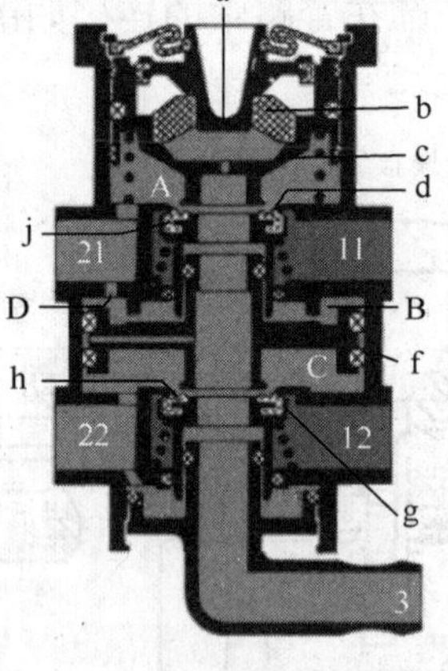

图 5-7　双腔并联脚制动阀

脚制动阀的工作原理：在驾驶员踩下制动踏板时，通过踏板压下制动阀上部结构 a、b，从而推动活塞 c 向下运动，压到空心活塞 d 上，从而关闭了 A 腔与排气口 3 的通道。活塞 c 和活塞 d 同步下移，打开进气口 j，从后轮储气筒过来的高压空气经进气口 11 来的气体进入上腔 A，并通过出气口 21 到后轮制动气室中，实现后轮前制动。后轮制动产生的同时，气体通过孔 D 进入 B 腔并作用在活塞 f 上，活塞 f 向下运动，关闭 C 腔与排气口 3 连通 g，活塞 f 下移推前轮阀活塞并打开进气口 h，从前轮储气筒来的高压空气经进气口 12 进入 C

腔，并通过22口到前轮制动管路中。A腔和C腔建立的气压分别作用在活塞的下方，反作用于活塞，直到活塞上、下方的力达到平衡，进气阀和排气阀都关闭。车轮的制动压力和踏板位置有关，使制动压力受驾驶员控制。驾驶员抬起踏板解除制动时，21、22口气体通过排气阀经排气口3排入大气。

脚制动阀的主要性能参数：最大工作压力为13bar；工作介质为空气；工作温度为-40℃～+80℃；接口规格为4-M22×1.5-VOSS230；质量为1.15kg。

脚制动阀的安装要求：排气口朝下，阀体中心线与垂直线最大夹角为45°。

脚制动阀的接口：11口接上腔气源口；21口接上腔出气口；12口接下腔气源口；22口接下腔出气口；3口接排气口。

脚制动阀的常见故障及处理如下。

（1）踏板回位慢：检查踏板回位弹簧。

（2）排气口常漏气：阀门密封面有异物，应更换新件。

4）手制动阀

手制动阀用来操纵弹簧驻车式制动，使驻车制动安全可靠。其具有随动功能，可控制弹簧储能双腔制动室的弹簧腔逐渐放气，起应急制动的作用。

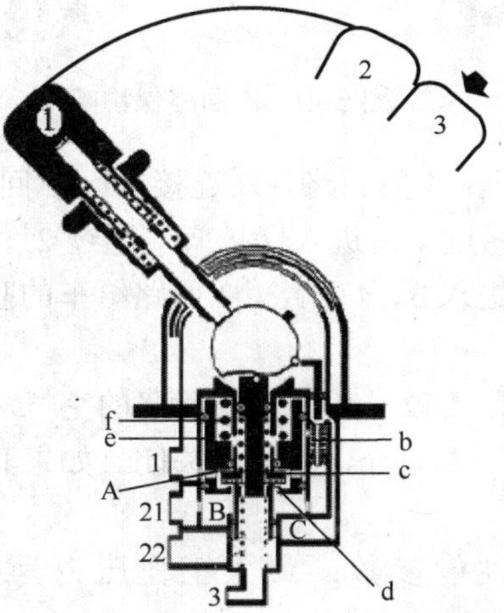

图5-8 手制的阀结构（行车位置）

手制动阀的工作原理如下。

（1）在行车位置，保持A和B腔间的通道打开，使驻车储气筒的空气经1口进入，并经21口进入车轮附近的制动气室，压缩粗弹簧实现驻车制动解除。

（2）在驻车位置时，21口的气体从排气口3排出，制动气室内的粗弹簧推动驻车推杆实现弹簧驻车。

手制动阀的主要性能参数：最大工作压力为10bar。

手制动阀的接口：11口接气源口；21口接驻车制动气室、22口接挂车阀、3口接排气口。

手制动阀的常见故障及处理如下。

（1）驻车制动解除慢：检查手阀顶杆是否达到正常输出压力；弹簧制动器室后腔漏气；管路堵塞。

（2）手柄处于停车位置，无法实施驻车制动：弹簧制动器室的储能弹簧断了。

（3）排气口漏气（3 口）：阀门与阀座之间有异物，应换新件。

5）四回路保护阀

在四回路制动系统中，如果发生 1 个回路或多个回路失效，使其余管路仍能维持制动时所需要的最低制动气压。四回路保护阀如图 5-9 所示。

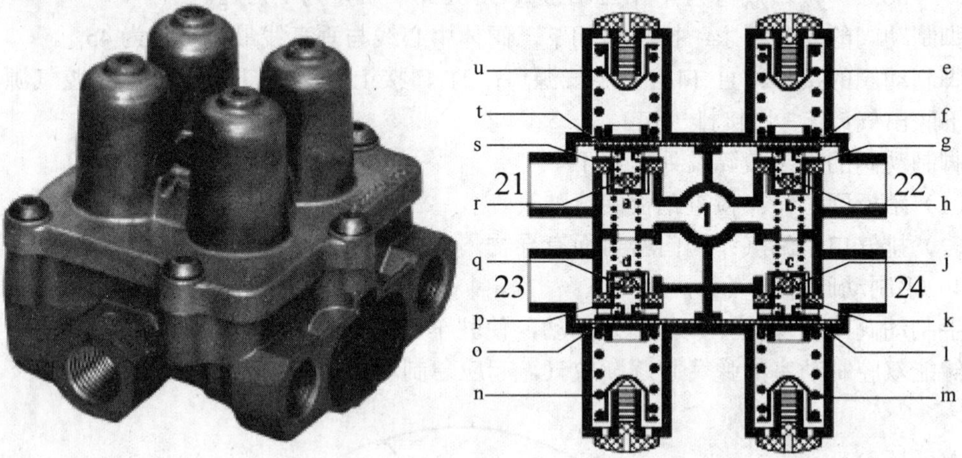

图 5-9　四回路保护阀

四回路保护阀的工作原理：4 条回路并联连接，1、2 回路优于 3、4 回路先充气。来自干燥器内分子筛的压缩空气通过 1 口进入保护阀，通过 21、22 口流入行车制动系统的 1、2 回路储气；通过 23、24 口进入 3、4 回路。3 回路给车的驻车制动供气，也为挂车提供气源。4 回路接辅助用气。

如果行车制动的 1 条回路失效，其他 3 条回路的空气从失效回路中泄漏，直到达到动态关闭压力。弹簧力使得阀门（e、m、n、u）关闭。如果其他回路失效，回路的压力保护过程以同样的方法进行。

四回路保护阀的主要性能参数：最大工作压力为 13bar；接口规格为 5-M22×1.5-VOSS230。

四回路保护阀的接口：1 口接气源口；21 口接回路 1；22 口接回路 2；23 口接回路 3；24 口接回路 4。

四回路保护阀的安装要求：四回路可以任意角度安装，用 2 个 M8 的螺栓固定。

四回路保护阀具有断路保护功能：当 P23=8bar、P21=0bar 时，流速=16～35L/min，当 P21=0bar 时，P23 最大保留 1bar。

四回路保护阀示意图如图 5-10 所示。

四回路保护阀的常见故障及处理如下。

（1）某个回路输出气压过高或过低：弹簧疲劳，调整螺钉松动，应更换新件。

（2）四回路漏气：上、下阀体之间的膜片脏或者损坏，应更换新件。

6）继动阀

继动阀的作用：可以缩短制动时气室压力建立时间；解除制动时迅速将气室气体排出；减少控制阀类（总阀、手阀）的气流量；提高阀的可靠性。继动阀如图 5-11 所示。

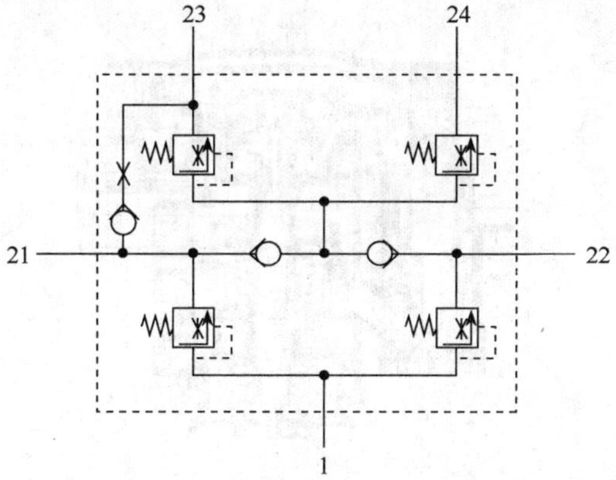

图 5-10 四回路保护阀示意图

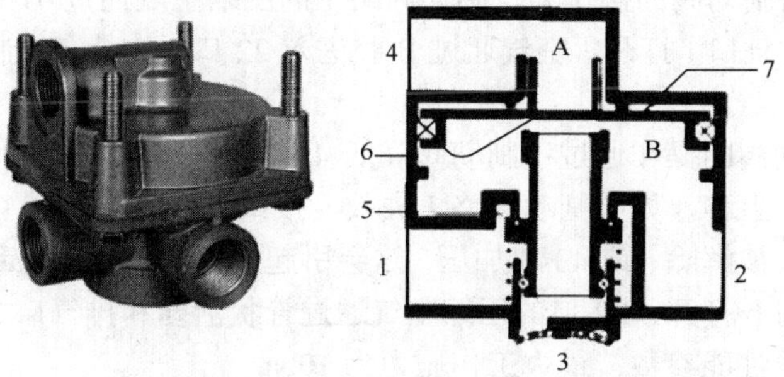

图 5-11 继动阀

继动阀的工作原理：汽车正常行驶时，从储气筒来的压缩空气从 1 口进入，使进气阀 5 关闭，排气阀 6 开启，与和制动分室相连的输出口 2 相通。当制动时，从制动阀来的压缩空气从 4 口进入 A 腔，使活塞 7 下行关闭排气阀 6，继而打开进气阀 5，压缩空气经 1 口从 2 口输向分室，在达到平衡时，近、排气阀同时关闭。

当解除制动时，A 腔气压为零，活塞 7 上升，排气阀 6 打开，进气阀 5 关闭，分室气压经 2 口、排气阀 6 和排气口 3 排入大气，起快放作用。

继动阀的主要性能参数：最大工作压力为 10bar。

继动阀的接口：1 口接气源口；2 口接出气口；3 口接排气口；4 口接控制口。

继动阀的安装要求：用阀体上的 4 个 M8 螺栓中的 2 个紧固，可以±90° 安装。

继动阀的常见故障及处理如下。

（1）行车时漏气：检查弹簧制动器室前后串气。

（2）3 口漏气（排气口）：阀门与阀座之间有异物，应更换新件。

7）挂车制动阀

挂车制动阀（见图 5-12）和手制动阀控制挂车双回路制动系统的弹簧制动室。如果一条回路断裂或挂车控制回路还未连接，汽车制动阀的动作将引起气体供应的减少和挂车气路气体压力的减少，挂车此时会自动制动。

挂车制动阀工作原理：当制动系统被充入压缩气体时，气体通过 11 口进入 2/2 路阀并直接作用到活塞 k，被压迫后运动到上方受到弹簧 l 的反作用和弹簧 j 的作用，通过通道 i，空气进入 D 腔，进入 12 口，通过 12 口进入自动供应接头。

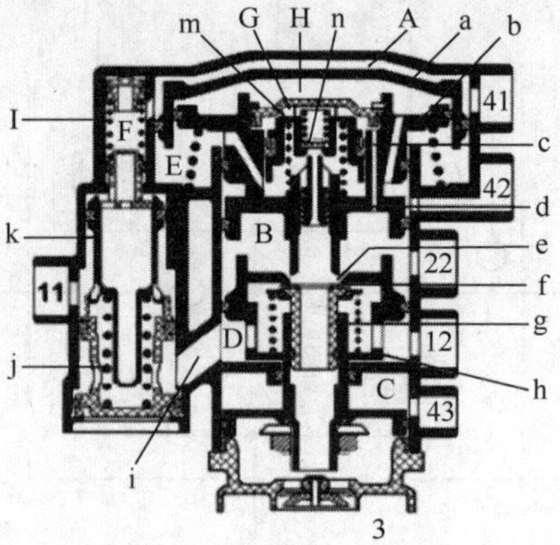

图 5-12　挂车制动阀

（1）来自双回路制动阀的操作来自制动回路 1 的压缩空气通过 41 口进入 A 腔和 F 腔，使排气口 e 关闭，进气口 f 打开，空气通过 B 腔进入 22 口，给挂车控制管路加压，引起挂车的自动制动。

（2）来自手制动阀的操作通过手制动阀降低 43 口气压，使 C 腔的压力降低，D 腔压力升高，压迫活塞 h 上移，如果制动回路 1 失效，接口 22 就被加压。当制动过程结束时，接口 41 和 42 气压又被解除，或 43 口加压，这会引起活塞 a、b、e 和活塞 h（被 C 腔压力）回到初始位置，出口 b 打开，22 口的压缩空气通过管状活塞和排气口 3 排入大气。

挂车制动阀主要性能参数：最大工作压力为 10bar。

挂车制动阀接口：11 口接第三回路供气口；12 口接红色挂车接头；22 口接黄色挂车接头；41 口接行车制动 1 回路；42 口接行车制动 2 回路；43 口接手制动阀 22 口。

挂车制动阀安装要求：排气口朝下，阀体中心线与垂直线最大夹角为 90°。

挂车阀的常见故障及处理如下。

（1）挂车自动抱死或者新车时挂车不能解除驻车制动：检查手制动阀的输出压力是否过低，气管是否有破裂。要是新车第一次挂接挂车时，一定要检查 41、42、43 口是否接对。备注：红管为气源管，黄管为控制管。

（2）停车时挂车阀有漏气现象：检查挂车的紧急制动阀是否漏气。

（3）挂车在空车时制动太早，造成挂车轮胎磨损：主、挂车制动匹配有问题。

（4）挂车阀或手阀的 3 口漏气（排气口）：阀门与阀座之间有异物，应更换新件。

5.2 WABCO 汽车的气压制动系统

1. 发展历史

伟布科（WABCO）公司在 20 世纪 60 年代中期研制出参数模型并将成果应用于飞机；1972 年又研制出了第一代模拟技术系统；1975 年，展出 ABS 系统及微处理器技术；1981 年，展出批量生产的 A 型 ABS（第一代）；1982 年，开始大批量生产 A 型 ABS；1985 年，开始批量生产 B 型 ABS（第二代）；1986 年，开始批量生产 6 通道带 ASR 功能的 ABS；1989 年，开始生产挂车 C 型 ABS Vario-C；1990 年，开始生产 C 型 ABS（第三代）；1996 年，开始批量生产 D-Full 和 D-Basic 型 ABS（第四代）；2000 年，开始批量生产 E 型 ABS（第五代）。注意：目前有实用价值的是 1996 年生产的 D 型和 2000 年生产的 E 型 ABS，特别是 E 型 ABS。

2. ABS 装置的工作原理

气压制动系统的防抱死和防滑转装置的工作原理，与液压制动控制系统的同类装置类同。不同之处是工作介质是否循环使用，因液压制动控制系统，为了防止制动油液消耗，用专设的油泵循环控制；而气压制动控制系统，因气源充足，直接将工作后的压缩空气放掉。可见，气压制动控制系统的结构较简单且故障率少，然而一旦制动系统出现故障，由于制动管路较复杂，修理也有一定难度。

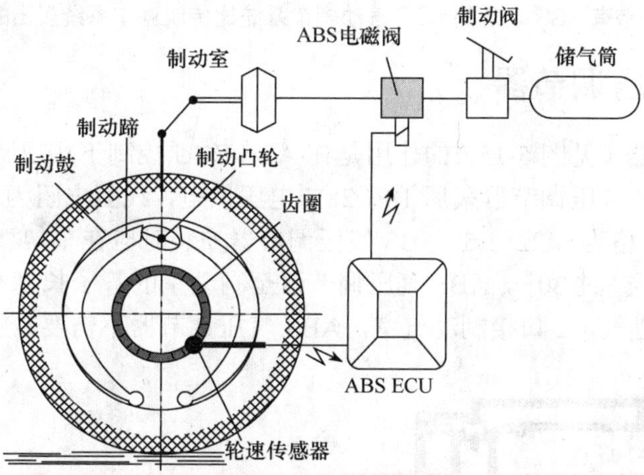

图 5-13 气动 ABS 的结构

ABS 电磁阀本质上是两个两位两通电磁阀或一个三位三通电磁阀，国内多为两个两位两通电磁阀。

ABS 装置的工作原理如下。

1）防抱死降压状态

当驾驶员踏下制动总阀时，由于两个 ABS 电磁阀全部处于断电状态，车轮制动气室内压力升高，车轮开始减速；当打滑率超过上限值时，即某一车轮将要抱死时，轮速信号传给 ECU，即以占空比方式，使进、排气电磁阀都导通，进气电磁阀打开，关闭了大气通道，压缩空气即进入其膜片阀控制气室，使膜片进气阀处于关闭状态。而排气电磁阀关闭，切断了膜片阀控制气室与压缩空气的通道，并打开了大气通道，其膜片在气压差的作用下而开启，使制动气室与大气相通，制动气压随之下降，防止了该车轮抱死。

2）防抱死保压状态

当打滑率在上、下限之间时，处于保压状态：当将要抱死的车轮角速度信号处于最佳状态时，ECU 只导通进气电磁阀，使其开启，并切断膜片阀左侧控制气室与大气的通道，压缩空气使膜片进气阀关闭，切断了制动阀与制动气室的通路。由于排气电磁阀仍处于开启状态，其膜片阀处于关闭状态，故制动气室中的气压保持不变（双阀关闭）。

3）防抱死升压状态

当打滑率低于下限值时，处于升压状态：当该车轮的轮速信号从最佳状态加快时，ECU即发令使两个电磁阀都不通电，恢复正常制动状态，制动气室的气压即随动升高。

可见，ABS防抱死的调压过程是：降压—保压—升压，是3个连续的工作过程，使车轮在制动时处于最佳状态，提高了附着力的利用率和制动效能。

带有ASR功能的ABS气动刹车系统比传统刹车系统多出的主要部件如图5-14所示。

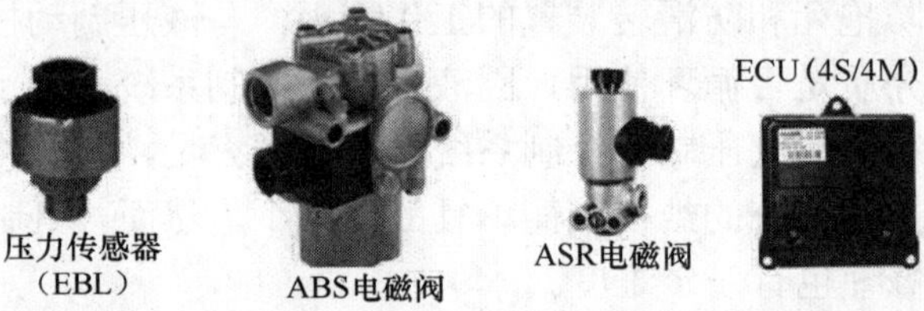

图5-14　带有ASR功能的ABS气动刹车系统比传统刹车系统多出的主要部件

3. ABS气压调节器

ABS气压调节器（见图5-15）的作用是在ABS ECU控制下实现制动气室充气、保压、排气3种状态。ABS气压调节器采用18～28V电压供电，线圈电阻为14～15Ω，工作压力为0～11bar，接口规格为M22×1.5。ABS气压调节器安装时应在车架靠近制动气室的位置，排气口朝下，倾斜不超过30°，ABS气压调节器至制动室的管子长度不超过1.5m，管径应大于9mm，1口接进气，2口接制动气室，ABS气压调节器不需要专门保养。

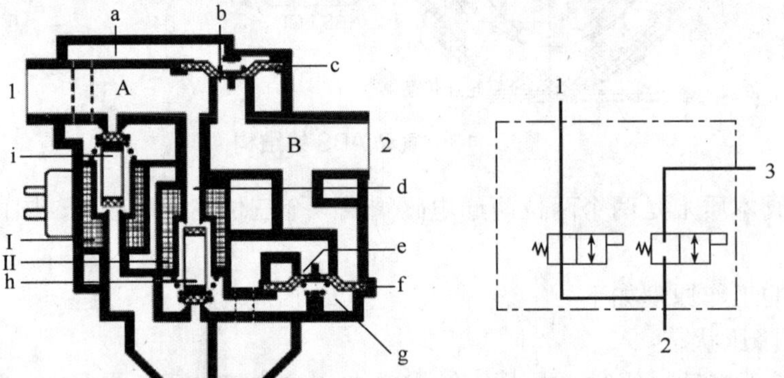

图5-15　ABS气压调节器

ABS部件内部的机械故障如电磁阀漏气，ECU不能记录。E版本ABS每次打开点火开关时，都会对电磁阀进行自检，自检顺序为：右前→左后→左前→右后。

ABS故障灯、ASR指示灯、挂车ABS故障灯如图5-16所示。ABS故障灯和挂车ABS故障灯表明ABS系统是否有故障码，颜色为黄色。对于选装ASR功能的车辆，ASR灯闪烁表示进入ASR工作状态。如果ABS系统无故障，打开点火开关后，系统自检后3s内灯灭；如果系统有故障，指示灯将亮。

图 5-16 ABS 故障灯、ASR 指示灯、挂车 ABS 故障灯

4. ASR 工作方式

桥控：实施差速控制。如果驱动轮在不同附着系数的路面上，在车速小于 35km/h 时，通过对打滑的驱动轮实施制动，降低打滑率，提高驱动力。

发动机控制：在车速大于 35km/h 或两侧驱动轮均在光滑路面上时，通过减小发动机输出的驱动扭矩来控制驱动轮扭矩，从而降低打滑率，提高驱动力。

1）ASR 性能

（1）当驱动轮单侧打滑时，可以对打滑的车轮进行差速制动及发动机控制。

（2）可以和差速制动同时起作用。

（3）在相同路面上，两侧驱动轮同时打滑时，发动机控制会激活。

（4）在各种条件下，使车辆具有最理想的启动。

（5）在过弯时，可以使车辆更稳定。

（6）在控制过程中，ASR 指示灯会激活并且相关的 CAN 信息会被发送出来。

2）ASR 功能开关

（1）在深雪路面条件下，更大的驱动滑移可以使车辆性能更好。

（2）针对深雪路面或者泥泞路面模式的 ASR 牵引力模式可以通过相应的开关激活。

（3）当 ECU 相应的输入通过开关接地时，发动机控制会在车辆从静止启动过程中，当车速达 2km/h 至 10km/h 时被激活。

（4）通过指示灯缓慢闪动告知司机车辆的低稳定性。

ASR 功能需要增加的部件：增加一个 ASR 电磁阀及一个双通单向阀。

5. ISO 7638 电源线

挂车 ABS 的 ECU 是独立的，需要主车提供电源（见图 5-17 中的 25A 和 5A），并通过主车仪表上的指示灯显示挂车 ABS 的工作状态。这个过程是通过 ISO 7638 电源线来完成的，如图 5-17 所示。

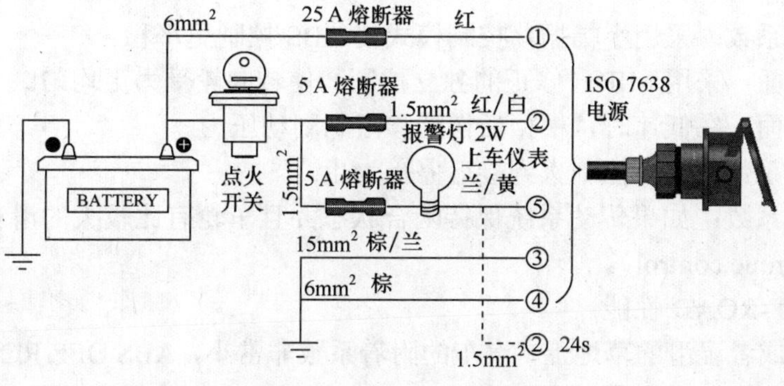

图 5–17 ISO 7638 电源线

6. 挂车系统

挂车 ABS 示意图如图 5-18 所示。

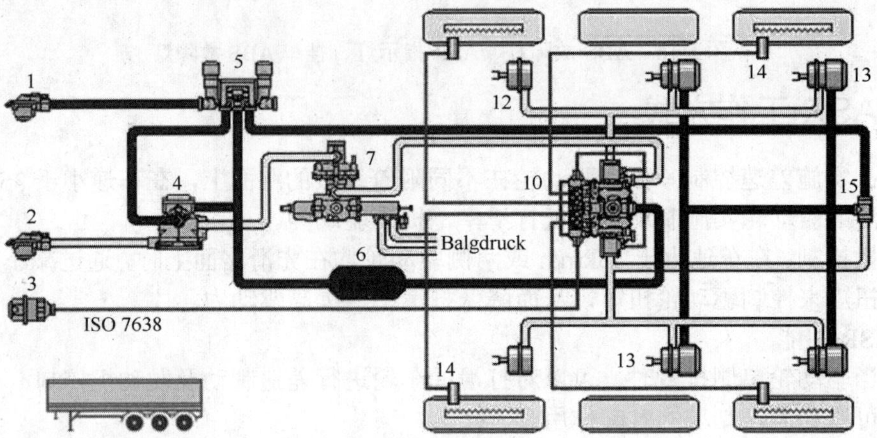

1—接主车气管；2—接主车气管；3—接主车 ISO 7638；4—接主车气管；5—接主车气管；6—挂车储气筒；7—接主车气管；8—接主车气管；9—接主车气管；10—ABS 气压控制阀组；11—ABS 气压控制阀组；12—ABS 气压控制阀组；13—ABS 气压控制阀组；14—ABS 气压控制阀组；15—ABS 气压控制阀组

图 5-18 挂车 ABS 示意图

挂车 ABS 要连到主车的制动管路上，挂车车轮不是驱动轮，所以不涉及 ASR 系统，有 ABS 时按图 5-18 中的管路连接，无 ABS 时管路 1、2 接主车挂车阀，在驻车阀放下时，向后两轴供气并解除驻车，ABS 中的传感器置于挂车的前轴和后轴，制动气路采用并联，这样的管路是同一控制，即按低选原则或高选原则进行控制。

7. 其他

1）SAE J1939 的特点

SAE J1939 接口发送 ABS/ASR 状态信息，EBC1 每 100 ms、50 ms 或 20 ms 发送轮速信息，ABS 缓速器控制，ABS 拖拽扭矩控制（Drag torque control），ASR 发动机控制。

SAE J1939 接口读取：发动机信息、变速箱信息和其他信息。

2）ABS 性能

（1）高附着系数：采用小幅振荡控制模式使 ABS 控制更平稳。

（2）对开路面：采用 MIR（修正的独立控制）使转向轮受力更均匀。

（3）对开路面：在低速时，根据后桥滑移限制制动压力。

（4）低附着系数：循环控制直到接近停止为止。

（5）低附着系数：如果传动系统保持啮合状态并且车轮有比较大的滑移，采用拖拽扭矩控制（Drag torque control）。

3）ABS OFF-ROAD 性能

（1）在泥泞或者湿滑的草地上，汽车的附着系数非常小，ABS OFF-ROAD 会把车轮锁死，允许车轮陷入泥泞或者草地。

（2）WABCO 汽车的越野路面功能可以用一个复位开关激活。

（3）车速低于 15km/h 时 ABS 关闭。

（4）车速在 15km/h 至 40km/h 之间，允许车轮短暂抱死。

（5）车速在 40km/h 以上时 ABS 恢复正常。

（6）在越野路面模式下，警告灯会通过慢闪来告知司机。

4）电子制动力限制（Electronic Brake force Limitation，EBL）

EBD（Simplified Brake Slip Balancing）意思是简单的制动力调节。基于 ABS 轮速差别，根据前、后桥滑移差别调节后桥制动压力，这个 ABS 的延伸功能在车辆减速度低于 0.25g 时不能被激活。

EBL（Advanced Brake Slip Balancing）意思是高级的制动力调节。从 2001 开始批量生产，基于 ABS 轮速差别，根据前、后桥滑移差别调节后桥制动压力，制动压力传感器允许减速度大于 0.1g 时被激活。注：EBL 因为引入了压力传感器所以性能优于 EBD。EBL 的优点是通过设定相应的激活减速度可以等同于标准的感载阀；后桥滑移（与前桥对比）可以更改，从而调整制动不足或者过制动。这就提供了对于不同车辆范围减少制动气室种类的可能性；最小的减速曲线（根据压力传感器信号计算）要满足满载时制动性能高于最低极限曲线的要求。对于不同特性的挂车控制阀，可以根据客户要求调整该曲线。

5）安全保障

（1）在前桥失去制动力的情况下，后桥会进行全制动。通过压力传感器信号计算得到的额定制动减速度会大于实际车辆的减速度。EBL 因此会增加后桥的制动压力直到达到额定减速度为止或者达到最大压力为止。

（2）当制动压力传感器失效时，后备功能还保留，系统会切换到相应的激活条件。

（3）只有在 EBL 系统相关零件有故障的情况下，该功能才会被关闭。

（4）在非常严重的 ECU 故障或者供电中断的情况下，ABS 系统关闭，常规制动仍然存在。

6）EBL 电子制动力限制

（1）BL 功能基于 ABS 轮速传感器，监控制动期间后桥与前桥打滑率的差别，并将打滑率控制在给定的范围内。

（2）当有轮速和后桥制动压力输入时，ECU 计算相关的车辆速度、后桥打滑率及车辆名义减速度。

（3）当车辆制动并且后桥滑移及车辆减速度超出极限值时，EBL 开始起作用（ABS 电磁阀处于保压状态）。

（4）当后桥打滑率和车辆减速度过低时，制动压力相应增加。

（5）当驾驶员放开制动踏板或车辆已停止时，EBL 停止工作。

7）TPM 间接轮胎压力监控系统

TPM（Indirect Tyre Pressure Monitoring）是指基于 ABS 轮速的胎压监测系统，如图 5-19 所示。根据轮胎转动圈数及 ABS 齿圈齿数，ABS 传感器产生相应的信号脉冲数为齿数乘以车轮转速后累计每个车轮的信号脉冲数值，计算对角线间轮胎信号的差别（不超过 1km），考虑转向、温度及载荷变化等的影响，对计算结果要有一定的补偿，如果差别超出了预先设定的极限，通过 ABS 警告灯显示轮胎压力降低。

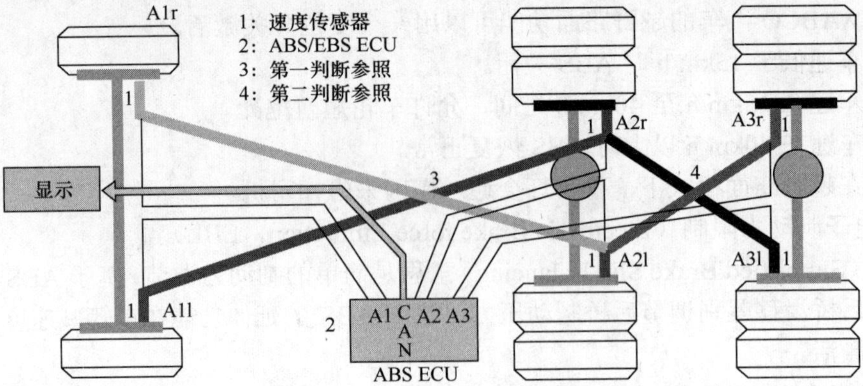

图 5-19　基于轮速的胎压监控系统

8）TPM 功能的激活

使用 ASR 功能开关，步骤如下。

（1）车辆处于停止状态，并且关掉点火开关。

（2）按住 ASR 复位开关。

（3）打开点火开关。

（4）等待 3s（直到 ABS 的警告灯熄灭）。

（5）松开 ASR 复位开关。

（6）等待 TPM 功能初始化的确认信息（ASR 指示灯闪 3 次）。

（7）TPM 功能成功初始化。

注：当轮胎压力故障时，TPM 故障的闪码为 7-8.SPN：1069 1。

9）ABS 系统的使用注意事项

（1）用外接电源充电瓶时，要将 ECU 控制盒断开，防止外界高电压损伤 ECU。

（2）当车辆需要电焊时，断开 ECU。不得用万用表测量 ECU 控制盒。

（3）定期监测发电机电压是否稳定。

（4）做蹄片保养时不要碰伤齿圈及传感器，并对齿圈及传感器进行清洁处理。

（5）各部件的拆装须在停电后进行，并保持各部件清洁、干燥。

（6）不得随意改变保险片容量。

（7）指示灯坏了应及时更换。

⑧ ECU 不能用水冲刷。

5.3 汽车辅助制动系统

汽车制动系统是汽车安全行驶中最重要的系统之一。汽车辅助制动系统能先于行车制动系统工作，提供制动系统以外的制动后备力，在制动气压很低时也能实现对缓速器的控制，保护了车辆制动系统，使原制动系统的寿命提高了 4～8 倍。汽车辅助制动系统能防止轮毂因温度太高而引起的爆胎，同时能较大限度地缩短制动距离，避免急刹时车辆摆震的不安全现象。

随着发动机技术发展和道路条件的改善，汽车的行驶速度和单次运行距离都有了很大的发展，行驶动能大幅度提高。从而使得传统的摩擦片式制动装置越来越不能适应长时间、高强度的工作需要。由于频繁或长时间的使用行车制动器，出现摩擦片过热引起的制动效能热衰退现象，严重时导致制动失效，威胁到行车安全。车辆也因为频繁更换制动蹄片和轮胎导致运输成本的增加。为了解决这一问题，应运而生的各种车辆辅助制动系统迅速发展，常用的如排气制动、电力缓速制动和液力缓速器 3 种。

1．排气制动

排气制动与发动机熄火公用一套装置，由驾驶室内安装在驾驶员左前方地板上的按钮阀操纵，踏下按钮阀使发动机熄火，接通排气制动电磁阀，使辅助用气气筒中的气体进入排气管上的排气制动阀伺服机构，推动伺服机构控制阀关闭，堵住排气管，增加排气的阻力。这时由于车身推动车轮，车轮带动发动机的阻力增加，实现了车身减速。汽车下长坡时，使用排气制动可减少制动蹄片的磨损，又可防止制动失灵，同时可降低油耗。使用排气制动时注意：发动机转速不得高于 2 000r/min，变速器空挡时，将起不到辅助作用；挡位越低（传动比大）时，排气制动效率较高。

2．电涡流缓速器

电涡流缓速器是一种高效汽车制动辅助装置，俗称“电刹”，又称第三制动系统。可以使汽车在坡道行驶时实现缓速和恒速行驶，也可以在高速公路或路况较差的情况下，及时轻松地进行缓速，因此可极大地提高汽车行驶时的安全性与舒适性。电涡流缓速器在国外已有 50 年的使用历史，并且有关交通法规都强调汽车上要安装电涡流缓速器。

电涡流缓速器的工作原理（见图 5-20）就是利用一个闭环导体在磁场中运动产生涡流，而磁场将会阻止其运动的原理制成的。具体来说，定子线圈固定，通电产生固定磁场，通风盘的转子与传动轴连接，通风盘的转子切割固定磁场，通风盘转子在磁场中旋转时产生电涡流。转子内部产生涡流的作用有两方面：一方面，这些涡流在具有一定电阻的转子内部流动时会产生热效应而导致转子发热。这样，车辆的动能就通过感应电流转化为热能，并通过转子风扇叶片产生的强劲风力将热量快速散发出去；另一方面，涡流会产生新的磁场，根据楞次定律，闭合导线回路中所产生的感应电流总是使它自己所产生的磁场反抗任何引起电磁感应的变化。简单地说，就是转子内部涡流所产生的新磁场与定子线圈产生的磁场相互作用，而阻止、抑制转子的转动，这样就形成了迫使车辆降低速度的制动力矩。

电涡流缓速器的组成和功能如下。

1）执行机构

执行机构包括定子和转子。定子由线圈和支架组成，定子绕组由 4 组 8 个线圈组成，定子安装在变速箱后端盖上。定子两端各有一个转子，一端转子与变速箱输出轴法兰连接，另一端转子与传动轴连接。

2）控制部分

控制部分包括手控开关或脚控开关、继电器盒、ABS 连接器等。

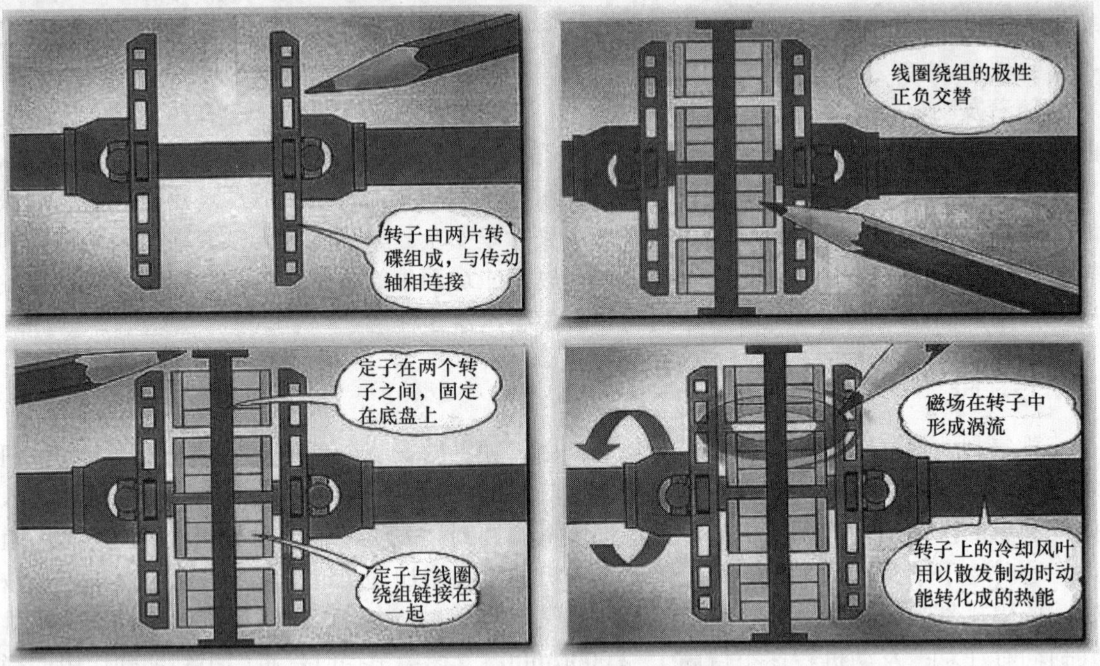

图 5-20　电涡流缓速器的工作原理

（1）手控开关在较长距离减速及下长坡时使用，安装在驾驶员附近，便于驾驶员操作。开关分 4 个挡，通过分别扳至 1、2、3、4 挡来控制 1、2、3、4 个继电器的吸合，依次增加进行工作的线圈数量，从而使制动力矩逐级增加。

（2）脚控开关安装在底盘上，用一根气管与制动总泵前轮制动气室连接。脚控开关是为控制缓速器自动工作的，随着制动气压的逐渐升高，依次接通 4 个压力传感器，使制动力矩逐级拉大。行车制动起作用时，定子绕组线圈全部进入工作状态。

（3）继电器盒安装在靠近缓速器的位置，以缩短接线的长度，减少损耗。继电器盒内由 4 个大电流继电器为定子绕组线圈提供每组 35A 的电流。

（4）ABS 连接器安装在电器控制箱内。它根据客车行驶状态自动决定缓速器的工作，包括 ABS 控制信号、ABS 指示灯信号、里程表信号、脚控开关信号、手控开关信号等信号被输入 ABS 连接器。当 ABS 检测到某个车轮打滑时，它立即切断缓速器使其停止工作，打滑结束后又逐级增加缓速器制动力矩，始终保持缓速器转矩受到路面的支持；当车速低于 3km/h 时，切断脚控功能，以避免不必要的电流损耗；ABS 检测到故障时，它将切断脚控功能，但仍保留手控功能，保证行车安全。

（5）因缓速器工作时要消耗较大电流，客车发电机输出电流应不少于 140A，蓄电池荷电量应不少于 180A・h。

驱动控制器（见图 5-21）是缓速器的控制核心，采用微计算机内核控制，无触点式智能模块，具有过温、过流、过压等自动保护和拖刹、开路、短路等检测报警多方面功能。其工作原理（见图 5-22）主要是收集不同部件的信号，对信号进行智能处理后，给定子总成相应的工作电流，驱动定子线圈工作。

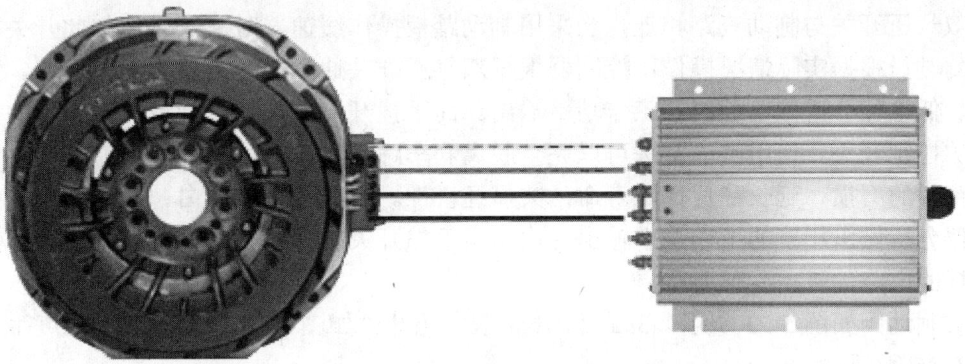

（a）

（b）

图 5-21　驱动控制器的接线

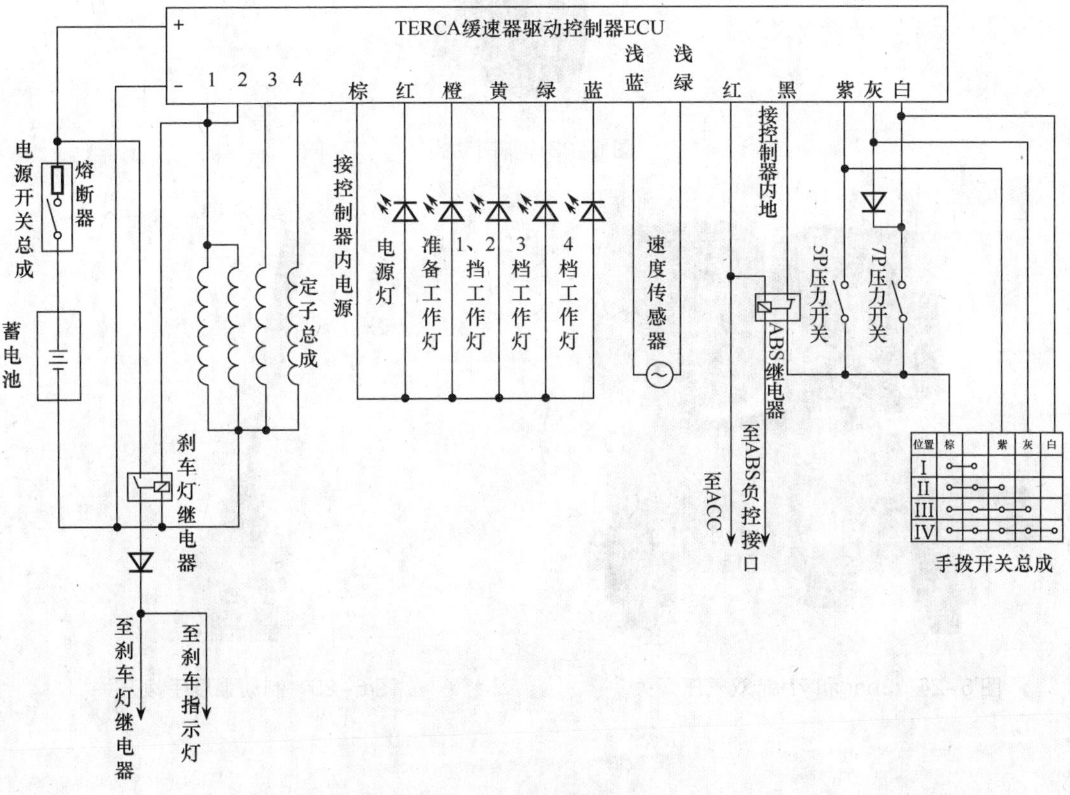

图 5-22　驱动控制器的工作原理

双气压开关与制动气路相连，当采用制动踏板操作缓速器时就可以控制此开关。此部件由驾驶员根据实际情况操作，控制器根据双气压开关通断情况，以及对白、灰、紫三线的高、低电位分析做出相应的工作功率输出。而手拨开关安装在驾驶室内，是手动操作缓速器的控制开关。使用手动开关可以完全脱离刹车蹄片工作的可能性，长期使用可以大大减少蹄片的磨损，延长蹄片使用寿命，突显经济性。开关也是根据白、灰、紫三线的高、低电位分析做出相应的工作功率输出。由于用手拨开关制动的存在，所以要设计点亮车尾制动灯的电路，防止后车追尾。

脚制动阀如图 5-23 所示。3bar 和 7bar 双气压开关如图 5-24 所示。制动强度手拨开关如图 5-25 所示。

图 5-23　脚制动阀

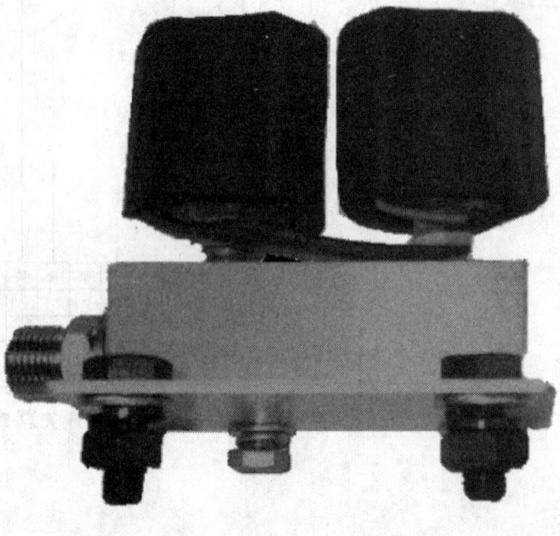

图 5-24　3bar 和 7bar 双气压开关

图 5-25　制动强度手拨开关

当司机操纵开关给固定在定子上的线圈通电时（直流 24V），定子产生磁场，转子随传动轴在磁场中旋转，定子与转子构成磁场回路，产生电磁涡流，从而形成与转子转向相反的阻力矩作用于转子上，并通过转子传递到传动轴上，由传动轴分配于左、右驱动轮上。从而达到减速的目的。又由于电信号传输速度远远高于机械传递速度，从而实现提前减速的目的。通电的线圈数量多少决定了磁场强弱，也决定了减速效果，由于没有材料接触摩擦，所以也就没有磨损，从而起到保护车辆原制动系统，同时减缓车速和缩短制动距离的作用。

当缓速器使用两年后，可将定子接线柱接线方式调换，改变工作顺序，有利于平衡线圈工作时间，避免部分线圈过早老化。转速传感器检测传动轴是否在转动，防止停车时仍给定子线圈电流。在转盘旋转过程中，扫描传感器产生磁场脉冲信号，由该脉冲信号的频率得出车辆行驶信息。速度传感器与转盘的间隙在 4～6mm 之间。用万用表测量传感器电阻在 1.1～1.4kΩ 之间。

3．液力缓速器

最早出现液力缓速器是为了解决火车短距离内减速困难的问题，但却发现其具有很好的辅助制动效果。当今液力缓速器越来越多地被运用到重型货车和大、中型客车上。

如图 5-26 所示，缓速器工作时，压缩空气经电磁阀进入储油箱，将储油箱内的变速器油经油路压进缓速器内，缓速器开始工作。传动轴带动转子转动，转子（泵轮）带动油液绕轴线旋转。同时，油液沿叶片方向运动，甩向定子叶片。定子叶片对油液产生反作用，油液流出定子再转回来冲击转子，这样就形成对转子的阻力矩，阻碍转子的转动，从而实现对车辆的减速作用。油液在运动过程中使进、出口形成压力差，油液循环流动，通过热交换器时，热量被来自发动机冷却系统的冷却水带走。

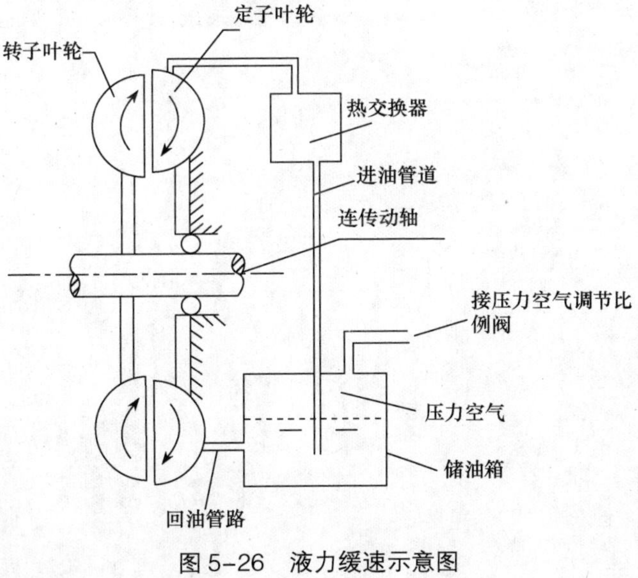

图 5-26　液力缓速示意图

缓速器的控制调节方式可以分为挡位调节缓速力矩的调节方式和制动力矩可以连续变化的调节方式两种。

（1）挡位调节缓速力矩的控制调节方式一般又分为手动操纵模式和车辆制动系联动操纵模式。手动操作模式下一般按制动力矩大小排成1～5挡，每个挡位充入缓速器的油液量决定了缓速器的缓速力矩大小，用手动拨杆控制挡位，从而控制进入缓速器的油液质量，以达到控制制动力矩的目的。每种挡位都能够维持一定的缓速强度，可实现汽车在坡路上等速行驶。

（2）制动力矩可以连续变化的调节方式又可分为很多种，这里介绍一下正在研究的一种方法。这种方法是利用安装在制动踏板下的制动量位置传感器采集得到制动量信号。该制动量位置传感器是一个可变电阻，当制动踏板位置改变时，可变电阻的阻值也发生变化，则得到一个变化电压值反映出制动量的变化。再根据制动量大小和车速大小由电控单元发出脉宽调制信号来控制电液比例阀的电压，进而控制比例调速阀出口开度来控制流入缓速器的液体质量。当制动过程结束时，电控单元控制回油泵迅速回油。从而通过这种控制方式达到控制制动力矩的目的。

·第 6 章·

电动汽车线控制动系统

电动汽车包括纯电动汽车、混合动力汽车、燃料电池汽车，本章详细讲解混合动力汽车的混合制动系统，对于纯电动和燃料电池汽车若采用线控制动系统，其原理与丰田普锐斯混合动力汽车基本相同。

6.1 电动汽车制动系统

1. 再生制动

1）再生制动的功能

再生制动是电动汽车所独有的，在减速制动（刹车或者下坡）时将车辆的部分动能转化为电能，转化的电能储存在储存装置中，如各种蓄电池、超级电容和超高速飞轮，最终增加电动汽车的行驶里程。如果储能器已经被完全充满，再生制动则不能实现，所需的制动力就只能由常规的液压制动系统来提供。现在几乎所有的电动汽车都安装了再生制动系统，从而可实现节约制动能、回收部分制动动能，并为驾驶员提供常规制动性能。

2）再生制动分析

一般而言，当电动汽车减速、在公路上放松加速踏板巡航或踩下制动踏板停车时，再生制动系统启动。正常减速时，再生制动力矩通常保持在最大负荷状态；电动汽车高速巡航时，其驱动电动机一般是在恒功率状态下运行，驱动力矩与驱动电动机的转速或者车辆速度成反比。因此，恒功率下驱动电动机的转速越高，再生制动的能力就越低。另一方面，当踩下制动踏板时，驱动电动机通常运行在低速状态。由于在低速时，电动汽车的动能不足以为驱动电动机提供能量来产生最大的制动力矩，因而再生制动的能力也就会随着车速降低而减小。

3）混合制动比例分析

如图 6-1 所示，电动汽车的再生制动力矩通常不能像传统燃油车中的制动系统一样提供足够的制动减速度，所以，在电动汽车中，再生制动系统和液压制动系统通常共同存在，称为混合制动系统。为了尽可能多地回收能量，设计上只有当再生制动系统已经达到了最大制动能力而且还不能满足制动要求时，液压制动系统才起作用。

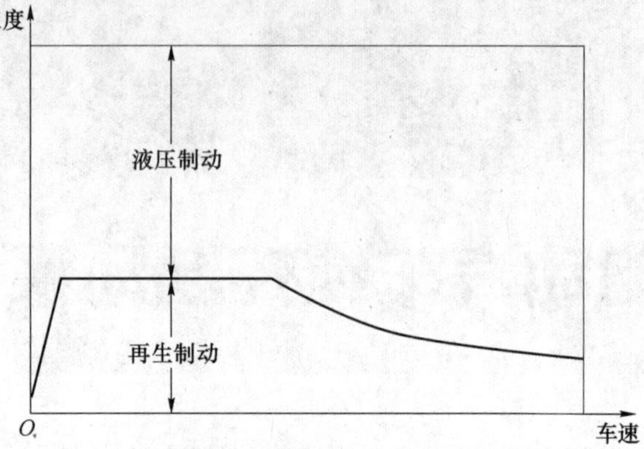

图 6-1　混合制动比例与减速度和车速的关系

再生制动与液压制动之间的协调是问题的关键所在，而且应该考虑如下特殊要求。

为了使驾驶员在制动时有一种平顺感，液压制动力矩应该可以根据再生制动力矩的变化进行控制，最终使驾驶员获得所希望的总力矩。同时，液压制动的控制不应引起制动踏板的冲击，因而不会给驾驶员一种不正常的感觉。

利用 ABS 扩展的 ESP 功能实现电动泵的油压提高，这要求 ABS 的 ESP 模块与整车控制系统要进行通信，可以把再生制动软件写在 ABS 模块驱动油泵、控制摩擦制动和制动助力的真空源。通过 ABS 与整车控制器通信来控制再生制动的强度即可。液压制动力矩是电控的，并将其产生的液压传到制动轮缸上。因而再生—液压制动系统需要防止制动失效的机构，为了提高系统的可靠性，满足安全标准，系统一般采用双管路制动，当其中一条管路失效时，另一条管路必须能提供足够的制动力。

2．减速度法能量回收

汽车减速度大说明驾驶员施加的制动力大，制动时是以制动减速度为控制目标，所以也根据汽车减速度进行能量回收控制。例如，某后轴驱动客车利用减速度限值再生制动的方法如下。

1）减速度小于 0.15g

这时不会出现抱死的情况，后轴进行再生制动能量回收，仅后轴有制动，为纯再生制动工况。

2）减速度介于 0.15～0.4g

后轴进行制动能量回收，同时利用 ABS 的回油泵加大前轴的液压制动力，能实现制动比例的分配合理。

3）减速度介于 0.4～0.7g

利用 ABS 的回油泵进一步加大前轴的液压制动力，同时减小后轴的制动能量回收。

4）减速度大于 0.7g

这种情况很少，后轴的制动能量回收电流过大，电池不能吸收，同时电机会剧烈震动，所以要取消再生制动，完全采用摩擦制动。

在整个再生制动过程中，车辆的动能不可能完全转换为储能器的充电电能。再生制动所损失的能量包括空气阻力损失、滚动阻力损失、制动系统损失、电动机损失、转换损失及充电损失等。尽管如此，现代电动汽车采用再生制动后能节省将近 20%的能量。

3．线控制动系统

1）再生—液压混合制动系统的结构

为了使车辆能够稳定地制动，前、后车轮上的制动力必须很好地平衡分配。此外，为了防止汽车发生滑移，加在前、后轮上的最大制动力应该低于允许的最大值（主要由滚动阻力系数决定）。

为了实现上述要求，再生—液压混合制动系统的基本结构如图 6-2 所示。驾驶员踩下制动踏板后，电动泵使制动液增压产生所需的制动力。制动控制与电动机控制协同工作，确定电动汽车上的再生制动力矩和前、后轮上的液压制动力。再生制动时，再生制动控制回收再生制动能量，并且反充回蓄电池中。电动汽车上的 ABS 及其制动比例控制阀（可由 ABS 的扩展功能 EBD 电子制动力分配代替）的作用与传统燃油车上的相同，其作用是产生最大的制动力。电动泵可以利用现有汽车中 ABS 的扩展功能中的 ESP 电子稳定程序的电动供能泵提供压力源。

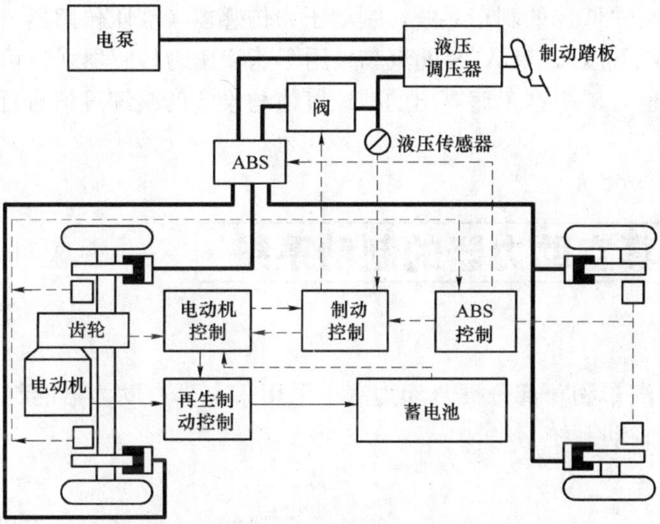

图 6–2 再生—液压混合制动系统的基本结构

2）再生—液压混合制动系统的制动力矩

如前所述，电动汽车上的总制动力矩是再生制动力矩与液压制动力矩之和。它们之间的分配比例如图 6-3 所示，其目的是保持最大再生制动力矩的同时为驾驶员提供与燃油车相同的制动感。当制动踏板力较小时，只有再生制动力矩施加在驱动轮上，并且与制动踏板力成正比。而非驱动轮上的制动力由液压制动提供，液压制动力也与制动踏板力成正比。当制动踏板力超过一定值时，最大再生制动力矩全部加在驱动轮上，同时液压制动力矩也作用在驱动轮上以获得所需的制动力矩。因而，最大再生制动力矩可以保持不变，以便能完全回收车辆的动能。

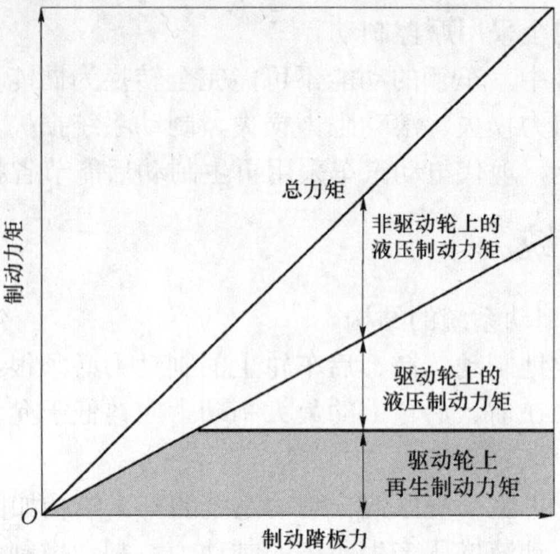

图 6-3　再生制动力矩与液压制动力矩的分配比例

制动系统因制动造成的管路压力（或制动踏板踏下深度越深）越高，说明经驾驶员判断需要的总制动力矩越大，非驱动轮的制动力矩一直再增加。驱动轮的制动力矩和也在增加，但摩擦力矩增加得多，再生制动扭矩不增加，甚至要有减小。这就要求再生制动和 ABS 系统要协同工作。

两前轮独立、后轮低选的刹车系统，制动压力传感器（液压传感器）监测制动系统管路的制动压力（液压或气压），有 ABS 的汽车采用车速和压力传感器（也可是制动踏板行程开关）采集制动状态信号，根据车速算出的减速度值与设定的减速度值进行比较来进行控制。

6.2 带有真空助力器的制动系统

在国内纯电动汽车和一部分混合动力汽车采用带有真空助力器的制动系统，因此有必要了解一下这样的制动系统。

1. 真空度

如图 6-4 所示的真空表，真空表的指针是反转型。在空气中，真空表的指针指在最右侧 0 位。当气压低于一个大气压，即出现真空度时，指针开始反转，反转为负值。计算结果表明，当最小真空度为-37.5kPa 以上时（即表针向左摆得越多，助力效果越好），才可为制动系统提供满足设计要求的制动助力。

真空助力器安装于制动踏板和制动主缸之间，由踏板通过推杆直接操纵。助力器与踏板产生的力叠加在一起作用在制动主缸推杆上，以提高制动主缸的输出压力。真空助力器由带有橡胶膜片的活塞分为前室与后室。未制动时，发动机进气歧管将真空助力器的前室和后室抽成真空度为-60～80kPa。制动时，后室在制动时大气阀打开，外界大气进入后室产生制动。当抬起制动踏板时，后室气体进入前室，消耗了真空，使真空度减小，助力效果下降，所以电动汽车必须有一个类似于发动机进气歧管这样的一个抽气机。

图 6-4　真空表指针（逆时针转动，所以为负值，负号不代表数值大小）

真空助力器所能提供助力的大小取决于真空助力器后室与前室气压差值的大小。当后室的真空度达到外界大气压时，真空助力器可以提供最大的制动助力。真空泵所产生的真空度的大小及速度关系到真空助力器的工作状态，真空泵的容量大小关系到助力器的性能，进而影响到制动系统在各种工况下能否正常工作。

2．真空源

传统内燃机轿车制动系统的真空助力装置的真空源来自于发动机的进气歧管，真空度负压一般可达到 0.05～0.07MPa。对于由传统车型改装成的纯电动车或燃料电池汽车，发动机总成被拆除后，制动系统由于没有真空源而丧失真空助力功能，为了产生足够的真空，除了一个具有足够排气量的电动真空泵外，为了节能和可靠，还要为电动真空泵电机设计合适的工作时间。一般燃油车进气歧管会在 4～5s 使真空助力器前、后腔内产生-50kPa 以上的真空度，所以在设计电动真空泵时，电动真空泵也需在 4～5s 使真空助力器前、后腔内产生-50kPa 以上的真空度。如图 6-5 所示为电动汽车电动真空泵的组成。

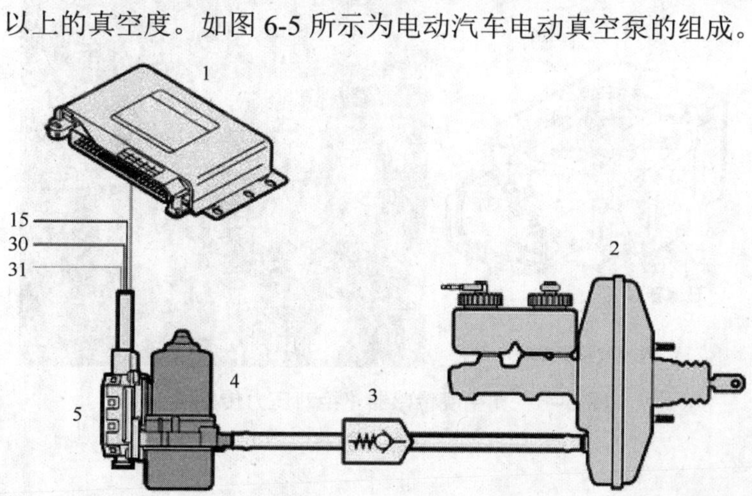

1—电动汽车控制单元（ECU）；2—真空助力器；3—单向阀；4—电动真空泵；5—真空泵电动机继电器

图 6-5　电动汽车电动真空泵的组成

3. 压力延时开关

压力延时开关又称压力开关，为常闭开关，当真空度大到一定值时断开，电动真空助力制动系统控制如下。

（1）接通汽车 12V 电源，由于事先压力延时开关闭合，真空泵大约工作 30s 后开关断开，此时真空罐内压力大约为-80kPa。

（2）当真空罐内压力增加到-55kPa 时，压力延时开关再次闭合。

③ 当真空罐内压力增加到大约-34kPa 时，压力报警器发出信号。

如果真空泵控制开关有很明显的短时间开启和关闭，说明发生了泄漏。设计的间歇性真空发生系统就是根据这个控制策略。

该间歇性真空发生系统的基本工作原理：当驾驶员发动汽车时，12V 电源接通，压力开关和压力报警器开始压力自检，如果真空罐内的真空度小于 55kPa，压力膜片将会挤压触点，从而接通电源，真空泵开始工作；当真空度增加到 55kPa 时，压力延时开关断开，然后通过延时继电器使真空泵继续工作大约 30s 后停止；每次驾驶员有制动动作时，压力延时开关都会自检，从而判断电动真空泵是否应该工作；如果真空罐内的真空度低于 34kPa，真空助力器不能提供有效的真空助力，此时压力报警器将会发出信号，提醒驾驶员注意行车速度。

4. 压力传感器

电动真空泵控制也可采用电控单元控制，只要把压力开关换成绝对压力传感器，电动真空泵由控制单元控制继电器即可，国内的一些纯电动汽车里，由真空助力器真空度传感器（见图 6-6）、整车控制器 ECU、电动真空泵工作继电器、真空泵电动机组成的一个闭环真空度控制系统，保证制动时真空助力器的正常工作。

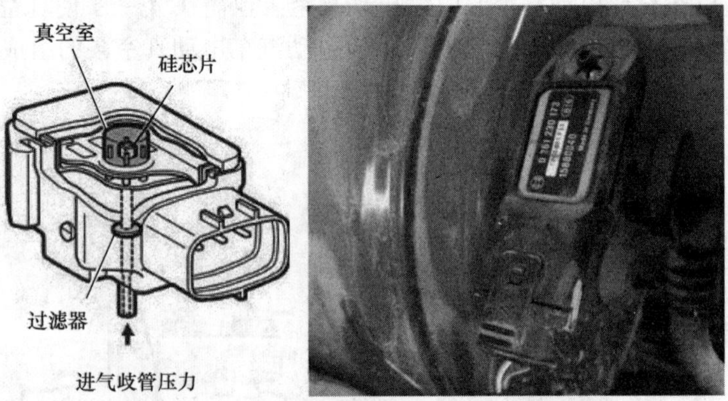

图 6-6 真空度传感器（绝对压力传感器）

6.3 线控制动系统

1．线控制动系统简介

丰田Prius混合动力汽车采用线控制动系统，又称电子控制制动系统（Electronic Control Brake，ECB）。ECB系统能根据驾驶员踩制动踏板的位置程度和所施加的力所产生的液压大小计算所需的制动力。液压制动力和再生制动力的分配随车速及制动时间的变化而改变。通过控制液压制动来实现，液压制动和再生制动的总制动力要与驾驶员所需的制动力一致。如果由于系统故障导致再生制动失效，则制动系统会影响控制，结果驾驶员所需的全部制动力就由液压制动系统提供。

完成任务

什么是线控制动系统？________________________________。

ECB是什么的缩写？__________________________；ECB和传统的制动系统的区别是：____。

2．线控制动系统功能

ECB系统中的ABS（防抱死制动系统）在紧急制动或在易滑路面制动时能防止车轮抱死。EBD（电子制动力分配）利用ABS功能实现在前轮和后轮间分配合适的制动力。另外，转向制动时，它还能控制左、右车轮的制动力，以保持车辆平稳行驶。通过尽量使用电机的再生制动力和控制液压制动实现再生制动与液压制动的联合控制。ECB中的VSC+（增强型车辆稳定系统）功能可以防止转向时前轮或后轮急速滑动产生的车辆侧滑。和EPS ECU（电动转向）一起进行联合控制，以便根据车辆的行驶条件提供转向助力。ECB系统的制动助力有两个功能：一是紧急制动时，如果制动踏板力不足，可以增大制动力；二是需要强大制动力时，增大制动力。

3．线控制动系统组成

设计上可以取消传统的制动真空助力器，变为采用VSC车辆稳定控制系统的油泵电动机供能。正常制动时，总泵的双腔串联主缸产生的液压不直接作用在轮缸上，而是通过制动行程模拟器的协助，由制动行程传感器和制动压力传感器转换为液压信号体现驾驶员的制动意图。电控系统通过调整作用于轮缸的制动执行器上液压泵的液压压力，从而获得实际需要的控制压力。控制系统的ECB ECU和制动防滑控制ECU集成在一起，并和液压制动控制系统（包括带EBD的ABS、制动助力和VSC+）一起进行综合控制，一般要增加制动控制系统警告灯。

例如，丰田Prius混合动力汽车的线控制动系统相对传统带真空助力器的制动系统主要增加了行程模拟器、带有高压蓄能器的车辆稳定控制液压的制动执行器，取消真空助力器的双腔串联制动总泵，增加了一个备用电源装置，如图 6-7 所示。

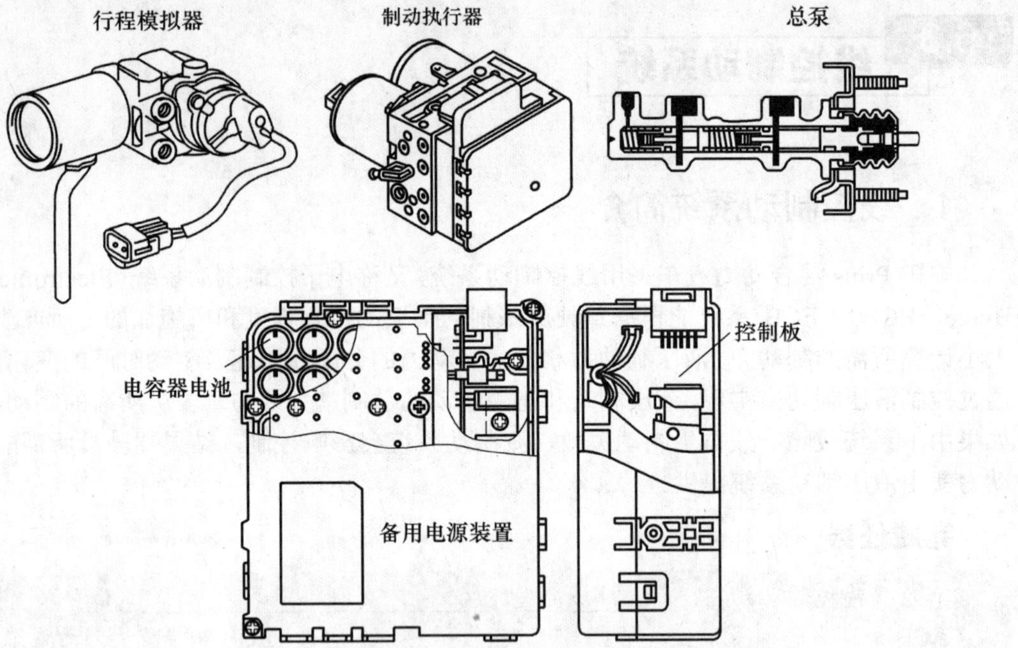

图 6-7　相对传统制动系统新增加的部件

1）行程模拟器

如图 6-7 所示，制动时根据驾驶员的踏板力度产生踏板行程。行程模拟器位于总泵和制动执行器之间，它根据制动中驾驶员踏制动踏板的力产生踏板行程。行程模拟器包括弹簧系数不同的两种螺旋弹簧，具有对应于总泵压力的两个阶段的踏板行程特性。

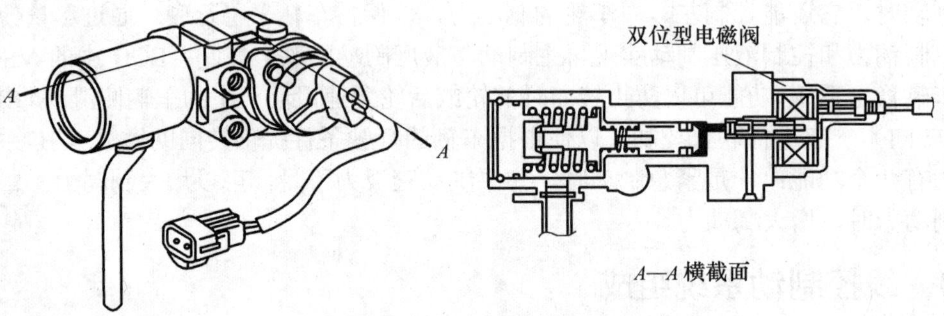

图 6-8　行程模拟器的解剖图

2）备用电源装置

备用电源装置用作备用电源以保证给制动系统稳定地供电。该装置包括 28 个电容器电池，用于存储车辆电源（12 V）提供的电量。当车辆电源电压（12 V）下降时，电容器电池就会作为辅助电源向制动系统供电。关闭电源开关后，HV 系统停止工作时，存储在电容器电池中的电量放电。因此维修中电源开关关闭后，备用电源装置就处于放电状态，但电容器中仍有一定的电压。因此，在从车辆上拆下备用电源装置或将其打开检查它的盒内部之前，一定要检查它的剩余电压，如果有必要则使其放电。

丰田 Prius 混合动力汽车的主要组件位置如图 6-9 所示。

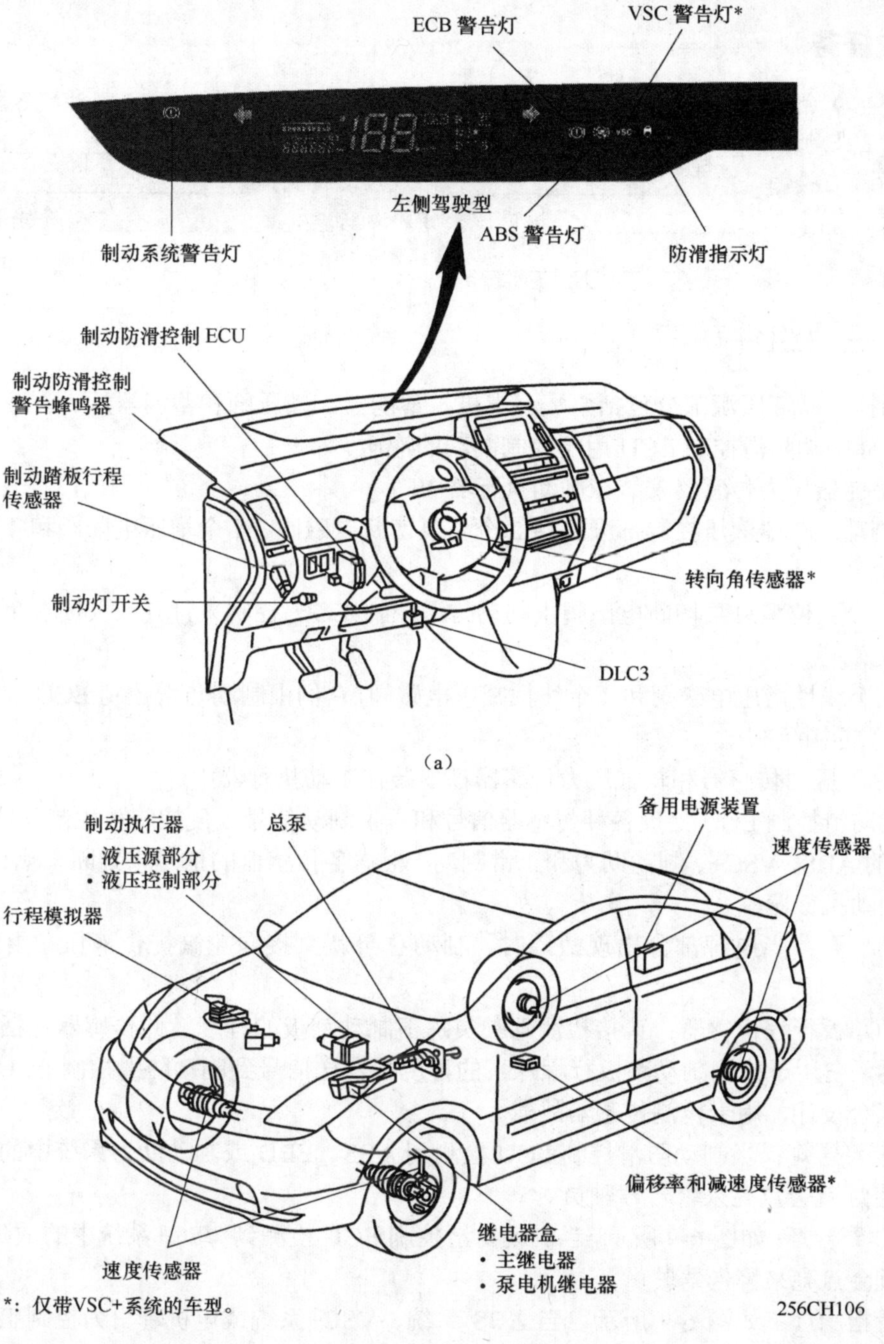

图 6–9　丰田 Prius 混合动力汽车的主要组件位置

完成任务

在图 6-9（a）中画出制动警告灯和 ECB 警告灯的符号：__________；ABS 故障警告灯的符号：__________；车身稳定系统警告灯符号：__________；防滑指示灯的符号：__________；制动防滑 ECU 的位置：__________；蜂鸣器的作用：__________；制动踏板行程传感器的位置和作用：__________；方向盘转角传感器的作用：__________。

完成任务

在图 6-9（b）中，制动总泵是否有真空助力器？________________；制动执行器上除了电机外，还增加了：________________；行程模拟器的作用是：________________；行程模拟器上的线束接的是：________________；储液罐的位置：________________；备用电源的位置：________________；备用电源的作用是：________________；偏移率传感器和减速传感器的作用是：________________；

4．主要组件功能

制动执行器液压源部分包括泵、泵电机、蓄能器、减压阀和蓄能器压力，液压源部分产生并存储制动防滑控制 ECU 用于控制制动的液压。

- 蓄能器压力传感器安装在制动执行器中。
  制动执行器液压控制部分包括 2 个总泵切断电磁阀、4 个增压电磁阀和 4 个减压电磁阀。
- 2 个双位型总泵切断电磁阀由制动防滑控制 ECU 控制来打开或关闭总泵和轮缸间的通道。
- 4 个线性增压电磁阀和 4 个线性减压电磁阀，它们由制动防滑控制 ECU 控制以增减轮缸中的液压。
- 总泵压力传感器和轮缸压力传感器都安装在制动执行器中。

制动防滑控制 ECU 处理各种传感器信号和再生制动信号以便控制再生制动联合控制、带 EBD 的 ABS、VSC+、制动助力和正常制动。根据各传感器的信号来判断车辆行驶状况，并控制制动执行器。

制动总泵：当电源部分出现故障时，制动总泵就直接向轮缸提供液压（由制动踏板产生）。

制动踏板行程传感器：直接检测驾驶员踩下制动踏板的程度。此传感器包括触点式可变电阻器，它用于检测制动踏板行程踩下的程度并发送信号到制动防滑控制 ECU，信号采用反向冗余设计，用于检测传感器故障。

ABS 警告灯：当制动防滑控制 ECU 检测到 ABS、EBD 或制动助力系统中的故障时，ABS 警告灯就会点亮来警告驾驶员。

VSC 警告灯：如图 6-9 所示，当制动防滑控制 ECU 检测到 VSC+系统中的故障时，VSC 警告灯就会点亮来警告驾驶员。

防滑指示灯：如图 6-9 所示，当 ABS 系统、VSC+系统或电机牵引力控制工作时，防滑指示灯闪烁来提示驾驶员。

制动控制系统警告灯：如图 6-9 所示，当制动系统产生不影响制动力的小故障（如再生制动故障）时，该警告灯点亮来警告驾驶员。

制动系统警告灯：如图 6-9 所示，制动防滑控制 ECU 检测到制动分配系统的故障时，该警告灯点亮来警告驾驶员。驻车制动打开或制动液液面低时，该警告灯点亮来提示驾驶员。

制动防滑控制警告蜂鸣器：液压或电源部分有故障时，该蜂鸣器连续鸣叫以提示驾驶员。对于装有 VSC+的车型，该蜂鸣器间断鸣叫以提示驾驶员 VSC+启动。

HV-ECU：收到制动防滑控制 ECU 的信号后激活再生制动。发送实际再生制动控制值到制动防滑控制 ECU。

VSC+系统工作时，根据制动防滑控制 ECU 的输出控制请求信号来控制动力。上坡需要制动助力控制时，HV ECU 发送后轮制动启动信号到制动防滑控制 ECU。

制动液液面警告开关：检测低制动液液面。

丰田 Prius 混合动力汽车的制动执行器包括液压控制和液压源部分。制动执行器中安装有 2 个总泵压力传感器、4 个轮缸压力传感器和 1 个蓄能器压力传感器、10 个液压电磁阀、1 个直流电动机。

1）制动执行器液压源

制动执行器液压源部分包括泵、泵电机、蓄能器、减压阀、2 个电机继电器和蓄能器压力传感器。

蓄能器压力传感器：蓄能器压力传感器持续检测蓄能器中的制动液压力，并发送信号到制动防滑控制 ECU。因此，制动防滑控制 ECU 控制泵电机。

泵和泵电机：采用柱塞泵，泵由电机驱动的凸轮轴带动工作，提供高压液体到蓄能器。

蓄能器：储存泵产生的液压。新款丰田 Prius 混合动力汽车蓄能器的内部和旧车型的相同，充满高压氮气并予以密封。新款丰田 Prius 混合动力汽车上采用了金属波纹管以提高蓄能器的气密性。

减压阀：如果由于蓄能器压力传感器故障导致泵持续工作，则减压阀能使制动液流回储液罐，以防止压力过大。

电机继电器包括以下执行不同泵速的继电器：继电器 1（低速）和继电器 2（高速）。如图 6-10 所示，通常使用低泵速的继电器 1。当由于需要更大液压而使液压迅速降低时，如 ABS 液压控制中时，才使用高泵速的继电器 2。如果其中的一个出现故障，则使用另一个启动泵。蓄能器压力传感器持续监控蓄能器中的压力并将信号发送到制动防滑控制 ECU。如果蓄能器中的压力低于设定值，则制动防滑控制 ECU 发送启动信号到电机继电器，以便启动泵电机，直到蓄能器中的压力达到设定值。

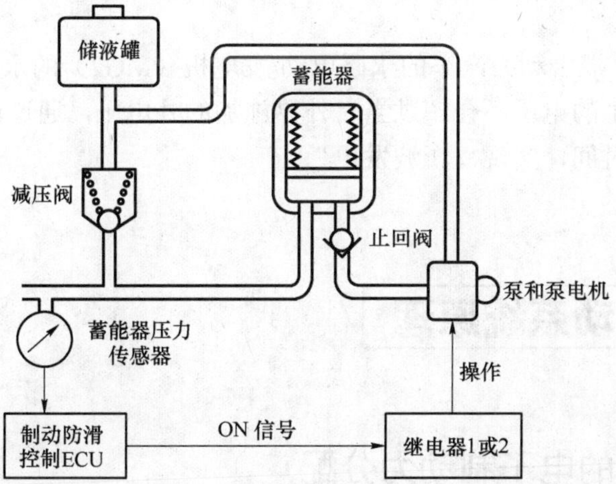

图 6-10　继电器 1（低速）和继电器 2（高速）的控制过程

如果泵和泵电机意外地持续工作，从而使蓄能器中的压力过高或蓄能器传感器出现故障，则减压阀打开使制动液流回储液罐，以降低蓄能器中的压力。

如果蓄能器中的压力异常下降到 ECU 的设定压力以下，则制动防滑控制 ECU 点亮制动系统警告灯、制动控制系统警告灯、ABS 警告灯和 VSC 警告灯，并使制动防滑控制警告蜂鸣器鸣叫来警告驾驶员制动液压力异常。

2）液压控制部分

10 个电磁阀和 6 个压力传感器如下：2 个总泵切断电磁阀；4 个供压电磁阀（增压电磁阀和减压电磁阀）；4 个减压阀；2 个总泵压力传感器；4 个轮缸压力传感器。

总泵切断电磁阀（双位两通常开型）：制动系统启动时，该阀切断总泵和轮缸间的液压通道。

制动系统停止工作或液压源部分有故障时，该阀打开以保持前轮缸液压通道畅通并确保制动有效。但是，这需要比平常更大的力来踩制动踏板。

增压电磁阀（线性）：增压电磁阀由制动防滑控制 ECU 控制，它调节蓄能器的液压以便增大轮缸中的液压。减压电磁阀（线性）：该阀由制动防滑控制 ECU 控制，调节液压以便降低轮缸的液压。

总泵压力传感器：总泵压力传感器将总泵产生的液压转换为电信号，并将电信号发送到制动防滑控制 ECU。因此，通过制动防滑控制 ECU 来判定驾驶员所需的制动力。

轮缸压力传感器：这些传感器检测作用在各轮缸上的液压，并将这些信号以反馈的形式发送到制动防滑控制 ECU。因此，通过制动防滑控制 ECU 监控各轮缸的液压，并控制增压电磁阀和减压电磁阀以获得最优的轮缸压力。

5. 电机再生制动

驱动桥内的主减速器和电机以机械方式连接在一起，驱动轮带动电动机转子转动而发电。这种联合控制提供再生制动和液压制动的合制动力。这样的控制能够最大限度地减少正常液压制动的动能损失，并把这些动能转化为电能。在结构设计上，增大电机功率有利增大了再生制动力，

例如，丰田 Prius 混合动力汽车的永磁电动/发电机（MG2）的永磁转子在车轮的带动下扫描定子，当然产生的电压不会超过当时外界施加的外电压，通过计算机 HV-ECU 控制换流开关元件的斩波时间，实现“斩波发电”。

6.4 线控制动系统原理

1. 电动汽车的电子制动力分配

电子制动力分配（Electric Brakeforce Distribution，EBD），德文缩写为 EBV。

如果车辆在直线前行时制动，则道路的变化就会减小后轮的负荷。制动防滑控制 ECU 通过速度传感器的信号可以检测到这种情况，制动执行器就会调节后轮的制动力分配达到最优控制。例如，制动时后轮制动力的大小根据车辆是否载荷而不同。后轮制动力的大小还跟减速的程度有关。因此，在这些情况下后轮制动力的分配可以得到最优控制，从而可以有效地利用后轮制动力。

左、右轮制动力分配（转向制动时）：车辆转向制动时，内侧车轮的载荷减小，外侧车轮的载荷增大。制动防滑控制 ECU 根据速度传感器的信号检测到这种状况后，制动执行器就会调节制动力以便最优地控制内侧车轮和外侧车轮的制动力分配。

传统无电控控制的制动系统制动力的分配：过去是通过后轴上的比例阀或感载阀以机械方法实现的，现在是通过制动防滑控制 ECU 通过电子控制 ABS 进液电磁阀和出液电磁阀的方法实现前、后轮制动力分配。制动防滑控制 ECU 能根据车辆行驶条件精确地控制制动力，如图 6-11 所示的前、后轴制动力比例关系。

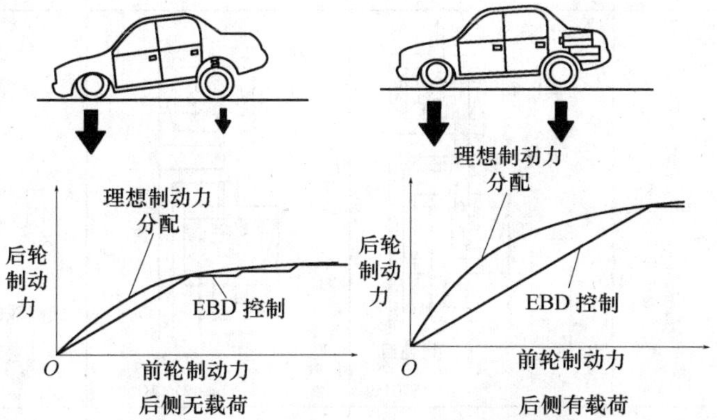

图 6–11 前、后轴制动力比例关系

完成任务

根据图 6-11，写出前、后轴制动力比例关系，写出 ABS 系统是如何完成 EBD 功能的：
____。

EBD 系统的工作原理如下。

制动防滑控制 ECU 根据 4 个车轮速度传感器发出的信号来计算各车轮的转速和减速度，并检查车辆滑移状况。根据打滑率的情况，制动防滑控制 ECU 控制供压阀和减压阀，以便用下列 3 种模式来调节各轮缸的液压：减压模式、压力保持模式和增压模式。

如图 6-12 所示，正常制动时，总泵切断电磁阀关闭，各轮缸的液压回路保持独立。因此，总泵产生的液压不会直接启动轮缸。制动防滑控制 ECU 根据总泵压力传感器和制动踏板行程传感器的信号来计算驾驶员所需的制动力。然后，制动防滑控制 ECU 计算所需制动力所缺少的再生制动力值，并将计算值发送到 HV-ECU，HV-ECU 收到计算值后产生再生制动力。同时，HV-ECU 发送实际再生制动力值到制动防滑控制 ECU，实现制动防滑控制。

未激活		正常制动	—	—
激活		增压模式	保持模式	减压模式
液压回路		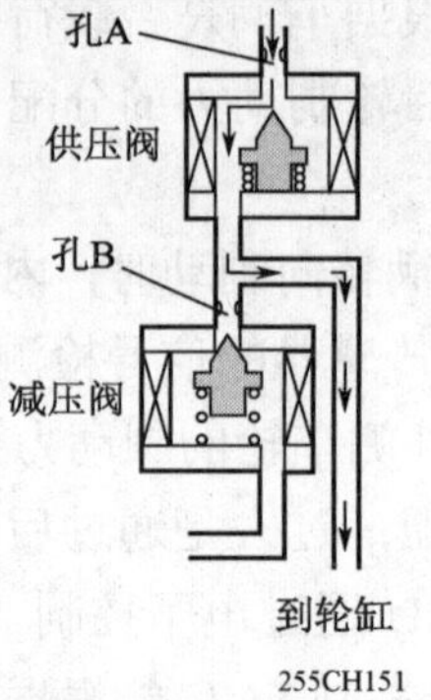	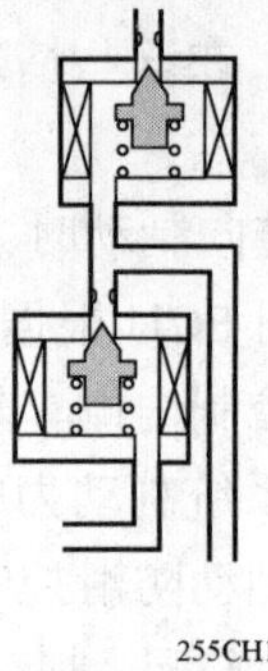	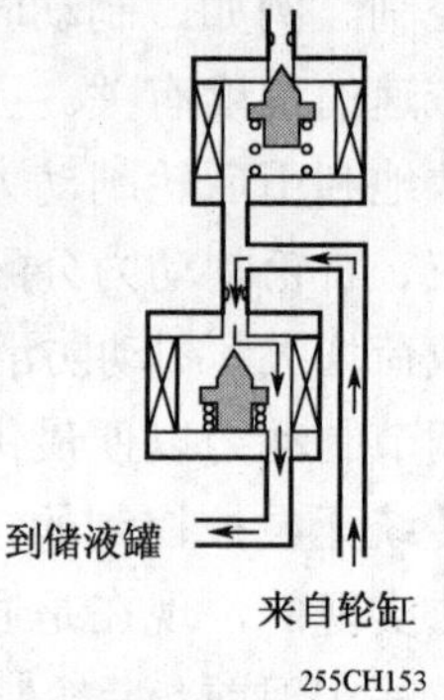
前	供压电磁阀（孔A）	ON（半开*）	OFF（关闭）	OFF（关闭）
	减压电磁阀（孔B）	OFF（关闭）	OFF（关闭）	ON（半开*）
液压回路		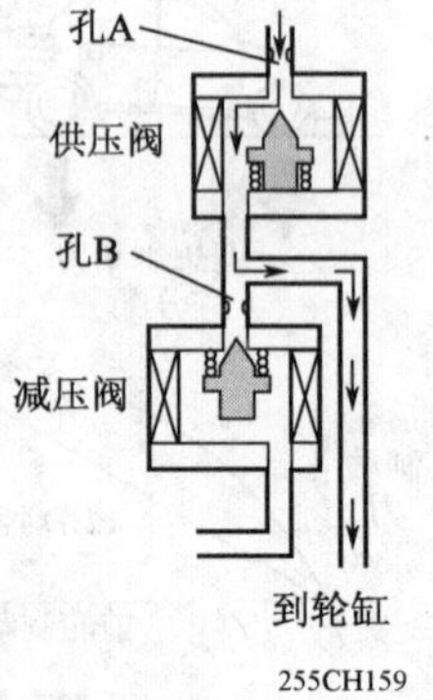	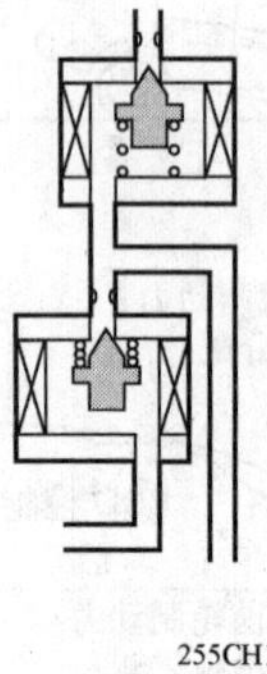	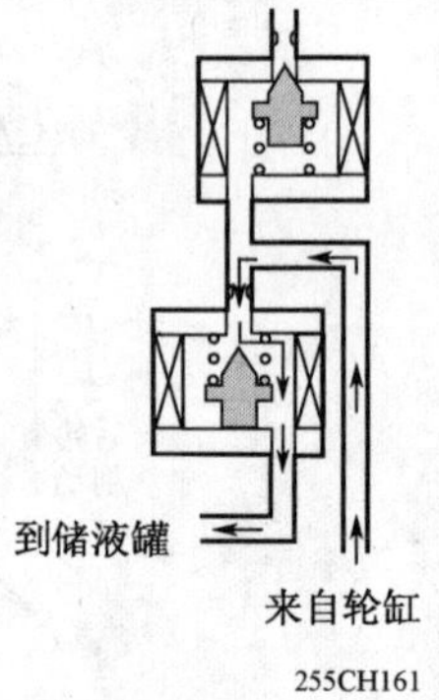
后	供压电磁阀（孔A）	ON（半开*）	OFF（关闭）	OFF（关闭）
	减压电磁阀（孔B）	ON（关闭）	ON（关闭）	ON（半开*）
轮缸压力		增压	保持	减压

*：电磁阀根据使用条件持续调节孔的大小来控制液压。

图 6-12　EBD 系统的工作原理

2. 线控液压制动

防抱死制动系统 ABS 全称是 Anti-lock Braking System，ABS 的工作原理如下。

1）增压过程

如图 6-13 所示，制动防滑控制 ECU 根据总泵压力传感器和制动踏板行程传感器的信号来计算目标轮缸压力（和驾驶员所需制动力相等），然后制动防滑控制 ECU 将轮缸压力传感器信号和目标轮缸压力对比。如果目标轮缸压力低，则制动防滑控制 ECU 就向制动执行器加压。因此，蓄能器中的液压就被加到轮缸里。此外，当液压制动力必须增加以便根据再生制动力的变化进行联合控制时，操作和此相同。

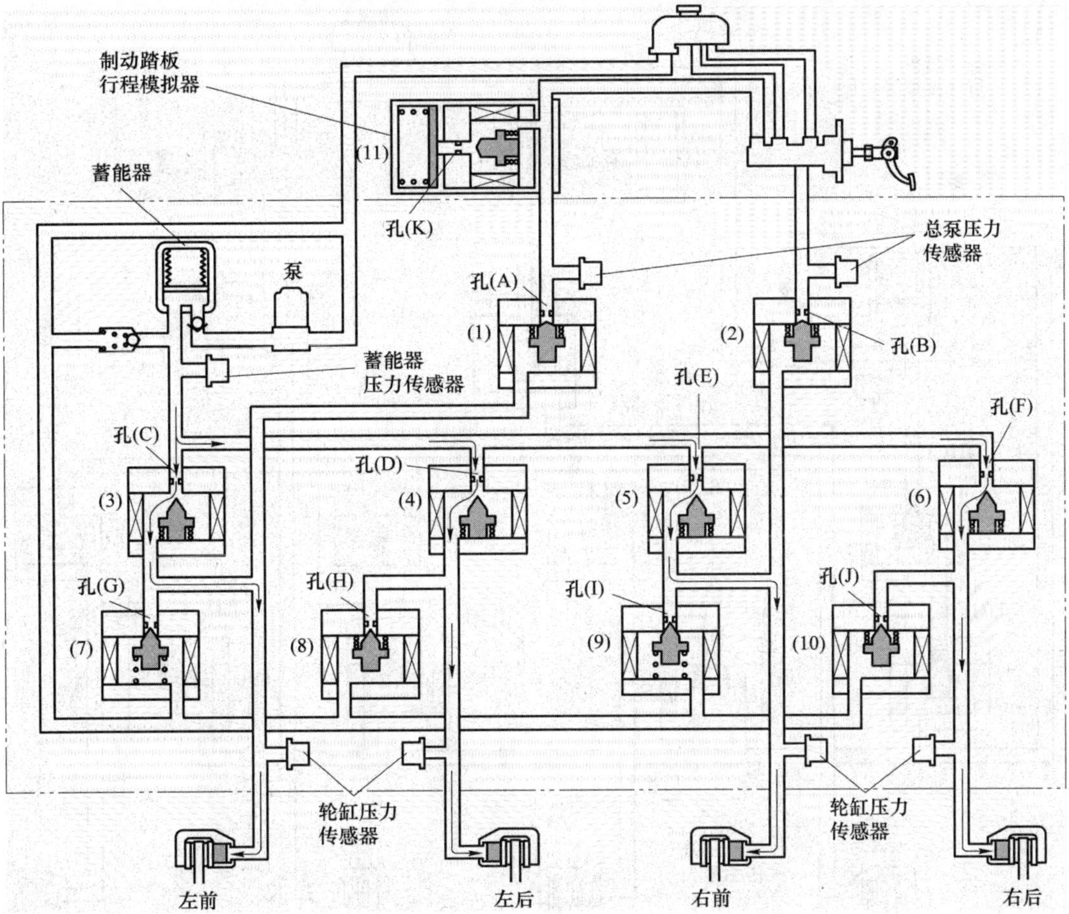

图 6-13 增压过程

完成任务

根据图 6-13，写出增压控制过程。

____。

2）保持过程

如图 6-14 所示，制动防滑控制 ECU 根据总泵压力传感器和制动踏板行程传感器的信号来计算目标轮缸压力（和驾驶员所需制动力相等）。制动防滑控制 ECU 将轮缸压力信号和目标轮缸压力进行对比，如果相等，则制动防滑控制 ECU 将控制制动执行器保持在固定状态。因此，轮缸也将保持恒定压力。

完成任务

根据图 6-14，写出保压控制过程。

____。

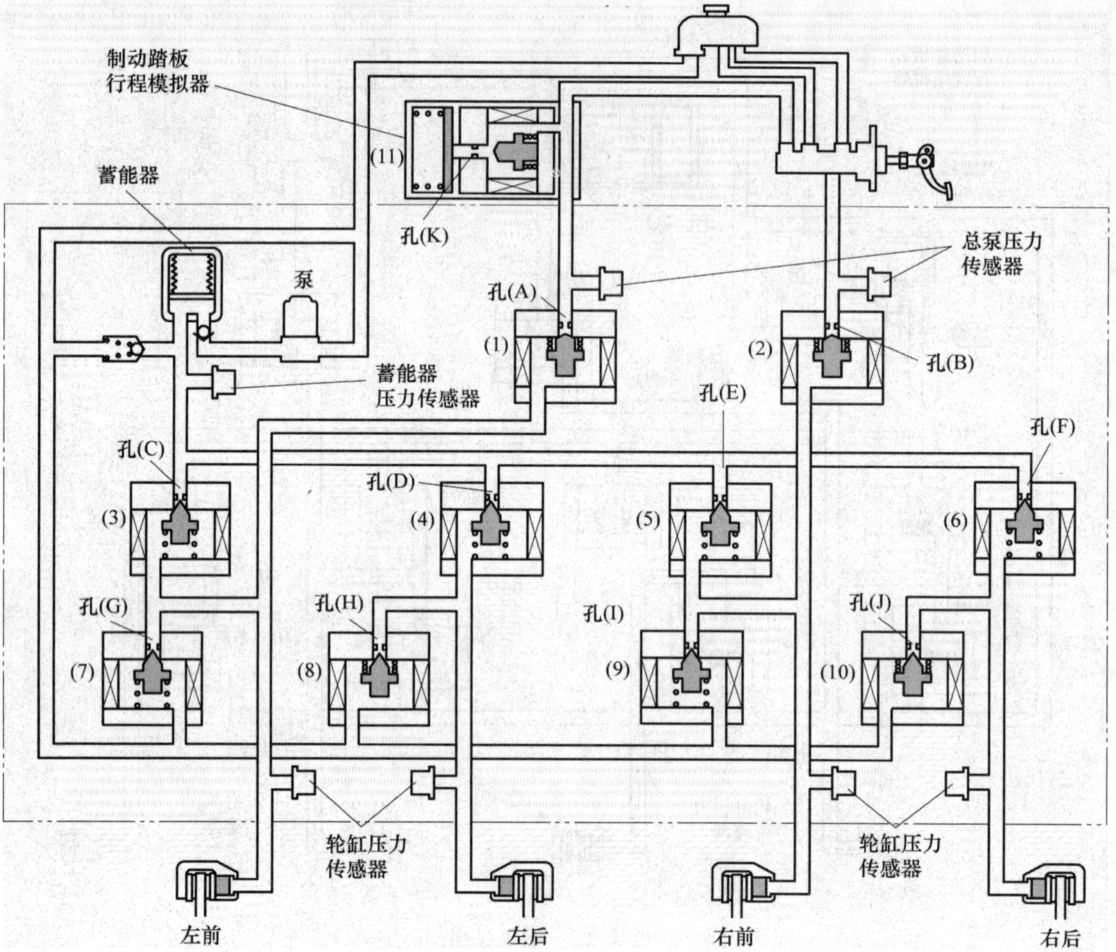

图 6–14　保持过程

3）减压过程

如图 6-15 所示，制动防滑控制 ECU 根据总泵压力传感器和制动踏板行程传感器的信号计算目标轮缸压力（和驾驶员所需制动力相等）。然后制动防滑控制 ECU 将轮缸压力传感器信号和目标轮缸压力进行对比，如果目标轮缸压力高，则制动防滑控制 ECU 就给制动执行器减压。因此，轮缸中的压力就会下降。此外，当液压制动力必须减小，以便根据再生制动力的变化进行联合控制时，操作和此相同。

完成任务

根据图 6-15，写出减压控制过程。

____。

如果由于某些故障使制动系统停止或蓄能器不供压时，则制动防滑控制 ECU 会激活安全保护功能。此功能打开制动执行器中的总泵电磁阀，以保证总泵和轮缸间的液压通道畅通。这样，总泵产生的液压仅可使前轮缸实施制动。此时，行程模拟器切断电磁阀的孔（K）关闭，以防止行程模拟器的运行对总泵的液压产生负面影响。

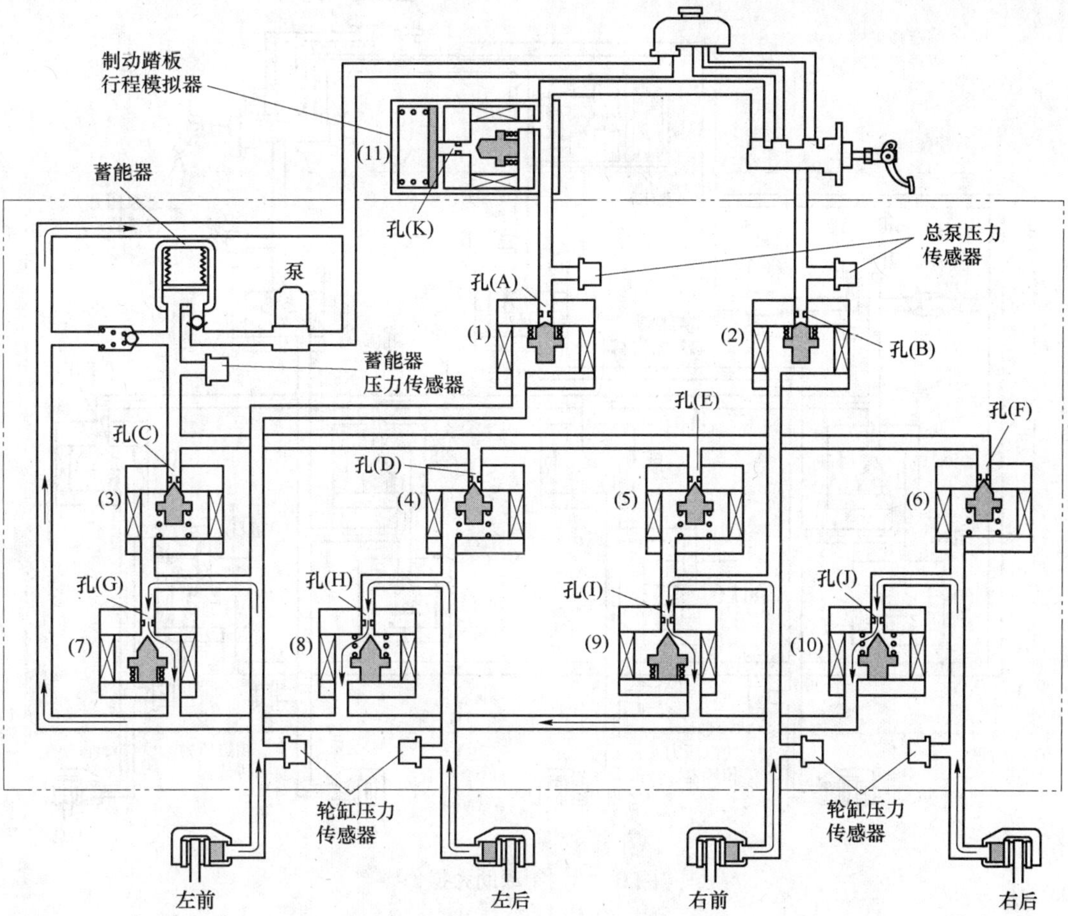

图 6-15　减压过程

3. 制动助力操作

如图 6-16 所示，在紧急制动情况下，制动防滑控制 ECU 根据压力传感器信号测定的总泵压力增加的速度检测驾驶员的意图。

如果 ECU 检测到需要额外的制动助力，则执行器中的泵会产生液压并作用于轮缸来增大压力。制动防滑控制 ECU 也提供制动助力。车辆满载时，制动防滑控制 ECU 用总泵压力传感器和车速信号来检测工作条件。

完成任务

根据图 6-16，写出助力控制过程。

____。

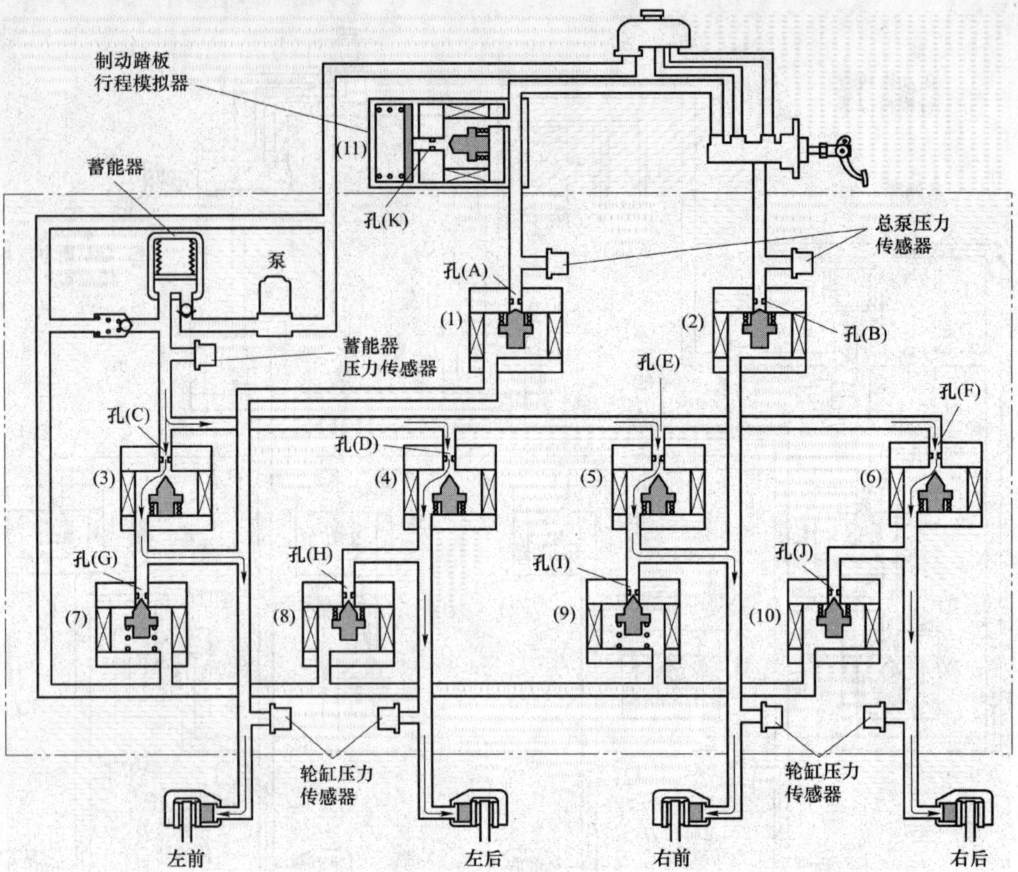
制动踏板
行程模拟器
(11)
孔(K)
蓄能器
泵
孔(A)
(1)
总泵压力
传感器
(2)
孔(B)
蓄能器
压力传感器
孔(E)
孔(F)
孔(C)
孔(D)
(3)
(4)
(5)
(6)
孔(G)
孔(H)
孔(I)
孔(J)
(7)
(8)
(9)
(10)
轮缸压力
传感器
轮缸压力
传感器
左前
左后
右前
右后

图 6-16　制动助力操作

·第 7 章·

智能汽车技术

7.1 智能汽车与智能交通

智能汽车中一项最主要的技术就是无人驾驶技术，而无人驾驶技术的主要执行对象为转向系统、制动系统、变速箱控制系统、发动机控制系统和电气系统，这些系统都称为智能汽车的子系统，但其中最主要的是转向系统和制动系统，这里将其列为底盘系统。

1．汽车发展史

让我们通过图 7-1 再回顾一下汽车发展史，当然本章关注的是 1990 年以后的智能交通技术。

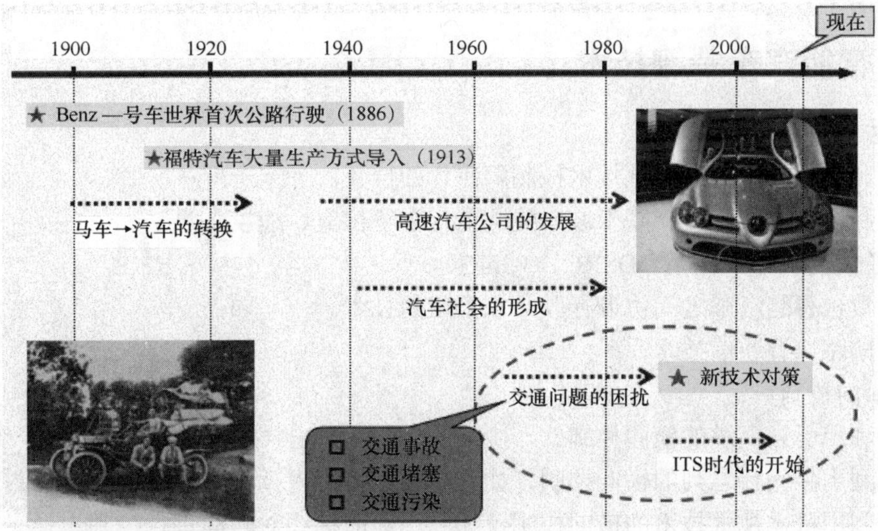

图 7–1　汽车发展史

ITS 是 Intelligent Transportation Systems（美国）/Intelligent Transport Systems（欧洲）的缩写。

ITS 的定义：利用信息、通信、控制技术把车辆、道路、使用者紧密结合起来，以解决交通事故、拥堵、环境污染及能源消耗等问题为目的的，具有智能化特征的现代交通系统（ITS 不仅仅是一个交通管理系统）。

2. ITS 构成

ITS 是复杂的应用系统，其主要构成如下。

（1）先进交通管理系统（Advanced Transportation Management System，ATMS）。

（2）先进交通信息服务系统（Advanced Transportation Information Service System，ATIS）。

（3）先进车辆控制与安全系统（Advanced Vehicle Control & Safe System，AVCSS）。

AVCSS 的初级目标是现在的驾驶辅助系统（Advanced Safe Vehicle/Driver Assistant System，ASV/DAS），终极目标是智能汽车（Intelligent Vehicle，IV）与智能公路（Intelligent Highway，IH）。

ITS 智能交通系统优势>先进车辆控制及安全系统（AVCSS）优势>高级智能汽车无人驾驶（IV）优势>初级智能汽车的驾驶辅助系统（DAS）/先进安全汽车（ASV）优势。

3. 智能汽车系统分类

1）自主式

基于车载的驾驶辅助系统称为自主式，如现代汽车的 ACC 系统等。

2）协调式

基于“车路通信”、“车车通信”、“4G 移动通信”的驾驶辅助系统，实现车联网，三网合一。

4. 智能汽车关键技术

1）传感技术

（1）利用双摄像机的视觉技术检测障碍物的位置。

（2）利用雷达（激光、毫米波）检测前行车辆位置、速度信息。

2）通信技术（Beacon、DSRC、3G/4G）

（1）数台智能汽车之间协调行驶必须采用的技术。

（2）车路协调通信技术。

3）横向控制

（1）利用引导电缆的横向控制。

（2）利用磁气标志列的横向控制，如利用磁标对无人驾驶大巴车的转向控制。

（3）利用机器视觉技术的横向控制，如利用地面标线对转向进行控制。

（4）利用具有雷达反射性标识带的横向控制。

4）纵向控制

（1）利用激光雷达测车间距离的纵向控制。

（2）利用毫米波雷达测车与车之间距离的纵向控制。

（3）利用机器视觉技术测车与车之间距离的纵向控制。

（4）利用车间通信及车间距离雷达的车队列行驶纵向控制。

7.2 智能汽车发展现状

1. 日本 ITS 智能汽车

为满足上述公交智能化的客观需求，日本在公交智能化方面做了大量工作，其做法和成功经验值得我们借鉴。

日本城市公共交通系统智能化的发展过程经历了 3 个阶段：20 世纪 70 年代末开始应用的公共汽车定位系统，即公共汽车接近显示系统；80 年代初开始应用的运行管理系统，其中包括乘客自动统计、运行监视和运行控制：90 年代初开始应用的综合管理系统，其中包括后勤业务改进和经营支援系统。而 90 年代以后如图 7-2 所示，国家开始正式开发智能汽车。

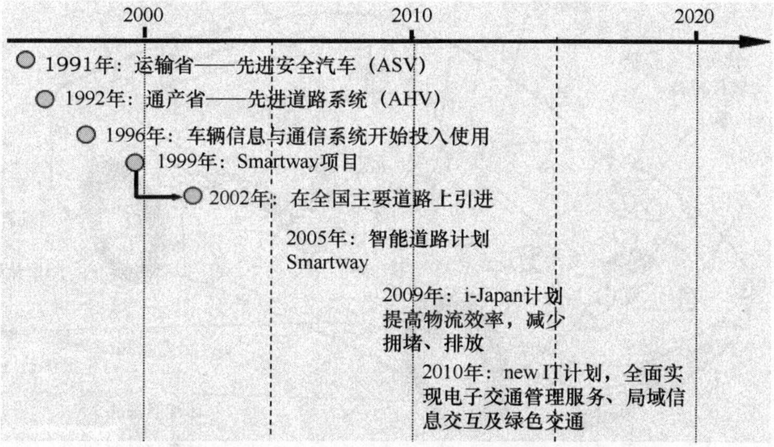

图 7–2　日本智能汽车的发展

日本 ASV 项目技术路线图如图 7-3 所示，其起步时间和取得的成果还是较多的。

先进安全汽车（Advanced Safety Vehicle，ASV）的基本配置如图 7-4 所示。

尼桑汽车的基于“车车通信”的交叉路口防撞系统，如图 7-5 所示，可以相互通信告诉各自的位置、速度、方向等，让对方知道“我在这里”。

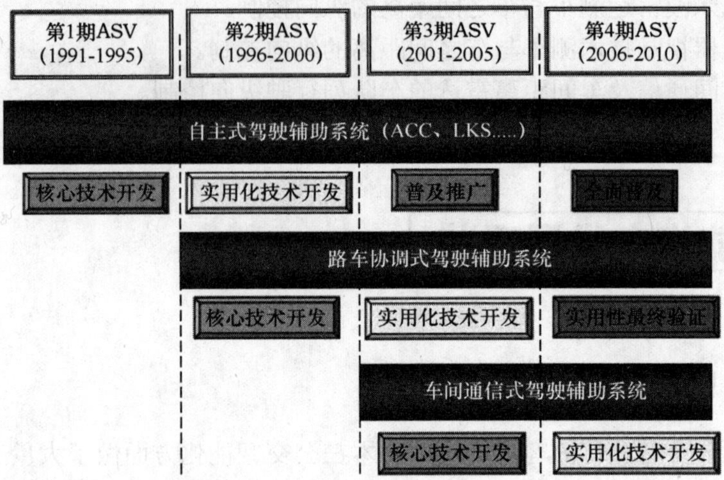

图 7–3　日本 ASV 项目技术路线图

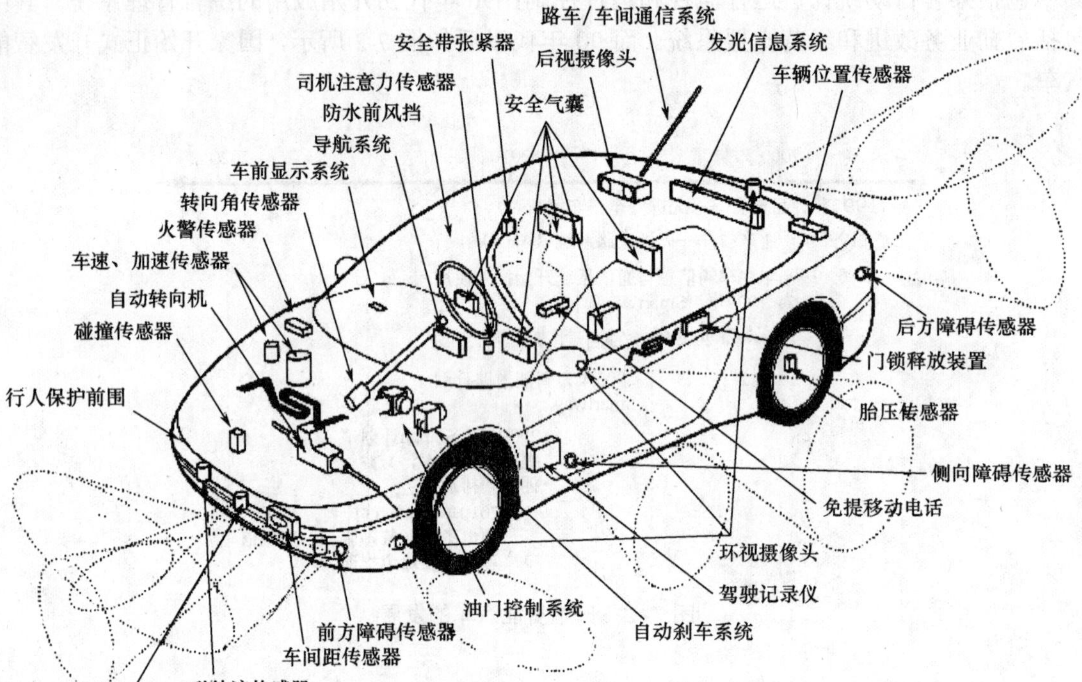

图 7–4　先进安全汽车（ASV）的基本配置

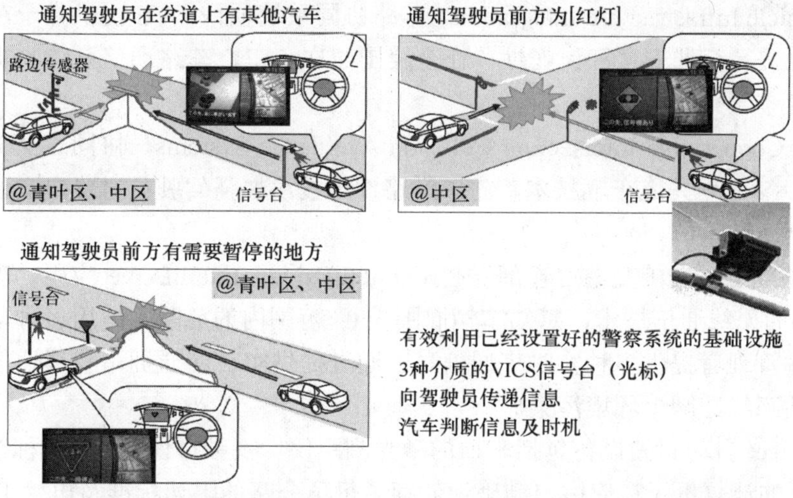

图 7-5　尼桑汽车的基于“车—车通信”的交叉路口防撞系统

2. 美国 ITS 智能汽车

美国ITS的研究开发历史可以追溯到1967年美国公共道路局和GM通用汽车公司进行的电子路线引导系统ERGS（Electronic Route Guidance System），由于在政策和资金等方面没有继续得到支持，1971年该计划终止。

在受到日本和欧洲交通信息化和智能化进展的冲击下，特别是进入20世纪80年代后期，冷战的结束和军转民的需要，促使美国开展了ITS的有关研究开发工作，如图7-6所示。

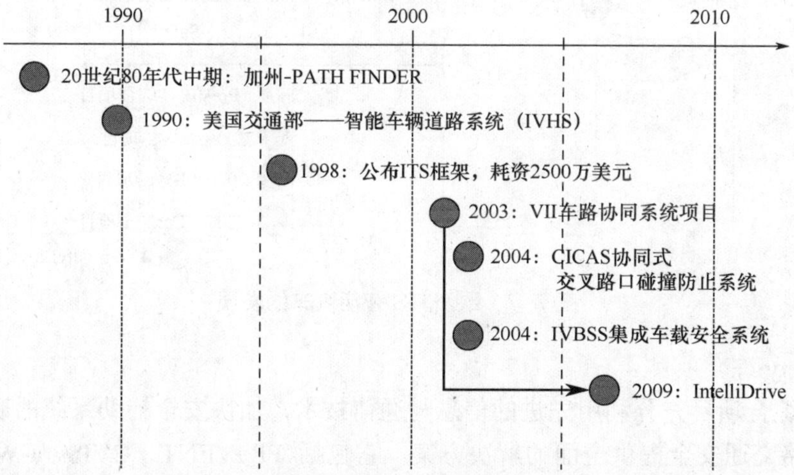

图 7-6　美国 ITS 智能汽车

IVBSS：Integrate Vehicle Based Safety Systems，集成车载安全系统项目。IVBSS的主要目的是集成现有的安全和碰撞防止系统，使其能够在多种环境下提供可靠合理的报警信息。

VII：Vehicle Infrastructure Integration，车路协同系统项目。VII 提供基于车路协同的行车辅助服务，提高交通安全和流畅性。在全美国建立车车、车路通信系统，实现车路一体化交通。

CICAS：Cooperative Intersection Collision Avoidance Systems，协同式交叉路口碰撞防止系统。CICAS 应用先进车辆技术、先进道路设施技术加强驾驶员对路口交通状况的感知能力，并安全通过路口。

在 VII 基础上，美国交通运输部发起了 IntelliDrive。IntelliDrive 应用“车—车、车—路、车—X”的无线通信技术，感知车辆周围 360° 范围内的危险。应用多种信息技术，向出行者和运输管理者提供多种实时交通信息。通过提供实时交通拥堵和其他信息，辅助出行者选择合适路线，减少环境污染。

Google Fleet 自动驾驶设备包括车顶的激光测距仪、视频摄像头、4 台标准车载雷达，Google Fleet 的计算机资料库中，精确地储存了每条公路的限速标准及出/入口位置。驾驶者只要微微扳动一下方向盘，就可以将 Google Fleet 转换为一辆普通的汽车。

3. 欧洲 ITS 智能汽车

欧洲 ITS 智能汽车的发展如图 7-7 所示。

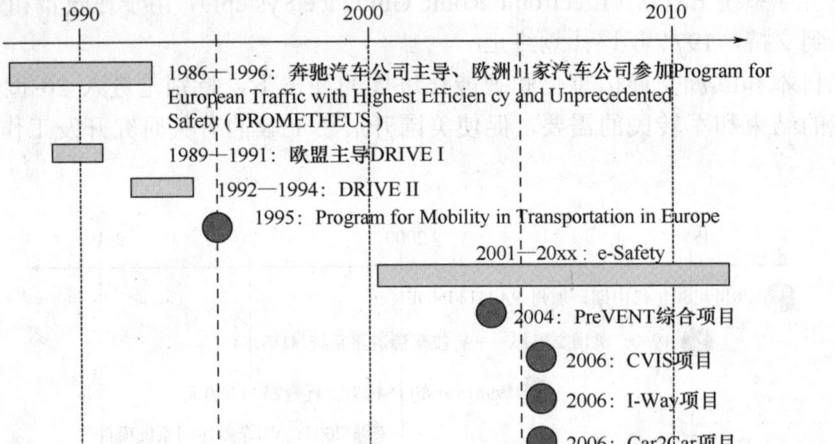

图 7-7 欧洲 ITS 智能汽车的发展

1）eSafety 综合项目

eSafety 综合项目充分利用先进的信息与通信技术，加快安全辅助系统的研发、推广和应用，为道路交通安全提供全面的解决方案，它包括 PReVENT、CVIS、I-Way、Car2Car 等 70 余个子项目。

2）PREVENT 项目

PREVENT 项目利用先进的信息、通信和定位技术，开发自主式和协调式主动安全系统，降低事故发生率和减小事故严重性。若转弯过后有交通事故、冰雪路面、施工现场，该系统提醒驾驶员注意。低能见度下，该系统提醒驾驶员注意前方车辆。

3）I-Way 项目（Intelligent co-operative system in cars for road）

I-Way 项目通过提供实时的、来自附近车辆的信息和来自路旁设备的信息，来增强驾驶员的感知能力和对危险状况的反应能力。

4）Car2Car 项目

Car2Car 项目推动“车—车、车—路”通信技术及其接口的标准化；发展战略和商业模式，推进车—车通信技术市场化。

5）智能速度控制项目（Intelligent Speed Adaptation，ISA）

智能速度控制项目在有速度限制的地方自动控制车速。

4．我国 ITS 智能汽车

我国每年交通事故造成的死亡人数逾 10 万；汽车带来的交通拥堵造成巨大的直接与间接经济损失；汽车舒适性差导致疲劳驾驶问题时有发生。

汽车消耗我国汽油产量的 87%，柴油产量的 51%，全社会燃油消耗总量的 30%；汽车尾气排放约占温室气体排放的 30%，占城市空气污染的 70%。未来汽车发展受到交通安全、节能与环保等社会要求的严格制约；探索和掌握下一代汽车系统新技术，已引起世界各国的极大重视。

我国高等院校及研究院所做了大量的基础性研究工作，突破了大量的关键技术，研发了原理样机，如基于车载的驾驶辅助系统 FCW、ACC、LDW、LKS。一些汽车企业已经在开展先进安全车辆技术的工程化和产业化方面的工作，正积极地与高等院所开展技术合作。一些汽车零部件企业已经着手汽车安全产品的产业化和商品化工作。其关键技术包括电子真空助力器（Electronic Vacuum Booster，EVB）、雷达、摄像头、车辆状态感知传感器等。

基于交通信号灯的交叉路口安全辅助系统具有违章报警功能和通行辅助功能，基于车路通信的驾驶辅助系统要使用具有无线通信装置的交通信号灯。违章报警功能可通过对驾驶员的提示、报警和对车辆制动的自动控制，防止因违反交通控制信号而引起的交通事故；同时提醒驾驶员注意即将变化的交通信号，防止因信号突然变化引起的汽车急减速。通行辅助功能可通过预知交通信号的变化时间，向驾驶员提供推荐车速，减少在交叉路口的不必要停车。

未来智能汽车的特点：如图 7-8 所示，使用电动机作为动力，并采用电子自动控制方式。汽车可通过道路基本设施和路旁辅助设备实现无线互联。这些依赖于 GPS 全球定位技术、GIS 信息、V2X 通信等技术。

清华大学和中国第一汽车集团以奔腾 B70 混合动力汽车为原型，开发了智能汽车样车，如图 7-9 所示。该样车同时具有混合动力及智能安全辅助行驶的系统功能，降低油耗 35%～45%，降低尾气排放 20%～30%，同时具有定速巡航、自适应巡航和主动避撞功能。

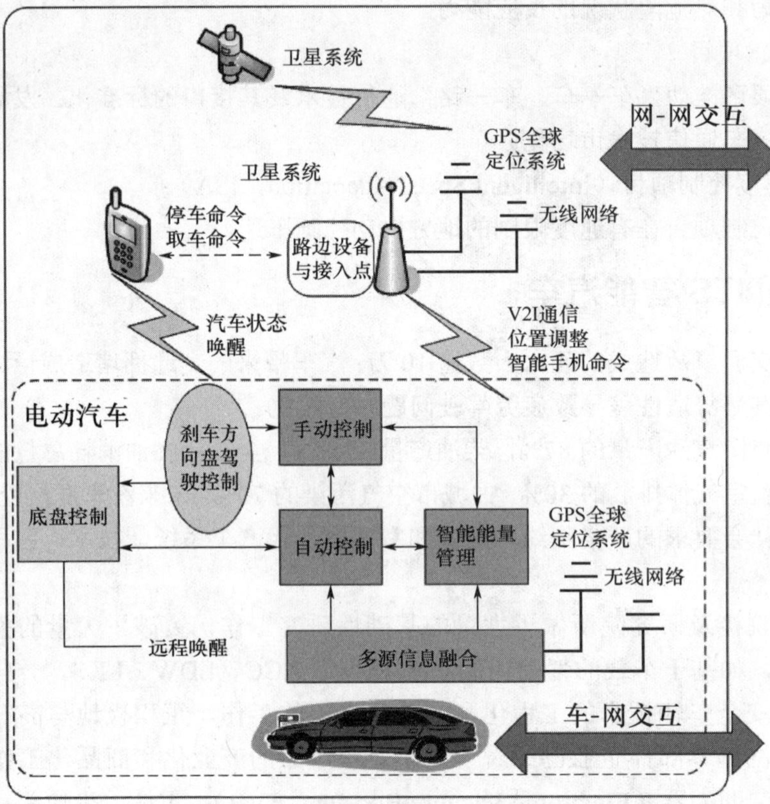

图 7–8　电动汽车 ITS 系统

图 7–9　清华和中国第一汽车集团研制的奔腾 B70 混合动力智能汽车样车

7.3 无人驾驶技术

1. 无人驾驶技术的分级

目前，国际上有两个机构在对无人驾驶技术分级。

第一个是根据美国机动工程师协会（SAE）的定义，无人驾驶技术共分为 0～5 级。SAE 的分类标准是按照司机从完全掌控驾驶到汽车完全自动驾驶，从无自动化到完全自动化展开的。

第二个是 NHTSA 的分级，共有 0～4 级，标准是考虑一个是 TFC，即 Time For Collision，也就是汽车距离（假设会）发生碰撞需要的时间，和在发生碰撞前这一段时间的安全措施；另一个就是碰撞之后的安全措施，最简单的例子是安全带。

根据 NHTSA 的定义，0～4 级分级是这样区别的：如果是驾驶员控制，那么为零级；如果一辆车在行驶中只有纵向或侧向某一方面控制，为自动一级。如果同时具有纵向和侧向的自动控制，为自动二级。在此基础上，如果汽车对所有环境的感知，是由汽车视觉来完成，则是三级。在前三级的基础上，如果整个驾驶能够形成一个闭环，完全自动驾驶，则是四级。

典型 ITS 汽车外部环境感知如图 7-10 所示。典型 ITS 汽车内部环境如图 7-11 所示。

图 7-10 典型 ITS 汽车外部环境感知

图 7-11 典型 ITS 汽车内部环境

SAE 的自动化等级见表 7-1。

表 7-1　SAE 的自动化等级

自动化等级		SAE	定　义
NHTSA	SAE		
0	0	无自动化	由驾驶员完全操作，行驶过程中可以得到警告和保护系统的辅助
1	1	驾驶支援	通过驾驶环境信息对方向盘和加减速中的一项操作进行支援控制，其他的驾驶员动作都由人类驾驶员进行操作
2	2	部分自动化	通过驾驶环境信息对方向盘和加减速中的多项操作进行支援控制，其他的驾驶员动作都由人类驾驶员进行操作
3	3	有条件自动化	由无人驾驶系统完成所有的驾驶操作，根据系统请求，人类驾驶者提供适当的应答
4	4	高度自动化	由无人驾驶系统完成所有的驾驶操作，根据系统请求，人类驾驶者不一定需要对所有的系统请求做出应答、限定道路和环境条件等
	5	完全自动化	由无人驾驶系统完成所有驾驶操作，根据系统请求，人类驾驶者可在驾驶可能的情况下，在所有道路、环境条件下行驶

2. 无人驾驶技术的功能

为了实现无人驾驶的理想，各大整车厂和供应商目前正在开发高级驾驶员辅助系统（ADAS），随着 ADAS 慢慢被完善，车辆也在一步一步从 NHTSA 的 0 级过渡到 4 级，实现完全自动化。ADAS 目前已开发出 14 个功能。

1）自适应巡航控制（Adaptive Cruise Control，ACC）

如图 7-12 所示，ACC 是一种智能化的自动控制，它是在早已存在的巡航控制技术的基础上发展而来的。在车辆行驶过程中，安装在车辆前部的车距传感器（雷达）持续扫描车辆前方道路，同时轮速传感器采集车速信号。当与前车之间的距离过小时，ACC 控制单元可以通过与制动防抱死系统、发动机控制系统协调动作，使车轮适当制动，并使发动机的输出功率下降，以使车辆与前方车辆始终保持安全距离。

图 7-12　自适应巡航控制（ACC）

2）自动紧急制动（Autonomous Emergency Braking，AEB）

如图 7-13 所示，AEB 是一种汽车主动安全技术，主要由测距模块、数据分析模块和执行机构模块构成，其中测距模块的核心包括微波雷达、激光雷达和视频系统等，它可以提供前方道路全面、准确、实时的图像与路况信息。AEB 系统采用雷达测出与前车或者障碍物的距离，然后利用数据分析模块将测出的距离与报警距离、安全距离进行比较，小于报警距离时就进行报警提示，而小于安全距离时即使在驾驶员没来得及踩制动踏板的情况下，AEB 系统也会启动，使汽车自动制动，从而为安全出行保驾护航。

图 7–13 自动紧急制动（AEB）

3）智能前照灯系统（Adaptive Front-Lights System，AFS）

随动转向大灯即自动转向大灯，又称自动头灯。随动转向大灯系统简称 AFS，全称为汽车自适应前大灯系统或者智能前照灯系统。如图 7-14 所示，AFS 能够根据汽车方向盘角度、车辆偏转率和行驶速度，不断对大灯进行动态调节，适应当前的转向角，保持灯光方向与汽车的当前行驶方向一致，以确保对前方道路提供最佳照明，并对驾驶员提供最佳可见度，从而显著增强了黑暗中驾驶的安全性。在路面照明差或多弯道的路况中，扩大驾驶员的视野，而且可提前提醒对方来车。

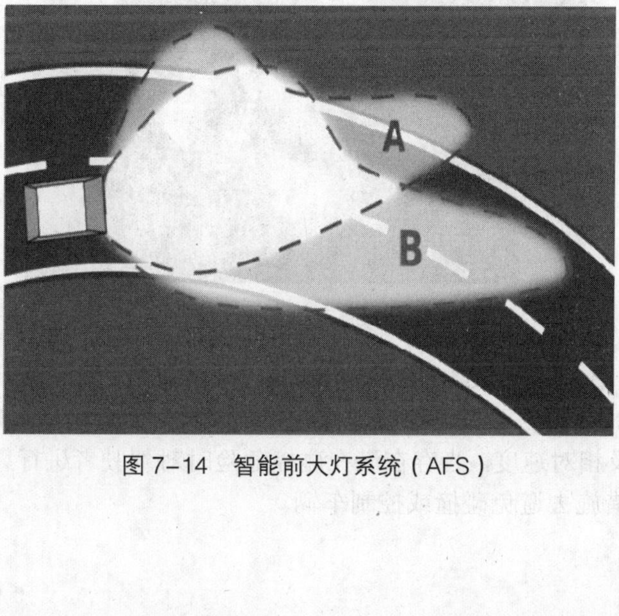

图 7–14 智能前大灯系统（AFS）

4）盲点监测（Blind Spot Monitoring，BSM）

由于汽车后视镜存在视觉盲区，变道之前就看不到盲区的车辆，如果盲区内有超车车辆，此时变道就会发生碰撞事故。在大雨天气、大雾天气、夜间光线昏暗，更加难以看清后方车辆，此时变道就面临更大的危险，盲点监测系统就是为了解决后视镜的盲区而产生的。

盲点监测系统又称并线辅助系统，英文简称 BSM 或者 BLIS，是汽车上的一款安全类的高科技配置，主要功能是扫除后视镜盲区，通过微波雷达探测车辆两侧的后视镜盲区中的超车车辆，对驾驶者以提醒，从而避免在变道过程中由于后视镜盲区而发生事故，如图 7-15 所示。目前上市的很多车型都有盲区监测的功能配置。

图 7–15　盲点监测（BSM）

5）注意力检测系统（Driver Monitoring Systems，DMS）

如图 7-16 所示，DMS 运用感应器来检测驾驶员的注意力。如果司机看向马路前方，并且在此同时有危机的情况被检测到了，系统就会用闪光、刺耳的声音来警示。如果司机没有做出任何回应，那么车辆就会自动刹车。

图 7–16　注意力检测系统（DMS）

6）前方碰撞预警（Forward Collision Warning，FCW）系统

如图 7-17 所示，FCW 系统能够通过雷达系统来时刻监测前方车辆，判断本车与前车之间的距离、方位及相对速度，当存在潜在碰撞危险时对驾驶者进行警告。FCW 系统本身不会采取任何制动措施去避免碰撞或控制车辆。

图 7–17　前方碰撞预警（FCW）系统

现在运用该技术的汽车品牌有英菲尼迪、沃尔沃、奔驰、丰田等。

7）抬头显示器（Heads-Up Display，HUD）

如图 7-18 所示，HUD 把汽车行驶过程中仪表显示的重要信息（如车速）投射到前风挡玻璃上，不仅能够帮助对速度判断缺乏经验的新手控制自己的车速，避免在许多的限速路段中因超速而违章，更重要的是它能够使驾驶员在大视野不转移的条件下瞬间读数，始终头脑清醒地保持最佳观察状态。

图 7–18　抬头显示器（HUD）

8）智能车速控制（Intelligent Speed Adaptation，ISA）

智能车速控制（ISA）如图 7-19 所示。

9）车道偏离告警（Lane Departure Warning，LDW）

LDW 系统主要由 HUD 抬头显示器、摄像头、控制器及传感器组成。当车道偏离系统开启时，摄像头（一般安置在车身侧面或后视镜位置）会时刻采集行驶车道的标志线，如图 7-20 所示，通过图像处理获得汽车在当前车道中的位置参数，当检测到汽车偏离车道时，传感器会及时收集车辆数据和驾驶员的操作状态，之后由控制器发出警报信号，整个过程大约在 0.5s 完成，为驾驶者提供更多的反应时间。而如果驾驶者打开转向灯，正常进行变线行驶，那么车道偏离预警系统不会做出任何提示。

图 7-19　智能车速控制（ISA）

图 7-20　车道偏离告警（LDW）

10）夜视系统（Night Vision_System，NVS）

如图 7-21 所示，NVS 利用红外线技术能将黑暗变得如同白昼，使驾驶员在黑夜里看得更远、更清楚。NVS 的结构由两部分组成：一部分是红外线摄像机，另一部分是挡风玻璃上的光显示系统。

图 7-21　夜视系统（NVS）

11）泊车辅助（Parking Assistance，PA）

如图 7-22 所示，PA 系统通过安装在车身上的摄像头超声波传感器及红外传感器，探测停车位置，绘制停车地图，并实时动态规划泊车路径，将汽车指引或者直接操控方向盘驶入停车位置。

图 7-22　泊车辅助（PA）

12）行人检测系统（Pedestrian Detection System，PDS）

如图 7-23 所示，PDS 使车辆在行驶途中可以利用摄像头雷达和激光雷达来探测四面行人，在安全距离内及时控速。

图 7-23　行人检测系统（PDS）

13）交通信号及标志牌识别（Road Sign Recognition，RSR）

如图 7-24 所示，这个技术让车辆能够自动识别交通信号或者标志牌，如说最高限速、停车等标示。

图 7-24　交通信号及标志牌识别（RSR）

（14）全景泊车辅助系统 Surround View Cameras，SVC）

如图 7-25 所示，SVC 由安装在车身前、后、左、右的 4 个超广角鱼眼摄像头，同时采集车辆四周的影像，经过图像处理单元畸变还原→视角转化→图像拼接→图像增强，最终形成一幅车辆四周无缝隙的 360° 全景俯视图。在显示全景图的同时，也可以显示任何一方的单视图，并配合标尺线准确地定位障碍物的位置和距离。

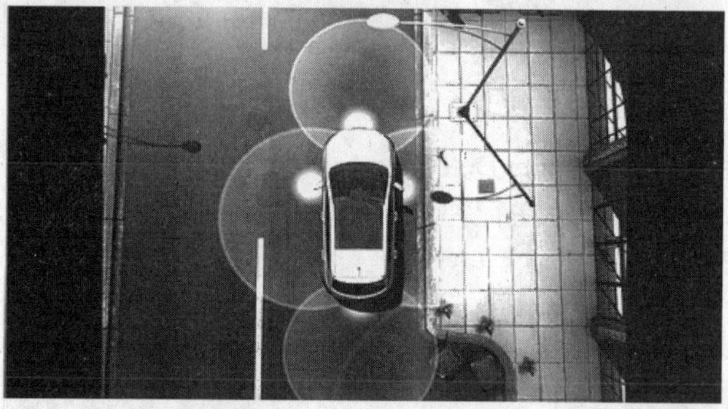

图 7-25　全景泊车辅助系统（SVC）

虽然介绍了以上 14 种技术，但是在今年，只有泊车辅助、全景泊车辅助和自适应巡航控制系统这 3 门技术统领了 ADAS 的市场。另外，使用了无人驾驶技术的中、低级车辆还相对较少，ADAS 技术还有很大发展空间。而在电子元件市场方面，我们按照一辆车至少安装 4 个传感器计算，未来对传感器等部件的需求量也是巨大的。

3．ADAS 技术的分布情况

如图 7-26 所示，先进驾驶辅助系统主要通过长、中、短距雷达（Long Medium Short Range Radar）、超声波（Ultrasound）、摄像机（Camera）、光探测雷达（LIDAR）这 4 种元件来实现外部环境识别，包括障碍物的位置、速度和加速度等。

超声波实现驻车辅助（Park Assistance）。短距探测雷达实现十字路口交通警告（Cross Traffic Alert）、盲点检测（Blind Spot Detection）、后碰警告（Rear Collision Warning）；中距探测雷达实现紧急制动（Emergency Braking）、行人检测（Pedestrian Detection）和碰撞避免（Collision Avoidance）；长距探测雷达实现自适巡航控制（Adaptive Cruise Control）。前部摄像机实现交通标志标线（Traffic Sign Recognition）识别和道路偏离警告（Lane Departure

Warning）功能，左、右及后部摄像机实现全景摄像（Surround View）。

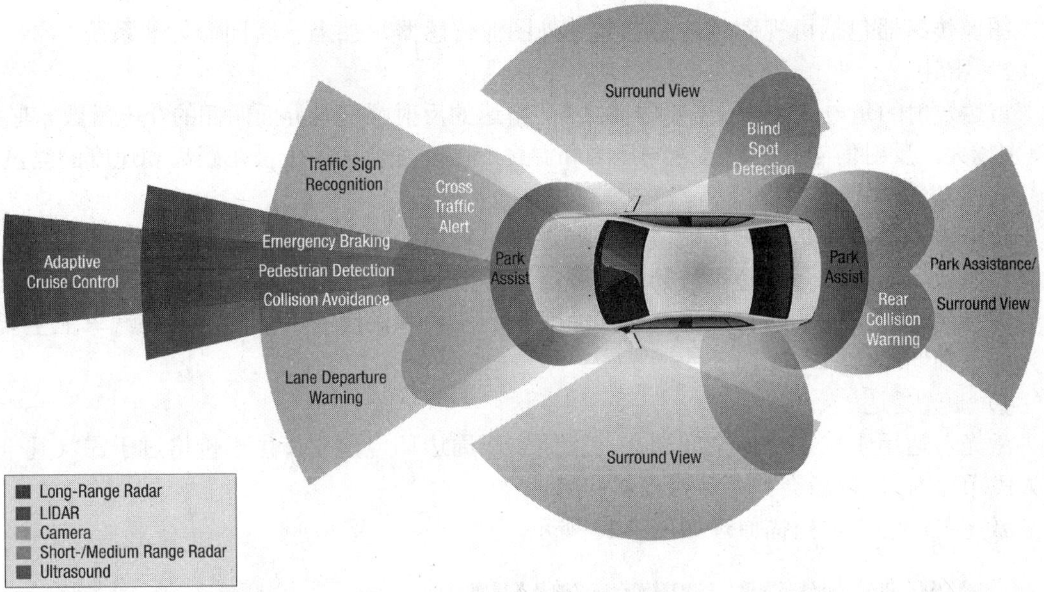

图 7-26　长、中、短距雷达，超声波，摄像机，光探测雷达

4．无人驾驶技术传感器

自动驾驶系统技术水平和实用化线路如图 7-27 所示。

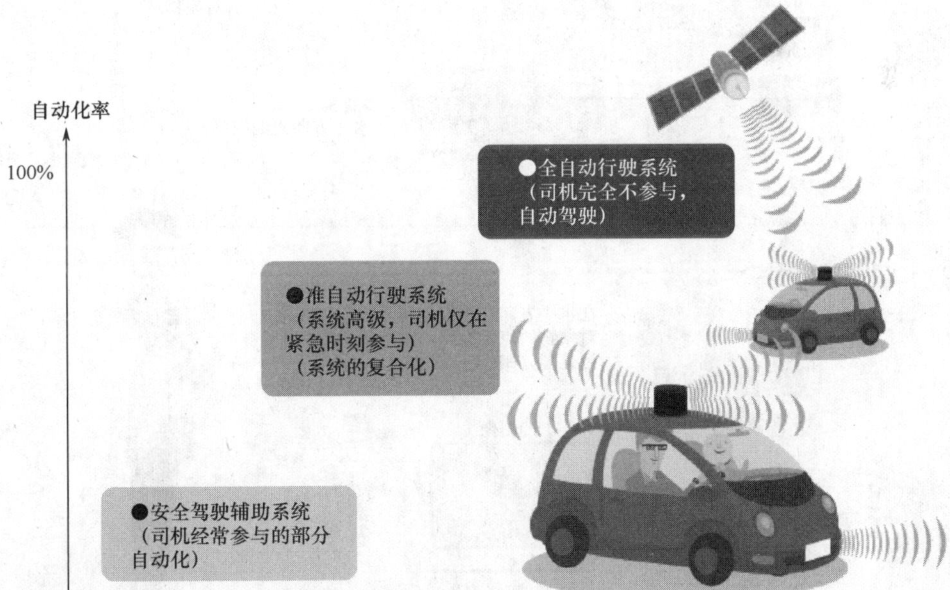

图 7-27　自动驾驶系统技术水平和实用化线路

目前，用于周围环境感测的传感器主要有以下几种。

1）图像传感器

图像传感器包括可视图像传感器和红外图像传感器，加上一套图像处理系统。

2）雷达

雷达发射的是电磁波，不需要传播媒介，雷达的反射强度与界面两侧的介电常数 ε 有关，ε 差别越大，反射信号越强。波速与压力和温度无关，主要应用于前车距离和速度的测量。

3）超声波

超声波是声波，是一种机械波，是通过压电物质的振动来发射的，所以它不可能用在压力较高或负压的场合，超声波的反射强度与界面两侧的密度有关，密度差别越大，反射信号越强；超声波的波速与被测介质（空气）的压力和温度有关。超声波在汽车上主要应用为倒车辅助。

4）激光雷达

激光雷达用于扫描实体空间建立，以便实现周边环境建立，由于价格过于昂（几十万元人民币左右），以后会被两台摄像机代替。

激光雷达的实体扫描原理如图 7-28 所示。

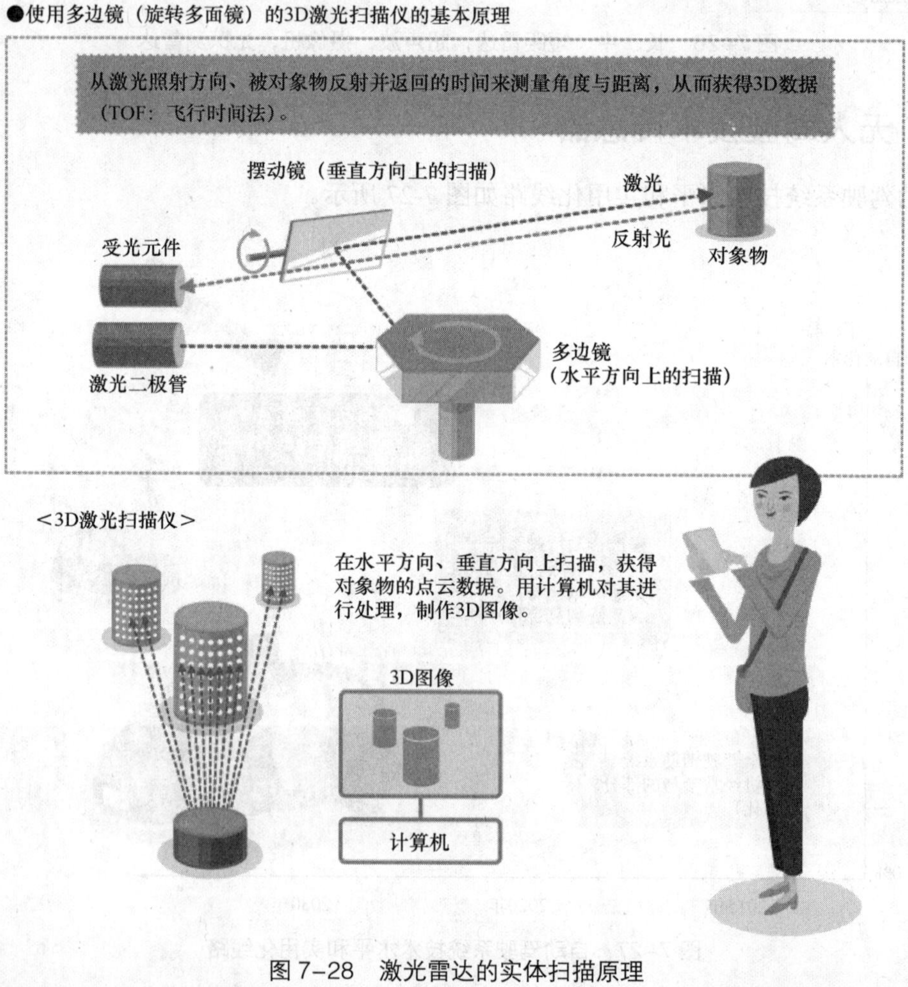

图 7-28　激光雷达的实体扫描原理

如图 7-29 所示，车顶上的激光测距仪能够提供精细的 3D 地图数据，无人驾驶汽车会把激光测到的数据和高分辨率的地图相结合，做出不同的数据模型，以便汽车能够识别障碍，遵守交通规则。

图 7-29 激光雷达实体扫描制作 3D 地图

另外，在汽车的前、后保险杠上有 4 个雷达，用于探测周边情况；后视镜的附近有一个摄像机，以检测交通灯情况；一个 GPS、一个惯性测试单元、一个车轮编码器，用来确定位置，跟踪其运动情况。

无人驾驶汽车依赖于非常精确的地图来确定位置，因为只是用 GPS 技术会出现偏差。在自动汽车上路之前，汽车工程师会先驾车收集路况数据。因此，无人驾驶汽车能够将实时的数据和记录的数据进行比较，这有助于它将行人和路旁的物体分辨开来。无人驾驶汽车的智能传感器分布如图 7-30 所示。

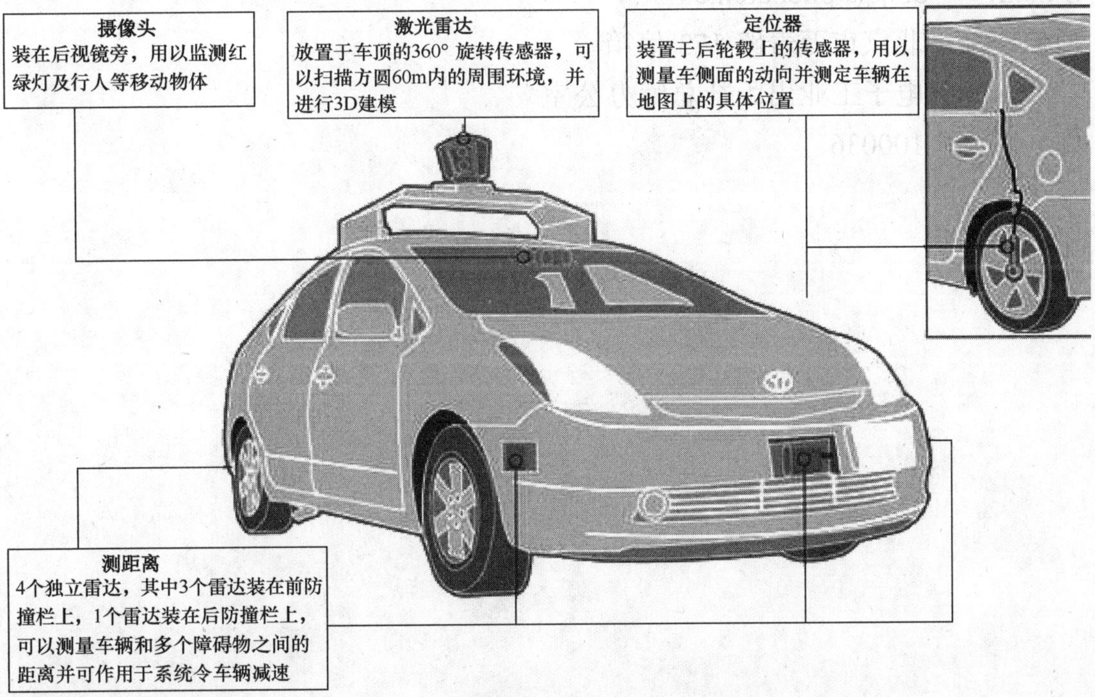

图 7-30 无人驾驶汽车的智能传感器分布

无人驾驶汽车也必须具有某种智能。例如，在交通灯变绿色的时候，汽车开始拐弯，但这时有路人走过，它将会让路。又如，在十字路口的时候，无人驾驶汽车会根据规则让其他车先过，如果其他车辆没有反应，它将往前行进一点，以表明自己的意图。

反侵权盗版声明

举报电话：（010）88254396；（010）88258888

传　　真：（010）88254397

E-mail:　dbqq@phei.com.cn

通信地址：北京市万寿路 173 信箱

电子工业出版社总编办公室

邮　　编：100036